"十三五"国家重点图书出版规划项目

智能制造
系|列|丛|书

国家出版基金项目
NATIONAL PUBLICATION FOUNDATION

U0645389

智能车间的大数据应用

张洁 吕佑龙 汪俊亮 鲍劲松 著

BIG DATA APPLICATION IN SMART WORKSHOP

清华大学出版社
北京

图书在版编目(CIP)数据

智能车间的大数据应用/张洁等著.—北京：清华大学出版社，2020.8(2022.11重印)
(智能制造系列丛书)
ISBN 978-7-302-54649-8

Ⅰ．①智…　Ⅱ．①张…　Ⅲ．①车间管理－智能制造系统－研究　Ⅳ．①F406.6

中国版本图书馆 CIP 数据核字(2020)第 005202 号

责任编辑：冯　昕　赵从棉
封面设计：李召霞
责任校对：刘玉霞
责任印制：宋　林

出版发行：清华大学出版社
  网 址：http://www.tup.com.cn，http://www.wqbook.com
  地 址：北京清华大学学研大厦 A 座   邮 编：100084
  社 总 机：010-83470000   邮 购：010-62786544
  投稿与读者服务：010-62776969，c-service@tup.tsinghua.edu.cn
  质量反馈：010-62772015，zhiliang@tup.tsinghua.edu.cn
印 装 者：涿州市般润文化传播有限公司
经 销：全国新华书店
开 本：170mm×240mm 印 张：19   字 数：382 千字
版 次：2020 年 9 月第 1 版   印 次：2022 年 11 月第 3 次印刷
定 价：68.00 元

产品编号：078292-01

智能制造系列丛书编委会名单

主　任：

　　周　济

副主任：

　　谭建荣　李培根

委　员（按姓氏笔画排序）：

王　雪	王飞跃	王立平	王建民
尤　政	尹周平	田　锋	史玉升
冯毅雄	朱海平	庄红权	刘　宏
刘志峰	刘洪伟	齐二石	江平宇
江志斌	李　晖	李伯虎	李德群
宋天虎	张　洁	张代理	张秋玲
张彦敏	陆大明	陈立平	陈吉红
陈超志	邵新宇	周华民	周彦东
郑　力	宗俊峰	赵　波	赵　罡
钟诗胜	袁　勇	高　亮	郭　楠
陶　飞	霍艳芳	戴　红	

丛书编委会办公室

主　任：

　　陈超志　张秋玲

成　员：

郭英玲	冯　昕	罗丹青	赵范心
权淑静	袁　琦	许　龙	钟永刚
刘　杨			

制造业是国民经济的主体,是立国之本、兴国之器、强国之基。习近平总书记在党的十九大报告中号召:"加快建设制造强国,加快发展先进制造业。"他指出:"要以智能制造为主攻方向推动产业技术变革和优化升级,推动制造业产业模式和企业形态根本性转变,以'鼎新'带动'革故',以增量带动存量,促进我国产业迈向全球价值链中高端。"

智能制造——制造业数字化、网络化、智能化,是我国制造业创新发展的主要抓手,是我国制造业转型升级的主要路径,是加快建设制造强国的主攻方向。

当前,新一轮工业革命方兴未艾,其根本动力在于新一轮科技革命。21 世纪以来,互联网、云计算、大数据等新一代信息技术飞速发展。这些历史性的技术进步,集中汇聚在新一代人工智能技术的战略性突破,新一代人工智能已经成为新一轮科技革命的核心技术。

新一代人工智能技术与先进制造技术的深度融合,形成了新一代智能制造技术,成为新一轮工业革命的核心驱动力。新一代智能制造的突破和广泛应用将重塑制造业的技术体系、生产模式、产业形态,实现第四次工业革命。

新一轮科技革命和产业变革与我国加快转变经济发展方式形成历史性交汇,智能制造是一个关键的交汇点。中国制造业要抓住这个历史机遇,创新引领高质量发展,实现向世界产业链中高端的跨越发展。

智能制造是一个"大系统",贯穿于产品、制造、服务全生命周期的各个环节,由智能产品、智能生产及智能服务三大功能系统以及工业智联网和智能制造云两大支撑系统集合而成。其中,智能产品是主体,智能生产是主线,以智能服务为中心的产业模式变革是主题,工业智联网和智能制造云是支撑,系统集成将智能制造各功能系统和支撑系统集成为新一代智能制造系统。

智能制造是一个"大概念",是信息技术与制造技术的深度融合。从 20 世纪中叶到 90 年代中期,以计算、感知、通信和控制为主要特征的信息化催生了数字化制造;从 90 年代中期开始,以互联网为主要特征的信息化催生了"互联网+制造";当前,以新一代人工智能为主要特征的信息化开创了新一代智能制造的新阶段。

这就形成了智能制造的三种基本范式,即：数字化制造(digital manufacturing)——第一代智能制造；数字化网络化制造(smart manufacturing)——"互联网＋制造"或第二代智能制造,本质上是"互联网＋数字化制造"；数字化网络化智能化制造(intelligent manufacturing)——新一代智能制造,本质上是"智能＋互联网＋数字化制造"。这三个基本范式次第展开又相互交织,体现了智能制造的"大概念"特征。

对中国而言,不必走西方发达国家顺序发展的老路,应发挥后发优势,采取三个基本范式"并行推进、融合发展"的技术路线。一方面,我们必须实事求是,因企制宜、循序渐进地推进企业的技术改造、智能升级,我国制造企业特别是广大中小企业还远远没有实现"数字化制造",必须扎扎实实完成数字化"补课",打好数字化基础；另一方面,我们必须坚持"创新引领",可直接利用互联网、大数据、人工智能等先进技术,"以高打低",走出一条并行推进智能制造的新路。企业是推进智能制造的主体,每个企业要根据自身实际,总体规划、分步实施、重点突破、全面推进,产学研协调创新,实现企业的技术改造、智能升级。

未来20年,我国智能制造的发展总体将分成两个阶段。第一阶段：到2025年,"互联网＋制造"——数字化网络化制造在全国得到大规模推广应用；同时,新一代智能制造试点示范取得显著成果。第二阶段：到2035年,新一代智能制造在全国制造业实现大规模推广应用,实现中国制造业的智能升级。

推进智能制造,最根本的要靠"人",动员千军万马、组织精兵强将,必须以人为本。智能制造技术的教育和培训,已经成为推进智能制造的当务之急,也是实现智能制造的最重要的保证。

为推动我国智能制造人才培养,中国机械工程学会和清华大学出版社组织国内知名专家,经过三年的扎实工作,编著了"智能制造系列丛书"。这套丛书是编著者多年研究成果与工作经验的总结,具有很高的学术前瞻性与工程实践性。丛书主要面向从事智能制造的工程技术人员,亦可作为研究生或本科生的教材。

在智能制造急需人才的关键时刻,及时出版这样一套丛书具有重要意义,为推动我国智能制造发展作出了突出贡献。我们衷心感谢各位作者付出的心血和劳动,感谢编委会全体同志的不懈努力,感谢中国机械工程学会与清华大学出版社的精心策划和鼎力投入。

衷心希望这套丛书在工程实践中不断进步、更精更好,衷心希望广大读者喜欢这套丛书、支持这套丛书。

让我们大家共同努力,为实现建设制造强国的中国梦而奋斗。

周济

2019 年 3 月

技术进展之快，市场竞争之烈，大国较劲之剧，在今天这个时代体现得淋漓尽致。

世界各国都在积极采取行动，美国的"先进制造伙伴计划"、德国的"工业 4.0 战略计划"、英国的"工业 2050 战略"、法国的"新工业法国计划"、日本的"超智能社会 5.0 战略"、韩国的"制造业创新 3.0 计划"，都将发展智能制造作为本国构建制造业竞争优势的关键举措。

中国自然不能成为这个时代的旁观者，我们无意较劲，只想通过合作竞争实现国家崛起。大国崛起离不开制造业的强大，所以中国希望建成制造强国、以制造而强国，实乃情理之中。制造强国战略之主攻方向和关键举措是智能制造，这一点已经成为中国政府、工业界和学术界的共识。

制造企业普遍面临着提高质量、增加效率、降低成本和敏捷适应广大用户不断增长的个性化消费需求，同时还需要应对进一步加大的资源、能源和环境等约束之挑战。然而，现有制造体系和制造水平已经难以满足高端化、个性化、智能化产品与服务的需求，制造业进一步发展所面临的瓶颈和困难迫切需要制造业的技术创新和智能升级。

作为先进信息技术与先进制造技术的深度融合，智能制造的理念和技术贯穿于产品设计、制造、服务等全生命周期的各个环节及相应系统，旨在不断提升企业的产品质量、效益、服务水平，减少资源消耗，推动制造业创新、绿色、协调、开放、共享发展。总之，面临新一轮工业革命，中国要以信息技术与制造业深度融合为主线，以智能制造为主攻方向，推进制造业的高质量发展。

尽管智能制造的大潮在中国滚滚而来，尽管政府、工业界和学术界都认识到智能制造的重要性，但是不得不承认，关注智能制造的大多数人（本人自然也在其中）对智能制造的认识还是片面的、肤浅的。政府勾画的蓝图虽气势磅礴、宏伟壮观，但仍有很多实施者感到无从下手；学者们高谈阔论的宏观理念或基本概念虽至关重要，但如何见诸实践，许多人依然不得要领；企业的实践者们侃侃而谈的多是当年制造业信息化时代的陈年酒酿，尽管依旧散发清香，却还是少了一点智能制造的气息。有些人看到"百万工业企业上云,实施百万工业 APP 培育工程"时劲头十足,可真准备大干一场的时候,又仿佛云里雾里。常常听学者们言,CPS(cyber-physical systems,信息-物理系统)是工业 4.0 和智能制造的核心要素,CPS 万不能离开数字孪生体(digital twin)。可数字孪生体到底如何构建?学者也好,工程师也好,少有人能够清晰道来。又如,大数据之重要性日渐为人们所知,可有了数据后,又如何分析?如何从中提炼知识?企业人士鲜有知其个中究竟的。至于关键词"智能",什么样的制造真正是"智能"制造?未来制造将"智能"到何种程度?解读纷纷,莫衷一是。我的一位老师,也是真正的智者,他说:"智能制造有几分能说清楚?还有几分是糊里又糊涂。"

所以,今天中国散见的学者高论和专家见解还远不能满足智能制造相关的研究者和实践者们之所需。人们既需要微观的深刻认识,也需要宏观的系统把握;既需要实实在在的智能传感器、控制器,也需要看起来虚无缥缈的"云";既需要对理念和本质的体悟,也需要对可操作性的明晰;既需要互联的快捷,也需要互联的标准;既需要数据的通达,也需要数据的安全;既需要对未来的前瞻和追求,也需要对当下的实事求是……如此等等。满足多方位的需求,从多视角看智能制造,正是这套丛书的初衷。

为助力中国制造业高质量发展,推动我国走向新一代智能制造,中国机械工程学会和清华大学出版社组织国内知名的院士和专家编写了"智能制造系列丛书"。本丛书以智能制造为主线,考虑智能制造"新四基"[即"一硬"(自动控制和感知硬件)、"一软"(工业核心软件)、"一网"(工业互联网)、"一台"(工业云和智能服务平台)]的要求,由 30 个分册组成。除《智能制造:技术前沿与探索应用》《智能制造标准化》《智能制造实践》3 个分册外,其余包含了以下五大板块:智能制造模式、智能设计、智能传感与装备、智能制造使能技术以及智能制造管理技术。

本丛书编写者包括高校、工业界拔尖的带头人和奋战在一线的科研人员,有着丰富的智能制造相关技术的科研和实践经验。虽然每一位作者未必对智能制造有全面认识,但这个作者群体的知识对于试图全面认识智能制造或深刻理解某方面技术的人而言,无疑能有莫大的帮助。丛书面向从事智能制造工作的工程师、科研人员、教师和研究生,兼顾学术前瞻性和对企业的指导意义,既有对理论和方法的描述,也有实际应用案例。编写者经过反复研讨、修订和论证,终于完成了本丛书的编写工作。必须指出,这套丛书肯定不是完美的,或许完美本身就不存在,更何况智能制造大潮中学界和业界的急迫需求也不能等待对完美的寻求。当然,这也不能成为掩盖丛书存在缺陷的理由。我们深知,疏漏和错误在所难免,在这里也希望同行专家和读者对本丛书批评指正,不吝赐教。

在"智能制造系列丛书"编写的基础上,我们还开发了智能制造资源库及知识服务平台,该平台以用户需求为中心,以专业知识内容和互联网信息搜索查询为基础,为用户提供有用的信息和知识,打造智能制造领域"共创、共享、共赢"的学术生态圈和教育教学系统。

我非常荣幸为本丛书写序,更乐意向全国广大读者推荐这套丛书。相信这套丛书的出版能够促进中国制造业高质量发展,对中国的制造强国战略能有特别的意义。丛书编写过程中,我有幸认识了很多朋友,向他们学到很多东西,在此向他们表示衷心感谢。

需要特别指出,智能制造技术是不断发展的。因此,"智能制造系列丛书"今后还需要不断更新。衷心希望,此丛书的作者们及其他的智能制造研究者和实践者们贡献他们的才智,不断丰富这套丛书的内容,使其始终贴近智能制造实践的需求,始终跟随智能制造的发展趋势。

2019 年 3 月

随着信息化与制造领域的深度融合,信息技术渗透到了制造业产业链的各个环节,射频识别、智能传感、工控系统、物联网、信息系统的全面互联互通,使得智能车间所拥有的数据日益丰富,呈现出了大体量、多源性、连续采样、价值密度低、动态性强等特点。实时感知、采集、监控智能车间运行过程中产生的海量数据,对数据之间的复杂关联关系进行深入挖掘,以科学分析结果推动形成合理的运行决策方案,在产品、设备、系统等多个维度实现智能车间生产性能的持续优化,这些构成了车间智能化的核心内容。

本书围绕大数据技术在智能车间中的应用情况,在概要阐述工业大数据驱动的智能制造主要存在形式基础上,介绍基于大数据的智能车间技术体系,针对工艺智能规划、生产智能调度、物料运输系统调度、生产智能监控、质量智能控制、设备智能维护等智能车间典型业务场景,深入分析这些场景的主要内容、数据资源及其组织形式,详细介绍数据集成、关联分析、数据预测、数据可视化等大数据技术在业务场景中的应用情况,并以航空航天、汽车、食品、半导体等典型行业为背景,介绍业务场景的企业实例。

本书主要面向从事智能制造新模式探索与工业大数据分析应用方面的学者和工业界中期望寻找智能车间运行分析与决策优化方法的生产管理人员,也可作为机械工程、智能制造、自动化、计算机工程、工业工程、管理工程等相关专业的研究生和高年级本科生的教材和参考书。

本书的研究工作得到了国家自然科学基金重点项目"大数据驱动的智能车间运行分析与决策方法的研究"(No. 51435009)、国家重点研发计划"面向纺织行业的机器人自动化长流程生产线示范应用"(No. 2017YFB1304000)的资助。

在本书编写过程中,研究生杨俊刚、王海超、徐楚桥、查栋烨等承担了不少任务,付出了大量心血,研究生许鸿伟、朱子洵、王明等也参加了部分编写工作。本书在编写过程中参考了大量的文献,作者在书中尽可能地做了标注,但难免仍有疏忽未标注的,敬请这些文献作者谅解。另外,清华大学出版社的编辑们也为本书的出版付出了大量的心血,在此谨对上述研究生、文献作者和编辑们一并表示由衷的感谢!

大数据技术、工业互联网、信息-物理系统、云计算、机器学习等智能制造使能技术还处在迅速发展之中,由此形成的智能制造业务场景也在不断丰富,已引起越来越多的研究和应用人员的关注。由于作者的水平和能力有限,书中的缺点和疏漏在所难免,欢迎广大读者批评指正。

作　者

2019 年 10 月

Contents | **目录**

第3章　基于大数据挖掘的产品工艺智能规划 069

第6章　基于大数据可视化的生产智能监控　　189

二维码目录

第 1 章

工业大数据与智能制造

随着信息化与制造领域的深度融合,信息技术渗透到了制造业产业链的各个环节,二维码、射频识别技术(radio frequency identification,RFID)、传感器、工控系统、物联网、企业资源计划(enterprise resource planning,ERP)、客户关系管理(customer relationship management,CRM)等技术推动工业企业实现了生产流程各环节的互联互通,促进了互联网与工业融合发展,使得制造业所拥有的数据日益丰富,制造业的数据呈现出大体量、多源性、连续采样、价值密度低、动态性强等特点。网络、通信、硬件设备等只是工业企业实现互联互通的基础,实时感知、采集、监控生产过程中产生的大量数据,运用大数据技术对企业产生、拥有的海量数据进行挖掘,得到有作用的分析结果,这些都是提升车间智能化水平的核心工作。

本章通过分析国内外制造业现状,探讨大数据带来的制造业变化,揭示大数据技术对智能车间的推动作用,归纳智能车间中的大数据应用场景。

1.1　工业大数据

近年来,全球掀起制造业转型升级的新热潮。美国率先提出先进制造业战略,德国的工业 4.0、法国的新工业战略紧随其后。中国也在 2015 年提出《中国制造 2025》发展战略,明确将智能制造

二维码 1-1

作为主攻方向,并于 2017 年发布《工业大数据白皮书(2017 版)》,勾画出工业大数据的整体轮廓。

1.1.1　大数据概述

对于"大数据"(big data),研究机构 Gartner 给出了这样的定义:"大数据"是需要新处理模式才能具有更强的决策力、洞察发现力和流程优化能力来适应海量、高增长率和多样化的信息资产。

二维码 1-2

麦肯锡全球研究所给出的定义是:一种规模大到在获取、存储、管理、分析方面大大超出了传统数据库软件工具能力范围的数据集合,具有海量的数据规模、快速的数据流转、多样的数据类型和价值密度低四大特征。

大数据技术的战略意义不在于掌握庞大的数据信息,而在于对这些含有意义

的数据进行专业化处理[1]。换而言之,如果把大数据比作一种产业,那么这种产业实现盈利的关键,在于提高对数据的"加工能力",通过加工实现数据的"增值"。从技术上看,大数据与云计算的关系就像一枚硬币的正反面一样密不可分。大数据必然无法用单台的计算机进行处理,必须采用分布式架构。它的特色在于对海量数据进行分布式数据挖掘。但它必须依托云计算的分布式处理、分布式数据库和云存储、虚拟化技术[2]。

1.1.2 大数据的特征

和传统的数据处理方式相比,大数据通过对海量资料的分析,产生人们所需要的计算结果。在实际应用中,大数据具有以下几个方面的优势。

(1) 数据种类多样化。大数据是由多种数据组合而成的,数据类型非常多样化,随着现实数据的不断发展,大数据在数量和深度上呈现逐年增长的趋势。

(2) 数据规模大。其数据体量在 10TB 以上。

(3) 数据可靠度高。在大数据背景下,传统的数据源很快被取代,数据传输和处理能力大大增强,同时在数据传输过程中受到外界影响较小,数据的完整性、可靠性较高。

(4) 处理能力强。大数据充分利用了计算机数据分析和处理的能力,根据人们在不同领域、不同行业的日常行为所收集起来的非结构化数据,对人们的行为习惯和行业背景进行有效的分析,在预测行业发展前景以及人们的行为习惯等方面有重要作用。

此外,从大数据本身的特点而言,其主要特征在于其数据的复杂多样,又常被称为"3V 特性""4V 特性",甚至"5V 特性"等,究其核心而言,大数据主要包含以下几种特性。

(1) 规模性(volume):数据的大小决定所考虑的数据的价值和潜在的信息。

(2) 多样性(variety):数据类型的多样性。

(3) 高速性(velocity):指获得数据的速度。

(4) 可变性(variability):妨碍了处理和有效地管理数据的过程。

(5) 真实性(veracity):数据的质量。

(6) 价值(value):合理运用大数据,以低成本创造高价值。

1.1.3 工业大数据的特征

在工业界,数据的结构和相互关系特别复杂。在数据规模远远不到 PB(大数据的存储单位,1PB＝1024TB＝1048576GB)级别时,很多数据处理方法就不合适了。针对这种情况,国外有学者提出,大数据的概念不必纠结于数据规模。凡是遇到利用传统数据分析方法无效的数据集合,都可称为"大数据"。依据该思想,有学者将工业大数据定义为"工业数据的总和"。

随着信息化和自动化技术的飞速发展,特别是数控机床、传感器、数据采集装置和其他具备感知能力的智能设备在离散车间底层的大量使用,车间生产从自动化、数字化向智能化发展。智能车间的制造数据呈现典型的大数据 3V 特性[3],即规模性(volume)、多样性(variety)和高速性(velocity),具体如下。

(1)规模性。以半导体制造为例,单片晶圆质量检测时每个站点能生成几兆字节数据,一台快速自动检测设备每年可以收集将近 2TB 数据,500 台设备规模的晶圆制造车间每年可以收集 102TB 级别的数据。

(2)多样性。车间生产涉及来自不同系统的设备运行参数、产品加工时间等结构化数据,产品物料清单(bill of material,BOM)结构表、数控程序等半结构化数据以及三维模型、检测图像等非结构化数据具有完全不同的数据结构。

(3)高速性。车间生产运行中产生的大量数据来自可编辑逻辑控制器(programmable logic controller,PLC)、传感器和其他智能感知设备对制造过程的不断采样,这些数据的采样间隔短且按时间序列大量涌入数据库中。以晶圆刻蚀设备为例,反应腔传感器按 0.1s 的采集间隔不断产生温度、压力、流量等各种监控数据。

此外,由于智能车间中的性能指标多样、生产方式多变、随机扰动频发、生产环境开放,车间制造大数据还体现出高维度、多尺度、不确定和高噪声等其他特性[4]。在范围上,车间制造大数据包括从车间现场到车间管理所有生成、交换和集成的数据,以及所有与制造相关的业务数据和衍生附加信息;在作用上,车间制造大数据对车间运行过程进行全面描述,任何数据的变化都可能改变车间运行过程、影响车间运行性能,是进行车间运行分析与决策的重要依据。

通过分析工业大数据,我们能够通过全方位的数字视角去观察工业的发展。就工业大数据本身而言,它们是发展智能制造的重要推动力,是发展创新的动力来源。在工业智能制造的领域中,工业大数据最为显著的特点就是数据的多样性,多样化的特征可以让企业获得多样化的信息。为了获得这些信息,企业一般会对工业大数据进行分析,在分析的过程中,相关的企业通常会采用通用的数据模型。在这些模型当中,企业一般会将一些结构性的商业数据进行整合,这些结构性的数据主要包含了库存信息、交易信息、财务信息等。在此基础上,这些模型也会将非结构性操作系统的数据进行有机结合,这些非结构信息主要包含了预警、流程参数和供应商、公共网络数据。然后企业通过挖掘这些工业大数据本身之间的联系,获得有用的信息,这些信息一般包含了制造业的生产和运营规律。

1.2　大数据在工业应用中的机遇与挑战

回顾人类社会发展历程,可以看到工业的变革总是与技术的发展紧密联系在一起。每一次工业革命都会淘汰落后的生产方式,带来新生的社会变革[5]。

如图 1-1 所示：工业 1.0 的蒸汽机发明将工业带入了机械化时代，使我们从农业、手工业社会转入工业化社会；工业 2.0 的电子和电力技术的发明将工业带入了电气化时代，使社会生产出现分工协作；工业 3.0 中计算机及信息技术的兴起将工业带入了自动化时代，出现机器人与自动化生产线，机械逐步代替人类部分劳动；工业 4.0 是以人工智能、清洁能源、无人控制技术、量子信息技术、虚拟现实和生物技术为主的全新技术革命，将工业带入了智能化时代，出现了 3D 打印技术、增强现实技术、云计算以及物联网，可以实现以数字化整合为驱动力的生产方式。

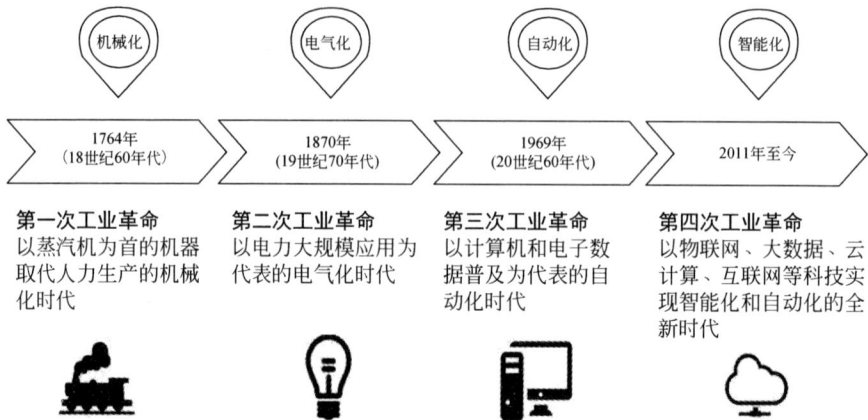

机械化	电气化	自动化	智能化
1764年 (18世纪60年代)	1870年 (19世纪70年代)	1969年 (20世纪60年代)	2011年至今
第一次工业革命 以蒸汽机为首的机器取代人力生产的机械化时代	**第二次工业革命** 以电力大规模应用为代表的电气化时代	**第三次工业革命** 以计算机和电子数据普及为代表的自动化时代	**第四次工业革命** 以物联网、大数据、云计算、互联网等科技实现智能化和自动化的全新时代

图 1-1　四次工业革命的技术变革

在工业 4.0 的概念提出之后，智能化、物联网、大数据、云计算成为热点，新一轮的工业革命在智能化、信息化、数字化等维度将会有所突破。制造业作为工业大数据的源头，一旦被数字化后，制造生产过程中产生的数据都可以成为大数据的范畴。对日积月累的大数据进行分析研究，可以赋予制造业"思想"，能够为制造业提供全方位的服务，从产品设计到制造，从使用到维护、维修等售后服务阶段，产生的正向数据以及逆向数据都将得到全面应用。它们能够为制造业带来更精准、更先进的工艺，以及更优质的产品，从而改变制造业整体水平低下的现状。而在当前，大数据在工业应用中所面临的挑战可以通过"3B"来理解[6]。

低质量（bad quality）：在工业大数据中，数据质量问题是许多企业所面临的挑战。这主要受制于工业环境中数据获取手段的限制，包括传感器、数采硬件模块、通信协议和组态软件等多个技术限制。对数据质量的管理技术是必须克服的一个难点。

失效（broken）：工业对数据的要求并不仅限于量的大小，更在于数据的全面性。在利用数据建模手段解决某一个问题时，需要获取与被分析对象相关的全面参数，而一些关键参数的缺失会使分析过程碎片化。举例而言，当分析航空发动机性能时需要温度、空气密度、进出口压力、功率等多个参数，而当其中任意一个参数缺失时都无法建立完整的性能评估和预测模型。因此对于企业来说，在进行数据收集前要对分析的对象和目的有清楚的规划,确保所获取数据的全面性,以免在斥巨资积累了大量数据后,发现并不能解决所关心的问题。

背景(background):除了对数据所反映出来的表面统计特征进行分析以外,还应该关注数据中所隐藏的背景相关性。对这些隐藏在表面以下的相关性进行分析和挖掘时,需要一些具有参考性的数据进行对照,也就是数据科学中所称的"贴标签"过程。这一类数据包括工况设定、维护记录、任务信息等,虽然数据的量不大,但在数据分析中却起着至关重要的作用。

此外,受技术、人才以及与行业结合不足等因素制约,工业大数据产品服务目前还很难实现全产业链覆盖,应用尚未形成规模,且工业大数据服务企业对不同工业领域的需求理解不够,产品和服务难以满足工业制造企业智能化生产与管理的要求。

1.3　工业大数据驱动的智能制造

1.3.1　制造业驱动形势演变

二维码 1-3

企业信息化多年来都在强调"业务流程化、流程信息化",像 ERP/MES(manufacturing execution system,制造执行系统)等大型管理系统,往往关注企业的业务流程、工艺流程、输入/输出的表单。在系统部署之前,需要先做业务流程调研,然后做流程再造、流程改进。甲乙两个实施团队如果对业务流程不能达成共识,后续的设计、开发、实施等工作就不能开始。由此可见业务流程对于信息化的重要性,ERP、MES 与 PCS 严格来讲都是流程设计的产物[7]。

流程驱动不能说不重视数据,但数据仅是作为流程的输入/输出来考虑,与之对应的 IT 系统的出发点还是流程。许多制造企业部署了 ERP 系统,不少企业也应用了 MES 系统,但普遍存在以下几个现象:销售计划和预测无法实现,只能人工录入结果;运行 ERP 后的生产计划时间是不准确的;产能数据不准确,无法准确预测未来的产能占用情况;事后的成本核算和统计,过程中的成本控制和成本预测无法实现。

伴随着移动互联网、云计算、大数据、物联网和社交化技术的发展,一切皆可数据化。数据的特性已经发生了很大的变化,数据的价值已经从原来只是流程的输入/输出转变为直接驱动企业的经营、生产和管理运营。互联网公司率先采用基于数据驱动的运营模式,已经证明了数据驱动管理的价值,传统的经营管理模式将发生改变。但是在传统制造业,工业大数据的实际应用范围还比较小,企业主要依靠业务流程驱动运营,还未建立数据驱动的企业文化以及对应的组织、绩效、流程,大数据的价值还远未体现。

流程驱动管理和数据驱动管理的主要区别在于:流程驱动管理,流程是主体,数据是附属；数据驱动管理，数据是主体，流程是附属。数据驱动管理需要构建统一的数据管理平台，来满足与不同业务场景的数据需求，是传统企业管理的巨大挑战，更是企业迈向更高管理水平的重要机遇。

1.3.2　基于大数据的产品设计

由于社会分工的细化，一件产品要经历设计、制造、销售等诸多环节方能到达消费者手中。工业设计并不仅仅停留在设计层面，它贯穿了产品的整个生命周期，对产品的命运产生深刻的影响。一方面，它要借助艺术的手段赋予产品优美的且能够机械化生产的外观形态，使产品能够获得更多消费者的青睐，为产品的投资者获取更大的利润。另一方面，它要充分考虑人们如何便捷、安全、舒适和愉悦地使用产品，以及产品和环境之间的和谐共生。而最为重要的工作，是要在产品的两端（即设计与使用层面）通过科学的方法架构起畅通的信息桥梁，使设计师在产品的研发设计阶段就能准确地掌握消费者需求，这是产品得以成立的先决条件，否则后续的所有工作将失去意义，产品的核心价值也无从体现。特别是在航空航天、汽车等行业中，产品从设计、制造到服务的全过程时间跨度大，涉及多领域知识和不同专业技术，以及众多的用户需求[8]，如何对各类产品设计数据与用户需求数据间的内涵和关系进行分析，以正确把握用户需求和技术发展趋势，将成为企业提高效率、增强竞争力的重要因素，甚至是决定产品成败的关键。因此，拉近消费者与设计师之间的距离尤为重要。

为了更好地了解消费者的所思所想，设计师借助各种方法对用户群体展开深入研究，例如与消费者进行各种访谈、对消费者的行为进行跟踪观察、借助眼动仪等设备对消费者进行测试等，各种与人相关的数据成为影响产品设计定位的重要因素。因而，大数据技术在这方面的应用得到广泛的关注。

以大数据作为一种辅助产品设计的技术手段，客户需求研究将变得更加深刻和精确。依靠海量的数据，可以对客户行为和消费过程进行更加深入的研究，挖掘客户的需求偏好、沟通方式、价格弹性、接触方式等信息，可以更加精确地对客户进行分类，定位每类客户的服务产品需求特征，让个性化、精细化服务成为可能。依赖大数据，可以更加全面地认识客户需求。客户的需求包括很多方面，从需求类型看有价值、延伸服务、形象、成本等，从需求层次看有基本、期望、惊喜等类型。如在通信运营商行业，同样是某类套餐服务，客户可以根据个人需要在自己的套餐上叠加各种类型的服务，随着信息系统的发展，客户还可以自由地在众多的不同档次的服务产品中进行组合形成"个性化"的套餐，而开发设计这些基础服务产品有赖于大数据提供的精确分析。再比如 PRADA 品牌的每一件服装都有 RFID 码，这件衣服在全球哪个城市的店中、何时被消费者拿进试衣间、停留了多长时间等信息，都被及时地传输到 PRADA 的总部，从而使设计师对消费者的审美倾向等有更为准确的把握。同时，销售管理人员也可以根据全球市场的变化及时做出反应，而这些数据的采集都是在消费者毫不知情的情况下悄然完成的,它客观地反映出该服装在市场上受欢迎的程度,对设计师的设计方向具有重要的参考和引领作用。

随着各行业全球化、数字化、网络化程度的不断提高,各类数据的采集变得越来越容易,海量数据的累积为设计师的工作提供了更为有力的抓手,使后续的工作有的放矢、事半功倍。与通过传统手段获取的信息相比,通过信息技术手段采集的数据更为真实和准确,因为这些数据的采集都是在人们不经意的行为过程中完成的,产品定义信息、产品功能数据、技术资料、故障及维护数据都是改进产品设计、优化服务和技术创新的重要来源,对于产品设计而言极其宝贵。大数据技术拉近了设计师与消费者之间的距离,使得产品生产能够柔性地适应不同消费者的需求,为制造业创造更大的利润价值。

1.3.3 大数据驱动的智能生产

生产中存在着许多因无法量化而无法被决策者掌握的不确定因素,这也使决策者无法在高效运营及对生产资料的使用中做出正确的判断。这些不确定因素在制造工厂内外都始终存在。内在不确定因素有很多,如:加工过程中的性能下降、没有任何可察觉预兆(零部件级)的偶发失效、不同的运转所带来的循环寿命的变化,以及出现废品或者返工对于生产计划制订所带来的困难等[9]。外在不确定因素则通常来源于从产品开发到供应链的一系列过程,诸如不可靠的下游处理能力、市场和客户需求的波动等。

智能生产过程的一个显著标志是透明化,它是一种阐释并量化那些不确定性因素,以使生产组织能客观地估计自身制造和装备状态的能力。为使生产过程真正透明化,必须尝试将其变革为可预测的制造过程。通过使用先进的预测性工具和方法,使得工厂中不断产生的数据能够得到及时的分析处理与挖掘,以便决策者做出决策。

在智能生产中,核心技术是面向大数据的智能运算与分析单元,它包含了对设备和生产线/单元等功能进行预测建模的智能软硬件。对设备性能的预测性分析和失效发生时间的估计会降低这些不确定因素的影响,并且使用户有机会缓解或者消除制造运行中产能或效率上的损失。展望未来基于大数据的智能生产过程,可以实现如下预测功能。

1. 订单交货期预测

大型复杂产品如航空航天、汽轮机等装备的制造过程涉及多种动态环境、异构资源、海量信息,各零部件、子装备件、总装件之间装配过程复杂,对于产品交货期的要求非常高。设计高效、精准、成组、优化的调度方案成为实现产品按期交付的重要保障。而大型复杂产品的需求和工艺极其多样,制造系统复杂度极高,精确的模型与算法难以建立,需要利用大数据技术,揭示制造过程中工艺参数(工序加工时间、瓶颈工位负载)、设备状态、成组关系、调度规则等制造数据与订单交货期之间的关联关系,分析车间随机扰动(如物料动态到达时间、工序不确定完工时间等)与订单交货期之间的关联关系,从而构建全新的生产调度交货期计算模型与算法,实现交货期的精确预测与控制。

2. 产品质量预测

质量预测和估计(软测量技术)的起源是 Brisillow 的推断控制理论,其核心是将可量化的一个或多个变量(secondary variable)代入拟合出的数学函数表达式,计算难以量化或目前不能检测的主要变量(primary variable)。现阶段质量预测的研究方法和角度已经开始发生转变,最初是利用专家系统(expert system),到 20世纪 80 年代开始应用神经网络算法,90 年代中期支持向量机算法又吸引了大量研究者。预测的角度也从工序级延伸到系统级,从单工序升级为多工序。质量预测值被当作质量控制工作中的主要监控变量,为生产工艺优化和质量监控管理提供支撑和指导。对生产制造过程中的重要指标实行在线实时监控,有利于增强质量风险监控的冗余性,不但能提升检测参数的准确度和可靠性,而且可以降低因检测滞后对风险监控所带来的负面影响。制造业的质量预测根据其场景不同主要分为两大类:产品加工生产线的质量预测和产品装配生产线的质量预测。随着大数据技术的兴起,国内外企业也逐步将焦点放在如何利用大数据技术对产品质量进行预测分析上。利用大数据存储和挖掘技术,可以从海量时间序列数据中寻找质量传递的规律,实现产品质量的有效控制与追溯,提高产品质量可靠性。

3. 生产异常预测

通过生产过程数据分析,可以掌握制造资源的实际状况,实现制造异常的提前预知,选择更适当的维修时机,不会因为过迟维修造成失效发生,抑或由于过早维修更换了完好部件。在得知设备何时可能失效的情况下,生产和维修的负责人可以合理计划生产活动,通过对加工设备的适时维修,最大化设备利用率和利用时间。机器性能的实时评估可以与过程控制进行整合,揭示设备或系统随时间出现的性能浮动,实现生产异常提前预警。

1.3.4 大数据驱动的智能化运维

随着社会信息化水平的不断提升,信息系统在社会生产中的作用日益重要,同时信息系统的整体架构向着云化和分布式不断演进,对信息系统的运维质量提出了更高要求。如何通过主动服务提升运维效率,实现客户感知能力提升,是运维管理系统亟待解决的问题[10]。当前,各种基础设施、通用软硬件平台呈几何级数增长,传统的监控方式、数据分析方式已经远远不能满足运维要求,主要存在以下问题。

(1)传统的监控流程采用发生问题、发现问题、通知运维人员、运维人员解决问题的被动方式,一旦产生告警,就意味着问题已经发生,未能防患于未然,对处理问题的运维人员的素质要求高,因为如果不能在短时间内解决问题,就可能会造成严重的后果,对运维人员的专业能力和心理素质都是严酷的考验。

(2) 传统的运维手段无法适应大数据环境,在海量数据面前容易形成运维死角,无法保障运维质量。同时缺乏面向多员工、多视角、多维度的分析工具,运维人员无法针对海量运维数据开展有效的分析工作。

数据是解决运维效率、运维自动化甚至智能化的核心,想要充分利用已有的数据资产,数据平台的支撑显得至关重要。为了满足目前和未来的需求,需要对现有的数据资源和使用方式进行分类。

现有数据资源包括基础监控数据、探测数据、服务端日志、客户端日志,这 4 类数据在接入难度、数据量级上各不相同,数据平台需要统筹考虑所有数据的接入、传输、计算和存储。运维对数据的使用,可以分为数据支撑、分析支撑、决策支撑和预测支撑 4 个阶段,每个阶段对数据平台有着不同的需求。数据支撑要求数据平台能够满足对上述 4 类数据的计算和存储需求,确保运维人员能够及时获取准确的数据指标。分析支撑要求数据平台能够及时响应各类及时查询的需求,包括对原始日志的全链路分析、对于业务指标的多维分析等。决策支撑和预测支撑则要求数据平台具备强大的数据后处理能力,包括对已存储数据的建模、挖掘能力。

以三一重工的智能运维为例,针对其主要产品工程机械建立了基于大数据的企业控制中心(enterprise control center,ECC)。ECC 按承担功能业务的不同,划分为客户服务管理系统(customer service management system,CSMS)、产品资料管理系统(product data management system,PDMS)、智能设备管理系统(intelligent device management system,IDMS)、全球客户门户(global customer portal,GCP)四大基础平台,其承担的具体功能业务分别如下。

(1) CSMS:管理具体服务过程,高效利用与调度服务资源。

(2) PDMS:收集并分析产品工况、位置信息,监控产品状态,实时进行故障诊断。

(3) IDMS:跨生命周期收集产品资料信息,实现物料跟踪。

(4) GCP:对外发布服务数据,收集用户反馈信息。

除开发四大基础平台之外,三一重工还借助其他相关技术,配合嵌入式智能终端、车载终端、智能手机等硬件设施,构造设备数据采集与分析机制、智能调度机制、服务订单管理机制、业绩可视化报表、关键件追溯等核心环节。三一重工在利用大数据技术实现智能运维方面为诸多制造企业起到了示范作用。

1.3.5　基于大数据分析的产品精准营销和成本精确控制

美国著名管理学家 Peter Drucker 曾指出,市场营销是企业的基础,不能把它看作单独的职能。从营销的最终成果,亦即从顾客的观点看,市场营销就是整个企业。对美国 250 家主要公司高级管理人员进行调查后发现,公司的第一要务是发展、改进及执行竞争性的市场营销策略,第二要务则是控制成本[11]。产品营销和成本控制是制造企业在激烈的全球化竞争中赖以生存的根本。

利用大数据分析与预测方法,制造企业可以根据销售历史业务数据和市场需求变动、景气循环来判断并修正产供销平衡,提高销售分析与预测准确度。同时,基于企业当前的业务和未来的经营计划,对海量数据进行加工、处理、分析,对企业未来的资金流进行精准预测,为决策者制订融资计划实时提供决策信息,防止资金链断裂,降低融资成本,提高资金收益。

企业销售大数据包括周期性、季节性和增长性趋势等内在变动因素与促销、经济水平、社会化营销、市场经济指数等外生因素,这些数据对于设计企业销售分析与预测模型起到至关重要的作用,能够为生产计划和销售策略制定提供决策支持,从而建立良好的产销协同关系。借助联机分析处理(online analytical processing,OLAP)多维销售数据立方体,可以对制造企业销售数据进行快速的模型训练,并对不同维度上的产品销售序列进行分析并输出最优预测序列。通过可视化的销售分析系统,可以让销售总部、区域主管、网点代理人、销售经理、售后维修经理等不同管理层,对企业运营指标进行持续监控和管理。

同时可以采用聚类分析法对客户群体进行细分,找到营销活动所对应的目标客户群。采用因子分析法,评估一个品牌在市场领域内的份额和实力,创造市场营销机会。利用决策树分析法,确定产品属性和用户消费习性,设计适合于不同领域和地区的不同产品组合来进行营销。采用分类分析法,针对丢失或忽视的客户进行关怀和促进回厂,针对老客户、忠诚客户给予特别的营销活动,为客户创造最大的价值。

通过对企业各种数据的有效监测与分析,发现影响企业经营的关键因素,有助于掌握企业经营现状,并制定适应企业未来发展规划的财务战略。通过收集、分析、挖掘与财务相关的海量数据,并实现这些数据的高度融合,能够使财务高管以更广阔的视野制定决策方案,有利于更全面地推进科学财务决策的进程。可以利用大数据技术,实现制造企业在设计、采购、仓储、生产等各个阶段成本的精确控制。

(1)设计成本。以服装制造业企业为例,消费者的评价和建议都是对设计部门有用的数据资料,在购买及试穿之后,消费者会对衣服的尺寸、款式、颜色拼接、裙摆大小、口袋位置、配饰形状、纽扣质地、领子形状、袖子长短等发表评论。关于此类的评价数量越多,大数据信息越多,设计部门可以汇总这些数据信息,将消费者的各种偏好量化出来,根据量化结果设计新的款式,就能够在短时间内占领较大市场。

(2)采购成本。通过获取线上采购原材料的数据信息,包括价格、质量、评价、产地、用途等,和线上供应商协定合理的价格和批量,将协定结果进行汇总分析,最终选择适合企业的、质量优良且价格合适的原材料,从而减少采购成本。

（3）仓储成本。通过对仓储信息进行实时更新、总结和预测，将生产计划与仓储所存材料进行对比与核对，检查仓储材料存量，及时进行材料采购。仓储部门需要及时获取一段时间内生产计划所用材料总量，并根据以往仓储数据资料分析出最佳订购批量，确保在不耽误生产及销售的情况下，最大限度地减少企业仓储成本。

（4）生产成本。生产成本包括材料费、人工费和制造费用。材料费用的控制主要是防止产生浪费；人工费用的控制主要是提高工人的生产效率；制造费用的控制主要是防止在温度适宜的时候开空调、光线合适的时候开灯、不应供水的时候出现长流水、可以维修的时候报废机器零件等行为。可以通过对生产过程数据进行实时监控和分析，挖掘生产过程中的增值点，从而减少无附加值的业务流程，降低生产成本。

1.3.6　大数据驱动的全生命周期供应链优化

供应链作为一种先进的组织形式将会长期存在。但是，具体供需网络会有其发生、发展和消亡的过程，即：供应链具有生命周期。根据供应链成长各阶段的发展特征，供应链的生命周期可划分为孕育期、高速发展期、成熟期和衰退期[12]。我们生活于数据爆炸的时代，大数据的来源可以有多种不同的方式，可以是结构性的，也可以是非结构性的，可以来自于销售点（POS）、无线射频（RFID）、全球定位系统（GPS）、社交网站（Twitter）、呼叫中心，乃至消费者微博。

沃尔玛的分析与数据获取能力可延伸至分布在 80 个国家的 17400 家供应商。每家供应商被要求使用其 Retail Link 系统审视其旗下每一家超市的实时需求，并做到适时补货，还可以获取有关销售、运输、采购订单、发票、索赔与预测等信息，同时可使用沃尔玛的数据仓库进行问题查询[13]。大数据分析不仅可使零售商获取消费者的偏好与购买行为，还可将消费者需求与制造商的生产能力进行精准匹配，从而提高整个供应链的运营效率。沃尔玛、亚马逊等世界级领先的企业沿着各自的供应链使用大数据分析获取竞争优势。大数据分析的应用可以改进供应链管理中各个方面，如采购、制造、物流、销售。

供应链战略为企业整体经营系统提供长期计划，包括两个关键因素：一是供应链网络设计，包含供应链的物理结构与跨企业业务流程，其业务涵盖采购、生产、物流与销售；二是企业的信息技术，此技术可以使供应链中的数据分享、沟通与流程同步。

1.3.7　大数据驱动的车间智能化发展

随着车间智能化程度不断提高，大量制造数据通过 PLC 控制器、传感器和智能设备得到感知。针对智能车间运行过程中产生的海量、多源、高维、异构制造数据，考虑其动态和不确定特性，大数据驱动下"关联＋预测＋调控"的车间运行分析与决策新模式因

二维码 1-4

而诞生。在新的决策模式下,诞生了包括车间制造数据预处理方法、车间制造数据时序分析方法、车间制造数据关系网络建模方法、车间运行状态预测方法和车间运行决策方法的智能车间运行分析与决策方法论体系,也促进了海量、高维、多源、异构制造数据预处理、动态制造数据多尺度时序分析、制造数据关系网络建模与关联分析、车间运行状态演化规律与预测,以及基于定量调控机制的车间运行决策等关键技术的兴起。大数据技术可以帮助车间提高生产效率、提升产品质量、降低生产成本、提高响应速度,从而最大限度地满足用户多样的需求,提高客户满意度,大幅提升车间智能化水平。

1.4 工业大数据与智能车间

1.4.1 智能车间的基本内涵

2010 年,Chand 和 Davis 在著名杂志《时代周刊》发文探讨了制造业的未来发展,他们将其划分为三个阶段[14]:①通过整合不同车间工厂和企业的数据,实现数据共享,实现工厂和企业范围的互联化,以更好地协调生产的各个环节,提高企业整体效率;②通过计算机模拟和建模对数据加以处理,以实现柔性制造、生产优化和更快的产品定制;③由不断增长的制造智能激发工艺和产品的创新,引起市场变革,改变现有的商业模式和消费者的购物行为。本质上,这三个阶段是从数据角度出发,通过自底向上过程实现了未来智能车间的蓝图构建,并且描述了实现智能车间的三个主要需求特征,即透明化制造、智能化管控和智慧化协同。第一阶段通过物联网技术,实现车间内的物物互联与数据共享,实现透明化制造过程。在此基础上,第二阶段通过数据处理与分析实现生产调度优化、产品质量监控等制造执行系统中功能模块的实施应用,提升车间智能化水平。第三阶段引入服务互联网对车间智能化功能做服务包装,基于互联网数据交互在云制造平台实现客户参与的车间资源协同,形成以大规模个性化定制为特征的商业新模式。

具体来说,在智能车间运作过程中,首先应当在传统的车间局部小范围智能制造基础上,通过物联网集成底层设备资源,实现制造系统的泛在感知、互联互通、数据集成;其次利用生产数据分析与性能优化决策,实现智能车间生产过程的实时监控、生产调度、设备维护和质量控制等工厂智能化服务;最后通过引入服务互联网,将车间智能化服务资源虚拟化到云端,通过人际网络互联互动,根据客户个性化需求,按需动态构建车间的协同智能制造过程。因此,智能车间的运作方法是由制造物联、制造执行和制造协同三个重要内涵层次化整合而成的体系化内容,如图 1-2 所示。它不但包括了车间生产过程数据的采集与处理等制造信息化手段,也包括了从数据分析中获取车间运行规律并对制造过程做出实时决策的智能化手段,同时还包括了利用互联网数据形成定制化等商业新模式的协同组织手段。由此,如何行之有效地将制造信息化方法、智能决策方法与协同组织方法进行合理整合,满足透明化制造、智能化管控和智慧化协同三大需求特征,将对智能车间的成功实施与高效运作产生极为关键的影响。

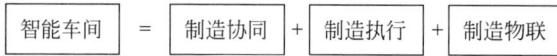

```
┌────────┐   ┌────────┐   ┌────────┐   ┌────────┐
│ 智能车间 │ = │ 制造协同 │ + │ 制造执行 │ + │ 制造物联 │
└────────┘   └────────┘   └────────┘   └────────┘
```

图 1-2　智能车间的内涵

特别地,在传统车间的智慧化转型过程中,由于在物物互联阶段广泛采用了传感器网络、RFID 设备,以及在服务互联过程中普遍应用了互联网技术,车间数据在规模性(volume)、多样性(variety)和高速性(velocity)上都明显增加。因此,智能车间数据呈现出典型的大数据"3V 特性"。并且由于数据采集的设备与手段多样、车间制造过程的动态事件频发、车间运行环境的交互开放,智能车间大数据还具备了高维度、多尺度、不确定和高噪声等特性。在范围上,智能车间大数据包括了从生产现场到供应管理所有生成、交换和集成的数据,包含了所有与设计、制造和服务相关的业务数据和衍生附加信息。在作用上,智能车间大数据实现了客户需求、产品设计、协同制造等过程的全面描述,在此基础上的大数据分析技术可以支持生产调度优化、产品质量监控、生产资源配置等实时决策优化,提升车间智能化水平,更好地服务于协同制造。

因此,随着制造资源配置逐步呈现信息密集型趋势,利用大数据融合、处理、存储、分析等技术使智能车间大数据为制造资源实时感知、制造过程优化控制、制造服务敏捷配置等环节提供决策支持,成为传统制造过程实现数据化制造、信息化制造、知识化制造、智慧化制造逐步升级发展的关键基础。从而,大数据技术作为智能车间技术体系中的核心技术,将被重点关注并对其进行深入讨论。

1.4.2　大数据环境下的智能车间信息化特点

对智能车间而言,车间内部包含着许多子系统,例如 ERP 系统、MES、设备健康与监控系统、质量管理系统等,每一个子系统作为一个单独的数据源,产生着大量的数据,基于 Hadoop 的大数据平台,应与智能车间中来源丰富的数据相结合[15]。大数据环境下智能车间信息化集成架构如图 1-3 所示。

对来自 MES、ERP 等系统的结构化数据,利用 Sqoop 从关系型数据库导出到 Hadoop 中的数据存储组件 Hive、HBase 中。对于传感器、机床设备监测等实时海量数据或者质量检测图像等非结构化数据,由于数据量巨大,可选择 HDFS (hadoop distributed file system)进行分布式存储。在此基础上,应用 Hadoop 分布式处理框架 MapReduce 对数据进行分析处理,根据不同的应用需求建立数据模型,从而实现在车间不同场合、不同层次的应用。一方面可以对某一数据源单独进

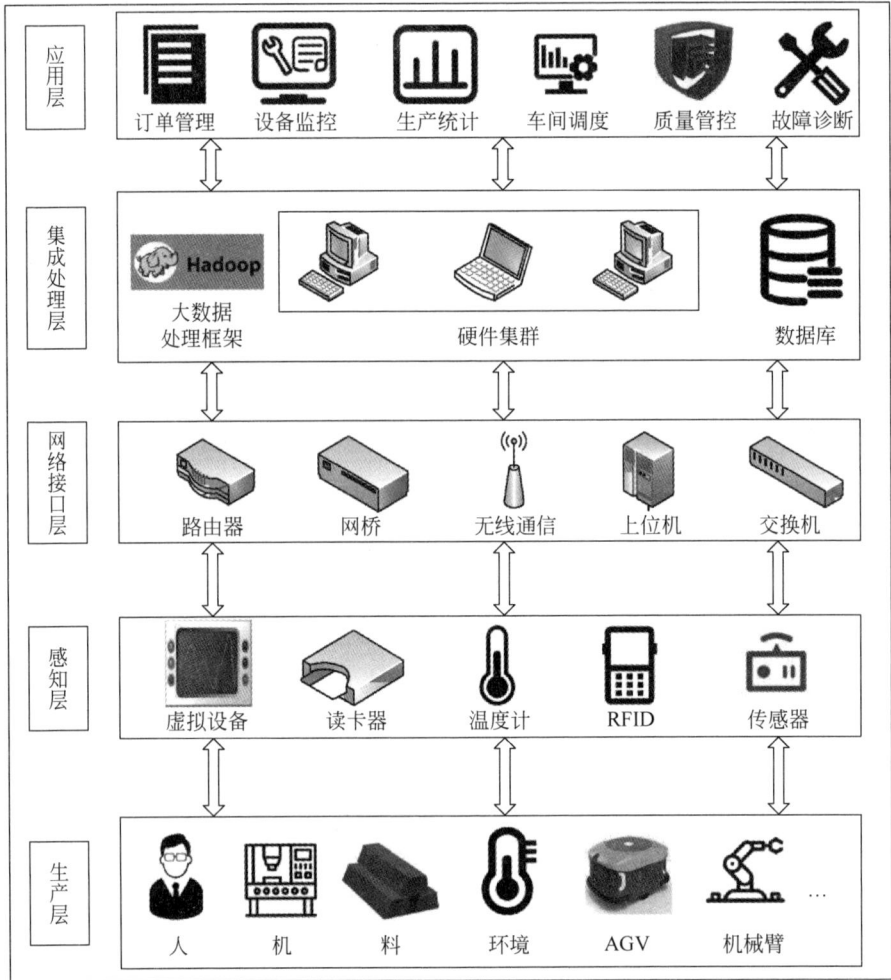

图 1-3　大数据环境下智能车间信息化集成架构

行数据分析，提高其应用价值，例如零件质量预测、生产调度等；另一方面将多个数据源融合起来，对车间整体进行分析，以达到提高车间生产效率、降低生产成本的目的。

制造业信息化是支撑制造业自主创新、实现国际化协作和资源配置、促进制造业优势产业链和区域特色产业集群形成的主要手段，在大数据环境下的智能车间更加表现出信息集成化、资源协同化和服务定制化。

（1）信息集成化。制造业信息化技术正在从重点支持产品设计制造向支持产品全生命周期管理发展，从企业内业务集成向跨地区、跨企业、跨国界的全球业务集成拓展。通过大数据集成技术将不同来源、格式、特点、性质的数据在逻辑上或者物理上有机地集中，为系统存储一系列面向主题的、相对稳定的、反映历史变化的数据集合，从而为系统提供全面的数据共享，使得车间数据集成技术能够将车间内部各系统中的数据集中起来,以解决车间内部的"信息孤岛"问题。

（2）资源协同化。国际化的协作和资源配置需要实现制造业产业的协同和企业的协同,大型跨国公司广泛应用数字化综合能力平台,实现信息化的集成应用、协同工作和资源配置,以最大限度地利用全球优势资源、降低成本,在竞争中占据制高点。当前,复杂离散制造车间主要采用自上而下、集中式和计划式的车间运行模式,即通过 MES 实现上层 ERP 系统与底层工业控制系统(或生产现场)之间的信息传递和交互,并通过 MES 对制造过程中的时间进度、产品质量、成本、制造资源、能耗等要素进行集中统一管控。

（3）服务定制化。以公共服务平台为基础,采用一对多的服务方式,提供制造业信息化的应用服务,支持企业的业务过程,实现企业间的信息和业务集成。通过互联网技术,采用大数据相关技术可以使消费者与生产者深度融合,满足顾客个性化私人定制的需求。以需求驱动为契机,企业生产效率更高,服务更为精准化。订单平台集合而来的数据,基本可以体现消费者的个性化设计需求。数据驱动和智能生产制造能有效化解个性化定制与大规模生产之间的难题,从而形成面向客户的极有竞争力的优势,将传统的制造企业变成高附加值以服务客户为主的网络科技企业。

1.4.3　大数据促进的车间信息化基础平台

大数据环境下,信息系统之间相互连接,形成一个息息相关的生态圈。但是现有的企业信息基础架构还不足以满足大数据时代的发展需求,信息基础平台不仅需要增加信息系统的计算能力和数据消化能力,还要重视对数据资源的扩展和融合。需要利用云计算技术,大幅提升对大数据的存储和处理能力。

企业构建大数据资源中心需要采用基于分布式的数据存储、管理及应用。数据分布在云端的各个计算节点上。利用非结构化数据库(例如 HBase)能够便捷地实现数据的分布存储,充分利用云的节点存储能力。此外也可以部署一些关系型数据库(如 MySQL、Oracle 等),尤其是汇聚机架配置了存储设备时,可以在这些存储设备上部署关系型数据库(汇聚机架上可能需要增加额外的数据库服务器)。两种类型的数据库的设计是目前新一代数据中心的重要特征,既可以实现对海量非结构化数据的存储与管理,也可以发挥传统关系型数据库对结构化数据的处理能力。

然而,现有的制造行业 IT 系统一般使用关系型数据库存放数据,因此,将部分存储在关系型数据库中的数据迁移到面向列的分布式数据库中,是云构建需要解决的问题之一。从方法讲,在数据资源中心设计阶段,根据应用对数据模型的要求,设计面向列的分布式存储模型,然后完成从传统关系型数据库表格到后者的映射。例如,在 HBase 中,可将原关系型数据库中的表格数据直接对应到面向列数据库的列族中,并根据这些定义的映射实现数据的迁移操作。

针对这一问题,主流的云计算技术都直接支持关系型数据库与云环境分布式数据库之间的数据迁移,例如 Hadoop 中的 Sqoop 工具:Sqoop 是 Clouder 公司开发的一个在关系数据库和 HDFS、Hive 之间进行数据导入/导出的工具,可以将一个关系型数据库(例如 MySQL、Oracle、Postgres 等)中的数据导入到 Hadoop 的 HDFS(hadoop distributed file system)中,也可以将 HDFS 中的数据导入到关系型数据库中。构建制造业数据资源中心可利用 Sqoop 数据迁移工具,实现制造业数据在传统关系型数据库系统与分布式数据库系统的双向迁移。

以图 1-4 所示的制造大数据平台技术架构为例,它包含了数据组织、数据查询、数据处理、数据分析等功能模块。大数据平台可以将多源异构结构化数据、半结构化数据及非结构化数据进行有效数据集成,并将这些工业大数据进行分布式数据库存储;基于 HDFS 来实现面向非结构化数据的分布式存储服务,并提供大规模结构化数据分析引擎和非结构化计算框架。通过丰富的可视化分析展现工具提供大数据分析结果信息,灵活、快速地响应企业产品设计、生产制造、营销服务、经营管理的各种变化,支撑构建制造大数据智能分析与决策应用系统。

1.4.4　大数据驱动的智能车间运行方式

传统制造企业的管理运行模式主要包括敏捷制造企业(agile manufacturing enterprise,AME)、计算机集成制造系统(computer integrated manufacturing system,CIMS)、世界级制造(world class manufacturing,WCM)等,而实施这些管理运行模式的核心目的就是提高企业的竞争力,使其在激烈的市场竞争中立于不败之地。

以往有关敏捷制造(AM)、计算机集成制造(CIM)的研究更多地把注意力放在企业层运行模式的研究上,对车间的运行模式研究重视不够,而车间作为整个制造过程的最终执行者和实时信息的收集者,在制造系统中是一个非常重要的环节,其敏捷性、集成度都会直接影响到整个现代制造企业引进和实施先进的管理运行模式,不先解决好车间运行模式的问题,实施这些先进的企业运行模式也就成了空中楼阁。

对于传统车间运行模式的研究,其重点主要集中于车间内部。随着信息技术的发展和敏捷制造模式研究在全球范围的展开,车间已不可能像从前那样完全从属于某一企业。为充分利用制造资源,车间完全可能在面临某一市场机遇时暂时脱离本企业而集成到另一敏捷制造企业,形成某一市场机遇的动态联盟。

随着数据科学技术的发展,大数据创新了制造业企业的生产流程,带来了更快的速度、更高的效率和更敏锐的洞察力。消费需求的个性化,要求传统制造业突破现有生产方式与制造模式,对消费需求所产生的海量数据与信息进行大数据处理与挖掘。数据资源中心除存储原始数据的非结构化数据库、关系型数据库和文件外,根据制造行业各自应用的标准,还可以存储大量符合制造业行业标准的数据。

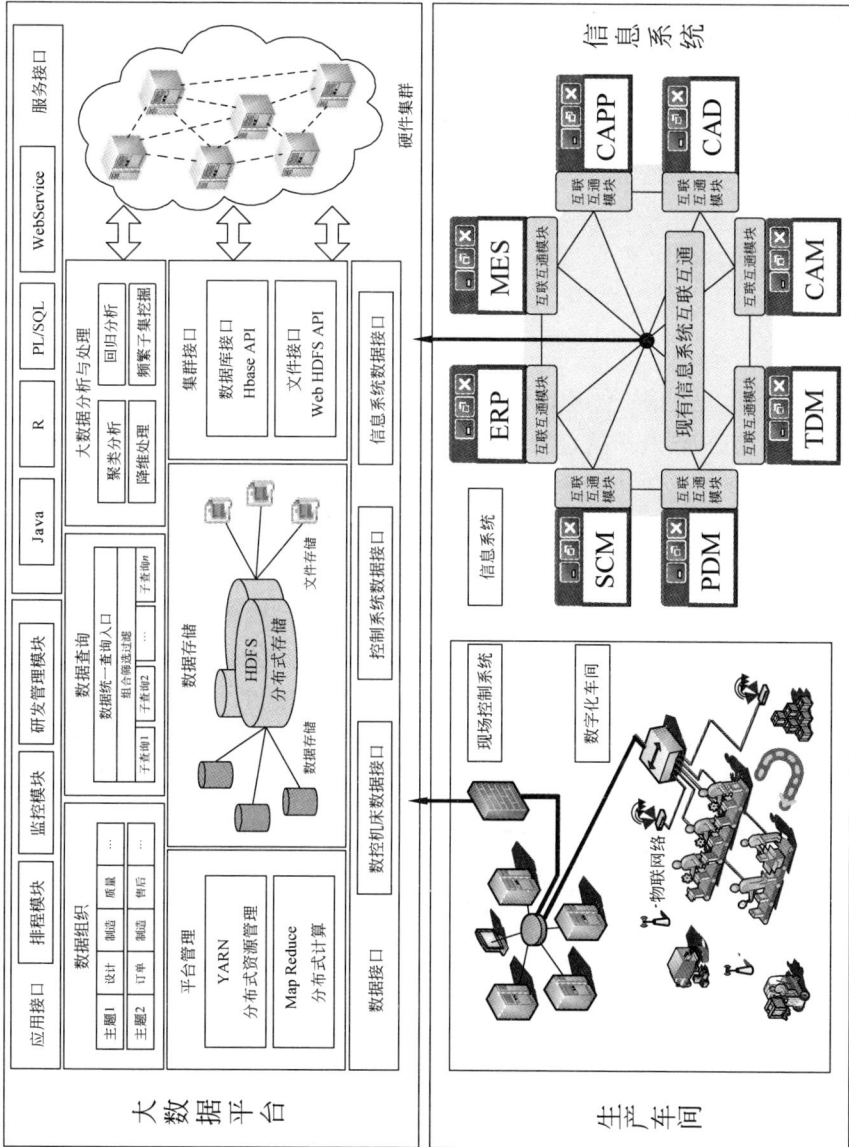

图 1-4 制造大数据平台

这些数据不同于未经任何处理的原始数据,一般是符合业务标准、质量高的制造业数据。这些数据可以直接作为数据分析和挖掘的素材,如图 1-5 所示。

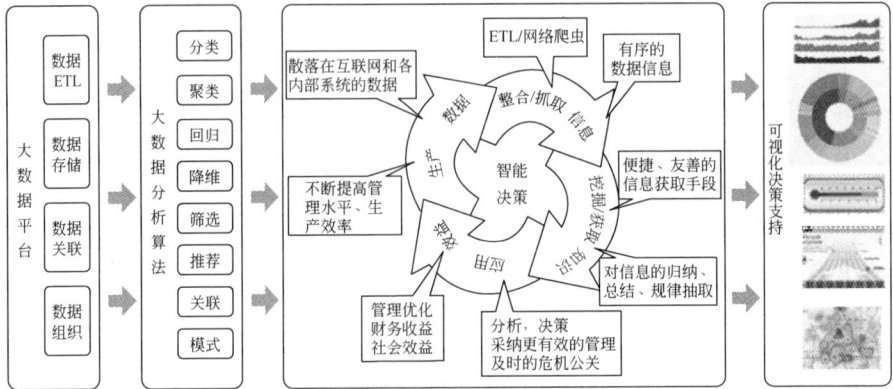

图 1-5　制造企业大数据分析挖掘

首先构建企业大数据资源中心,从制造企业 PDM 系统、ERP 系统、销售接单系统、制造执行 MES 获取产品设计数据、产品 BOM 与工艺数据、销售订单、物料信息、库存信息、设备信息、生产计划、生产制造数据、企业经营管理数据、外部市场与供应链数据、质量测试检验数据等。其次通过数据接入工具将抽取的数据进行标准化数据模型的转换,同时按照预定的规则对数据合理性进行校验,为数据分析提供准确的基础数据。并且采用分布式数据库存储方式,按照产品与工艺数据域、生产计划域、销售数据域、生产制造域、产品质量域、供应链域划分数据范围。最后基于企业大数据分析管理平台,提供基于大数据的销售预测与精准营销应用、产品优化设计与个性化定制应用、制造过程大数据分析服务、产品装备运维数据分析、经营管理数据分析、供应链数据分析等服务。

1.5　智能车间中的工业大数据应用场景

智能车间是工业 4.0 的重要内容,是正在发力的和持续演进的关键方向,但同时也面临着十分复杂的各类问题。例如:对于设备密集的加工车间来说,设备的故障会极大影响生产过程。设备智能维护的核心目标是利用预防性措施提升设备可用度,减少或消除设备的非计划停机,但装备的高复杂性和故障的随机性增加了上述目标的实现难度。此外,企业还需要考虑如何避免产品缺陷,提升加工时效、设备效率、生产可靠性和安全性等问题,以及关注设备性能退化、零部件磨损、运行风险提升等现象[16]。

以上过程具体涉及设备运行维护、生产过程监控、产品工艺规划、车间生产调度、产品质量控制以及物料运输调度等一系列问题,根据这些问题的具体特点,本书将分别在基于大数据分类的设备智能维护、基于大数据可视化的生产智能监控、基于大数据挖掘的产品工艺智能规划、基于大数据预测的车间生产智能调度、基于大数据关联分析的质量智能控制、基于大数据集成的物料运输系统调度等具体场景中,对大数据的智能车间应用进行详细介绍。

参考文献

[1]　李培根.浅说智能制造[J].科技导报,2019,37(8):1.

[2]　ZHOU K, LIU T, ZHOU L. Industry 4.0: towards future industrial opportunities and challenges[C]//2015 12th international conference on fuzzy systems and knowledge discovery (FSKD). IEEE, 2015: 2147-2152.

[3]　张洁,高亮,秦威,等.大数据驱动的智能车间运行分析与决策方法体系[J].计算机集成制造系统,2016,22(5):1220-1228.

[4]　李培根.智能制造要夯实"数据""互联"基础[J].智慧中国,2019(7):52-53.

[5]　WAN J, TANG S, LI D, et al. A manufacturing big data solution for active preventive maintenance[J]. IEEE transactions on industrial informatics, 2017, 13(4):2039-2047.

[6]　ZHU K, JOSHI S, WANG Q G, et al. Guest editorial special section on big data analytics in intelligent manufacturing[J]. IEEE transactions on industrial informatics, 2019, 15(4):2382-2385.

[7]　ZHONG R Y, XU C, CHEN C, et al. Big data analytics for physical internet-based intelligent manufacturing shop floors[J]. International journal of production research, 2017, 55(9):2610-2621.

[8]　闵陶,冷晟,王展,等.面向智能制造的车间大数据关键技术[J].航空制造技术,2018,61(12):51-58.

[9]　CHENG G J, LIU L T, QIANG X J, et al. Industry 4.0 development and application of intelligent manufacturing[C]//2016 international conference on information system and artificial intelligence (ISAI). IEEE, 2016:407-410.

[10]　张洁,汪俊亮,吕佑龙,等.大数据驱动的智能制造[J].中国机械工程,2019,30(2):127-133,158.

[11]　YAN J, MENG Y, LU L, et al. Industrial big data in an industry 4.0 environment: Challenges, schemes, and applications for predictive maintenance[J]. IEEE access, 2017, 5:23484-23491.

[12]　陶飞,戚庆林.面向服务的智能制造[J].机械工程学报,2018,54(16):11-23.

[13]　PILLONI V. How data will transform industrial processes: crowdsensing, crowdsourcing and big data as pillars of industry 4.0[J]. Future internet, 2018, 10(3):24.

[14]　任杉,张映锋,黄彬彬.生命周期大数据驱动的复杂产品智能制造服务新模式研究[J].机械工程学报, 2018, 54(22):208-217.

[15]　WAN J, TANG S, LI D, et al. A manufacturing big data solution for active preventive maintenance[J]. IEEE transactions on industrial informatics, 2017, 13(4):2039-2047.

[16]　姚锡凡,周佳军,张存吉,等.主动制造——大数据驱动的新兴制造范式[J].计算机集成制造系统, 2017, 23(1):172-185.

第 2 章

基于大数据的智能车间技术体系

在基于广泛互联和透彻感知的大数据赋能下,智能车间的本质是通过数据采集、传输、处理、存储、分析与可视化发现车间运行规律,利用智能决策手段完成车间性能优化,最终实现智能化目标。

本章将从原始数据采集到分析处理以及最后的大数据展示为切入点,详细介绍大数据的处理、存储、分析和决策等各个环节,以及各个环节的技术支撑情况。

2.1 大数据应用技术体系

为实现智能车间决策优化目标,需要构建从数据采集到决策优化的大数据全生命周期应用流程。如图 2-1 所示,大数据采集技术满足车间运行过程的数据获取需求,实现车间透明化;大数据传输技术实现多源数据的汇集,保障运行数据的实时性;大数据处理技术实现异构数据的预处理与集成,提高数据的可用性与可靠性;大数据存储技术实现海量数据的多维度组织管理,提供面向不同应用场景的主题仓库。以上技术作为智能车间大数据平台的支撑技术,为智能车间在不同业务场景下的运行分析与决策优化提供数据基础。

以工艺智能规划、设备智能维护、生产智能调度、产品质量控制等具体业务场景为驱动,大数据集成技术对运行状态相关的数据进行识别,形成车间状态的全局数据模型;大数据分析技术通过分类/聚类、关联分析、模式挖掘等算法,发现数据在不同时间维度下的变化相关性,揭示智能车间的运行规律;大数据预测/决策技术根据实际场景生成特定性能指标的预测结果与优化方案,提高智能车间的管理水平;大数据可视化技术以表格、趋势线、柱状图等多种形式表示分析结果与决策输出,增加运行过程的直观可控性。以下将对以上环节中涉及的具体技术进行介绍,并在后续章节中对以各项技术为核心的应用场景进行详细介绍。

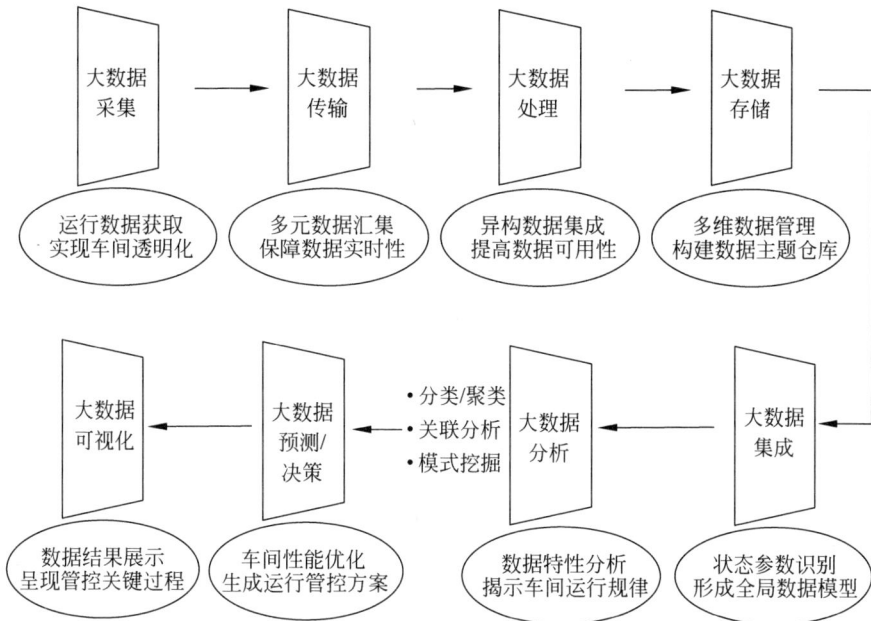

图 2-1　大数据全生命周期应用流程

2.2　大数据采集技术

大数据采集技术是指对数据进行提取—转换—加载(extract-transform-load,ETL)操作,通过对数据进行提取、转换、加载,最终挖掘数据的潜在价值。之后向用户提供解决方案或者决策参考。它是数据从数据来源端经过提取(extract)、转换(transform)、加载(load)到目的端,然后进行处理分析的过程,因此大数据采集技术是获得准确数据与实现车间生产透明化的关键[1]。

用户从数据源抽取出所需的数据,经过数据清洗,最终按照预先定义好的数据模型将数据加载到数据仓库中去,最后对数据仓库中的数据进行数据分析和处理。

数据采集位于数据分析生命周期的重要一环,它通过采集传感器数据、社交网络数据、移动互联网数据等获得各种类型的结构化、半结构化及非结构化的海量数据。

由于采集的数据种类错综复杂,因此对于这些不同种类的数据,进行数据分析时必须采用提取技术,将复杂格式的数据转换成所需要的数据。这里可以丢弃一些不重要的字段。对于数据提取后的数据,由于数据源头的采集存在不准确的因素,因此,对于不准确的数据信息需要进一步清洗,并对那些异常的数据进行过滤、剔除。

针对不同的应用场景,对数据进行分析的工具或者系统不同,我们还需要对数据进行数据转换操作,将数据转换成不同的数据格式,最终按照预先定义好的数据仓库模型将数据加载到数据仓库中去。

在实际生产过程中,数据产生的种类很多,并且不同种类的数据产生的方式不同。主要包含以下几类大数据采集技术:①无线射频识别技术;②二维码技术;③系统日志采集系统;④网络数据采集系统;⑤数据库采集系统;⑥其他制造业大数据感知技术。

2.2.1　无线射频识别技术

1. RFID 技术的工作原理

RFID 技术是一种非接触的自动识别技术,其基本原理是利用射频信号和空间耦合(电感或电磁耦合)传输特性实现识读器与标签间的数据传输[2]。

RFID 系统一般由三部分组成(见图 2-2),即电子标签(应答器,tag)、识读器(读头,reader)和天线(antenna),部分功率要求不高的 RFID 设备将识读器与天线进行集成,统一称作识读器。在应用时,将射频电子标签粘附在被识别的物品上(或者物品内部),当该物品移动至识读器驱动的天线工作范围内时,识读器可以无接触地把物品所携带的标签里的数据读取出来,从而实现无接触的物品识别。可读写的 RFID 设备还可以通过识读器(读写器),在物品经过该区域满足工作条件情况下把需要的数据写入标签,从而完整地实现产品的标记与识别。

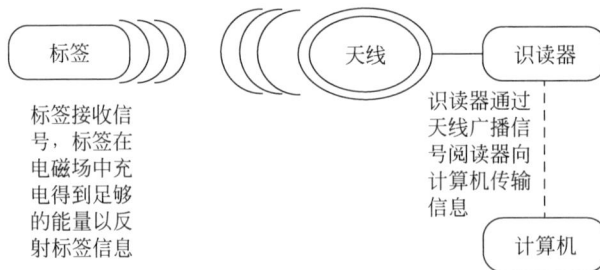

图 2-2　RFID 系统

RFID 技术标识物品在很多行业都已有广泛的应用,主要集中于半导体加工、电子产品及汽车装配等领域。在以上所述的 RFID 应用过程中,RFID 中间件是 RFID 系统的神经中枢,RFID 天线获取标签数据之后,中间件从识读器返回这些标签进行统计处理,进而发送至应用层的其他信息系统。

RFID 技术尚未有普遍接受的国际标准,各国家及地区基于安全、利益等考虑都在努力建立自己的 RFID 系列标准并尝试将其国际化,其中 EPC global 的标准由于得到了欧美主要大公司的支持并且其编码规范与传统的条码编码兼容,因而具有较大的影响力。其制定的 RFID 中间件标准也成为当前最主要的中间件设计标准。

RFID 技术标准决定了设备生产商的产品设计,而硬件设备需要与中间件兼容,在技术标准相对滞后的状况下各商家的硬件有各种各样的差异,但是其基本功能大致相同,这为中间件设计面向多硬件的接口提供了可能。混流制造系统的高度灵活性和多变性对中间件数据处理提出了更高的要求,因此中间件各功能模块要有针对性地设计。

2．RFID 技术在制造业大数据感知中的应用

1）基于 RFID 的在制品自动识别管理

对于按订单生产的制造过程，需及时、准确地识别出生产线上的在制品（work-in-progress，WIP）信息，以保证在正确的工位装配正确的零部件。目前国内外先进制造企业大多采用条形码识别 WIP 信息，但条码具有易磨损且严重依赖于人工识读等缺点，给 WIP 管理带来了极大的成本压力。RFID 技术可以通过无线方式自动、准确、高效地跟踪和识别 WIP 信息，能够有效解放人力，实现智能制造。

2）基于 RFID 的混流制造生产跟踪系统

RFID 技术应用于混流制造系统生产过程跟踪需要实现 RFID 数据采集、处理以及与 MES 的集成。因此为了明确基于 RFID 的混流制造系统生产跟踪系统的结构与功能组成，并指导生产过程跟踪系统的研究与实施，需要建立基于 RFID 技术的混流制造系统生产跟踪系统架构。

射频标签嵌入物料跟随物料遍历生产全过程，在 RFID 天线信号感知范围内，安装于生产设备的 RFID 识读器获取物料标签从而完成对物料的跟踪，基于 RFID 的跟踪系统需要完成物料标签数据获取、处理以及与设备数据的关联。系统通过中间件层实现标签数据的获取与发布，通过生产过程跟踪层完成物料与设备等信息的关联与处理。

生产跟踪系统要提供给生产商和客户从物料入库到加工生产再到产品打包出库的所有数据，能提供快速、及时的生产状况反馈，其主要功能有：

（1）客户可以实时获知其订单的进度；

（2）生产商可以充分了解其生产过程中的瓶颈；

（3）对有特殊要求的物料或工序（安全、涉密及含量要求等）的实时跟踪；

（4）了解工程进度，为生产计划制订奠定基础。

基于 RFID 的生产过程跟踪系统总体架构（见图 2-3）由以下几部分构成。

（1）标签层。生产过程中 RFID 标签嵌入物料，通过识读器跟踪标签的位置及内容，从而实现对物料的跟踪。

（2）识读器层。识读器与生产设备关联，其识别的标签即为进入该生产设备工作范围的物料标识，获得该物料的标签信息与位置信息即获得了该设备的加工对象的信息。

（3）中间件层。在 RFID 系统中，图 2-4 中所示的中间件层是 RFID 系统的核心部分，是设备与应用程序连接的纽带。其主要功能为：配置 RFID 设备，发送控制指令，收集处理识读器返回的数据，实现标签数据在信息系统中的获取与处理发布。

完整的无线射频识别系统，尤其是 RFID 系统与其他信息系统集成时，通常需要中间件等软件设备来配置和操作硬件设备并实现初期的数据处理，以更好地发挥无线射频识别系统的作用。

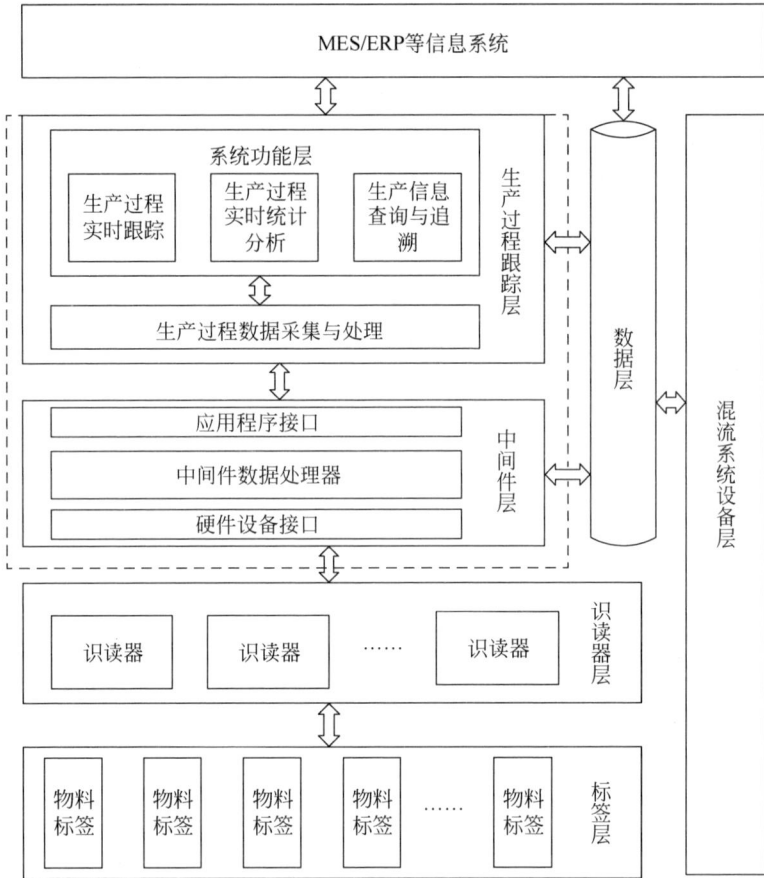

图 2-3　基于 RFID 的生产过程跟踪系统架构

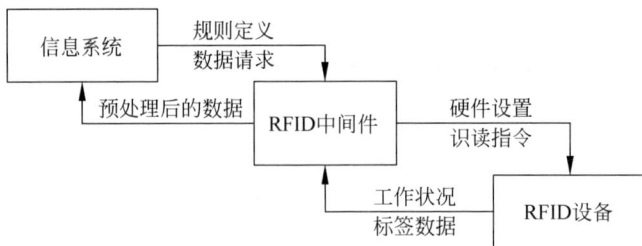

图 2-4　RFID 中间件层的作用

（4）生产过程跟踪层。通过 RFID 设备与中间件获取物料信息，通过 OPC 与数据库获取设备、质量等信息，实时处理生产过程的各项数据，实现物料、设备等的跟踪，为生产信息系统其他部分提供支持。

除此之外，跟踪系统通过数据层获取生产过程数据，数据层需要的生产计划信息、设备信息等通过其他信息系统与 OPC 等获取。

2.2.2　二维码技术

1. 二维码技术简介

二维码可以分为行排式二维码和矩阵式二维码。行排式二维码由多行一维条码堆叠在一起构成,但与一维条码的排列规则不完全相同;矩阵式二维码是深色方块与浅色方块组成的矩阵,通常呈正方形,在矩阵中深色块和浅色块分别表示二进制中的 1 和 0。

1) 行排式二维码

行排式二维码又称为堆积式或层排式二维码。其形态类似于一维条码,编码原理与一维条码的编码原理类似。它在编码设计、识读方式、校验原理等方面与一维条码具有相同或类似的特点,可以用相同的设备对其进行扫描识读,但识读和译码算法与一维条码不同。由于行排式二维码的容量更大,校验功能有所增强,有些类型具有纠错功能。

行排式二维码中具有代表性的有 PDF417 码和 Code 49 码。

(1) PDF417 码。

PDF417 码(见图 2-5)是 Symbol Technologies 公司美籍华人王寅君博士于 1990 年发明的。PDF 的全称为 portable data file,即便携式数据文件。因为组成条码的每一个字符都由 4 个条和 4 个空共 17 个模块构成,故称为 PDF417 条码。PDF417 码在个人证件上有广泛的应用。

PDF417 码可编码全部 ASCII 字符及扩展字符,并可编码 8 位二进制数据,最多可有 80 多万不同的解释。层数可从 3 到 90 层,一个符号最多可编码 1850 个文本字符、2710 个数字或者 1108 个字节。PDF417 码可进行字符自校验,可选安全等级,具有纠错功能。

(2) Code 49 码。

Code 49 码是 Intermec 公司于 1987 年推出的行排式二维码(见图 2-6),可编码全部 128 个 ASCII 字符。符号高度可变,最低的两层符号可以容纳 9 个字母型字符或 15 个数字字符,而最高的 8 层符号可以容纳 49 个数字、字母、行字符或者 81 个数字字符。它只有校验码,无纠错功能。

图 2-5　PDF417 码

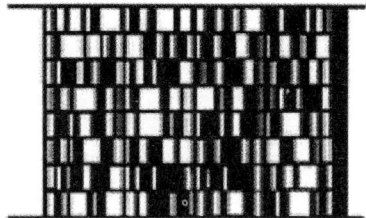

图 2-6　Code 49 码

Laserlight 公司推出的 Code 16K 码与 Code 49 码非常相似,编码范围有所扩大,可以编码 128 个 ASCII 字符和 128 个扩展 ASCII 字符。同时提高了对数字字符的编码能力,最高的 8 层字符最多可编码 1541 个数字字符。

2) 矩阵式二维码

矩阵式二维码以矩阵的形式组成,每一个模块的长与宽相同,模块与整个符号通常都以正方形的形态出现。矩阵式二维码是一种图形符号自动识别处理码制,通常都有纠错功能。具有代表性的矩阵式二维码有 Code One 码、Data Matrix 码(简称 DM 码)、Quick Response 码(简称 QR 码)、汉信码。

(1) Code One 码。

Code One 码是由 Interme 公司的 Ted Williams 于 1992 年发明的矩阵式二维码(见图 2-7),是最早作为国际标准公开的二维码。其可编码标准和扩展 ASCII 字符集中的 256 个字符,共有 10 种版本和 14 种尺寸,最大可表示 2218 个文本字符、3550 个数字或 1478 个字节。

(2) Data Matrix 码。

Data Matrix 码(见图 2-8)是最早的二维码之一,1988 年 5 月由美国国际资料公司的 Dennis Priddy 和 Robert S. Cymbalski 发明。其可编码标准和扩展 ASCII 字符集中的 256 个字符,最大数据容量为 2335 个文本字符、2116 个数字或 1556 个字节。

图 2-7　Code One 码　　　　　　图 2-8　Data Matrix 码

(3) Quick Response 码。

Quick Response 码是日本 Denso 公司 1994 年 9 月研制出的一种矩阵式二维码符号(见图 2-9)。QR 码是最早可以对汉字进行编码的二维码,也是目前应用最广泛的二维码。QR 码有 40 个版本,有 4 个具备不同纠错能力的纠错等级,除了可以编码 ASCII 字符、数字和 8 位字节外,还可以编码中国和日本汉字,而且还具有扩展解释能力。其最多可以编码 4296 个文本字符、7089 个数字、2953 个字节或 1817 个中文或日文字符。QR 在快速识别并解码上具有优势,并且编码范围广泛灵活,因而适应市场潮流,得到了广泛的应用。

（4）汉信码

汉信码是 2005 年由中国物品编码中心牵头开发完成的矩阵式二维码（见图 2-10）。汉信码最大的优势在于汉字的编码,可编码 GB 18030 字符集中的所有汉字,并具有扩展能力。汉信码有高达 84 个版本,有 4 个具备不同纠错能力的纠错等级,最多可编码 4350 个文本字符、7928 个数字、3262 个字节或者 2174 个中文常用汉字。

图 2-9　Quick Response 码

图 2-10　汉信码

2. 二维码技术在制造业大数据感知中的应用

结合装配车间物流的特点和存在的问题,采用基于二维码技术的装配周转控制流程实现物料库存、物料准备,可以实现车间大量复杂物料配送信息及时、快速、准确的录入。

系统采用 GB/T 18284—2000《快速响应矩阵码》标准的 QR 二维码,并采用模式 20 纠错等级 M 的编码方式,通过对对象的唯一标识符和描述信息进行编码,实现对象的扫描确认和信息查看。系统中主要使用二维码标签的地方有三个,如表 2-1 所示。

表 2-1　使用二维码标识的对象

对象	编码标识	编码内容	附着位置
工人	工号	姓名、工种、班组	工作牌
物料	图号	质量、来源	仓库货架
托盘	编号	最大载重量	托盘明显位置

二维码编码采用键值对的形式存储对象的唯一标识符和内容,例如图号为 DrawNo10010、质量为 25 kg、来自"第三车间"的物料,编码为{SN ＝ DrawNo10010；Weight＝25；Souce＝第三车间}。

在对象二维码定义与准备的基础上,装配周转控制流程具体描述如下。

1）齐套物料托盘准备及车间物料周转

齐套请求审核通过后,库存管理员根据齐套清单的物料编号在仓库中采集所需的物料,之后扫描二维码,建立托盘和齐套物料的编号关联,实现快速的齐套托盘物料准备工作。同时实现数据库和仓库之间的协调统一,达到出/入库数量精确记录、物料周转过程透明可见。

2）物料抵达及现场确认

托盘物料抵达车间装配现场,通过二维码扫描确认实际领得物料和齐套请求中的物料清单一致,并提交反馈给库存管理。托盘在完成一次物料周转任务后返回库存端,并将其二维码关联的物料信息重置清空。

3）车间物流追溯和统计

物料从入库、出库、配送到达确认都执行现场扫描操作,同时配送过程都与具体装配工序任务挂接,这些数据包含物料周转的全方位信息,以保证车间管理人员可以实时了解各装配工序所需物料的准确情况,也可以从车间库存的角度了解物料在库情况与离库去向,从而及时发现问题、追溯源头,做到责任到人,促进生产过程的严格管理。

2.2.3　系统日志采集系统

制造企业的业务平台每天都会产生大量的日志数据。对于这些日志信息,数据分析师可以分析得到很多有价值的数据。通过对这些日志信息进行采集、收集,然后进行数据分析,挖掘公司业务平台日志数据中的潜在价值,可以为公司决策和公司后台服务器平台性能评估提供可靠的数据保证。目前常用的开源日志收集系统有 Flume 系统、Scribe 系统等[3]。

Flume 系统提供分布式、可靠、可用的服务,用于高效地收集、聚合和移动大量的日志数据,它具有基于流式数据流的简单灵活的架构。其具备的可靠性机制和故障转移及恢复机制,使 Flume 系统具有强大的容错能力。

Scribe 系统是 Facebook 开源的日志采集系统。Scribe 系统实际上是一个分布式共享队列,它可以从各种数据源上收集日志数据,然后放入它上面的共享队列中。Scribe 系统可以接受客户端发送过来的数据,将其放入它上面的消息队列中。然后通过消息队列将数据推送到分布式存储系统中,并且由分布式存储系统提供可靠的容错性能。如果最后的分布式存储系统崩溃,Scribe 系统中的消息队列还可以提供容错能力,它会将日志数据写到本地磁盘中。Scribe 系统支持持久化的消息队列,来提高日志收集系统的容错能力。

2.2.4　网络数据采集系统

部分企业通过网络爬虫和一些网站平台提供的公共 API(如微信和新浪微博

APP)等工具从网站上获取数据,这样就可以将非结构化和半结构化的网页数据从网页中提取出来,将其提取、清洗、转换成结构化的数据,并存储为统一的本地文件数据。目前常用的网页爬虫系统有 Apache Nutch、Crawer、Scrapy 等框架。

Apache Nutch 是一个具有高度可扩展和可伸缩性的分布式爬虫框架。Apache 通过分布式方式抓取网页数据,并且由 Hadoop 支持,通过提交 MapReduce 任务来抓取网页数据,并可以将网页数据存储在 HDFS 分布式文件系统中。Nutch 可以进行分布式多任务爬取数据并进行存储和索引。由于多个机器并行做爬取任务,Nutch 充分利用机器的计算资源和存储能力,大大提高系统爬取数据能力。而 Crawler、Scrapy 都属于同一个爬虫框架体系,提供给开发人员便利的爬虫 API 接口。开发人员只需要关心爬虫 API 接口的实现,不需要关心具体框架怎么爬取数据。Crawler、Scrapy 框架大大降低了开发人员的开发速度,开发人员可以很快地完成一个爬虫系统的开发。

2.2.5　数据库采集系统

一些生产制造企业使用传统的关系型数据库 MySQL 和 Oracle 等来存储数据。除此之外,Redis 和 MongoDB 这样的 NoSQL 数据库也常用于数据的采集。企业在各时段内所产生的业务数据将以数据信息形式录入数据库系统中。

通过数据库采集系统直接与企业业务后台服务器结合,将企业业务后台每时每刻都在产生的大量业务记录写入到数据库中,最后由特定的处理分析系统进行系统分析。针对大数据采集技术,目前主要流行的是基于 Hive 的大数据采集分析技术。

Hive 是 Facebook 团队开发的一个可以支持 PB 级别的可伸缩性的数据仓库,这是一个建立在 Hadoop 之上的开源数据仓库解决方案。Hive 支持使用类似 SQL 的声明性语言(HiveQL)表示的查询,这些语言被编译为使用 Hadoop 执行的 MapReduce 作业。另外,HiveQL 使用户可以将自定义的 map-reduce 脚本插入到查询中。该语言支持基本数据类型、类似数组和 Map 的集合以及嵌套组合。首先运行者将查询传递给编译器(compiler),通过典型的解析、类型检查和语义分析阶段,使用存储在数据库中的元数据。之后,编译器生成一个逻辑任务,然后通过一个简单的基于规则的优化器进行优化。最后生成一组优化后的 map-reduce 任务和 HDFS 任务。然后执行引擎使用 Hadoop 按照它们的依赖性顺序执行这些任务。

Hive 数据仓库简化了那些不熟悉 Hadoop MapReduce 接口的用户的学习门槛,Hive 提供了一系列简单的 HiveQL 语句,对数据仓库中的数据进行简要分析与计算。

2.2.6 其他制造业大数据感知技术

1. 多传感器融合技术

多传感器信息融合（multiple sensor information fusion，MSIF），也称为多传感器数据融合，是将同一对象不同位置的同类或不同类的多个传感器信息加以综合，消除传感器之间可能存在的冗余和矛盾的信息，降低其不确定性，以形成对对象相对完整一致的感知描述，从而提高智能系统规划、决策的快速性和正确性，降低决策风险。

随着科学技术的发展，智能系统所面对的对象，其综合性、复杂性和不确定性表现得越来越突出。智能系统要正确地做出执行决策，完成各种任务，其先决条件就是系统所获得的信息必须能正确、全面、动态地反映对象的实时状态。系统获取对象实时状态的途径就是通过传感器实时地对对象进行检测。

在以往的研究和实际实施过程中，人们的精力几乎都集中在针对单一传感器问题上。目前，在智能系统中使用大量同类型或不同类型的传感器的情况越来越多，以前人们没有把这些传感器当作一个整体来加以分析和研究，仅将大量的传感器信息进行简单的集成。虽然在传感器信息处理方面做出了许多富有成效的工作，但是这些处理方法并不能充分利用这些传感器提供的信息，无法从中获得更多蕴含的信息，从而造成了信息的大量浪费，制约了智能控制系统性能的提高，也增加了智能系统的开发研究成本。

随着理论研究和开发技术的发展，各种类型的传感器大量涌现，其性能也不断提高，可供智能系统选择的传感器越来越多。在同一系统中，如何综合处理各种传感器提供的信息显得越来越重要。多传感器信息融合理论和方法的提出就是为了更有效地处理多传感器集成系统的设计和研究问题。经过融合处理后的多传感器系统能更精确、全面地反映对象的实时状态，与单一传感器和简单的传感器集成系统相比，它具有以下几方面的优势。

（1）信息的冗余性。采用多传感器可以获得对象信息的冗余表达。传感器一般都存在误差，这种冗余的信息可以减小误差，提高系统的精度。在单一传感器系统中，当传感器出现故障时，会对系统造成重大影响，甚至会使系统不能正常工作。而多传感器信息融合系统就能有效避免这种现象的发生，通过多个传感器提供的冗余信息，可以排除故障信息，提高系统的稳定性。

（2）信息的互补性。不同的传感器，尤其是不同种类的传感器，所获得的对象的信息不尽相同，这些信息来自不同侧面对对象的反应，多传感器融合系统在融合这些信息时就产生互补信息，因而对对象的描述更为全面。

（3）系统的低成本性。在获得等量信息时，与单一传感器系统相比，多传感器信息融合系统可以节约传感器数量，大大降低系统的开发研究成本。

（4）信息的实时性。单个传感器提供信息的速度是固定的，而在多传感器信息融合系统中,多传感器采取并行运行方式,可以根据任务的要求,得到满足精度的快速输出,可以提高信息获取的速度。

2. iGPS 技术

iGPS 技术又称室内 GPS 技术,它是一种三维测量技术,其借鉴了 GPS 定位系统的三角测量原理,通过在空间建立三维坐标系,并采用红外激光定位的方法计算空间待测点的详细三维坐标值。iGPS 技术具有高精度、高可靠性和高效率等优点,主要用于解决大尺寸空间的测量与定位问题。

iGPS 技术为大尺寸的精密测量提供了全新的思路。在 iGPS 技术之前,很难对飞机整机、轮船船身等大尺寸物体进行精密的测量。iGPS 技术可以很方便地解决这一难题,同时也具有相当高的测量精度,在 39m 的测量区域内其测量精度可以高达 0.25mm。此外,iGPS 系统可以通过建立一个大尺寸的空间坐标系,完成坐标测量、精确定位和监控装配等任务。

如图 2-11 所示,iGPS 系统主要包括 3 个部分:发射器、接收器和中央处理器。发射器分布在测量空间的不同位置,发出一束线性激光脉冲信号和两束扇形激光平面信号;接收器又称 3D 靶镜,即为能采集激光信号的传感器,位于待测点处,负责接收发射器发出的激光信号,并根据发射器投射来的激光时间特征参数计算待测点的角度和位置信息,将其转换为数字脉冲信号并通过 Zigbee 无线网络传输给控制系统;控制系统负责数字脉冲信号的分析处理工作,通过解码,并根据各发射器的相对位置和位姿关系计算出各待测点的空间三维坐标。

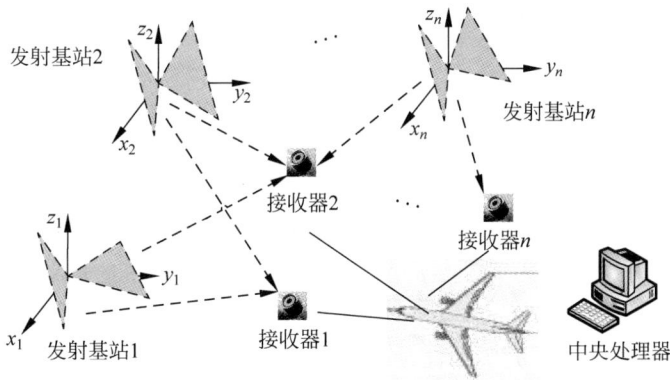

图 2-11　iGPS 系统的组成部分及工作原理

iGPS 技术作为一种先进的大尺寸测量技术,目前已经受到工业界和学界的关注,并得到了广泛应用。例如,波音公司将 iGPS 技术率先用到飞机装配的精确定位中,为波音 787 建立了数字化自动对接装配平台(如图 2-12 所示),并使用 iGPS 测量系统实现了 POGO 柱的标定及机身与机翼的定位。F35 飞机在装配过程中采用 iGPS 测量系统精确引导自动导引运输车(automatied guided vehicle,AGV)

的移动。空客公司采用 iGPS 技术对飞机大型壁板的铆钻位置进行精确定位。

图 2-12　iGPS 技术在波音 787 数字化装配定位中的应用

目前关于 iGPS 技术的应用主要集中在大尺度精密测量方面,但由于 iGPS 技术能够实现高精度的位置测量,因而其在生产过程的自动监控领域同样具有广阔的前景。

2.3　大数据传输技术

大数据传输技术是指数据源与数据宿之间通过一个或多个数据信道或链路、共同遵循一个通信协议而进行的数据传输。它主要是按照适当的规则,经过一条或多条链路,在数据源和数据宿之间进行多元数据汇集与传输的过程。大数据在科学及商业应用领域都具有很大价值。传统的电路交换具有稳定的特点,但其要求足够可用的线宽;而大数据的特点是对时延的不敏感性,但其占用网络资源却很大,因而保证数据传输的实时性是数据传输过程中的核心要务。

2.3.1　工业现场总线通信技术

现场总线(fieldbus)是 20 世纪 80 年代末 90 年代初国际上发展起来的一种把大量现场级设备和操作级设备相连的工业通信系统,用于过程自动化、制造自动化、楼宇自动化等领域的现场智能设备互联通信网络。其一般定义为:一种用于智能化现场设备和自动化系统的开放式、数字化、双向串行、多节点的通信总线[4]。现场总线作为工厂数字通信网络的基础,沟通了生产过程现场及控制设备之间及其与更高控制管理层次之间的联系。它不仅是一种基层网络,而且还是一种开放式、新型全分布控制系统,这项以智能传感、控制、计算机、数字通信等技术为主要内容的综合技术已经在世界范围内受到关注,成为自动化技术发展的热点,并将导致自动化系统结构与设备的深刻变革。

2.3.1.1　现场总线技术的特点及优点

工业界一般把 20 世纪 50 年代前的气动信号控制系统(pneumatic control system,PCS)称为第一代控制系统,把 4~20mA 等电动模拟信号控制系统称为第二代控制系统,把数字计算机集中式控制系统称为第三代控制系统,把 20 世纪 70 年代中期以来的集散式分布控制系统(distributed control system,DCS)称为第四代控制系统,把现场总线控制系统(fieldbus control system,FCS)称为第五代控制系统。FCS 作为新一代控制系统,一方面突破了 DCS 采用通信专用网络的局限,采用了基于公开化、标准化的解决方案,克服了封闭系统所造成的缺陷;另一方面把 DCS 的集中与分散相结合的集散系统结构变成了新型全分布式结构,把控制功能彻底下放到现场。FCS 具有互可操作性与互用性、现场设备的智能化与功能自治性、系统的开放性、系统结构的高度分散性和对现场环境的适应性五个特点。

(1)互可操作性与互用性。这里的互可操作性是指实现互联设备间、系统间的信息传送与沟通,可实行点对点、一点对多点的数字通信。而互用性则意味着不同生产厂家的性能类似的设备可进行互换而实现互用。

(2)现场设备的智能化与功能自治性。它将传感测量、补偿计算、工程量处理与控制等功能分散到现场设备中完成,仅靠现场设备即可完成自动控制的基本功能,并可随时诊断设备的运行状态。

(3)系统的开放性。系统的开放是指通信协议公开,各不同厂家的设备之间可进行互联并实现信息交换,因而现场总线控制系统开发者就是要致力于建立统一的工厂底层网络的开放系统实现信息的开放与共享。这里的开放是指对相关标准的一致、公开性,强调对标准的共识与遵从。一个开放系统可以与任何遵守相同标准的其他设备或系统相连。一个具有总线功能的现场总线网络系统必须是开放的,开放系统把系统集成的权利交给了用户。用户可根据自己的需要和对象把来自不同供应商的产品组成任意大小的系统。

(4)系统结构的高度分散性。由于现场设备本身已可完成自动控制的基本功能,使得现场总线已构成一种新的全分布式控制系统的体系结构,从根本上改变了现有 DCS 集中与分散相结合的集散控制系统体系,简化了系统结构,提高了可靠性。

(5)对现场环境的适应性。工作在现场设备前端、作为工厂网络底层的现场总线是专为在现场环境工作而设计的,它可支持双绞线、同轴电缆、光缆、射频、红外线、电力线等,具有较强的抗干扰能力,能采用两线制实现送电与通信,并可满足本质安全防爆要求等。

现场总线控制系统使现场自控设备与系统步入了信息网络的行列,为其应用开拓了更为广阔的领域,其具有如下优点。

(1) 节省维护开销。由于现场控制设备具有自诊断与简单故障处理的能力,并通过数字通信将相关的诊断维护信息送往控制室,用户可以查询所有设备的运行状态,诊断维护信息,以便尽早分析故障原因并快速排除,缩短了维护停工时间,同时由于系统结构简化、连线简单而减少了维护工作量。

(2) 节省安装费用。现场总线系统的接线十分简单,由于一对双绞线或一条电缆上通常可挂接多个设备,因而电缆、端子、槽盒、桥架的用量大大减少,连线设计与接头校对的工作量也大大减少。当需要增加现场控制设备时,无须增设新的电缆,可就近连接在原有的电缆上,既节省了投资,也减少了设计、安装的工作量。据有关典型试验工程的测算资料显示,可节约安装费用 60％以上。

(3) 节省硬件数量与投资。由于现场总线系统中分散在设备前端的智能设备能直接执行多种传感、控制、报警和计算功能,因而可减少变送器的数量,不再需要单独的控制器、计算单元等,也不再需要 DCS 的信号调理、转换、隔离技术等功能单元及其复杂接线,还可以用工控 PC 作为操作站,从而节省了一大笔硬件投资。由于控制设备的减少,还可减少控制室的占地面积。

(4) 用户具有高度的系统集成主动权。用户可以自由选择不同厂商所提供的设备来集成系统,避免因选择了某一品牌的产品被“框死”了设备的选择范围,不会为系统集成中不兼容的协议、接口而一筹莫展,使系统集成过程中的主动权完全掌握在用户手中。

(5) 提高了系统的准确性与可靠性。由于现场总线设备的智能化、数字化,与模拟信号相比,它从根本上提高了测量与控制的准确度,减少了传送误差。同时,由于系统的结构简化,设备与连线减少,现场仪表内部功能加强:减少了信号的往返传输,提高了系统的工作可靠性。此外,由于它的设备标准化和功能模块化,因而还具有设计简单、易于重构等优点。

2.3.1.2 典型现场总线技术

目前国际上有 40 多种现场总线,但没有任何一种能覆盖所有的应用面,按其传输数据的大小可分为 3 类:传感器总线(sensor bus),属于位传输;设备总线(device bus),属于字节传输;现场总线,属于数据流传输。目前主要的总线有 Profibus 总线、LonWorks 总线、基金会现场总线、CAN 总线等。

1. Profibus 总线

Profibus 总线是由 Profibus-DP、Profibus-FMS、Profibus-PA 组成的 Profibus

系列总线,它是符合德国国家标准 DIN 19245 和欧洲标准 prEN 50170 的现场总线。Profibus-DP 型用于分散外设间的高速传输,适合于加工自动化领域的应用;Profibus-FMS 意为现场信息规范,适用于纺织、楼宇自动化、可编程控制器、低压开关等一般自动化;而 Profibus-PA 则是用于过程自动化的总线类型,它遵从 IEC 1158-2 标准。该项技术是由以西门子公司为主的十几家德国公司、研究所共同推出的。它采用了 OSI 模型的物理层、数据链路层,由这两部分形成了其标准第一部分的子集。Profibus-DP 型隐去了 3~7 层,而增加了直接数据连接拟合作为用户接口;Profibus-FMS 型隐去了 3~6 层,采用了应用层,作为标准的第二部分;Profibus-PA 型的标准目前还处于制定过程之中,其传输技术遵从 IEC 1158-2(1)标准,可实现总线供电与本质安全防爆。

Profibus 支持主-从系统、纯主站系统、多主-多从混合系统等几种传输方式,主站具有对总线的控制权,可主动发送信息。对多主站系统来说,主站之间采用令牌方式传递信息,得到令牌的站点可在一个事先规定的时间内拥有总线控制权,并事先规定好令牌在各主站中循环一周的最长时间。按 Profibus 的通信规范,令牌在主站之间按地址编号顺序,沿上行方向进行传递。主站在得到控制权时,可以按主-从方式向从站发送或索取信息,实现点对点通信。主站可采取对所有站点广播(不要求应答)或有选择地向一组站点广播的方式。Profibus 的传输速率为 96~12kbps,在 12kbps 时最大传输距离为 1000m,可用中继器延长至 10km。其传输介质可以是双绞线,也可是光缆,最多可挂接 127 个站点。

2. LonWorks 总线

LonWorks 也是一种具有强劲实力的现场总线技术,它是由美国 Ecelon 公司推出并与摩托罗拉(Motorola)、东芝(TOSHIBA)共同倡导,于 1990 年正式公布而形成的。它采用了 ISO/OSI 模型的全部 7 层通信协议,采用面向对象的设计方法,通过网络变量把网络通信设计简化为参数设置,其通信速率从 300bps~15Mbps 不等,直接通信距离可达 2700m(78kbps,双绞线),支持双绞线、同轴电缆、光纤、射频、红外线、电源线等多种通信介质。

LonWorks 技术所采用的 LonTalk 协议被封装在被称为 Neuron 的芯片中并得以实现。集成芯片中有 3 个 8 位 CPU:一个用于完成开放互联模型中第 1~2 层的功能,称为媒体访问控制处理器,可以实现介质访问的控制与处理;第二个用于完成第 3~6 层的功能,称为网络处理器,进行网络变量处理的寻址、处理、背景诊断、函数路径选择、软件计量、网络管理,并负责网络通信控制、收发数据包等;第三个是应用处理器,执行操作系统服务与用户代码。芯片中还具有存储信息缓冲区,以实现 CPU 之间的信息传递,并作为网络缓冲区和应用缓冲区。如 Motorola 公司生产的神经元集成芯片 MC143120E2 就包含了 2KRAM 和 2KEEPROM 两种类型的处理器。

3. 基金会现场总线

基金会现场总线(foundation fieldbus,FF)是在过程自动化领域得到广泛支持和具有良好发展前景的总线技术。其前身是以美国 Fisher-Rousemount 公司为首,联合 Foxboro、横河、ABB、西门子等 80 家公司制定的 ISP 协议,和以 Honeywell 公司为首,联合欧洲等地的 150 家公司制定的 WordFIP 协议。屈于用户的压力,这两大集团于 1994 年 9 月合并,成立了现场总线基金会,致力于开发出国际上统一的现场总线协议。它以 ISO/OSI 开放系统互联模型为基础,取其物理层、数据链路层、应用层为 FF 通信模型的相应层次,并在应用层上增加了用户层。

基金会现场总线分低速 H1 和高速 H2 两种通信速率。H1 的传输速率为 3125kbps,通信距离可达 1900m(可加中继器延长),可支持总线供电,支持本质安全防爆环境。H2 的传输速率为 1Mbps 和 25Mbps 两种,其通信距离为 750m 和 500m。物理传输介质可支持双绞线、光缆和无线发射,协议符合 IEC 1158-2 标准。其物理媒介的传输信号采用曼彻斯特编码,每位发送数据的中心位置或是正跳变,或是负跳变。正跳变代表 0,负跳变代表 1,从而使串行数据位流中具有足够的定位信息,以保持发送双方的时间同步。接收方既可根据跳变的极性来判断数据的"1""0"状态,也可根据数据的中心位置精确定位。

4. CAN 总线

CAN 是控制网络(control area network)的简称,最早由德国博世(BOSCH)公司推出,用于汽车内部测量与执行部件之间的数据通信。其总线规范现已被国际标准化组织(ISO)制定为国际标准,得到了 Motorola、Intel、Philips、Siemens、NEC 等公司的支持,已广泛应用在离散控制领域。

CAN 协议也是建立在国际标准化组织的开放系统互联模型基础上的,不过,其模型结构只有 3 层,只取 OSI 底层的物理层、数据链路层和上层的应用层。其信号传输介质为双绞线,通信速率最高可达 1Mbps/40m,直接传输距离最远可达 10km/1kbps,可挂接设备最多达 110 个。CAN 的信号传输采用短帧结构,每一帧的有效字节数为 8 个,因而传输时间短,受干扰的概率低。当节点严重错误时,具有自动关闭的功能以切断该节点与总线的联系,使总线上的其他节点及其通信不受影响,具有较强的抗干扰能力。CAN 支持多主方式工作,网络上任何节点均在任意时刻主动向其他节点发送信息,支持点对点、一点对多点和全局广播方式接收/发送数据。它采用总线仲裁技术,当出现几个节点同时在网络上传输信息时,优先级高的节点可继续传输数据,而优先级低的节点则主动停止发送,从而避免了总线冲突。

常见的现场总线技术特点与应用情况介绍见表 2-2。

表 2-2 常见的现场总线技术特点与应用情况

总线类型	技术特点	主要应用场合	价格	支持公司
FF	功能强大,本安,实时性好,总线供电;但协议复杂,实际应用少	流程控制	较贵	Honeywell、Rosemount、ABB、Foxboro、横河等
WorldFIP	有较强的抗干扰能力,实时性好,稳定性好	工业过程控制	一般	Alstone
Profibus-PA	满足本质安全要求,总线供电,实际应用较多;但支持的传输介质较少,传输方式单一	过程自动化	较贵	Siemens
Profibus-DP/FMS	速度较快,组态配置灵活	车间级通信、工业、楼宇自动化	一般	Siemens
CAN	采用短帧,抗干扰能力强,速度较慢,协议芯片内核由国外厂商垄断	汽车检测、控制	较便宜	Philips、Siemens、Honeywell 等
LonWorks	支持 OSI 7 层协议,实际应用较多,开发平台完善,协议芯片内核由国外厂商垄断	楼宇自动化、工业、能源	较便宜	Echelon

2.3.2 工业现场以太网通信技术

以太网(Ethernet)出现于 1975 年。1982 年发布了 IEEE 802.3 标准的第一版本。1990 年 2 月,该标准正式成为 ISO/IEC 8802.3 标准。在商用数据通信领域,以太网技术发展成为互联网的基础通信技术,导致了一场全球信息技术的革命。进入 21 世纪以来,以太网技术开始应用于工业自动化控制网络,工业以太网交换机是在商用以太网交换机(IEC 8802.3 标准)的基础上进行改进,以适应不同工业控制系统的功能和性能需求,适应各种恶劣环境的高可靠性数据交换[5]。

2007 年 12 月,IEC 出版了第四版 IEC 61158 现场总线国际标准,包括 EPA 实时以太网在内的 9 种类型的工业以太网进入新版标准。它标志着工业以太网技术成为与现场总线技术并列的工业自动化控制系统网络通信解决方案。由于以太网技术标准开放性好,应用广泛,使用透明、统一的通信协议,因此成为工业控制领域唯一的通信标准。工业以太网与商业以太网都符合 OSI 模型,但针对工业控制实时性、高可靠性的要求,工业以太网在链路层、网络层增加了不同的功能模块,在物理层增加了电磁兼容性设计,解决了通信实时性、网络安全性、抗强电磁干扰等技术问题。目前工业以太网已逐步应用于电力、交通、冶金、煤炭、石油化工等工业领域中。作为新兴产业,全球工业以太网行业目前正处于产业发展的导入期,最近十年的增长速度远高于互联网和现场总线的增长速度。以太网的成功之处在于实现了便捷的网络互联,通过以太网连接的网络和设备可以是不同类型的网络、运行不同网络协议的设备和系统,联网的设备可以方便地实现互联、互通与互操作。

2.3.2.1 工业以太网的技术优势

工业以太网技术具有价格低廉、稳定可靠、通信速率高、软硬件产品丰富、应用广泛,以及支持技术成熟等优点,已成为最受欢迎的通信网络之一。近些年来,随着网络技术的发展,以太网进入了控制领域,形成了新型的以太网控制网络技术。这主要是由于工业自动化系统向分布化、智能化控制方面发展,开放的、透明的通信协议是必然的要求。以太网技术被引入工业控制领域,其主要技术优势有以下 5 个。

(1)软硬件成本低廉。由于以太网技术已经非常成熟,支持以太网的软硬件受到厂商的高度重视和广泛支持,有多种软件开发环境和硬件设备供用户选择,因此成本较低。

(2)以太网能实现工业控制网络与企业信息网络的无缝连接,形成企业级管控一体化的全开放网络。

(3)它是全开放、全数字化的网络,遵照网络协议,不同厂商的设备可以很容易地实现互联。

(4)通信速率高。随着企业信息系统规模的扩大和复杂程度的提高,对信息量的需求也越来越大,需要音频、视频数据的传输。当前通信速率为 10Mbps、100Mbps 的快速以太网开始广泛应用,千兆以太网技术也逐渐成熟,10Gbps 以太网也正在研究,其速率比现场总线快很多。

(5)可持续发展潜力大。在这信息瞬息万变的时代,企业的生存与发展将很大程度上依赖于一个快速而有效的通信管理网络,信息技术与通信技术的发展将更加迅速,也更加成熟,保证了以太网技术不断地持续向前发展。

2.3.2.2 工业以太网的发展趋势

传统的工业以太网解决方案往往采用主控 CPU 连接物理层接口芯片,在主控器内编写以太网通信协议。这种方法需要编写烦琐的程序并且耗费大量的时间调试,且由于网络协议一般都比较大,写入软件后稳定性欠佳,不利于系统的快速开发与稳定运行;而且客户时常会有新的需求,这种用软件实现的方式就很难满足频繁更新升级的要求。因此,一种有效的方式就是将网络协议的处理独立于系统处理器之外,让应用程序与资料的输入/输出分别执行于不同的硬件,来适应多方面的条件。它将网络协议的处理分成一个由特定处理器执行的控制部分和一个硬件线路部分,这种方式的优点是具有较短的开发周期与较高的弹性,而且能够增加稳定性与有效降低主 CPU 负担,模块化的设计也便于以后系统的升级。

工业以太网在工业设备领域的可持续性和可拓展性是工业互联网中的重点。在大数据时代下,云计算、分布式数据存储和处理的需求使得工业互联网接入因特网成为日益迫切的需求。在目前的工业以太网框架中,所使用的第二代互联网 IPv4 技术面临着网络地址资源有限的挑战,从理论而言,IPv4 的编址仅能支持 1600 万个网络、40 亿台主机。但采用 A、B、C 三类编址方式后,可用的网络地址和主机地址的数目大打折扣,以致 IP 地址已于 2011 年 2 月 3 日分配完毕。其中北美占有 3/4,约 30 亿个,而人口最多的亚洲只有不到 4 亿个,中国截至 2010 年 6 月 IPv4 地址数量达到 2.5 亿。在工业互联网时代下,车间底层的海量终端都需要分配唯一的地址从而实现和云端设备的通信,那么必然会对互联网目前捉襟见肘的 IPv4 协议产生冲击。在这样的环境下,IPv6 应运而生。单从理论上来说,IPv6 所拥有的地址容量约是 IPv4 的 $8×10^{28}$ 倍,达到 2^{128} 个。这不但解决了网络地址资源数量的问题,也为车间底层的通信设备互联互通,车间底层终端(智能设备、人员、控制系统)和云端服务器、控制终端之间的通信数量限制扫清了障碍。

工业以太网架构本身的特性决定了它能给客户带来更多的收益,以太网的可持续性和可扩展性为设备未来升级改造提供了极大的便利,以太网的透明性可以实现网络设备的互访和交换。总而言之,工业以太网作为未来工业控制的主流技术已是大势所趋。

2.3.3　工业现场无线网络通信技术

近年来,以太网、互联网等网络架构已越来越广泛地应用于自动化工业领域,取代传统的串口通信将成为自动化系统通信的主流。无线网络利用无线电波来为各种智能现场设备、移动机器人以及各种自动化设备之间的通信提供高带宽的无线数据链路和灵活的网络拓扑结构,在一些特殊环境下有效地弥补了有线网络的不足,进一步完善了工业控制网络的通信性能,是现代数据通信系统发展的一个重要方向。

无线网络通信技术在工业控制中的应用,主要包括数据采集、视频监控等,可以帮助用户实现移动设备与固定网络的通信或移动设备之间的通信,且坚固、可靠、安全。它适用于各种工业环境,即使在极恶劣的情况下也能够保证网络的可靠性和安全性。目前,在工业自动化领域中的无线通信技术协议主要是:对于可用于现场设备层的无线短程网,采用的主流协议是 IEEE 802.15.4;对于适应较大传输覆盖面和较大信息传输量的无线局域网,采用的是 IEEE 802.11 系列;对于较大数据容量的短程无线通信,工业界广泛采用的是蓝牙标准。可将无线网络通信技术分为无线传感器网络(wireless sensor networks)通信技术、无线局域网(wireless LAN)通信技术、蓝牙(bluetooth)通信技术,下面分别进行介绍。

2.3.3.1 无线传感器网络通信技术

随着计算机网络技术、无线技术以及智能传感器技术的相互渗透、结合，产生了基于无线技术的网络化智能传感器的全新概念。这种基于无线技术的网络化智能传感器，使得工业现场的数据能够通过无线链路直接在网络上传输、发布和共享。这些智能化的传感器与 PLC、读卡器或其他设备之间互相联接，形成一个无线传感器控制网络，作为信息系统内管理和收集数据的工具。IEEE 802.15.4 是描述低速率无线个人局域网的物理层和媒体接入控制协议，目前 Zigbee、WirelessHART 和 MiWi 是遵循该协议的三项短程通信技术。本节以应用最为广泛的 Zigbee 网络为例，介绍无线传感器网络通信技术。

Zigbee 通信技术具有功耗低、数据传输可靠性高、网络容量大、时延小、兼容性、安全性以及实现成本低 7 大特点。①功耗低：工作周期较短、收发信息功耗较低且非工作状态下主要处于休眠模式。②数据传输可靠性高：采用了碰撞避免机制，同时为需要固定带宽的通信业务预留了专用时隙，避免了发送数据时的竞争和冲突。③网络容量大：一个 Zigbee 网络可以容纳最多 65536 个从设备和一个主设备，一个区域内可以同时存在最多 100 个 Zigbee 网络。④时延小：针对时延敏感的应用做了优化，通信时延和休眠状态激活的时延都非常短。设备搜索时延典型值为 30ms，休眠激活时延典型值为 15ms，活动设备信道接入时延为 15ms。⑤兼容性：与现有的控制网络标准无缝集成。通过网络协调器（coordinator）自动建立网络，采用 CSMA-CA 方式进行信道存取。为了可靠传递，提供全握手协议。⑥安全性：Zigbee 提供了数据完整性检查和鉴权功能，加密算法采用 AES-128，同时对各个应用可以灵活确定其安全属性。⑦实现成本低：模块的初始成本较低。

其网络拓扑结构可根据应用的需要组织成星形网络（见图 2-13），也可以组织成点对点网络。在星形结构中，所有设备都与中心设备 PAN 网络协调器通信。在这种网络中，网络协调器一般使用持续电力系统供电，而其他设备采用电池供电。星形网络适合家庭自动化、个人计算机的外设以及个人健康护理等小范围的室内应用。

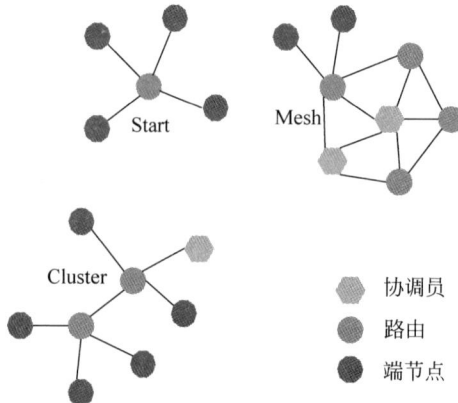

Start　Mesh

Cluster

協調員
路由
端节点

图 2-13　典型星形网络拓扑结构

与星形网络不同,点对点网络中,只要其中的设备彼此都在对方的无线辐射范围之内,任何两个设备之间都可以直接通信。点对点网络中也需要网络协调器,负责实现管理链路状态信息、认证设备身份等功能。点对点网络模式可以支持 ad hoc 网络,允许通过多跳路由的方式在网络中传输数据。不过一般认为自组织问题由网络层来解决,不在 IEEE 802.15.4 标准讨论范围之内。点对点网络可以构造更复杂的网络结构,适合于设备分布范围广的应用,比如在工业检测与控制、货物库存跟踪和智能农业等方面有非常好的应用背景。

2.3.3.2　无线局域网通信技术

自从 1977 年第一个民用网系统 ARC net 投入运行以来,有线局域网以其广泛的适用性和技术价格方面的优势获得了成功并得到了迅速发展。然而,在工业现场,一些工业环境禁止、限制使用电缆或很难使用电缆,有线局域网很难发挥作用,因此无线局域网技术得到了发展和应用。随着微电子技术的不断发展,无线局域网技术将在工业控制网络中发挥越来越大的作用。在工业自动化领域,有成千上万的感应器、检测器、计算机、PLC、读卡器等设备,需要互相联接形成一个控制网络,通常这些设备提供的通信接口是 RS-232 或 RS-485。无线局域网设备使用隔离型信号转换器,将工业设备的 RS-232 串口信号与无线局域网及以太网络信号相互转换,符合无线局域网 IEEE 802.11 和以太网络 IEEE 802.3 标准,支持标准的 TCP/IP 网络通信协议,有效地扩展了工业设备的联网通信能力。

无线网通信协议可采用 IEEE 802.3 来实现点对点传输方式或采用 IEEE 802.11 实现一点对多点传输方式,也可以在普通局域网基础上通过无线 Hub、无线接入站、无线网桥、无线 Modem 及无线网卡等来实现,其中现场以无线网卡使用最为普遍。

利用无线局域网组建自动化工业网络,相比之下具有有线固定网络无法比拟的优势:①无线网络拓扑更适合工业网络应用。它支持 RS-232 工业设备点到点的连接,支持广播的拓扑,且多个 RS-232 工业设备可组成对等网络,实现相互通信(RS-232 通信协议无法支持多点通信)。而对于客户机/服务器的拓扑,每个 RS-232 工业设备不仅可以方便、快捷地接入无线网络中,而且能极大地提高信息处理能力。②无须布线,省去了施工的麻烦。无线局域网利用无线电波传输数据信号,适合在难于布线的环境中搭建数据传输网络。在工业现场,铺设的线缆容易受到频繁的触碰损坏,无线网络则保证了网络的安全性。③覆盖范围广。无线局域网在开放空间覆盖半径达 550m,室内一般覆盖半径为 300~400m,通过室外无线设备传输距离可以达到几十千米。

无线局域网现主要应用在远程视频传输、门禁/考勤管理系统、安防管理系统、生产设备联网自动化、电信/光纤网络监控、医疗/实验仪器联网自动化、工业/流程联网控管等领域。

2.3.3.3 蓝牙通信技术

蓝牙(bluetooth)是由东芝、爱立信、IBM、Intel 和诺基亚等公司于 1998 年 5 月共同提出的近距离无线数字通信的技术标准。自从提出该技术以来,蓝牙技术的发展异常迅速。蓝牙作为一种新的短距离无线通信技术标准,受到全世界越来越多工业界生产厂家和研究机构的广泛关注。近年来,世界上一些权威的标准化组织也都在关注蓝牙技术标准的制定和发展。例如,IEEE 的标准化机构也已经成立了 802.15 工作组,专门关注有关蓝牙技术标准的兼容和未来的发展等问题。IEEE 802.15.2TG2 的主要工作是探讨蓝牙如何与 IEEE 802.11b 无线局域网技术共存的问题,而 IEEE 802.15.3TG3 的主要工作则是研究未来蓝牙技术向更高速率(如 10～20Mbps)发展的问题。国内的一些生产厂家与研究部门也准备开始组织蓝牙技术产品的开发。

蓝牙是取代数据电缆的短距离无线通信技术,可以支持物体与物体之间的通信,工作频段是全球开放的 2.4GHz 频段,可以同时进行数据和语音传输,传输速率可达到 10Mbps,使得在其范围内的各种信息化设备都能实现无缝资源共享。蓝牙技术的应用非常广泛而且极具潜力。它可以应用于无线设备(如 PDA、手机、智能电话、无绳电话)、图像处理设备(照相机、打印机、扫描仪)、安全产品(智能卡、身份识别、票据管理、安全检查)、消费娱乐(耳机、MP3、游戏)、汽车产品(GPS、ABS、动力系统、安全气囊)、家用电器(电视机、电冰箱、电烤箱、微波炉、音响、录像机)、医疗健身、建筑、玩具等领域。

2.3.3.4 工业无线网络通信技术的发展趋势

在大数据时代,工业无线网络技术是工业互联网技术领域最活跃的主流发展方向,是影响未来制造业发展的革命性技术。工业无线网络通信技术兴起于 21 世纪初,它通过支持设备间的交互与物联,提供低成本和具有高可靠性、高灵活性的新一代泛在制造信息系统和环境,推动工业信息化系统的功能扩展与提升,是实现提高生产效率、提升产品质量、节约能源和降低排放的重要技术。为此,工业无线网络通信技术备受全球先进工业国家的关注。

工业无线网络是一种由大量随机分布的、具有实时感知和自组织能力的传感器节点组成的网状(mesh)网络,综合了传感器技术、嵌入式计算技术、现代网络及无线通信技术、分布式信息处理技术等,具有低耗自组、泛在协同、异构互联的特点。工业无线网络技术是继现场总线之后工业控制系统领域的又一热点技术,是降低工业测控系统成本、提高工业测控系统应用范围的革命性技术,也是未来几年工业自动化产品新的增长点,已经引起许多国家学术界和工业界的高度重视。

无线介质不像有线介质那样处在一种受保护的传输环境之下。在传输过程中,它常常会衰变、中断和发生各种各样的缺陷,诸如频散、多径时延、干扰、与频率有关的衰减、节点休眠、节点隐蔽和与安全有关的问题等。不过这些影响无线传输质量的因素都可以通过在 ISO 的 7 层模型的各层中采用适当的机制加以克服或减轻。要注意的是,并不是所有的机制都可以与其他的机制相兼容;或者说,部分机制有可能对关键性能和属性产生负面影响。因此,通信系统必须根据其具体的应用现实环境,对各层所采用的机制进行组合优化,以求得最好的综合通信性能。

因此,如何在复杂的工业环境中研究出可靠、保密、克服干扰的无线通信技术,并开发出支持这些无线通信协议的物理层和 MAC 层的收发器芯片,是未来工业无线网络通信技术发展的方向。

2.3.4　5G 技术

5G 技术和工业互联网同为当今的前沿技术,虽然分别服务于通信领域和工业领域,但技术的关联性仍然会使它们紧密相联。工业互联网依赖于高速发展的互联网技术,性能优异的 5G 网络将会有力促进互联网应用的高速发展,也必将对工业互联网的应用产生深远的影响。

工业互联网的重要标志是网络化和智能化,其中的网络化承载着工业制造中的数据流通,智能化支撑着工业制造中的生产过程。网络化依赖于网络的畅通和管理。智能化依赖于像 3D 打印一样的智能加工与成形,但这些都明显地表示出工业互联网应用仅仅局限于行业圈内。工业互联网应用需要走出制造界,使工业互联网成为移动互联网中的一个环节,通过移动互联网和电子商务系统与消费者互动,只有这样才有能力使工业互联网为客户量身定制,满足多样化和个性化发展趋势的工业品制造市场的需求,才有能力使工业互联网制造实现高品质、高速度、高效率和高利润的小批量或单批次智能化生产[6]。5G 系统将有可能是工业互联网实现这个终极目标的重要推手。

工业大数据平台主要由企业服务、运行监测及智能分析三大系统组成,构成了从数据收集到数据分析的数据驱动应用模式。

借助工业大数据平台,可以妥善解决工业数据标识困难、数据分散、应用困难等问题。以数据驱动解决方案为核心,搭建工业大数据平台已成为业内企业的重要业务模式。

目前,针对数据感知能力,国内一些企业构建了多维感知数据汇聚平台、数据治理管理平台、数据存储等平台。通过采集、爬取、汇聚和解析各种结构化与非结构化数据,从而实现对数据的融合和关联建模。在预测性维护方面,工业大数据所起到的作用尤为重要。利用大数据对设备特征进行动态观测、重点观测及数据分析,能够实现实时监测和诊断,提早发现问题,及时部署维护方案,确保设备的正常运转,将问题风险系数降到最低。尽管如此,我国工业大数据产业的发展仍存在诸多问题,例如:数据不足、信噪比低、分析难度高、信息安全威胁、智能应用系统存在瓶颈等。解决上述问题,可有效地推动工业大数据在各领域的深度应用。

随着 5G 网络的商用和智能终端的完善,随着社会的发展和消费者对工业产品的多样化、个性化和人性化需求的演进,随着网络技术、智能技术和平台管理技术的发展,传统制造产业界以大型工厂为制造单位、以工人群体为制造主体的集中式工厂流水作业制造特征,将会转变为以家庭或小型作坊为制造单位,以专业制造技师为主体的分散式个体定制作业制造特征。甚至会衍生出极富影响力的工业品制造经纪平台,衍生出众多既懂商业经营,又懂工业流程,还懂制造技术的工业制造经纪人,催生出众多具有专业技术和精湛制造工艺的工业部件专门制造技师。因为 5G 平台、5G 网络和 5G 终端在消费者与工业互联网之间架起了一座畅通无阻的桥梁。

可以预见,基于 5G 的工业互联网将会使工业制造完全融入电子商务系统。工业制造仅仅是电子商务中产品制造的末端,电子商务中流通的产品则由工业经纪平台提供,其中显现的产品或许是虚拟的,因为消费者在选择产品时可以对产品提出自己的个性化需求,经纪平台可以根据消费者的需求合理分配产品的不同部件给不同的制造商,通过 3D 打印或智能制造后又快速转交给经纪平台,由经纪平台组装成消费者所需的具体产品。人们从商务平台上看到的工业产品(包括工业部件)都属于商务平台上的虚拟商品,虽然这些虚拟商品可能压根就不存在,但后工业互联网的网络化和智能制造技术完全可以保证产品的出货时间和质量,传统工业制造中的商品库存或仓储将成为历史。基于 5G 的工业互联网可为智能制造提供全新的网络互联,提供全新的数据采集、传输、计算和分析能力,以及新模式、新业态发展的信息服务,将会为企业研发设计、经营决策、组织管理等提供更加丰富、科学的方式方法,为产业链路上下游协同提供新的平台,进而推动整个工业体系的生产方式由粗放低效走向绿色精益、生产组织由分散无序走向协同互通、产业生态由低端初级走向高端完善。5G 平台支撑下的工业互联网,必然会带来跨界融合的新特征和众多新技术创新,造就大规模个性定制,催生开放式协同和服务型制造等新模式,从而使新业态得以深度应用和全面普及,推动生产力再一次跃升。5G 环境下的工业互联网将会越来越重视个性化需求和多样化服务。

当工业互联网通过 5G 平台融入电子商务中后,工业互联网有可能被电子商务彻底湮没,到时工业互联网与其说是属于工业范畴,倒不如说是属于商业领域。传统的制造产业有可能在 5G 平台支撑下的电子商务系统中逐渐失去其独立的产业地位,而如所有作坊一样只是一个产品部件的智能加工点。表面上,5G 只是一个移动通信系统,其实它将会是一个可以极大地融合所有通信技术的综合平台,其包容性足可将工业互联网中的许多技术通过整合而融入。5G 系统作为一个全社会信息综合平台,将会使电子商务应用发挥至极,极大地扩展电子商务的应用领域,也将极大地丰富和方便电子商务的应用模式,而工业互联网制造或许只是电子商务应用领域的一个重要分支。

目前,工业互联网的网络化特征主要是:互联网使得工厂机器、控制平台及制造业下游之间保持互联、互通、互动,并借助网络中的云计算、大数据资源,对整个产业制造环节进行分析、设计和动态调整等智能化控制,打造一个开放与智能的工业生态体系,最终达到使整个工业生产零库存、低能耗、个性化与大规模定制共存,以及可对工业系统进行远程维护和优化等目的。显然,此时的工业互联网利用网络化产生的功能,仍局限于工业制造自身领域,若能将网络化功能延伸至服务领域,或将制造与服务高度融合,使工业互联网与客户直接互动追踪产品应用,使工业互联网既能为产品制造前台服务,更能为产品售后服务,这样的全向性网络化体系只有 5G 网络才有能力承载。5G 系统对工业互联网的影响,表面上仅限制在网络传输范围,但本质上却包括了基础网络、业务类型、产业项目和不可预知的领域,甚至可以为工业互联网开拓出一片新的应用天地。5G 作为一个全域性通信平台,完全有能力引领工业互联网向广阔与纵深同时高速发展。

2.4　大数据处理技术

大数据处理技术是指通过标准数据处理方法,对所获得的数据进行分布式计算处理,它可以实现多源异构数据的集成,提升数据的可用性。企业生产环境具有高动态性、实时性、快速响应等特征,在产品生产制造过程以及质量检测环节中所采集的实际数据库极易受噪声、缺失值和不一致数据的侵扰,且由于生产过程复杂,所形成的生产数据管理库庞大,并且多半来自多个异种数据源,低质量的数据将会导致低质量的挖掘结果,数据质量如果能满足其应用的要求,那么它是高质量的[7]。数据质量涉及许多因素,包括准确率、完整性、一致性、时效性、可信性和可解释性,因而需要采用有效的数据预处理技术对生产数据进行处理,获取符合模型输入、建模所需要的特征数据,其中主要的大数据处理技术包括以下几种。

(1) 数据清理。可以用来清除车间生产管控数据中的噪声,纠正不一致。

(2) 数据变换。可以用来将数据压缩到较小的区间,这可以提高距离度量挖掘算法的准确率和效率,如[0, 1]。

(3) 数据归约。可以通过如聚集、删除冗余特征或聚类来降低数据的规模。

2.4.1　数据清理

企业实际生产环境的数据一般是不完整的、有噪声的和不一致的。数据清理技术主要用于填充缺失的值、光滑噪声并识别离群点、纠正数据中的不一致。

1. 缺失值

对于缺失值的处理方法主要包括以下几种。

（1）忽略元组。当缺少类标号时通常这样做（假设挖掘任务设计分类）。除非元组有多个属性缺少值，否则更改方法不是很有效。当每个属性缺失值的百分比变化很大时，它的性能特别差。如果忽略元组，则不能使用该元组的剩余属性值。

（2）人工填写缺失值。一般来说该方法很费事，并且当数据集很大、缺失很多值时该方法可能行不通。

（3）使用一个全局常量填充缺失值。将缺失的属性值用同一个常量（如："Unknown"或负无穷）替换。如果缺失的值都用"Unknown"替换，则挖掘程序可能误认为它们形成了一个有趣的概念，因为它们都具有相同的值——"Unknown"。因此，尽管该方法简单，但是并不十分可靠。

（4）使用属性的中心值（如均值或中位数）填充缺失值。对于正常的（对称的）数据分布而言，可以使用均值，而倾斜数据分布应该使用中位数。

（5）使用与给定元组属同一类的所有样本的属性均值或中位数。

（6）使用最可靠的值填充缺失值。可以用回归、贝叶斯形式化方法的基于推理的工具或决策树归纳确定。

上述方法（3）至方法（6）使数据有偏差，可能填入的数据不准确。然而，方法（6）是最流行的策略，它使用已有数据的大部分信息来预测缺失值。

2. 噪声数据

噪声（noise）是被测量变量的随机误差或方差值。我们可以使用基本的数据统计描述技术（例如盒图或者散点图）和数据可视化方法来识别可能代表噪声的离群点。

（1）分箱（binning）。分箱方法通过考察数据的"近邻"（即周围的值）来光滑有序的数据值。这些有序的值被分布到这些"箱"中。由于分箱方法考察近邻的值，因此它进行局部的光滑。

（2）回归（regression）。可以用一个函数拟合数据来光滑数据，这种技术称为回归。线性回归涉及找出拟合两个属性（或变量）的"最佳"直线，使得一个属性可以用来预测另一个。多元线性回归是线性回归的扩充，其中涉及的属性多于两个，并且数据拟合到一个多维曲面。

（3）离群点分析（outlier analysis）。可以通过聚类来检测离群点。聚类将类似的值组织成"群"或"簇"。直观地，落在簇集合之外的值被视为离群点。

2.4.2　数据变换

可以通过平滑聚集、数据概化、规范化等方式将数据转换成适用于数据挖掘的形式。可以把数据压缩到较小的区间，如将数据变换到 0.0～1.0 区间可以提高设计距离度量的挖掘算法的准确率和效率。数据变换即对数据进行规范化处理，以便于后续的信息挖掘。常见的数据变换包括特征二值化、特征归一化、连续特征变换、定性特征编码等。

1．特征二值化

特征二值化的核心在于设定一个阈值，将特征与该阈值比较后，转换为 0 或 1（只考虑某个特征出现与否，不考虑出现次数、程度），它的目的是将连续数值细粒度的度量转化为粗粒度的度量。

2．特征归一化

特征归一化也叫作数据无量纲化，主要包括总和标准化、标准差标准化、极大值标准化、极差标准化。这里需要说明的是，基于树的方法是不需要进行特征归一化的，例如 GBDT、bagging、boosting 等，而基于参数的模型或基于距离的模型则都需要进行特征归一化。

3．连续特征变换

连续特征变换的常用方法有 3 种：基于多项式的数据变换、基于指数函数的数据变换、基于对数函数的数据变换。连续特征变换能够增加数据的非线性特征捕获能力，有效提高模型的复杂度。

4．定性特征编码：One-hot 编码

One-hot 编码又称为独热码，即一位代表一种状态，对于离散特征，有多少个状态就有多少个位，且只有该状态所在位为 1，其他位都为 0。

2.4.3　数据归约

数据挖掘时往往数据量非常大，在少量数据上进行挖掘分析需要很长的时间，数据归约技术可以用来得到数据集的归约表示，它小得多，但仍然接近于保持原数据的完整性，并且结果与归约前结果相同或几乎相同[8]。可以通过如聚集、删除冗余特征或聚类来降低数据的规模。这样，在归约后的数据集上挖掘将更有效，并产生相同（或几乎相同）的分析结果。数据归约按照归约对象不同可以分为以下 3 种类型。

1．特征归约

特征归约是从原有的特征中删除不重要或不相关的特征，或者通过对特征进行重组来减少特征的个数。其原则是在保留甚至提高原有判别能力的同时减少特征向量的维度。特征归约算法的输入是一组特征，输出是它的一个子集。在领域知识缺乏的情况下进行特征归约时一般包括 3 个步骤。

（1）搜索：在特征空间中搜索特征子集，每个子集称为一个状态，由选中的特征构成。

（2）评估：输入一个状态，通过评估函数或预先设定的阈值输出一个评估值，搜索算法的目的是使评估值达到最优。

（3）分类：使用最终的特征集完成最后的算法。

2. 样本归约

样本都是已知的,通常数目很大,质量或高或低。样本归约就是从数据集中选出一个有代表性的样本的子集。子集大小的确定要考虑计算成本、存储要求、估计量的精度以及其他一些与算法和数据特性有关的因素。

初始数据集中最大和最关键的维度数就是样本的数目,也就是数据表中的记录数。数据挖掘处理的初始数据集描述了一个极大的总体,对数据的分析只基于样本的一个子集。获得数据的子集后,用它来提供整个数据集的一些信息,这个子集通常叫作估计量,它的质量依赖于所选子集中的元素。取样过程总会造成取样误差,取样误差对所有的方法和策略来讲都是固有的、不可避免的,当子集的规模变大时,取样误差一般会降低。一个完整的数据集在理论上是不存在取样误差的。与针对整个数据集的数据挖掘比较起来,样本归约具有以下一个或多个优点:成本更低、速度更快、范围更广,有时甚至能获得更高的精度。

3. 特征值归约

特征值归约是特征值离散化技术,它将连续型特征的值离散化,使之成为少量的区间,每个区间映射到一个离散符号。这种技术的好处在于简化了数据描述,并易于理解数据和最终的挖掘结果。

特征值归约可以是有参的,也可以是无参的。有参方法使用一个模型来评估数据,只需存放参数,而不需要存放实际数据。有参的特征值归约有以下两种。

(1) 回归。包括线性回归和多元回归。

(2) 对数线性模型。近似离散多维概率分布。

无参的特征值归约有 3 种。

(1) 直方图。采用分箱近似数据分布,其中 V-最优和 MaxDiff 直方图是最精确和最实用的。

(2) 聚类。将数据元组视为对象,将对象划分为群或聚类,使得在一个聚类中的对象“类似”而与其他聚类中的对象“不类似”,在数据归约时用数据的聚类代替实际数据。

(3) 选样。用数据的较小随机样本表示大的数据集,如简单选择 n 个样本(类似样本归约)、聚类选样和分层选样等。

2.5 大数据存储技术

大数据存储技术是指利用标准数据存储方法,实现数据分布式存储的资源配置技术与多维数据管理。在数据存储过程中,大数据的类型与存储形式决定了所采用的数据处理系统,而数据处理系统的性能与优劣将直接影响大数据的价值、可用性、时效性与准确性。因此在

二维码 2-1

对大数据进行存储时,需要根据大数据的类型选择合适的存储形式,并构建数据主题仓库,以实现大数据质量的最优化。大数据平台的本质是一个分布式的平台,各种分布式资源管理技术的采用,使得大数据平台能够有效地管理和扩充计算、存储能力。

2.5.1　YARN

在最初的 MapReduce 架构中,资源的管理、分配都在 MapReduce 中进行。由于 MRv1(MapReduce version1)在扩展性、可靠性、资源利用率和多框架等方面存在明显不足,故 Apache 开始尝试对 MapReduce 进行升级改造,进而诞生了下一代 MapReduce 计算框架 MRv2(MapReduce version2)[9]。由于 MRv2 将资源管理模块构建成了一个独立的通用系统 YARN,这使得 MRv2 的核心从单一计算框架 MapReduce 转移为通用资源管理系统 YARN。其架构如图 2-14 所示。

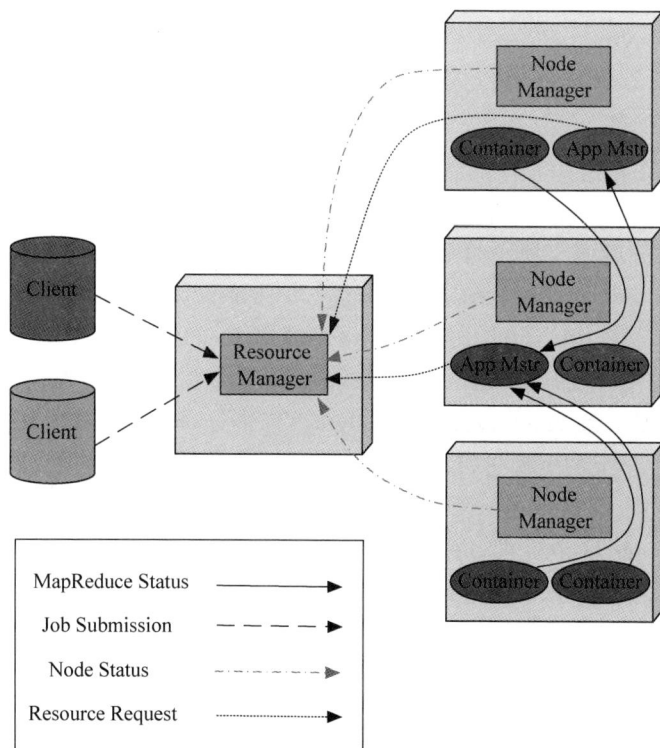

图 2-14　YARN 架构

重构的根本思想是将 JobTracker 两个主要的功能分离成单独的组件,这两个功能是资源管理和任务调度/监控。新的资源管理器全局管理所有应用程序计算资源的分配,每一个应用的 ApplicationMaster 负责相应的调度和协调。一个应用程序无非是一个单独的传统的 MapReduce 任务或者是一个 DAG(有向无环图)任务。ResourceManager 和每一台机器的节点管理服务器能够管理用户在那台机器上的进程并能对计算进行组织。

事实上，每一个应用的 ApplicationMaster 是一个详细的框架库，它结合从 ResourceManager 获得的资源和 NodeManager 协同工作来运行和监控任务。

图 2-14 中 ResourceManager 支持分层级的应用队列，这些队列享有一定比例的资源。从某种意义上讲，它就是一个纯粹的调度器，它在执行过程中不对应用进行监控和状态跟踪，同样，它也不能重启因应用失败或者硬件错误而运行失败的任务。

ResourceManager 是基于应用程序对资源的需求进行调度的，每一个应用程序需要不同类型的资源，因此就需要不同的容器。资源包括内存、CPU、硬盘、网络等。可以看出，这与现在 MapReduce 固定类型的资源使用模型有显著区别，它给集群的使用带来负面的影响。资源管理器提供一个调度策略的插件，它负责将集群资源分配给多个队列和应用程序。

图 2-14 中 NodeManager 是每一台机器框架的代理，是执行应用程序的容器，它监控应用程序的资源(CPU、内存、硬盘、网络)使用情况并且向调度器汇报。

每一个应用的 ApplicationMaster 的职责包括：向调度器索要适当的资源容器，运行任务，跟踪应用程序的状态和监控它们的进程。

YARN 是 Hadoop2.0 中的资源管理系统，它的基本设计思想是将 MRv1 中的 JobTracker 拆分成两个独立的服务：一个全局的资源管理器 ResourceManager 和每个应用程序特有的 ApplicationMaster。其中 ResourceManager 负责整个系统的资源管理和分配，而 ApplicationMaster 负责单个应用程序的管理。

YARN 总体上仍然是 Master/Slave 结构，在整个资源管理框架中，ResourceManager 为 Master，NodeManager 为 Slave，ResourceManager 负责对各个 NodeManager 上的资源进行统一管理和调度。当用户提交一个应用程序时，需要提供一个用以跟踪和管理这个程序的 ApplicationMaster，它负责向 ResourceManager 申请资源，并要求 NodeManager 启动可以占用一定资源的任务。由于不同的 ApplicationMaster 被分布到不同的节点上，因此它们之间不会相互影响。

YARN 的基本思想是将 JobTracker 的两个主要功能(资源管理和作业调度/监控)分离，主要方法是创建一个全局的 ResourceManager 和若干个针对应用程序的 ApplicationMaster。这里的应用程序是指传统的 MapReduce 作业或作业的 DAG(有向无环图)。

(1) ResourceManager 和每个 Slave 节点的 NodeManager 构成了数据计算框架。ResourceManager 负责最终将资源分配到各个应用程序。NodeManager 是每台机器的框架代理，负责管理容器，监控它们的资源(CPU、内存、硬盘、网络)使用情况，同时向 ResourceManager/Scheduler 汇报。

(2) 针对各个应用程序的 ApplicationMaster 实际上是一个详细的框架库，它结合从 ResourceManager 获得的资源和 NodeManager 协同工作来运行和监控任务。ApplicationMaster 同时负责向调度器请求适当的资源容器,跟踪它们的使用状态并监控其进展。

ResourceManager 中有两个主要组件:调度器和 ApplicationManager。

(1) 调度器负责给应用程序分配资源。调度器从某种意义上说是一种纯粹的调度,它不监控和跟踪应用程序的状态,另外它也不对重启应用程序或者硬件故障造成的失败负责。调度器根据应用程序的资源需求执行调度,这些需求基于一个抽象的资源概念容器,包括内存、CPU、硬盘和网络等。

(2) ApplicationManager 负责接收作业提交,将应用程序分配给具体的 ApplicationMaster,并负责重启失败的 ApplicationMaster。

2.5.2　ZooKeeper

ZooKeeper 是一个分布式的、开放源码的分布式应用程序协调服务,是 Google Chubby 一个开源的实现,是 Hadoop 和 HBase 的重要组件。它是一个为分布式应用提供一致性服务的软件,提供的功能包括配置维护、名字服务、分布式同步、组服务等[10]。

ZooKeeper 的目标就是封装好复杂易出错的关键服务,将简单易用的接口和性能高效、功能稳定的系统提供给用户。

在 ZooKeeper 中,znode 是一个与 UNIX 文件系统路径相似的节点,可以往这个节点存储或获取数据。如果在创建 znode 时 Flag 设置为 EPHEMERAL,那么当创建这个 znode 的节点和 ZooKeeper 失去连接后,这个 znode 将不再存在于 ZooKeeper 中,ZooKeeper 使用 Watcher 察觉事件信息。当客户端接收到事件信息时,比如连接超时、节点数据改变、子节点改变,可以调用相应的行为来处理数据。ZooKeeper 的 Wiki 页面展示了如何使用 ZooKeeper 来处理事件通知、队列、优先队列、锁、共享锁、可撤销的共享锁、两阶段提交。

ZooKeeper 的核心是原子广播,这个机制保证了各个 Server 之间的同步。实现这个机制的协议叫作 Zab 协议。Zab 协议有两种模式,分别是恢复模式(选主)和广播模式(同步)。当服务启动或者在领导者崩溃后,Zab 就进入了恢复模式,当领导者被选举出来,且大多数 Server 完成了和 Leader 的状态同步以后,恢复模式就结束了。状态同步保证了 Leader 和 Server 具有相同的系统状态。

假设我们有 20 个搜索引擎的服务器(每个负责总索引中的一部分搜索任务)和一个总服务器(负责向这 20 个搜索引擎的服务器发出搜索请求并合并结果集),一个备用的总服务器(负责当总服务器宕机时替换总服务器),一个 Web 的 CGI(向总服务器发出搜索请求)。搜索引擎的服务器中的 15 个服务器提供搜索服务,5 个服务器生成索引。使用 ZooKeeper 可以保证总服务器自动感知有多少提供搜索引擎的服务器并向这些服务器发出搜索请求,当总服务器宕机时自动启用备用的总服务器。

2.6 大数据集成技术

在企业中,由于开发时间或开发部门的不同,往往有多个异构的、在不同的软硬件平台上的信息系统同时运行,这些系统的数据源彼此独立、相互封闭,使得数据难以在系统之间交流、共享和融合,从而形成了"信息孤岛"[11]。随着信息化应用的不断深入,企业内部、企业与外部信息交互的需求日益强烈,急切需要对已有的信息进行整合,联通"信息孤岛",共享信息。数据集成是指将多个数据源中的数据结合起来并统一存储,建立数据仓库的过程即为数据集成。

数据集成是将不同来源、格式、特点及性质的数据在逻辑上或物理上有机地集中,从而为企业提供全面的数据共享。在企业数据集成领域,已经有了很多成熟的框架可以利用。通常采用联邦式、基于中间件模式和数据仓库等方法来构造集成的系统,这些技术在不同的着重点和应用上解决数据共享和为企业提供决策支持[12]。下面对这几种数据集成模型进行分析。

1. 联邦数据库系统

联邦数据库系统(FDBS)由半自治数据库系统构成,相互之间分享数据,联邦各数据源之间相互提供访问接口。联邦数据库系统可以是集中数据库系统或分布式数据库系统及其他联邦式系统[13]。这种模型又分为紧耦合和松耦合两种情况,紧耦合提供统一的访问模式,一般是静态的,在增加数据源上比较困难;而松耦合则不提供统一的接口,但可以通过统一的语言访问数据源,其中的核心是必须解决所有数据源语义上的问题。

2. 中间件模式

中间件模式通过统一的全局数据模型来访问异构的数据库、遗留系统、Web资源等。中间件位于异构数据源系统(数据层)和应用程序(应用层)之间,向下协调各数据源系统,向上为访问集成数据的应用提供统一数据模式和数据访问的通用接口。各数据源的应用仍然处于各自的任务状态,中间件系统则主要集中为异构数据源提供一个高层次检索服务。

中间件模式是比较流行的数据集成方法,它通过在中间层提供一个统一的数据逻辑视图来隐藏底层的数据细节,使得用户可以把集成数据源看作一个统一的整体。这种模型下的关键问题是如何构造这个逻辑视图并使得不同数据源之间能映射到这个中间层。

3. 数据仓库模式

数据仓库是在企业管理和决策中面向主题的、集成的、与时间相关的和不可修改的数据集合。其中,数据被归类为广义的、功能上独立的、没有重叠的主题。

这几种方法在一定程度上解决了应用之间的数据共享和互通的问题,但也存在以下异同：联邦数据库系统主要面向多个数据库系统的集成，其中数据源有可能要映射到每一个数据模式，当集成的系统很大时，对实际开发将带来巨大的困难。数据仓库技术则在另外一个层面上表达数据之间的共享，它主要是为了针对企业某个应用领域提出的一种数据集成方法，即面向主题并为企业提供数据挖掘和决策支持的系统。

2.7　大数据分析技术

大数据分析技术是指利用标准数据分析方法，实现数据有效信息的获取并发觉其隐含规律与联系的数据分析方法。通过分类/聚类、关联分析、模式挖掘等算法，发现数据在不同时间维度下的变化相关性，揭示智能车间的运行规律。制造业的结构化或非结构化都不是为关联分析而设计的，所以会包含与目标主题挖掘无关的属性数据，也会存在由于历史原因导致同样的业务数据由于业务逻辑的变更使得数据维度产生很大的变化，因此数据预处理是制造业大数据关联分析挖掘过程的基础以及保证规则结果有效性的前提，从大量的数据属性中提取与挖掘有关的属性，降低原始数据的维数。

二维码 2-2

2.7.1　分类/聚类算法

1. 分类算法

在对数据集分类时，我们是知道这个数据集有多少种类的，比如对一批零件进行产品质量分类，我们会下意识地将其分为"合格"与"不合格"产品。常用的分类方法包括单一的分类方法，如决策树、贝叶斯(Bayes)分类算法、人工神经网络、k-近邻方法、支持向量机和基于关联规则的分类等[14]，以及用于组合单一分类方法的集成学习算法，如 Bagging 和 Boosting 等。

二维码 2-3

1) 决策树

决策树是用于分类和预测的主要技术之一，决策树学习是以实例为基础的归纳学习算法，它着眼于从一组无次序、无规则的实例中推理出以决策树表示的分类规则。构造决策树的目的是找出属性和类别间的关系，用它来预测将来未知类别的记录的类别[15]。它采用自上向下的递归方式，在决策树的内部节点进行属性的比较，并根据不同属性值判断从该节点向下的分支，在决策树的叶节点得到结论。

主要的决策树算法有 ID3、C4.5(C5.0)、CART、PUBLIC、SLIQ 和 SPRINT 算法等。它们在选择测试属性采用的技术、生成的决策树的结构、剪枝的方法以及时刻、能否处理大数据集等方面都有各自的不同之处。

2) 贝叶斯分类算法

贝叶斯分类算法是一类利用概率统计知识进行分类的算法，如朴素贝叶斯(naive Bayes)算法。这些算法主要利用贝叶斯定理来预测一个未知类别的样本属于各个类别的可能性,选择其中可能性最大的一个类别作为该样本的最终类别。由于贝叶斯定理的成立本身需要一个很强的条件,即独立性假设前提,而此假设在实际情况中经常是不成立的,因而其分类准确性就会下降。为此就出现了许多降低独立性假设的贝叶斯分类算法,如树增强朴素贝叶斯算法(tree augmented naive Bayes,TAN)算法,它是在贝叶斯网络结构的基础上增加属性对之间的关联来实现的。

3) 人工神经网络

人工神经网络(artificial neural networks,ANN)是一种应用类似于大脑神经突触连接的结构进行信息处理的数学模型。在这种模型中,大量的节点(或称"神经元",或"单元")之间相互连接构成网络,即"神经网络",以达到处理信息的目的。神经网络通常需要进行训练,训练的过程就是网络进行学习的过程。训练改变了网络节点的连接权的值使其具有分类的功能,经过训练的网络就可用于对象的识别。

目前,神经网络已有上百种不同的模型,常见的有 BP 网络、径向基 RBF 网络、Hopfield 网络、随机神经网络(Boltzmann 机)、竞争神经网络(Hamming 网络、自组织映射网络)等。但是当前的神经网络仍普遍存在收敛速度慢、计算量大、训练时间长和不可解释等缺点。

4) k-近邻方法

k-近邻(k-nearest neighbors,kNN)方法是一种基于实例的分类方法。该方法的原理就是找出与未知样本 x 距离最近的 k 个训练样本,看这 k 个样本中多数属于哪一类,就把 x 归为哪一类。k-近邻方法是一种懒惰学习方法,它存放样本,直到需要分类时才进行分类,如果样本集比较复杂,可能会导致很大的计算开销,因此无法应用到实时性很强的场合。

5) 支持向量机

支持向量机(support vector machine,SVM)是 Vapnik 根据统计学习理论提出的一种新的学习方法,它的最大特点是根据结构风险最小化准则,以最大化分类间隔构造最优分类超平面来提高学习机的泛化能力,较好地解决了非线性、高维数、局部极小点等问题。对于分类问题,支持向量机算法根据区域中的样本计算该区域的决策曲面,由此确定该区域中未知样本的类别。

6) 基于关联规则的分类

关联规则挖掘是数据挖掘中一个重要的研究领域。近年来,对于如何将关联规则挖掘用于分类问题,学者们进行了广泛的研究。关联分类方法挖掘形如 condset→C 的规则,其中 condset 是项(或属性-值对)的集合,而 C 是类标号,这种形式的规则称为类关联规则(class association rules,CARs)。关联分类方法一般由两步组成:第一步用关联规则挖掘算法从训练数据集中挖掘出所有满足指定支持度和置信度的类关联规则;第二步使用启发式方法从挖掘出的类关联规则中挑选出一组高质量的规则用于分类。

7）集成学习

实际应用的复杂性和数据的多样性往往使得单一的分类方法不够有效，因此，学者们对多种分类方法的融合即集成学习（ensemble learning）进行了广泛的研究。集成学习已成为国际机器学习界的研究热点，并被称为当前机器学习的 4 个主要研究方向之一。

集成学习是一种机器学习范式，它试图通过连续调用单个的学习算法，获得不同的基学习器，然后根据规则组合这些学习器来解决同一个问题，可以显著地提高学习系统的泛化能力。组合多个基学习器主要采用（加权）投票的方法，常见的算法有装袋（bagging）、提升/推进（boosting）等。

集成学习由于采用了投票平均的方法组合多个分类器，所以有可能减少单个分类器的误差，获得对问题空间模型更加准确的表示，从而提高分类器的分类准确度。

用来比较和评估分类方法的标准主要有：①预测的准确率，指模型正确地预测新样本的类标号的能力；②计算速度，包括构造模型以及使用模型进行分类的时间；③强壮性，指模型对噪声数据或空缺值数据进行正确预测的能力；④可伸缩性，指对于数据量很大的数据集，有效构造模型的能力；⑤模型描述的简洁性和可解释性，模型描述越简洁、越容易理解，则越受欢迎。

2. 聚类算法

对于聚类来说，在对数据集进行操作时，我们是不知道该数据集包含多少类的，我们要做的是将数据集中相似的数据归纳在一起，使得同一个簇（或类）中的对象之间具有较高的相似性，而不同簇中的对象具有较高的相异性。总而言之，聚类是将数据对象的集合分成相似的对象类的过程。常见的聚类算法有 k 均值（k-means）聚类算法、层次聚类算法、自组织映射（self-organizing maps，SOM）聚类算法、模糊 C 均值（fuzzy C-means，FCM）聚类算法等方法。

1）k 均值聚类算法

k 均值聚类算法是划分方法中较经典的聚类算法之一。由于该算法的效率高，所以在对大规模数据进行聚类时被广泛应用。目前，许多算法均围绕着该算法进行扩展和改进。k 均值聚类算法的目标是，以 k 为参数，把 n 个对象分成 k 个簇，使簇内具有较高的相似度，而簇间的相似度较低。

k 均值聚类算法的处理过程如下：首先，随机地选择 k 个对象，每个初始对象代表了一个簇的平均值或中心；对剩余的每个对象，根据其与各簇中心的距离，将它赋给最近的簇；然后重新计算每个簇的平均值。这个过程不断重复，直到准则函数收敛。通常采用平方误差准则。k 均值聚类算法的优缺点如下。

优点：简单直接（体现在逻辑思路以及实现难度上），易于理解，在低维数据集上有不错的效果（简单的算法不见得就不能得到良好的效果）。

缺点：对于高维数据（如成百上千维，现实中还不止这么多），其计算速度非常慢,主要是慢在计算距离上(参考欧几里得距离,当然并行化处理是可以的,这是算法实现层面的问题);它的另外一个缺点就是需要设定希望得到的聚类数 k,若使用者对于数据没有很好地理解,那么设置 k 值就成了一种估计性的工作。

2)层次聚类算法

根据层次分解的顺序是自下向上的还是自上向下的,层次聚类算法分为凝聚的层次聚类算法和分裂的层次聚类算法。凝聚型层次聚类的策略是先将每个对象作为一个簇,然后合并这些原子簇为越来越大的簇,直到所有对象都在一个簇中,或者某个终结条件被满足。绝大多数层次聚类属于凝聚型层次聚类,它们只是在簇间相似度的定义上有所不同。层次聚类算法的优缺点如下。

优点:距离和规则的相似度容易定义,限制少;不需要预先制定聚类数;可以发现类的层次关系(在一些特定领域有很大作用,如生物学领域中的物种相似性)。

缺点:计算复杂度太高(考虑并行化);奇异值也能产生很大影响;算法很可能聚类成链状(一层包含着一层);算法不需要预定聚类数,但是选择哪个层次的聚类作为我们需要的聚类效果,就需要按照实际客观情况以及经验来完成,毕竟就凝聚聚类来说,从最底层的每个个体作为一个个体,到最顶层所有个体合并为一个个体,其中的聚类结果可能有许多种。当然针对这个问题也有许多解决方案,其中一个常用的就是凝聚到某个程度其聚类之间的距离都大于某个阈值 k,就停止凝聚。

3)SOM 聚类算法

SOM 神经网络是由芬兰神经网络专家 Kohonen 教授提出的,该算法假设在输入对象中存在一些拓扑结构或顺序,可以实现从输入空间(n 维)到输出平面(二维)的降维映射,其映射具有拓扑特征保持性质,与实际的大脑处理有很强的理论联系。

SOM 网络包含输入层和输出层。输入层对应一个高维的输入向量,输出层由一系列组织在二维网格上的有序节点构成,输入节点与输出节点通过权重向量连接。学习过程中,找到与之距离最短的输出层单元,即获胜单元,对其更新。同时,将邻近区域的权值更新,使输出节点保持输入向量的拓扑特征。

4)FCM 聚类算法

1965 年美国加州大学伯克利分校的扎德教授第一次提出了"集合"的概念。经过十多年的发展,模糊集合理论渐渐被应用到各个应用场景上。为克服非此即彼的分类缺点,出现了以模糊集合论为数学基础的聚类分析。用模糊数学的方法进行聚类分析,就是模糊聚类分析。FCM 聚类算法是一种以隶属度来确定每个数据点属于某个聚类程度的算法,该聚类算法是传统硬聚类算法的一种改进。FCM 聚类算法的优缺点如下。

优点:相比起前面的"硬聚类",FCM 聚类算法会计算每个样本对所有类的隶属度,这给了我们一个判断该样本分类结果可靠性的计算方法。我们可以这样想:

若某样本对某类的隶属度在所有类的隶属度中具有绝对优势,则该样本分到这个类是一种十分保险的做法;反之,若该样本在所有类的隶属度相对平均,则我们需要其他辅助手段来进行分类。

缺点: k 均值聚类方法的缺点基本上它都有。

2.7.2　关联分析

常用的关联关系算法有 Apriori 算法和 FP 增长算法。Apriori 算法会产生大量的冗余数据,造成稀疏矩阵。FP 增长算法对于 Apriori 算法的缺点进行了修正,但是对于制造业海量分布式的数据结果来说,分布式数据挖掘是必然的。并行 Apriori 算法对分布式处理有良好的适应性,而且能够支持增量处理,只需要对汇总的规则在最后进行融合。所以使用并行 Apriori 算法对制造业大数据进行关联分析[16]。关联分析是挖掘关联规则的过程,因而关联规则的挖掘过程是数据分析技术的关键步骤。

关联规则挖掘的一个典型例子是“购物篮”分析。该过程通过发现顾客放入其购物篮中不同商品之间的联系,来分析顾客的购买习惯。了解哪些商品被顾客频繁地同时购买,这种关联的发现可以帮助零售商制定营销策略。例如,在同一次超级市场选购中,顾客同时购买牛奶和面包的可能性有多大? 或者购买尿布和啤酒的可能性有多大? 这种信息可以引导销售,帮助零售商有选择地安排货架的商品放置[17]。例如,将牛奶和面包、尿布和啤酒尽可能放近一些,进一步刺激一次去商店同时购买这些商品。通过关联分析还可以找出顾客群的一些特征,例如年龄、经济条件等。

Apriori 算法的基本思想是先找出所有的频繁项集,然后由频繁项集产生强关联规则,这些规则必须满足最小支持度和最小置信度,可以利用 Apriori 算法对制造业大数据进行关联分析。

搜索所有的频繁项集需要多次搜索事务数据库 D,这是影响关联算法性能的主要因素。Apriori 算法是用 $k-1$ 频繁项集生成候选的 k 频繁项集,但候选频繁项集通常是很大的,例如,在购物篮分析中,m 个项目组成的项集可能产生 2^m-1 个候选频繁项集以及 $3^m-2^{m+1}+1$ 个关联规则。但在一般情况下,这些规则大部分不满足强关联规则的条件,这个问题成为关联规则挖掘的瓶颈。因此,减少候选项集的大小,然后再扫描事务数据库,计算候选项集的支持度是必要的。如果最长的频繁项集是 n,那么需要 $n+1$ 次事务数据库扫描。因此,如何高效地找出频繁项集是关联规则挖掘的关键问题。

为了降低产生频繁项集的计算复杂度,可以减少候选项集的数目或者减少比较次数。减少候选项集的数目可以利用先验原理,这是一种不用计算支持度值而删除某些候选项集的方法;减少比较次数则是将每个候选项集与每个事务相匹配,可以通过使用更高级的数据结构,或者存储候选项集,或者压缩数据集来完成。

Apriori算法则是利用"频繁项集的任何子集也一定是频繁的,或者非频繁项集的超集一定是非频繁的"启发式减少频繁项集的搜索空间。图 2-15 所示为 $I=\{a,b, c,d,e\}$ 的项集格。

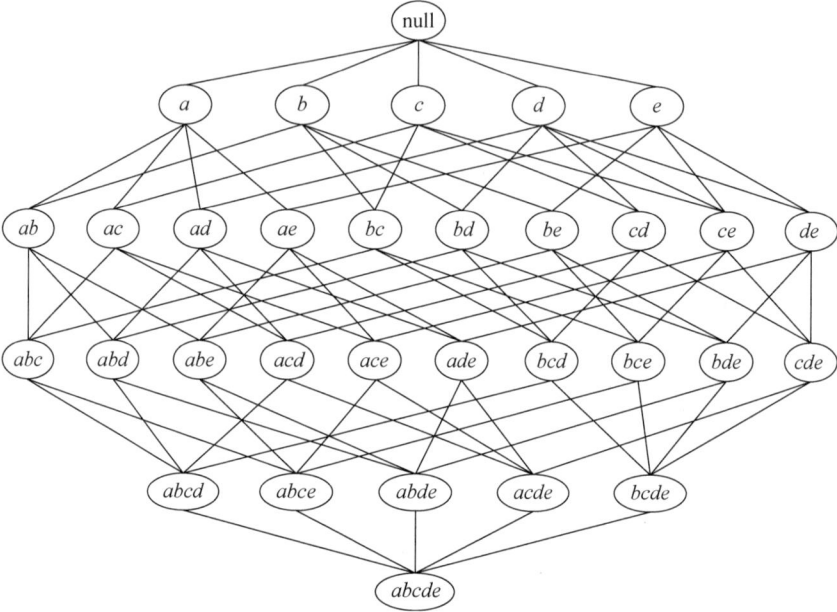

图 2-15   项集格

首先考虑如果一个项集是频繁的,则它的所有子集一定也是频繁的,观察如图 2-15 所示的项集格。假定 $\{c,d,e\}$ 是频繁项集。显而易见,任何包含项集 $\{c,d, e\}$ 的事务一定包含它的子集 $\{c,d\}$、$\{c,e\}$、$\{d,e\}$、$\{c\}$、$\{d\}$ 和 $\{e\}$。这样,如果 $\{c, d,e\}$ 是频繁的,则它的所有子集(图 2-16 中的灰色项集)一定也是频繁的。

若 $\{c,d,e\}$ 是频繁的,则它的所有子集都是频繁的。相反地,如果项集 $\{a,b\}$ 是非频繁的,则它的所有超集也一定是非频繁的。如图 2-17 所示,一旦发现 $\{a,b\}$ 是非频繁的,则整个包含 $\{a,b\}$ 的超集都可以立即被剪枝。这种基于支持度度量修剪指数搜索空间的策略称为基于支持度的剪枝。这种剪枝策略依赖于支持度度量的一个关键性质,即一个项集的支持度绝不会超过它的子集的支持度。

如果 $\{a,b\}$ 是非频繁的,则它的所有超集都是非频繁的。因此 Apriori 算法产生频繁项集的一个基本步骤如下。

(1) 首先令 C_k 为候选 k 项集的集合,而 F_k 为频繁 k 项集的集合。

(2) 该算法初始通过单遍扫描数据集,确定每个项的支持度。一旦完成这一步,就能得到所有频繁项集的集合 F_1。

(3) 接着,该算法将使用上一次迭代发现的频繁 $(k-1)$ 项集,产生新的候选 k 项集。候选的产生使用 apriori-gen 函数实现。

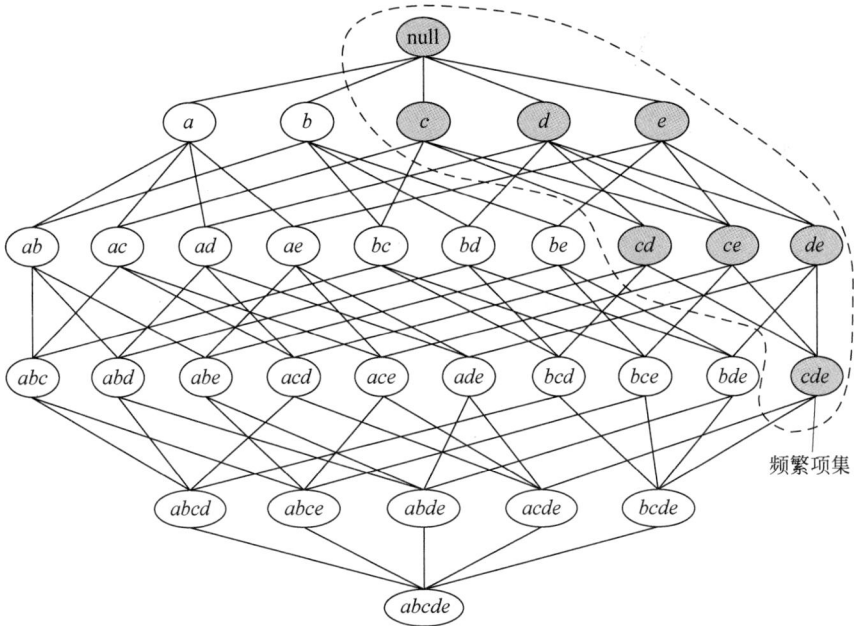

图 2-16　先验原理图示

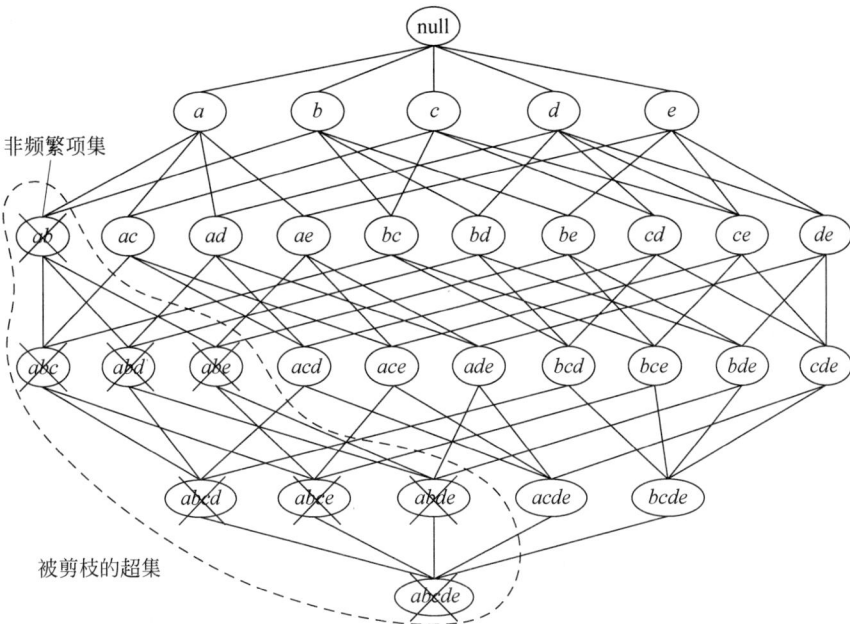

图 2-17　基于支持度的剪枝图

（4）为了对候选项的支持度计数，算法需要再次扫描一遍数据集。使用子集函数确定包含在每一次事务 t 中的 C_k 中的所有候选 k 项集。

（5）计算候选项的支持度计数之后，算法将删去支持度计数小于 minsupport 的所有候选项集。

（6）当没有新的频繁项集产生，即 $F_k = \varnothing$ 时，算法结束。

2.7.3　模式挖掘

模式挖掘技术是基于统一标准化思路驱动的工业大数据产品研发设计，实现研发过程的智能化，提升了创新能力、研发效率和设计质量的数据分析技术。通过产品全生命周期数据的采集、工业大数据建模和数字仿真技术优化设计模型，及早发现设计缺陷，减少试制实验次数，降低研发成本，提升设计效率，缩短产品研发周期[18]。

序列模式挖掘（sequence pattern mining）是模式挖掘的主要研究内容之一，是挖掘相对时间或其他模式中出现高频率信息的模式，典型的应用还是限于离散型的序列。其涉及在数据示例之间找到统计上相关的模式，其中数据值以序列被递送。通常假设这些值是离散的，因此与时间序列挖掘是密切相关的，但时间通常被认为是不同的活动，序列模式挖掘是结构化数据挖掘的一种特殊情况。常见的序列模式挖掘算法主要包括类 Apriori 算法、基于划分的模式生长算法、基于序列比较的算法。

1. 类 Apriori 算法

该类算法基于 Apriori 理论，即序列模式的任一子序列也是序列模式。算法首先自底向上根据较短的序列模式生成较长的候选序列模式，然后计算候选序列模式的支持度。典型的代表有 GSP 算法、spade 算法等。

2. 基于划分的模式生长算法

该类算法基于分治的思想，迭代地将原始数据集进行划分，减少数据规模，同时在划分的过程中动态地挖掘序列模式，并将新发现的序列模式作为新的划分元。典型的代表有 FreeSpan 算法和 prefixSpan 算法。

3. 基于序列比较的算法

该类算法首先定义序列的大小度量，接着从小到大地枚举原始序列数据库中包含的所有 k-序列，理论上所有的 k-序列模式都能被找到。利用这种算法可制定特定的规则加快这种枚举过程。典型的代表为 Disc-all 算法。

2.8　大数据预测/决策技术

大数据预测与决策技术是指依据数据分析结果，对生产资源配置、设计优化、资源调度等实现规则制定的过程。在数据决策过程中，通过大数据支撑后，能够及时形成物流成本、运输环境等应

二维码 2-4

用场景以及数据模型,而庞大的、渠道多样化的数据具有统计分析和相互验证的意义,更能为各种投资分析模型提供支持,可从根本上改变长期以来依靠经验、理论和思想的管理决策方式,实现直觉判断让位于精准的数据分析。根据算法的功能和形式的类似性,可以将算法分类[19],如:基于树的算法,基于神经网络的算法等。当然,大数据预测/决策技术的范围非常庞大,有些算法很难明确归类到某一类。而对于有些分类来说,同一分类的算法可以针对不同类型的问题。以下将常用的算法按照最容易理解的方式进行分类。

1. 回归算法(有监督学习)

回归算法是试图采用对误差的衡量来探索变量之间的关系的预测算法。在预测/决策领域,人们说起回归,有时候是指一类问题,有时候是指一类算法[20]。常见的回归算法包括:最小二乘法(ordinary least square),逻辑回归(logistic regression),逐步式回归(stepwise regression),多元自适应回归样条(multivariate adaptive regression splines),以及本地散点平滑估计(locally estimated scatterplot smoothing)。

1)线性回归

线性回归就是拟合出一条直线最佳匹配所有的数据。一般使用"最小二乘法"来求解。"最小二乘法"的思想是:假设我们拟合出的直线代表数据的真实值,而观测到的数据代表拥有误差的值,为了尽可能减小误差的影响,需要求解一条直线使所有误差的平方和最小。最小二乘法将最优问题转化为求函数极值问题。在求函数极值的问题上,一般会采用令导数为 0 的方法。但这种做法并不适合计算机,可能求解不出来,也可能计算量太大。

2)逻辑回归

逻辑回归是一种与线性回归非常类似的算法,但是,从本质上讲,线型回归处理的问题类型与逻辑回归不一致。线性回归处理的是数值问题,也就是最后预测出的结果是数字,例如房价。而逻辑回归属于分类算法,也就是说,逻辑回归预测结果是离散的分类,例如判断这封邮件是否是垃圾邮件,以及用户是否会单击此广告等。

逻辑回归与线性回归的区别在于:逻辑回归只是对线性回归的计算结果加上了一个 Sigmoid 函数,将数值结果转化为了 0~1 之间的概率(Sigmoid 函数的图像一般来说并不直观,我们只需要理解为对数值越大,函数越逼近 1;对数值越小,函数越逼近 0),接着可以根据这个概率做出预测,例如概率大于 0.5,则这封邮件就是垃圾邮件等。从直观角度而言,逻辑回归是画出了一条分类线。逻辑回归算法划出的分类线基本都是线性的(也有划出非线性分类线的逻辑回归,不过那样的模型在处理数据量较大的时候效率会很低)。

2. 正则化方法

正则化方法是其他算法(通常是回归算法)的延伸,根据算法的复杂度对算法进行调整。正则化方法通常对简单模型予以奖励而对复杂算法予以惩罚[21]。常见的算法包括：岭回归，最小绝对收敛和选择算子（least absolute shrinkage and selection operator，LASSO），以及弹性网络（elastic net）。

3. 基于实例的算法

基于实例的算法常常用来对决策问题建立模型，这样的模型常常先选取一批样本数据，然后根据某些近似性将新数据与样本数据进行比较。通过这种方式来寻找最佳的匹配。因此，基于实例的算法常常也被称为"赢家通吃"学习或者"基于记忆的学习"[22]。常见的算法包括 k 近邻算法（k-nearest neighbor，KNN），学习矢量量化（learning vector quantization，LVQ），以及自组织映射算法（self-organizing map，SOM）。

4. 基于核的算法（有监督学习）

基于核的算法中最著名的莫过于支持向量机（SVM）了。基于核的算法把输入数据映射到一个高阶的向量空间，在这些高阶向量空间中，有些分类或者回归问题能够更容易地解决。常见的基于核的算法包括：支持向量机（support vector machine，SVM），径向基函数（radial basis function，RBF），以及线性判别分析（linear discriminate analysis，LDA）等。

5. 聚类算法（无监督学习）

聚类算法通常按照中心点或者分层的方式对输入数据进行归并。简单来说，聚类算法就是计算种群中的距离，根据距离的远近将数据划分为多个族群，所有的聚类算法都试图找到数据的内在结构，以便按照最大的共同点将数据进行归类。常见的聚类算法包括 k 均值算法以及期望最大化算法（expectation maximization，EM）。

6. 人工神经网络（有监督学习）

神经网络（也称之为人工神经网络，ANN）算法是 20 世纪 80 年代机器学习界非常流行的算法，不过在 90 年代中途衰落。现在，趁着"深度学习"之势，神经网络重装归来，重新成为最强大的大数据预测/决策技术之一[23]。

神经网络的诞生起源于对大脑工作机理的研究。早期生物界学者们使用神经网络来模拟大脑。机器学习的学者们使用神经网络进行机器学习的实验，发现在视觉与语音的识别上效果都相当好。在 BP 算法（加速神经网络训练过程的数值算法）诞生以后，神经网络的发展进入了一个热潮。

人工神经网络是机器学习的一个庞大的分支，有几百种不同的算法，通常用于解决分类和回归问题（其中深度学习就是其中的一类算法，下面会单独讨论），重要的人工神经网络算法包括：感知器神经网络（perceptron neural network），反向传递（back propagation），Hopfield 网络，自组织映射（self-organizing map，SOM），学习矢量量化（learning vector quantization，LVQ）。

2.9 大数据可视化技术

大数据可视化技术是关于数据视觉表现形式的科学技术研究。可视化技术是利用计算机图形学及图像处理技术,将数据转换为图形或图像形式显示到屏幕上,并进行交互处理的理论、方法和技术[24]。它涉及计算机视觉、图像处理、计算机辅助设计、计算机图形学等多个领域,成为一项研究数据表示、数据处理、决策分析等问题的综合技术。

为实现信息的有效传达,数据可视化应兼顾美学与功能,直观地传达出关键的特征,便于挖掘数据背后隐藏的价值。可视化技术应用标准应该包含以下 4 个方面。

(1) 直观化。将数据直观、形象地呈现出来。

(2) 关联化。突出地呈现出数据之间的关联性。

(3) 艺术性。使数据的呈现更具有艺术性,更加符合审美规则。

(4) 交互性。实现用户与数据的交互,方便用户控制数据。

让大数据有意义,使之更贴近大多数人,最重要的手段之一就是数据可视化。数据可视化是指路仪,从字面上理解,就如同街头的路标;从象征意义上理解,其颜色、大小或抽象元素的位置都会传达信息。在某种意义上,恰当的可视化标识可以提供较短的路线,帮助指导决策,成为通过数据分析传递信息的一种重要工具[25]。然而,要真正可行,数据可视化应有适当的交互性。它们必须设计良好,易于使用,易于理解,有意义,更容易被人接受。

通过图像、三维动画以及计算机程控技术与实体模型相融合,实现对设备的可视化表达,使管理者对其所管理的设备有形象具体的概念,对设备所处的位置、外形及所有参数一目了然,会大大减少管理者的劳动强度,提高管理效率和管理水平,是“工业 4.0”涉及的“智能生产”的具体应用之一[26]。

工业设备运行可视化采用三维制作及后期处理软件模拟机械的外形、材质、零部件和内部构造,从而将机械的设计原理、工作过程、性能特征、使用方式等一系列真实的事物以动态视频的形式演示出来。

生产过程数据统计分析可视化是目前媒体大众提及最多的应用,可用于商业智能、政府决策、公众服务、市场营销等领域[27]。其中商业智能可视化通过采集相关数据,进行加工并从中提取能够创造商业价值的信息,面向企业、政府战略并服务于管理层、业务层,指导经营决策。商业智能可视化负责直接与决策者进行交互,是一个实现了数据的浏览和分析等操作的可视化、交互式的应用,对于决策人获取决策依据、进行科学的数据分析、辅助决策人员进行科学决策具有十分重要的作用[28]。因此,商业智能可视化系统对于提升组织决策的判断力、整合优化企业信息资源和服务、提高决策人员的工作效率等具有显著的意义。

表 2-3 示出了一些主要的数据可视化手段。

表 2-3　几种主要的数据可视化手段

组件名称	适用场景	组件示例
柱状图	适用于常用数据的比较	
曲线图	适用于常用数据的比较	
饼图	适用于常用数据所占比例的比较	
表格	适用于二维数据的展示	—
仪表盘	适用于单个指标的展示	
温度计	适用于单个指标、具备明确最大值/最小值的数据展示	

组件名称	适用场景	组件示例
能量条/进度条	适用于单个指标、具备百分比的数据展示,如 CPU 占用率等	
弦图	适用于元素之间关系强弱的比较,如航班班次的比较	
树图	适用于具有层次结构的数据	
日历图	适用于以时间为维度,以天、月为单位的数据展示	
流程图	适用于随业务、时间流转的功能展示	
时间轴	适用于以时间为变化维度的数据	

续表

组件名称	适用场景	组件示例
标签云	适用于文本、关键词热度的展示	
平行坐标轴	适用于比较元素较多、指标明确的数据对比	
气泡图	适用于需要从多种维度展示、有数量比较的数据	
散点图	适用于多维指标的展示	
堆栈图	适用于具有固定总额的数据变化展示	
热力图	适用于热度比较、温度变化的展示	

续表

组件名称	适用场景	组件示例
网络图	适用于呈现元素之间的复杂关系、流转、网络拓扑	
地图	适用于基于地理的信息展示	

参考文献

[1] 张屹,陈立军,蒋慧勇.基于大数据的无线传感网络数据采集的研究[J].信息技术与网络安全,2019,38(9):39-43.

[2] MTITA C,LAURENT M,DELORT J. Efficient serverless radio-frequency identification mutual authentication and secure tag search protocols with untrusted readers[J]. IET information security,2016,10(5):262-271.

[3] 吴甘沙,连城,钟翔.低延迟流处理系统的逆袭[J].程序员,2013(10):97-101.

[4] 郭磊,陈兴玉,张燕龙,等.面向智能制造终端的车间生产数据采集与传输方法[J].机械与电子,2019,37(8):21-24.

[5] UR REHMAN M H,AHMED E,YAQOOB I,et al. Big data analytics in industrial IoT using a concentric computing model[J]. IEEE communications magazine,2018,56(2):37-43.

[6] 高世伟.工业网与企业内网数据传输安全防护技术框架[C]//中国自动化学会.中国自动化大会(CAC2018)论文集,2018:6.

[7] CHENG B,ZHANG J,HANCKE G P,et al. Industrial cyberphysical systems:realizing cloud-based big data infrastructures[J]. IEEE industrial electronics magazine,2018,12(1):25-35.

[8] XING F,PENG G,LIANG T,et al. Managing changes initiated by industrial big data technologies:a technochange management model[C]//International conference on human-computer interaction. Springer,Cham,2019:75-87.

[9] PERERA C,VASILAKOS A V,ÇALIKLI G,et al. Guest editorial special section on engineering industrial big data analytics platforms for internet of things[J]. IEEE transactions on industrial informatics,2018,14(2):744-747.

[10] 田波.工业大数据体系结构设计与分析[J].物联网技术,2019,9(4)：75-77.

[11] ZHU J, YAO Y, LI D, et al. Monitoring big process data of industrial plants with multiple operating modes based on Hadoop[J]. Journal of the Taiwan institute of chemical engineers, 2018, 91：10-21.

[12] 姜学东,孙海民.大数据存储中的优化架构结构的设计与实现[J].现代电子技术,2016,39 (24)：66-70.

[13] LEE J, DAVARI H, SINGH J, et al. Industrial artificial intelligence for industry 4.0-based manufacturing systems[J]. Manufacturing letters, 2018, 18：20-23.

[14] 金培权,郝行军,岳丽华.面向新型存储的大数据存储架构与核心算法综述[J].计算机工程与科学,2013,35(10)：12-24.

[15] YAQOOB I, SALAH K, et al. The role of big data analytics in industrial internet of things[J]. Future generation computer systems, 2019(99)：247-259.

[16] 屈鹏飞.复杂产品生命周期设计知识大数据集成和应用研究[D].杭州：浙江大学,2016.

[17] ZHAO X, ZHANG W, MENG H, et al. A framework for shop floor material delivery optimization based on RFID-enabled production big data[C]//International conference on intelligent and interactive systems and applications. Springer, Cham, 2018：699-705.

[18] WANG J, ZHENG P, LV Y, et al. Fog-IBDIS：Industrial big data integration and sharing with fog computing for manufacturing systems[J]. Engineering, 2019, 5(4)：662-670.

[19] 王万良,张兆娟,高楠,等.基于人工智能技术的大数据分析方法研究进展[J].计算机集成制造系统,2019,25(3)：529-547.

[20] SUN M, WANG F, LI H, et al. Analysis on the endogenous mechanism of big data and tower management framework in intelligent manufacturing enterprises[C]//MATEC web of conferences. EDP sciences, 2019：277.

[21] 张德刚,张德海,吴毅,等.面向大数据分析的企业信息化解决方案研究[J].电力信息与通信技术,2014,12(9)：11-14.

[22] PERERA C, VASILAKOS A V, ÇALIKLI G, et al. Guest editorial special section on engineering industrial big data analytics platforms for internet of things[J]. IEEE transactions on industrial informatics, 2018, 14(2)：744-747.

[23] 宋扬.面向工业大数据的时间序列预测关键技术研究[D].哈尔滨：哈尔滨工业大学,2018.

[24] LAI C F, CHIEN W C, YANG L T, et al. LSTM and edge computing for big data feature recognition of industrial electrical equipment[J]. IEEE transactions on industrial informatics, 2019, 15(4)：2469-2477.

[25] 朱雪初,乔非.基于工业大数据的晶圆制造系统加工周期预测方法[J].计算机集成制造系统,2017,23(10)：2172-2179.

[26] LV Z, SONG H, BASANTA-VAL P, et al. Next-generation big data analytics：state of the art, challenges, and future research topics[J]. IEEE transactions on industrial Informatics, 2017, 13(4)：1891-1899.

[27] 代双凤,董继阳,薛健.科学计算中大数据可视化分析与应用[J].工程研究-跨学科视野中的工程,2014,6(3)：275-281.

[28] EBERT D, FISHER B, GAITHER K. Introduction to the minitrack on interactive visual analytics and visualization for decision making—making sense of a growing digital world [C]//Proceedings of the 52nd Hawaii international conference on system sciences. 2019.

第 3 章

基于大数据挖掘的产品工艺智能规划

3.1 产品工艺智能规划业务

3.1.1 产品工艺智能规划业务的内容

随着德国"工业 4.0"发展战略和"智能制造"发展理念的提出和实践,制造智能化成为当前的研究热点。通过智能化手段,生产管理者实时获得的车间生产、物流和供货状态等生产数据为生产管理进行智能决策提供了基础。作为生产管理的重要环节,工艺规划衔接了产品设计与生产制造,可以为生产过程分配合适的制造资源,可以完成工艺装备的选择、工序内容的制定、装夹方案的选用,进一步完成数控加工参数和刀具参数的决策。

本章以智能车间为背景,介绍一种面向智能制造环境的工艺规划方案获取策略。将基于零件加工特征的历史工艺规划方案视为已有资源,将待加工零件的工艺规划方案视为服务请求任务,两者通过产品工艺智能规划条件搜索匹配,生成可供选择的工艺规划方案集合。

3.1.2 产品工艺智能规划问题的特点

本小节以某航天产品为例,介绍产品工艺智能规划问题的特点。

同类零件结构不断变异,整体相似与局部差异并存。每个航天产品中共有数十个结构件,可分为 7~8 种,其形状结构类似但不全相同。同时,每一个系列、每一发火箭的结构和性能都有变异,各类结构件也都有相应改变。同类型的结构件不管如何变异,在整体结构上都存在相似性,如整体外形都是圆筒或圆弧薄壁结构,都带有安装支架和工艺凸台等,其上按一定规律分布着腔体和孔等特征;而在局部结构上略有差异,如腔体、孔、凸台等特征的数量、尺寸和位置不同,特征之间的相交形式也不同。

航天产品结构件的加工过程往往依据设计精度等级与粗糙度要求生成粗精加工划分方案,将特征加工的整个过程进行拆解,形成各阶段子级方案,逐步逼近最终产品要求。如圆筒结构件内壁上的菱形腔的加工过程分为粗加工阶段、半精加工阶段和精加工阶段。在粗加工阶段需要从完整的壁面加工形成尺寸接近成品的几何形状,故其加工子方案应选择大量去除加工余量的参数配置;在半精加工阶段、精加工阶段要求特征几何要素表面质量达到预设值,故其工艺规划子方案应选择保证高精度的参数配置。

制造特征的加工参数属性间存在直接或间接关联影响。加工特征设计参数与加工参数之间的关联性极强,同时加工参数方案内部属性之间存在强弱不等的关联约束关系。当实际生产加工资源的参数,如系统刚度、机床最大主轴转速或最大扭矩难以满足单个或多个数控参数预设值时,需要对工艺规划方案进行全面的修正,以生成达到最大限度的优化参数方案。

在同一特征的同一粗精加工工序中,加工参数选值对象存在对连续型数值选用情况,使得预选方案中的属性取值范围极广。对于工艺人员而言,连续型参数属性取值范围广且随机组合会形成大量备选方案,干扰潜在最优方案的选取,加大了快速精细化地生成参数方案的难度,会增加数控参数生成过程的计算量与耗时。若使用精确算法来选取最优参数组合,常常难以确定有效的推定手段[4-6]。

3.2 产品工艺规划数据资源

三维建模技术的成熟完善和三维 CAD/CAM/CAPP 软件的普及使得完整、准确地以数字定义三维产品成为可能,在三维环境下进行工艺设计和工艺知识表达等已成为工艺规划数据化发展的新趋势[3]。因此,基于模型的定义(model-based definition,MBD)技术被提出并在制造业中逐渐得到应用。MBD 是一种先进的数字化产品定义技术,核心是产品的三维模型,并在其上按照模型的方式附着相关的设计数据、工艺规划数据、检测数据和管理数据,而不是让它们以不同形式存在PDM 数据库中。MBD 技术使得三维数字模型完全替代二维图纸成为整个制造过程中唯一的基础,是数字化定义的最新阶段[1-3]。

3.2.1 产品工艺规划数据来源

在实现工艺智能规划方案的快速生成过程中,制造特征设计数据作为输入源,主要包含特征类型、材料、尺寸规格、精度等级、粗糙度和加工阶段等,如图 3-1 所示。

在确定加工特征的设计数据后,对该特征的工艺规划数据进行定义。加工特征的工艺规划数据包括该特征的加工方法、机床(机床代码、机床名称)、刀具(刀具号、刀具名称、刀具直径和刀具材料)、工装(夹具和量具)和切削参数(主轴转速、切削速度、进给量和切削深度)等相关数据。其中特征的加工方法根据特征的类型、加工精度和表面粗糙度综合判断来获得;确定了特征的加工方法后,再根据特征类型、加工方法等数据获得所需要的机床、刀具、工艺装备和切削参数等数据。

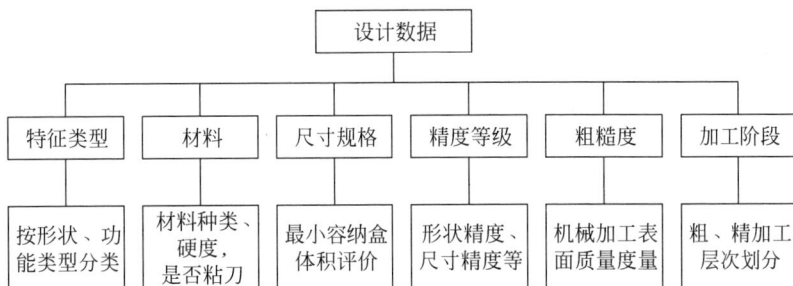

图 3-1　设计数据分类

　　基于 MBD 技术附着模型检测数据记录了相关工艺检测数据,可实现工艺智能规划可视化检测。二维 CAPP 工艺设计系统发布的工艺文件是以二维表格的方式来呈现的,这在一定程度上并不便于工艺规划数据的查看。基于 MBD 的工艺设计系统由于完全依托三维模型进行表达,因此工艺发布时同样在软件平台上进行发布,通过电子文档和三维工序模型相结合的方式来达到工艺可视化的目的,可以更直观、形象地表达每一道工序内容和加工特征之间的关系,为加工特征的制造工艺智能规划与装配过程的监控检测等过程,拓展了具备可视性的工艺规划检测方式。

　　工艺文件之间存在有效管理,使得其管理数据有序可查。工艺设计过程中会生成一系列的工序 MBD 模型,每一道工序对应着一个工序模型,并且使得工序模型和工艺文件动态关联,有效地管理这些工艺文件,能够大大方便工艺人员之间的交流,也便于下游数控编程环节的查看。

3.2.2　MBD 模型数据存储方式

1. 形状特征数据的存储方式

　　在以属性面边图形成的邻接关系矩阵描述的基础上,引入外邻接层矩阵,对特征内部实体面与特征外部邻接面的关系进行记录,辅助区分特征类型。外邻接层矩阵中的邻接关系数据记录采用与拓扑层关系记录相同的标记,即面不相邻或与自身关系记为 -1,面凹邻接记为 0,面凸邻接记为 1;特征面组与外邻接面不相邻仍记为 -1,凹邻接关系仍记为 0,凸邻接关系仍记为 1,邻接面之间的角度 θ 大于 $0°$,且小于 $90°$,记为 I;外邻接面之间的不共面关系标识为 X。图 3-2 所示为以三角形通孔特征和开放型三面腔特征为例的邻接关系模型。由两种不同制造特征的模型(图 3-2(a))可知,其拓扑层矩阵(图 3-2(b))、几何层矩阵(图 3-2(c))的数据相同而外邻接层矩阵(图 3-2(d))的数据不同,因此可以通过外邻接层矩阵数据中外邻接面的数量不同而进行区分[6]。

　　通过对制造特征模型的边界关系的描述和记录,将结构件模型中蕴含的设计数据转化为方便读取、使用的矩阵记录,为后续搜索算法制定制造特征的搜索条件奠定了坚实的基础。

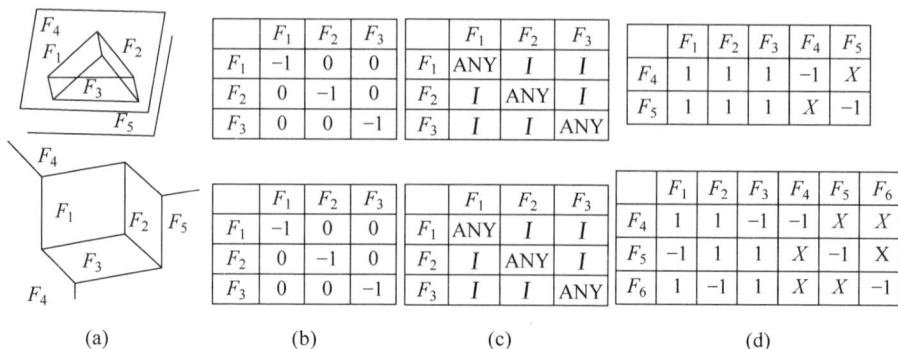

上排表格（a）三角形通孔特征模型对应：

（b）拓扑层矩阵：

	F_1	F_2	F_3
F_1	-1	0	0
F_2	0	-1	0
F_3	0	0	-1

（c）几何层矩阵：

	F_1	F_2	F_3
F_1	ANY	I	I
F_2	I	ANY	I
F_3	I	I	ANY

（d）外邻接层矩阵：

	F_1	F_2	F_3	F_4	F_5
F_4	1	1	1	-1	X
F_5	1	1	1	X	-1

下排表格（a）开放型三面腔特征模型对应：

（b）拓扑层矩阵：

	F_1	F_2	F_3
F_1	-1	0	0
F_2	0	-1	0
F_3	0	0	-1

（c）几何层矩阵：

	F_1	F_2	F_3
F_1	ANY	I	I
F_2	I	ANY	I
F_3	I	I	ANY

（d）外邻接层矩阵：

	F_1	F_2	F_3	F_4	F_5	F_6
F_4	1	1	-1	-1	X	X
F_5	-1	1	1	X	-1	X
F_6	1	-1	1	X	X	-1

图 3-2　改进的属性邻接关系模型

（a）三角形通孔特征和开放型三面腔特征模型；（b）拓扑层矩阵；（c）几何层矩阵；（d）外邻接层矩阵

2. 三维设计数据的存储方式

制造特征表面与其设计数据的存储可以由几何要素配合实体几何模型实现，使用三维标注法表达。三维标注法是实现产品设计制造数据三维化表达的主要方法，包括三个重要组成部分：指引线和基准线、尺寸和注释、精度特征。三维标注中指引线和基准线的线型、标注角度、基准线长度等，通常需要符合二维工程图的标准规定，表现为＜制造特征＞::=［制造语义］＜几何要素＞∪＜实体几何模型＞。其中，制造语义主要为制造特征的基本属性（如材料、公差和表面粗糙度等），依附于几何要素；几何要素包括制造特征的底面、顶面及轮廓面等；实体几何模型是由制造特征几何要素构建的封闭实体。对于模型中存在的极小曲线、曲面等造成难以自动识别的制造特征，通过人机交互定义来完成。

3. 三维工艺规划数据的存储方式

三维工艺规划数据可由加工操作与加工操作顺序图存储。加工操作是由加工方法、加工刀具和切削参数等要素构成的一种特征加工策略，以加工元为核心，可以表示为＜加工操作＞::=＜加工元＞＜加工方法＞＜刀具＞＜切削参数＞。其中，加工元是一个封闭实体，定义为一个加工操作对制造特征的有效切削体。加工操作顺序图（operation precedence graph，OPG）是一个带权有向图，图的顶点对应加工操作，有向边的箭头表示起始点对应的加工操作需先于终端点加工操作进行，边的权值表示两操作之间的距离。

4. 其他 MBD 数据的存储方式

标记法包括特殊符号标记和颜色标记两种方式。特殊符号标记是产品数字化定义中经常采用的一种工艺规划数据表达手段，通常没有通用的标准格式，按照特定需求进行自定义，以达到清晰表达工艺任务的目的。颜色标记是指对三维模型中的几何元素（线、面）进行颜色更改，以达到突出显示的标记效果，通常结合注释标注或属性数据来表达产品加工区域。

非结构化数据通常以三维模型结合三维标注的形式进行表达,其中,特殊符号由独立的数据格式组成,经过转换处理,变成几何实体模型或线框图形。例如:2IPM 三维标注中的直径符号"ø"就是通过转译符"％％c"转换处理生成的线框图形;半结构化数据主要采用三维标注的形式进行表达,例如 1IPM、2IPM 中公差尺寸和粗糙度的表达。

5. MBD 模型的存储方式

图理论在结构化对象的匹配中能够发挥重要的作用,并被广泛应用于生物、蛋白质结构、手写识别、语义网和全球社交网络等领域的对象匹配中。这里介绍一种形状特征邻接图(shape feature adjacency graph,SFAG),用于 MBD 模型的相似性比较。

制造特征邻接图定义为 $G = (V, E, L_V, L_E, \varphi_V, \varphi_E)$,顶点集 $V = \{v_i\}$ 表示三维 CAD 文件 Prt 中所有制造特征的集合,边集 $E = \{e_{ij}\}$ 存储了制造特征之间的所有关联关系。在制造特征邻接图(manufacturing feature adjacency graph,MFAG)中,一对节点之间可能同时存在多个关联关系,如特征相交关系、位置尺寸关联关系和位置公差关联关系。L_V 和 L_E 分别表示节点和边的复合标签集。

$$l_i^v = \{R^{\text{Ftype}}, R^{\text{Dval}}, R^{\text{Dtval}}, R^{\text{Gtype}}, R^{\text{Gval}}, R^{\text{Rval}}\} \tag{3-1}$$

其中,l_i^v 为制造特征网络 G 中节点 v_i 的标签;R^{Ftype} 表示特征类型,R^{Dval} 表示形状尺度数值,R^{Dtval} 表示形状尺度公差数值,R^{Gtype} 表示几何公差类型,R^{Gval} 表示几何公差数值,R^{Rval} 表示表面粗糙度数值。

$$l_{ij}^e = \{R^{\text{Intr}}, R^{\text{PDval}}, R^{\text{Gval}}, R^{\text{Ptype}}, R^{\text{Pval}}\} \tag{3-2}$$

其中,l_{ij}^e 表示制造特征网络 G 中边 e_{ij} 的标签,R^{Intr} 表示节点 v_i 与 v_j 之间的相交关系,R^{PDval} 表示位置尺寸数值,R^{Gval} 表示位置尺寸公差数值,R^{Ptype} 表示位置公差类型,R^{Pval} 表示位置公差数值。函数 $\varphi_V: V \rightarrow L_V$ 和函数 $\varphi_E: E \rightarrow L_E$ 分别将节点和边的标签赋予相应的节点和边。

零件 Prt_1 的 MBD 模型的基于图的表示模型见图 3-3。

3.2.3　工艺规划数据的标签化管理与组织方式

工艺 MBD 模型结合 MBD 技术实现了非几何工艺规划数据与三维实体模型的关联,与传统工艺模型相比,工艺 MBD 模型不但可以反映工艺路线、工序对象和工步对象之间的层次结构关系,还可以通过 MBD 模型之间的时序排列,可视化地表达工艺设计过程,体现了 MBD 技术在工艺规划数据表达方面的优势。工艺 MBD 模型的建立为工艺规划智能化技术以及面向工艺智能规划环境的工艺规划数据管理技术的研究提供了理论指导。

工艺规划数据 MBD 模型以工序 MBD 模型为数据载体,工序 MBD 模型上的 PMI 数据(公差、基准和表面粗糙度等)均标注在模型之上,以 Prt 文件的形式将三

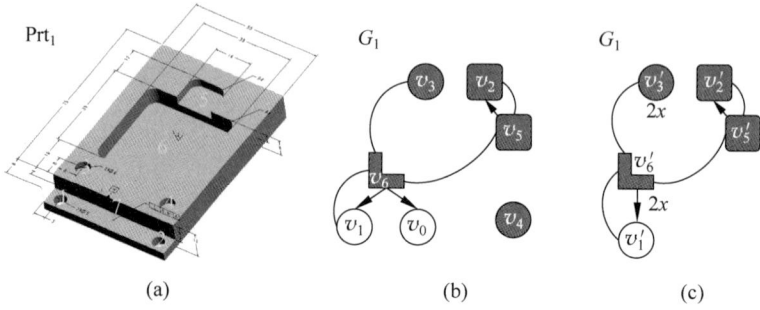

图 3-3　零件 Prt_1 的 MBD 模型的基于图的表示模型

(a) Prt_1 的 MBD 模型；(b) Prt_1 的 MFAG；(c) Prt_1 的 NEC 图

维实体模型和非几何属性数据组织在一个文件中。然而工艺规划数据 MBD 模型是多工序 MBD 模型的几何体，它不仅包含了几何实体模型和一些非几何工艺属性数据，还包含了各加工工序、工序下的多个加工工步、该工步所要加工的特征、加工方法、机床、刀具、工艺装备以及切削参数等数据，这些数据并非是以 PMI 的形式标注于三维实体模型中，而是以 XML 文件组织并与各工序 MBD 模型相关联的形式存在。首先建立基于轻量化模型的工艺规划数据模型，轻量化模型中仅包含了与显示有关的几何信息，并将轻量化模型存储于 PDM 系统中。整个工艺规划数据中的其他所有数据则存储于 XML 数据文件中，该方法不仅可以实现 CAPP 与 CAD 系统间的数据交流，还可以实现 CAPP 和 PDM 等系统的数据集成和共享。

系统中的 MBD 数据模型的类型系统分为三层，分别是数据类型、特征类型和值类型，这三种类型之间的阶段结构如图 3-4 所示。

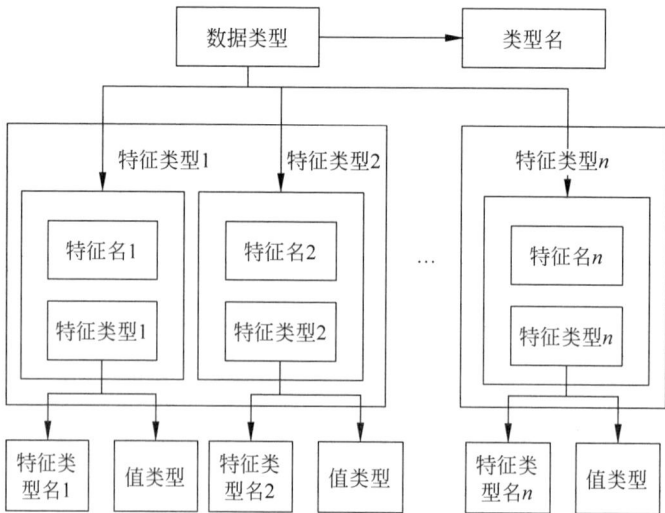

图 3-4　MBD 数据模型的类型系统结构

该模型以 XML 文件的形式进行存储,其数据结构表达如图 3-5 所示。

```
<?xml version="1.0" encoding="GB2312"?>
<加工元信息>
    <特征名称 ID="42820">平面特征</特征名称>
    <加工方法>粗加工</加工方法>
    <机床 机床代码="X51" 机床名称="立式铣床"/>
    <刀具 刀具材料="钛合金" 刀具直径="10" 刀具名称="端铣刀" 刀具ID="T01"/>
    <工装 量具名称="游标卡尺" 夹具名称="专用夹具"/>
    <切削参数 进给量="0.8" 背吃刀量="1.5" 切削速度="49" 主轴转速="200"/>
</加工元信息>
```

图 3-5　基于 MBD 数据模型的 XML 文件数据结构表达

3.3　大数据驱动的产品工艺智能规划方法体系架构

二维码 3-2

基于大数据驱动的产品工艺智能规划面向的是产品全生命周期设计制造,单一功能的系统将逐渐被高度集成化的应用系统所取代,不同系统之间实现技术优势互补和功能融合。在工艺智能规划与数据分析挖掘技术、规划方案决策执行技术、制造管理技术深度融合的过程中,新技术相继出现,系统集成应用需求进一步提高。以工艺智能规划工装设计技术和智能规划检测技术为例,其主要面向工序的设计,依赖工序三维模型进行工装设计和检测程序编制,而传统二维 CAPP 技术并不能满足其对工序三维数模的应用需求。因此,为了满足基于大数据驱动环境下的产品工艺智能规划,在分析工艺设计后续环节对工艺规划数据和三维模型的应用需求后,结合工序 MBD 模型驱动的三维数字化机加工艺设计模式特点,建立大数据驱动的产品工艺智能规划方法体系架构,如图 3-6 所示。

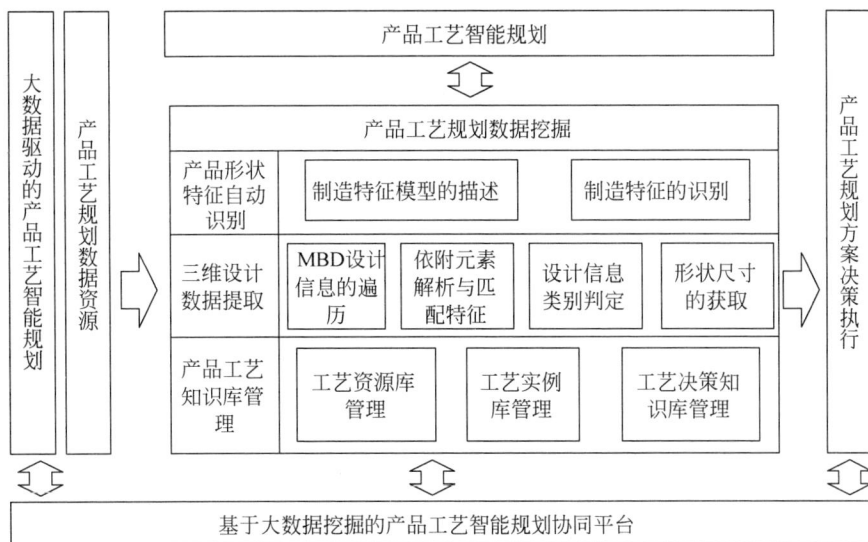

图 3-6　大数据驱动的产品工艺智能规划方法体系架构

3.4 产品工艺规划数据挖掘技术

3.4.1 产品形状特征自动识别方法

1. 制造特征模型的描述

1）基于层次式属性邻接矩阵的制造特征描述方法

以层次式属性邻接矩阵描述 Lib 中的制造特征，见图 3-7。同时建立了包含 51 种单一特征、4 种形式的相交特征的制造特征库 Lib。

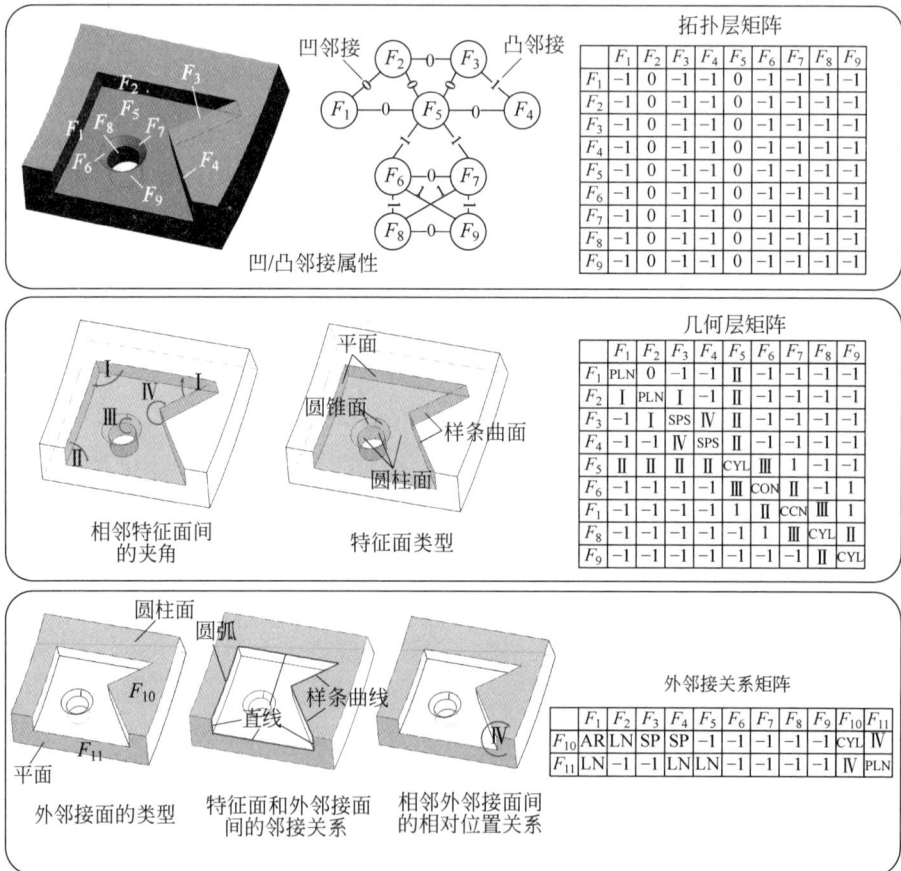

二维码 3-3

拓扑层矩阵

	F_1	F_2	F_3	F_4	F_5	F_6	F_7	F_8	F_9
F_1	-1	0	-1	-1	0	-1	-1	-1	-1
F_2	-1		0	-1	-1	0	-1	-1	-1
F_3	-1		-1	0	-1	-1	-1	-1	-1
F_4	-1	0		-1	0	-1	-1	-1	-1
F_5	-1	-1	-1	-1		0	0	-1	-1
F_6	-1	0	-1	-1	0		-1	-1	-1
F_7	-1	-1	0	-1	0	-1		-1	-1
F_8	-1	-1	-1	-1	-1	0	-1		-1
F_9	-1		-1	-1	0	-1	0	-1	-1

几何层矩阵

	F_1	F_2	F_3	F_4	F_5	F_6	F_7	F_8	F_9
F_1	PLN	0	-1	-1	II	-1	-1	-1	-1
F_2	I	PLN	-1	-1	II	-1	-1	-1	-1
F_3	-1	I	SPS	II	II	-1	-1	-1	-1
F_4	-1	-1	IV	SPS	II	-1	-1	-1	-1
F_5	II	II	II	II	CYL	III	I	-1	-1
F_6	-1	-1	-1	-1	III	CON	II	-1	I
F_1	-1	-1	-1	-1	I	II	CCN	III	I
F_8	-1	-1	-1	-1	-1	-1	III	CYL	I
F_9	-1	-1	-1	-1	-1	-1	II		CYL

外邻接关系矩阵

	F_1	F_2	F_3	F_4	F_5	F_6	F_7	F_8	F_9	F_{10}	F_{11}
F_{10}	AR	LN	SP	SP	-1	-1	-1	-1	-1	CYL	IV
F_{11}	LN	-1	-1	LN	LN	-1	-1	-1	-1	IV	PLN

凹邻接　凸邻接

凹/凸邻接属性

相邻特征面间的夹角　　特征面类型

平面　圆锥面　样条曲面　圆柱面

圆柱面　圆弧　样条曲线　直线　平面

外邻接面的类型　　特征面和外邻接面间的邻接关系　　相邻外邻接面间的相对位置关系

图 3-7　层次式属性邻接矩阵

制造特征的主要三维结构信息可以用层次式属性邻接矩阵 HAAM 表达：

$$\mathrm{HAAM}(f_j) = (\boldsymbol{T}, \boldsymbol{G}, \boldsymbol{O}) \tag{3-3}$$

式中，$\boldsymbol{T}$ 表示拓扑层矩阵，它描述了特征面之间的邻接关系，即是凹邻接还是凸邻接，或是互不相连。$\boldsymbol{G}$ 代表几何层矩阵，它进一步明确了特征面的几何信息，如曲面类型、特征面间的夹角和其他相对位置关系。然而,部分制造特征的 T 和 G 基本上完全相同,仅仅在特征面和外邻接面之间的邻接属性上略有不同。因此,HAAM 引入了外邻接矩阵 O 来表达特征面和外邻接面之间的外邻接属性,包括外邻接面的类型、外邻接边的类型、以及特征与外邻接面间的相对位置关系等。

2) 拓扑层矩阵

拓扑层矩阵 T 由传统的属性邻接图(attributed adjacency graph,AAG)改进而来。传统的属性邻接矩阵有一个缺陷,即仅能表示只有一条公共边的相邻表面间的邻接关系,而不能表示具有多条公共边的邻接关系。与平面之间的情况不同,曲面与其他表面相邻可产生两个或多个公共边,如图 3-8 中的 F_4 与 F_6 之间有两条公共边。因此,假设一个制造特征 f 由 N 个表面组成,则矩阵 $T = \begin{bmatrix} t_{1,1} & \cdots & t_{1,N} \\ \vdots & \ddots & \vdots \\ t_{N,1} & \cdots & t_{N,N} \end{bmatrix}$ 为一个 $N \times N$ 的矩阵,其中每个元素 $t_{i,j}$ 的取值如下:

$$t_{i,j} = \begin{cases} \gamma(e_k), & i \neq j, F_i \bigcap F_j = e_k \\ \gamma(e_{k_1})\gamma(e_{k_2})\cdots\gamma(e_{k_x}), & i \neq j, F_i \bigcap F_j = \{e_{k_1}, e_{k_2}, \cdots, e_{k_x}\} \\ -1, & \text{其他} \end{cases} \quad (3\text{-}4)$$

式中,$\gamma(e_k) = 0$ 表示凹邻接,$\gamma(e_k) = 1$ 表示凸邻接。

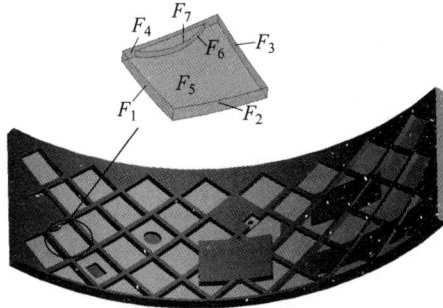

图 3-8 壁板上的一个相交特征

3) 几何层矩阵

矩阵 T 包含的信息仍不足以用来区分某些制造特征。图 3-9 展示的三种槽特征的矩阵 T 是相同的,但仍然可以通过 $\angle F_1 F_2$ 和 $\angle F_2 F_3$ 来区分普通槽和燕尾槽,通过表面类型 $\tau(F_2)$ 辨识出 U 形槽。因此,引入几何层矩阵 G 来表示拓扑层矩阵中 T 不包含的某些重要信息。矩阵 $G = \begin{bmatrix} g_{1,1} & \cdots & g_{1,N} \\ \vdots & \ddots & \vdots \\ g_{N,1} & \cdots & g_{N,N} \end{bmatrix}$ 中包含了每个表面的表面类型,以及每一对相邻表面之间的夹角。其中每个元素 $g_{i,j}$ 的取值如下:

$$g_{i,j} = \begin{cases} \Omega(F_i), & i=j \\ v(\angle F_i e_k F_j), & i \neq j, F_i \bigcap F_j = e_k \\ -1, & i \neq j, F_i \bigcap F_j = \varnothing \end{cases} \tag{3-5}$$

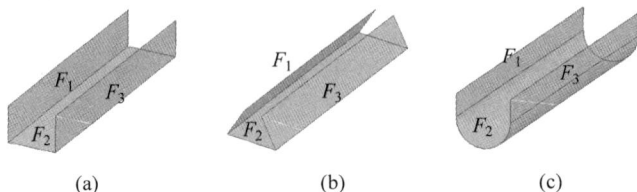

图 3-9　三种类型的槽

(a) 普通槽；(b) 燕尾槽；(c) U 形槽

表 3-1 示出了 $g_{i,j}$ 可能的值及其含义。

表 3-1　$\boldsymbol{G}$ 中所有值的含义

类　型	值	含　义
$\Omega(F_i)$	PLN	平面
	CYL	圆柱面
	CON	圆锥面
	SPS	样条曲面
	ANY	任何类型的表面
$v(\angle F_i e_k F_j) \vert F_i \bigcap F_j = e_k$	I	$0° < \theta < 90°$
	II	$90° \leqslant \theta < 180°$
	III	$180° \leqslant \theta < 270°$
	IV	$270° \leqslant \theta < 360°$
	0	θ 可为任意值

4) 外邻接关系矩阵

部分特征类型的最终确认还需取决于其相邻表面信息。例如，图 3-10 中 f_1 是一个 V 形槽，而 f_2 是一个台阶，$\boldsymbol{T}_{f_1} = \boldsymbol{T}_{f_2}$，$\boldsymbol{G}_{f_1} = \boldsymbol{G}_{f_2}$，$f_1$、$f_2$ 均有两个外邻接面 F_3、F_4，它们只能通过判断 F_3 与 F_4 是否共面进行区分。此外，图 3-11 中 f_1 和 f_2 的矩

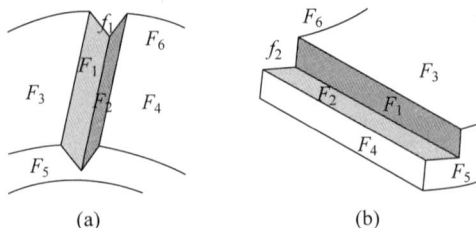

图 3-10　V 形槽和台阶的对比

(a) 周向 V 形槽；(b) 台阶

阵 T 和 G 也完全相同,因为 f_2 的底面 F_2 被折弯成了圆柱面。然而,f_1 和 f_2 中的边类型 $\tau(e_1)$ 和 $\tau(e_2)$ 是不同的,在 f_1 中 e_1 和 e_2 是圆弧,而在 f_2 中 e_1 和 e_2 是直线。在矩阵 T 和 G 中都没有存储关于外邻接面 $F_i | F_i \bowtie f$ 和相应相邻属性的信息,因此采用外邻接关系矩阵 O 来描述这些信息。若制造特征 f 有 N 个特征面和 M 个

外邻接面,则其外邻接关系矩阵 $O = \begin{bmatrix} o_{1,1} & \cdots & o_{1,N+M} \\ \vdots & \ddots & \vdots \\ o_{M,1} & \cdots & o_{M,N+M} \end{bmatrix}$,其中每个元素 $o_{i,j}$ 的取值如下:

$$o_{i,j} = \begin{cases} \Omega(F_j), & F_j \bowtie f, j = i+n \\ \gamma(e_k), & F_x \bowtie f, F_y \in f, F_x \cap F_y = e_k, i = x-n, j = y \leqslant n \\ \widetilde{\omega}(F_x, F_y), & F_x \cap F_y = \varnothing, F_x, F_y \bowtie f, i = x-n, j = y > n, x \neq y \\ -1, & F_x \cap F_y = \varnothing \end{cases}$$

$$(3-6)$$

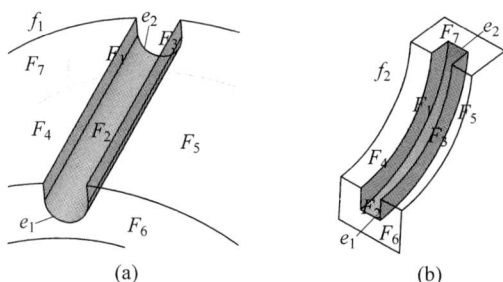

图 3-11 U 形槽和折弯普通槽的对比

(a) 周向 U 形槽;(b) 折弯普通槽

表 3-2 示出了 $o_{i,j}$ 可能的值及其含义。

表 3-2 O 中所有值的含义

变 量	值	含 义
$\Omega(F_j)$	PLN	平面
	CYL	圆柱面
	CON	圆锥面
	SPS	样条曲面
	ANY	其他类型表面
$\gamma(e_k), F_x \bowtie f, F_y \in f,$ $F_x \cap F_y = e_k$	LN	e_k 是直线
	AR	e_k 是圆弧
	SP	e_k 是样条曲线
	AN	e_k 可为任意类型线段
$\widetilde{\omega}(F_x, F_y) | F_x \cap F_y = \varnothing,$ $F_x, F_y \bowtie f, x \neq y$	V	$F_x \odot F_y$
	X	$F_x \otimes F_y$

2．制造特征的识别算法

采用基于导向式搜索的算法对制造特征进行识别，整体流程如图 3-12 所示。由提取模型实体的接口函数获取零件实体面的信息开始，根据不同的特征搜索起始面 S_0 导入对应的特征搜索环节。然后，根据该特征所属类别在虚拟特征库中记录的信息，制定各不相同的识别流程，搜索出与起始面邻接的附着面 S_1。随后通过邻接关系找出与 S_1 相邻的剩余附着面 $S_i(i>1)$，直到再没有符合条件的结果为止，详细的剩余附着面搜索流程在后续的具体凹、凸特征识别算法中进行介绍。在完成对符合条件的制造特征表面的搜索后，将所得面序号保存为一条记录。根据 5 种特征分类中各个特征包含面的总数量、特征面的邻接方式、特征中不同几何类型面的数量以及外邻接关系的差异等特点，设置对应各自特征的区分条件，该区分条件也在后续的具体凹、凸特征识别算法中进行介绍。通过区分条件，可以过滤

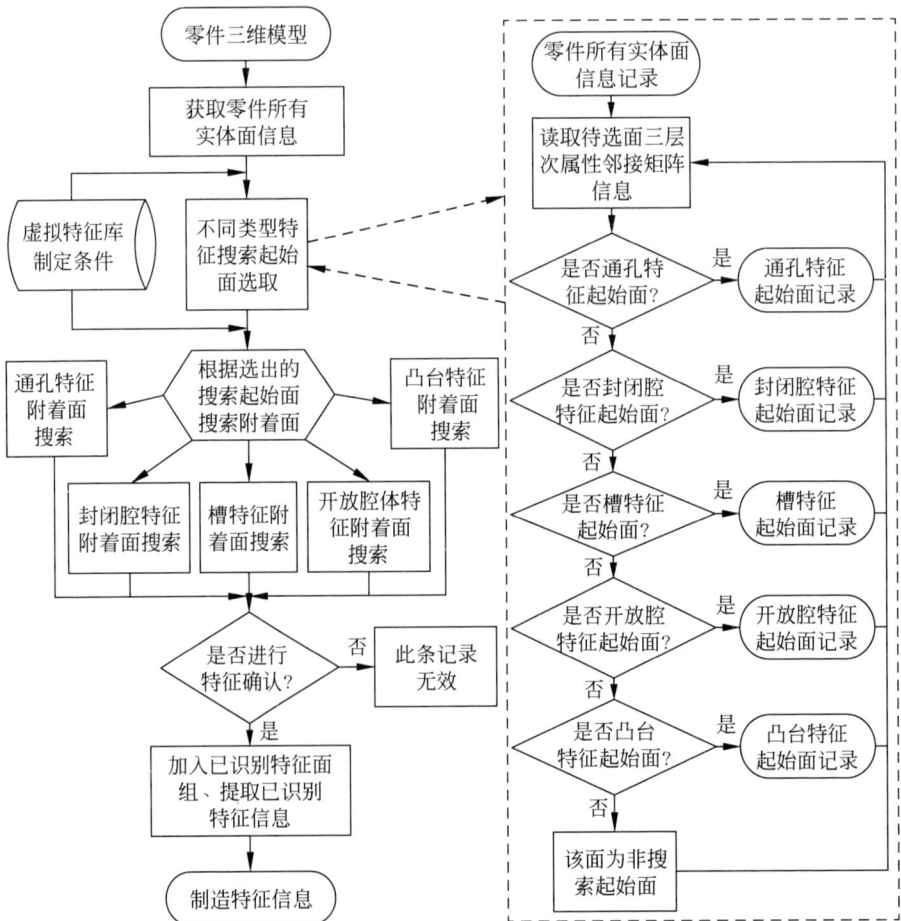

图 3-12　基于导向式搜索的识别算法流程

相似特征生成的记录,将符合虚拟特征库中要求的特征类型记录保留并归类,从而达到排除相似特征干扰以及保证精度的目的。

按照起始面、剩余附着面的异化处理和面向全局的搜索要求,将特征搜索的全部流程分为两个版块,即图 3-12 所示右侧虚线框内部分为起始面搜索子程序流程,左侧为经过起始面预分类的特征剩余附着面搜索完善子程序流程。通过起始面搜索完成对所有制造特征进行分类预处理与定位的过程,不仅达到在识别过程初期确定所有特征数量的目的,同时将相似类型的特征进行汇总,方便后续对具体特征的进一步区分,而且可以对结构件模型中存在的属于非制造特征的不规则起伏轮廓进行有效规避,克服了子图分割方法将不规则轮廓面组识别为制造特征面组的识别误导问题。

1) 封闭腔特征搜索识别

对于封闭腔特征的搜索,通过此特征库中标准特征数据,制定对应类型的识别流程。搜索流程与通孔特征识别流程类似,如图 3-13 所示。最终封闭腔特征间互相区分的条件为所含面总数和不同形状类型的面数量。普通盲孔、埋头盲孔、阶梯盲孔、锥底面盲孔、锥底面埋头盲孔、锥底面阶梯孔所含面的总数依次为 3、5、6、4、6、7,且阶梯盲孔含平面数量为 2,锥底面埋头盲孔含锥面数量为 4;封闭多边形腔体满足条件:特征面总数量等于 S_0 面边数量加 1,若腔体 S_1 面含有柱面,则根据柱面数量区分为含圆弧多边形腔。图 3-13 以锥底面阶梯孔特征搜索为例,其识别过程为:①选出 CS_0,选取条件为有两个凹邻面的锥面;②搜索与 CS_0 凹邻接且有两个凹邻面的锥面 CS_1;③搜索与 CS_0 或 CS_1 凹邻接并且有两个凹邻面、一个凸邻

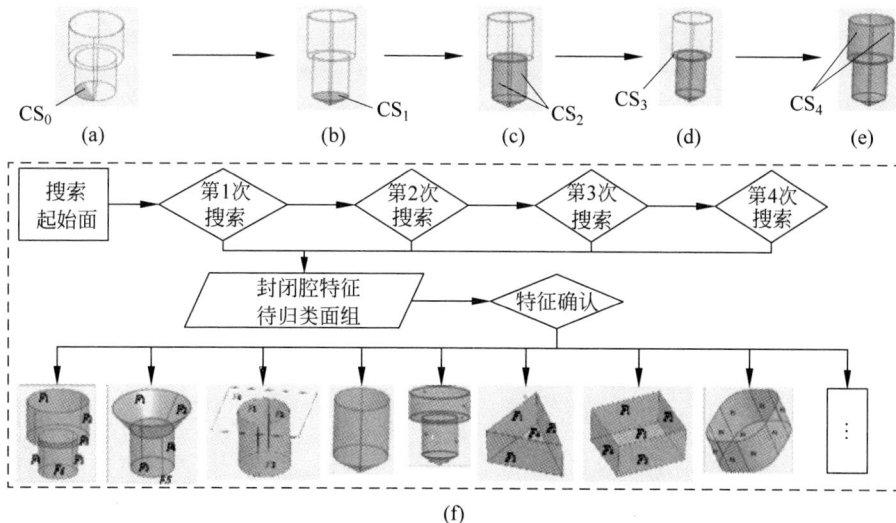

CS_0 (a) CS_1 (b) CS_2 (c) CS_3 (d) CS_4 (e)

(f)

图 3-13 封闭腔特征搜索识别流程

(a) 锥底阶梯孔起始面;(b) 第 1 次搜索结果;(c) 第 2 次搜索结果;(d) 第 3 次搜索结果;
(e) 第 4 次搜索结果;(f) 搜索流程

面的柱面 CS_2；④搜索与 CS_2 凸邻接且有两个凹邻面、两个凸邻面的平面 CS_3；⑤搜索与 CS_3 凹邻接且有两个凹邻面的柱面 CS_4。最终确认条件为搜索获得面组总数量等于 7。

2）槽特征搜索识别

对于槽特征的搜索，通过对特征库中标准特征信息的比对，制定对应类型的搜索流程，如图 3-14 所示。选取槽特征的底面作为 S_0，在获得 S_0 面的基础上搜索即可获得侧面 S_1、侧面 S_2。最终，不同槽特征的区分条件为面数量、起始面形状类型和底面与侧面间的夹角类型，阶梯含有面数量为 2，直槽含有面数量为 3、起始面类型为平面，U 形槽含有面数量为 3、起始面类型为柱面，燕尾槽的底面与侧面的夹角要求必须大于 90°。图 3-14 以 U 形槽特征搜索为例，其识别过程为：①选出搜索起始面 S_0，选取条件为有两个凹邻面的柱面；②进行其余面 S_1、S_2 搜索，搜索条件为与起始面凹邻接且仅有一个凹邻面的平面。最终确认条件为面组总数量为 3，起始面及面组第一个面为柱面且两侧面互不邻接。

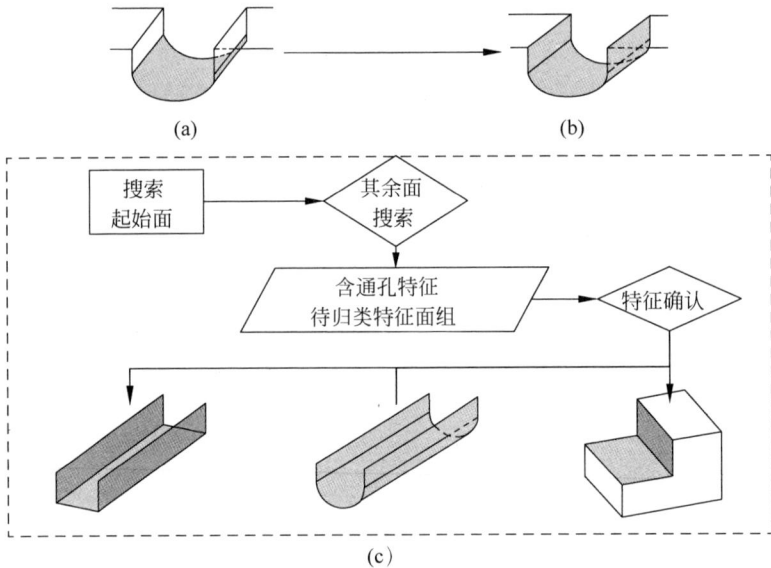

图 3-14　槽特征搜索识别流程

3）含开放腔体特征搜索识别

对于含开放腔体特征的搜索，其搜索流程如图 3-15 所示。选取腔体底面作为搜索起始面 S_0，其余侧面 S_1 等经一次搜索即可获得。最终确定不同特征的条件为满足特征中侧面 S_1 的数量等于底面边数量减 1。对于三角形通孔和开放型三面腔特征拓扑矩阵和几何矩阵信息相同的情况，其不足以做出区分，需要使用外邻接矩阵进行判别。以图 3-15 中三角形通孔和开放型三面腔特征为例，其识别过程为：①选出起始面 S_0，选取条件为有两个凹邻面的平面；②进行其余侧面 S_1 等的搜索,搜索条件为与起始面 S_0 凹邻接且有两个凹邻面的平面。由于上述搜索得到的结果不能准确区分这两种类型特征,故利用外邻接关系做特征确认,确认条件为三角形通孔只有两个不同的外邻接面 FA_1、FA_2,而开放型三面腔有三个不同的外邻接面 FA_1、FA_2、FA_3。

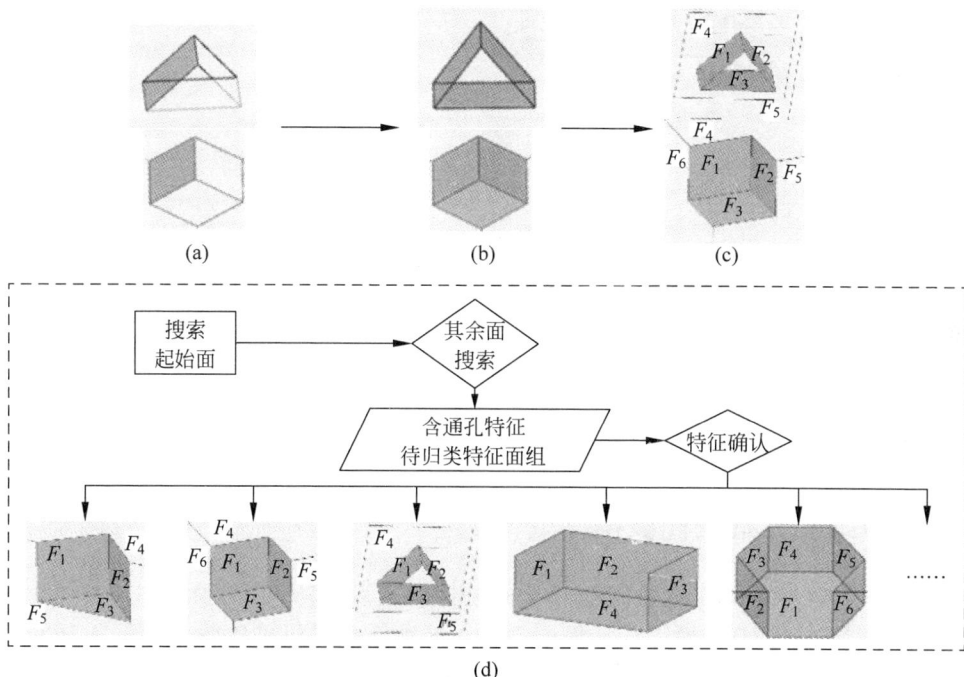

(a)   (b)   (c)

(d)

图 3-15 含开放腔体特征搜索识别流程

4)凸台特征搜索识别

对于凹、凸特征混合并存的情况,凸台特征的搜索流程如图 3-16 所示。选取凸台特征的顶面 BS_0 作为搜索起始面 S_0,避免了搜索过程进入凹特征类型识别流程。附着面 S_1 经一次搜索即可得到侧面 BS_1。最终凸台特征间互相区分的条件为所含面数量和不同形状类型的面数量。普通多边形凸台须满足以下条件:特征面总数量等于 S_0 面边数量加 1,且侧面形状类型均为平面;若凸台侧面含有柱面,则根据柱面数量区分为含圆弧多边形腔,其中圆凸台侧面为两个柱面,U 形凸台侧面包含 3 个平面和 1～2 个柱面。以图 3-16 所示的部分凸台特征为例,其识别过程为:①选出 BS_0,选取条件为凹邻面数量为 0 的平面;②搜索与 BS_0 凸邻接的平面或柱面 BS_1。圆凸台、三角形凸台、菱形凸台、六边形凸台和 U 形凸台的最终确认条件为搜索获得面组总数量依次等于 3、4、5、7 和 4。其中,三角形凸台含有平面数量为 4,U 形凸台含有平面数量为 3、柱面数量为 1。

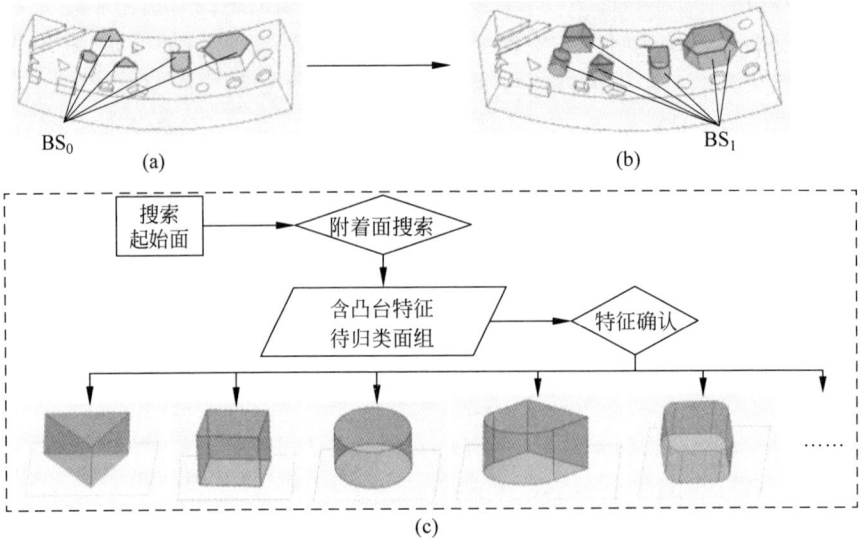

图 3-16　凸台特征搜索识别流程

（a）凸台特征起始面；（b）附着面搜索结果；（c）搜索流程

3.4.2　三维设计数据提取方法

为了全面并准确地获取制造特征的设计信息,这里介绍一种面向工序 MBD 模型生成的特征 MBD 设计信息提取算法。这种算法不仅可以收集零件 MBD 模型中所有的标注信息,同时还可以将标注依附的几何信息与制造特征包含的几何信息进行比对,获取标注信息关联的特征信息,最后根据依附特征信息的不同将尺寸公差分类为总体尺寸、定位尺寸及特征形状尺寸,将形位公差分为关联公差与独立公差。

1. 算法整体流程

使用特征识别算法获取零件 MBD 模型中的特征信息以后,使用本算法获取其中的设计信息,并将这些信息根据与特征的关系进行分类与存储。

整个算法运行过程如图 3-17 所示,首先从零件 MBD 模型中获取所有标注信息;再将所有获取的标注信息的依附元素转换成统一的几何元素信息,然后将转换的几何元素信息与特征中几何信息进行匹配,获取标注关联的特征信息;再通过标注关联的特征信息进行三维标注类别划分,将尺寸标注分类为定位尺寸与形状尺寸,将公差标注信息分类为关联公差与独立公差;最后制定特征形状尺寸信息定义规则,将标注信息基于特征进行更详细的划分输出。标注信息提取分类完毕后,将其存储到对应的特征数据结构中。

2. MBD 设计信息的遍历

设计信息分类之前,需要在零件中获取与工序 MBD 模型生成相关的设计信

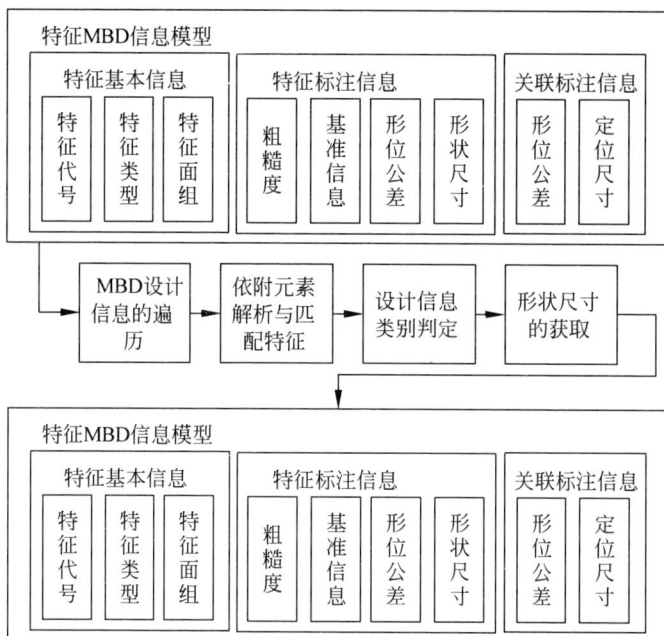

图 3-17 特征 MBD 设计信息提取算法总体流程

息,主要包括粗糙度、基准标签、形位公差和尺寸公差信息。由于标注方法不同,标注放置的依附参照元素不同,因此对这 4 种标注分别进行提取。三维标注信息模型获取方法如图 3-18 所示。

设计信息提取算法的主要步骤为:

(1)创建设计信息模型对应的数据结构。

(2)通过直接访问数据解析函数访问 MBD 数据模型中标注信息部分,然后对标注信息结构树进行解析,获取到对应的标注的主要信息。

其中:粗糙度标注包括粗糙度数值与依附元素;基准标签信息包括基准代号与依附元素;形位公差包括三维标注的公差数值、公差类型以及公差基准;尺寸公差包括公差数值、公差类别与依附元素。

(3)访问完所有的标注信息后,存储获取的数据,用于下阶段特征匹配。

3. 依附元素解析与匹配特征

工序模型建模是基于特征的生成过程,建模需要的非几何信息是基于特征传递的,所以获取到的设计信息要输入到各个特征的数据结构中,才能作为工序建模的数据源,因此要匹配对应的特征。特征与设计信息的匹配是将设计信息关联的几何信息与特征中的几何信息进行比对,如果相同便是设计信息所关联的特征。设计信息依附元素信息为几何信息类型时,主要包含有中心线、边、线和设计特征,这些几何信息大部分与特征基本信息不同,所以在特征匹配之前,要先将不同依附元素进行解析与转换,统一转换成与特征组成信息中相同的几何信息。本部分针

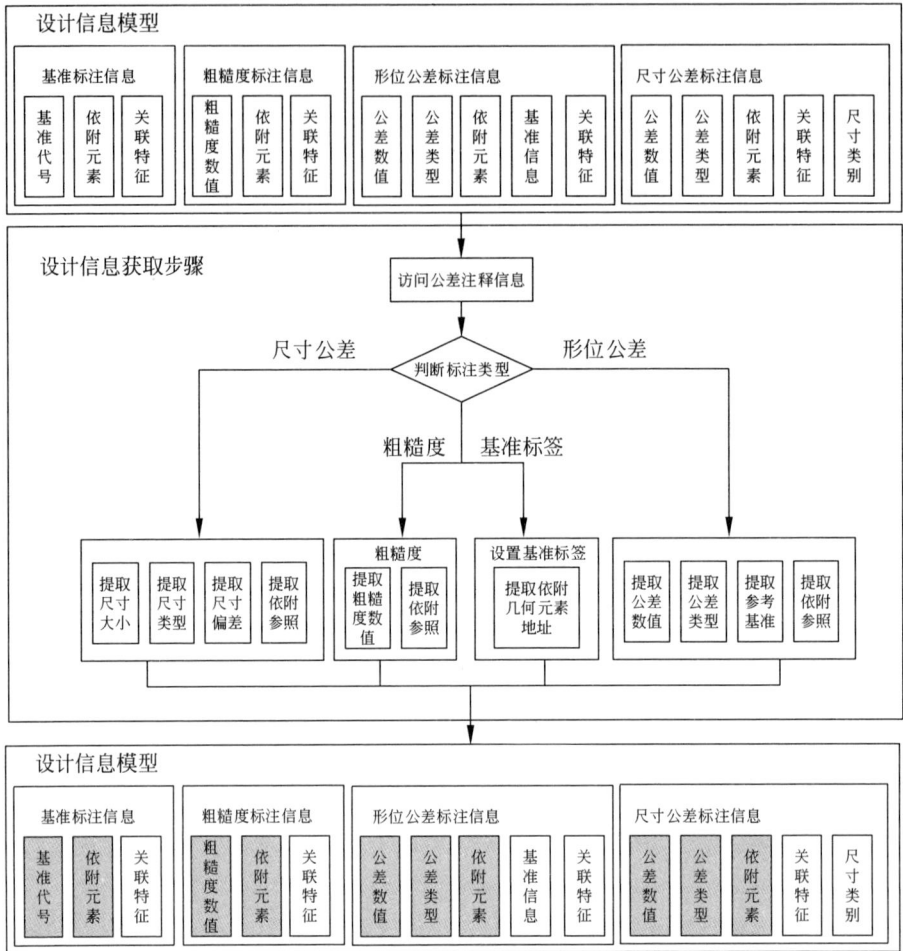

图 3-18　三维标注信息模型获取方法

对不同的标注类型、不同的标注方式以及不同的依附元素,介绍一种通用的全局匹配特征的方法,获取设计信息相关的特征信息,便于后续类别的判定。

基于上述方法,标注依附元素解析与匹配特征流程如图 3-19 所示,其主要实现过程如下。

首先,解析依附元素。将标注的依附元素信息转换成面信息,其中,中心线对应的是圆柱的曲面,边对应的为其邻面,可通过分解设计特征来获取特征的所有面组。

其次,匹配特征。将依附元素解析获得的所有面逐个与特征的面进行比对,记录存在与其相同面的特征的序号; 若未匹配到特征,则记录当前依附元素为非特征内几何元素。

最后,存储特征信息。对于粗糙度与基准标注,直接存储关联的特征基本信息; 对于形位公差,先获取依附元素的特征信息,后获取基准依附的特征基本信

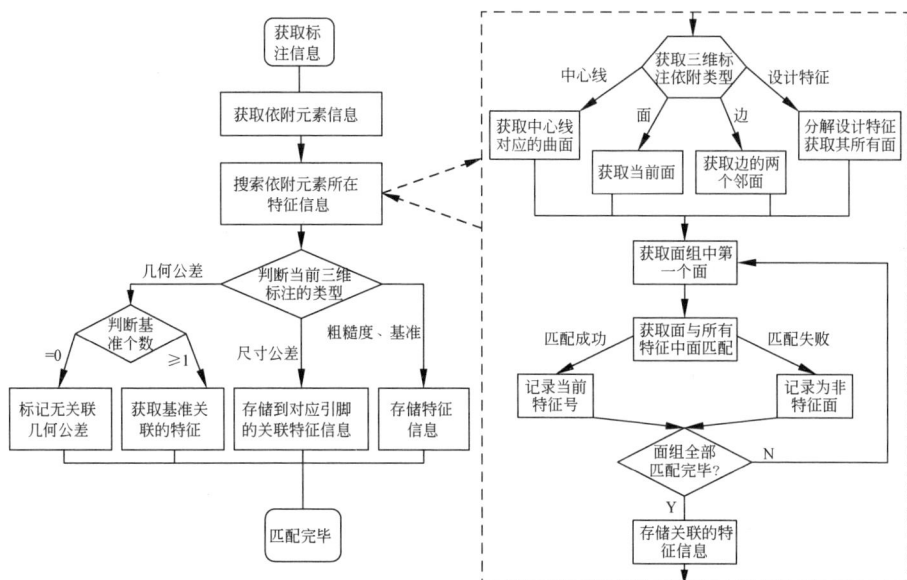

图 3-19　标注依附元素解析与匹配特征流程

息；对于尺寸公差将以每个引脚关联的特征的形式分别存储。

4. 设计信息类别判定

设计信息匹配到对应的信息后，在 4 种标注中，粗糙度标注与基准标注的方法简单，依附元素单一，所以无须更多的判定方式，而形位公差与尺寸公差因为其标注的特殊性，可关联多个特征信息。如形位公差其基准信息依附的特征与放置依附的特征之间会有不同基准的放置依附元素可能同时属于两个制造特征，多基准标注情况下基准间的关联特征不同、尺寸公差依附元素关联的特征情况不同等问题，决定了其是否为特征的形状尺寸信息或为定位尺寸信息，而这些对工序 MBD 模型创建都是有用的信息，因此需要一种详细的方法对形位公差进行分析判别，对尺寸公差进行详细分类。下面针对这两种标注进行详细的分类。

（1）形位公差的信息判定算法如图 3-20 所示，其算法实现规则如下。

特征依附元素与基准同时关联特征的情况下，有如下判别方法。

① 无基准的形位公差中，依附元素所属的特征是该特征的独立形位公差。

② 单一基准的形位公差中，与依附参照关联的特征相同的基准是该特征的独立形位公差；若不同，则为特征间的关联公差。

③ 多基准的形位公差中，若两者的特征都相同，则是该特征的独立形位公差；若关联特征间存在不同，则为这些特征间的关联公差。

特征依附元素与基准存在不关联特征的情况下，有如下判别方法。

① 依附元素不关联特征，为特征外的形位公差。

② 基准不关联特征，为基准在特征外的形位公差。

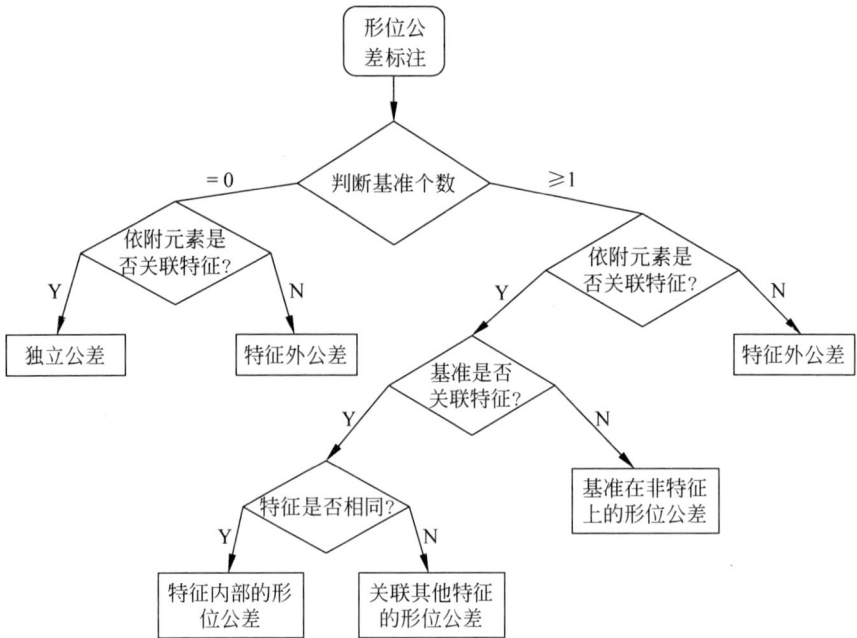

图 3-20　形位公差信息类别判定

（2）尺寸公差的信息判定算法如图 3-21 所示，其算法实现规则如下。

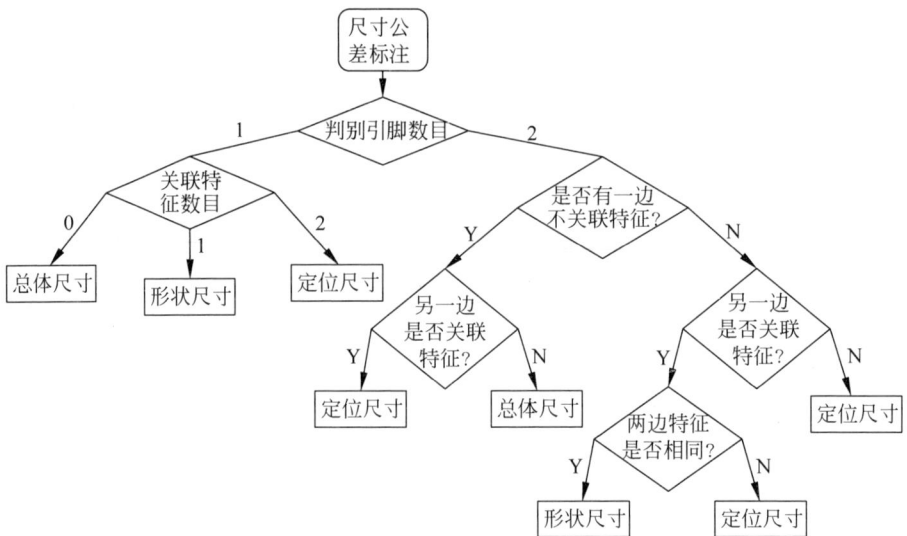

图 3-21　尺寸公差信息类别判定

单一标注的尺寸公差类别判定方法：若标注关联特征，其为关联特征的形状尺寸；若关联的特征超过一个，其为定位尺寸。

双引脚的尺寸公差类别判定方法如下。

总体尺寸：两边依附的几何元素都不属于特征。

定位尺寸：两边依附的几何元素仅有一个属于特征，两个依附几何元素属于不同特征。

形状尺寸：两边依附的几何元素都属于同一特征。

5. 形状尺寸的获取

形位公差与尺寸公差判别后，形位公差被判定为关联公差或独立公差都对工序建模有着参照与指导意义，而尺寸公差中，定位尺寸可作为特征工序建模的定位信息，未分类的形状尺寸输出在针对复杂特征时会出现混乱不明确的情况，无法获知形状尺寸要描述所属特征的具体信息。一个复杂的制造特征可能由多个设计特征组成，相同的特征形状尺寸标注有着不同的尺寸标注方式；针对具有多线性、多深度、多直径的特征，存在多个相同类型、无法区分的标注，这样未分类的形状尺寸信息无法作为工序模型生成的参考信息与数据源，因此需要制定一种形状尺寸的详细分类方法。

形状尺寸详细分类方法首先需针对复杂特征的情况，设定一种将复杂特征简单化的规则。分层规则为：自下而上进行分层，每有一个基本设计特征则设定一层；在两层设计特征间的连接边，向下取层数；定义横向尺寸与纵向尺寸，横向尺寸分为线性、直径尺寸，纵向尺寸为该基本设计特征的深度信息。

按照如图 3-22 所示的分层规则获取特征识别的典型制造特征，以上的分类图每层都包含着对应的形状尺寸信息数据结构。图中，L 表示横向线性长度，S 表示深度，D 表示直径。

根据以上的层次分类后，首先通过形状尺寸的依附元素可获取对应的层数信息，针对这些层数信息，进而分类形状尺寸信息，基于特征的形状尺寸信息详细的分类方法如图 3-23 所示，算法判定流程如下。

首先判定边与面的所在层：面获取其所在层的数值。边获取其两个邻面所在层的数值，若在不同层，则为该两层间的连接边，取较小的层数为该边所在层；若在同一层，则其为深度边。

随后结合尺寸公差的不同标注方式对形状尺寸进行详细分类：尺寸公差被判定为形状尺寸有两个必要条件，一是尺寸公差标注的所有依附元素必定在当前特征中，二是两层间不存在共有面。因此对形状尺寸有如下规则。

（1）单引脚标注：深度边为该层的深度，连接边为该层的横向尺寸，面独立标注为半径标注，为横向尺寸标注。

（2）面-面尺寸标注：两依附面层数相同，则为该层的横向尺寸；两依附面层数不同，为两层间的深度尺寸。

（3）边-面尺寸标注：依附边与依附面层数相同时，边为深度边时为该层的横向尺寸，边为连接边时为该层的深度尺寸；边与面层数不同时为两层间深度尺寸。

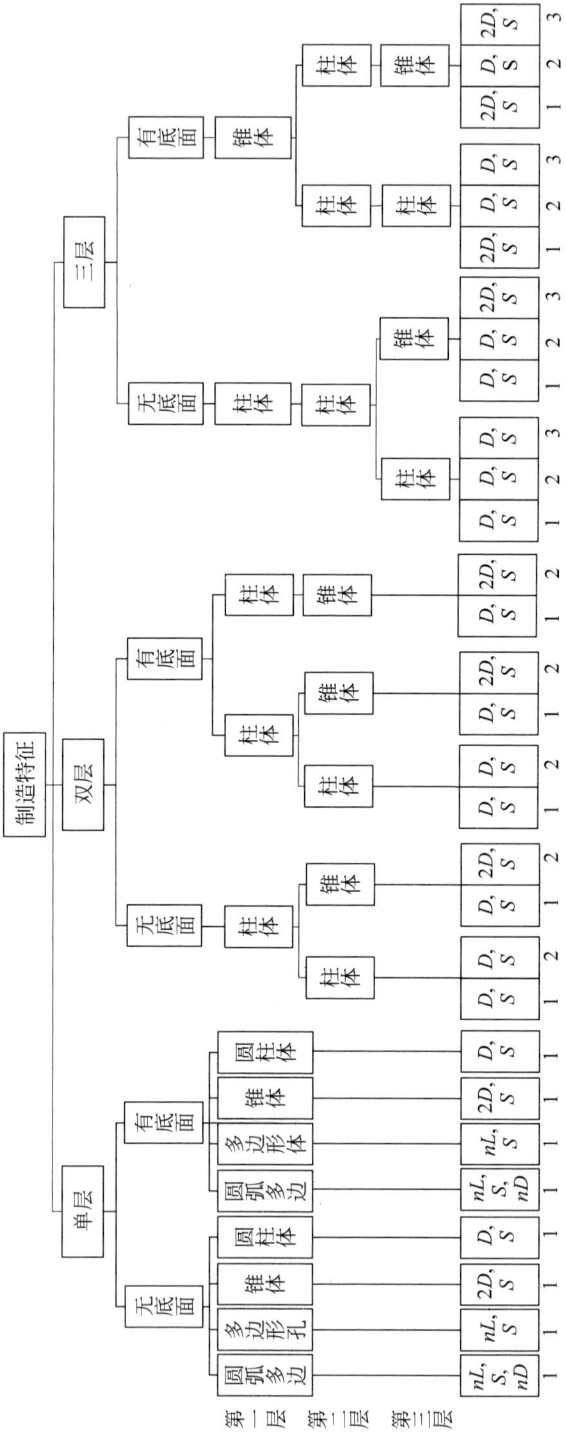

图 3-22　制造特征按层分类图

注：L表示长度；S表示深度，D表示直径，n表示存在多个信息，最后的数字表示所在的层数。

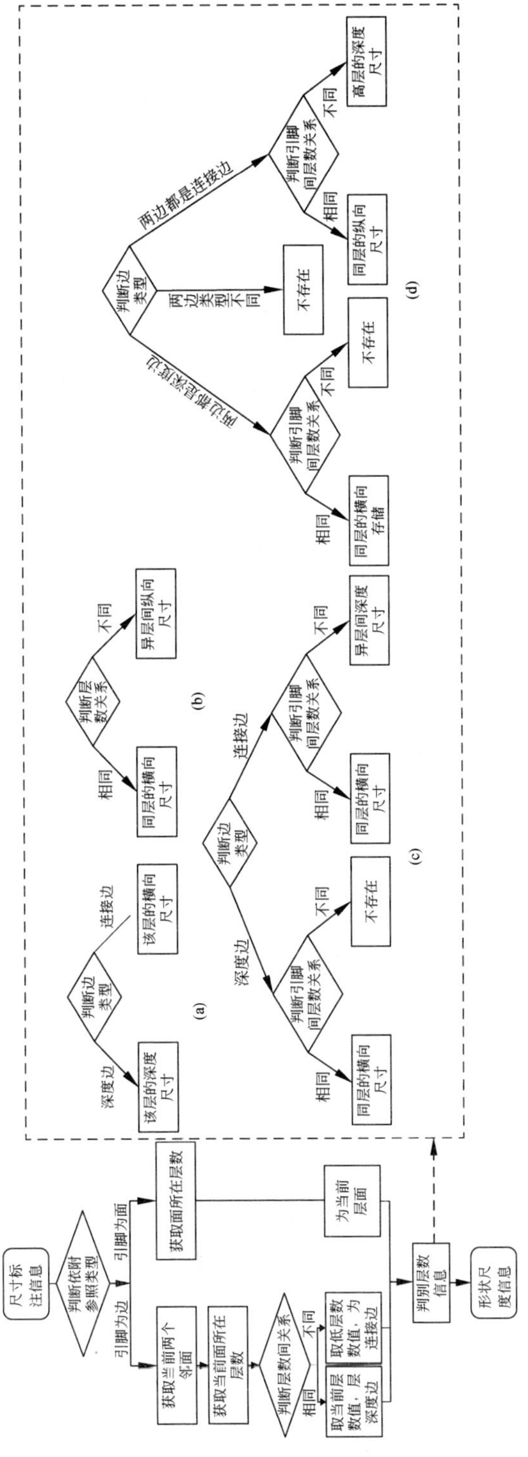

图 3-23　形状尺寸信息分类方法

(a) 单一边标注的判别方法；(b) 面-面标注的判别方法；(c) 边-面标注的判别方法；(d) 边-边标注的判别方法

(4) 边-边尺寸标注：两依附边层数相同时，两边都是深度边时为横向尺寸，两边为连接边时为该层的深度尺寸；两依附边层数不同时为两层间的深度尺寸。

根据以上的分类规则，以典型的多层复杂特征"退出阶梯孔"为例，对该特征进行分层分析。如图 3-24 所示，图中"退出阶梯孔"的尺寸标注可通过获取依附几何元素所在该特征中的层数，来判断其为某层的深度或直径信息。

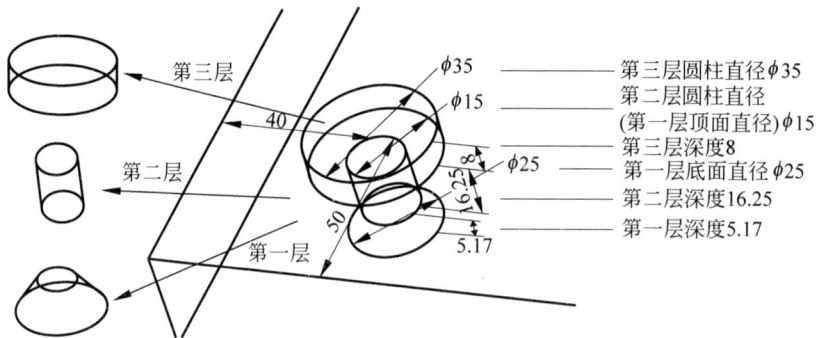

图 3-24 "退出阶梯孔"分层示意图

3.4.3 产品工艺知识库管理技术

工艺知识库管理系统包括工艺资源库管理、工艺实例库管理和工艺决策知识库管理三个模块。工艺知识库是企业的重要资源，因此需要保证工艺知识数据的一致性和完整性。

鉴于知识库涉及的数据种类繁多、信息量大，必须采用新的方法对这些信息进行严格有效的管理并提供快速高效的检索查询。从当前比较成熟的技术来看，面向对象是一种值得推荐的方法。知识库中以对象这种通用模型表示工艺设计中用到的各种数据结构和知识。产品、零件、机床、刀具、工序和工步等都可以作为对象，每个对象都具有具体的数据项（属性）和对应的实例（对象实例）。例如车床是一个对象，它具有名称、型号、加工精度、主轴转速范围和最大加工半径等属性，并拥有 CA6140、CW61613 等实例。通过面向对象的方法，可以对大量的工艺知识建立严格的管理方法，数据之间的逻辑关系十分清晰，知识库的维护和管理也很容易。

工艺知识数据通过 PDM 的封装层存入 PDM 管理的产品数据库中，由 PDM 系统统一管理。对工艺知识库的任何访问，都需要通过 PDM 的授权和验证来完成，以此保证工艺知识库中知识的完整性，同时为 CAPP 系统和集成体系下的其他应用系统如制造资源计划并行工程（concurrent engineering，CE）、敏捷制造（agile manufacturing，AM）等提供工艺资源信息服务。数据库连接采用开放数据库连接（open data base connectivity，ODBC）接口，ODBC 接口定义了一个函数库应用系统，通过结构化查询语言访问数据库管理系统，ODBC 通过调用层接口提供对特定数据源命令进行解释的驱动程序来保持应用系统的互用性，这样应用系统便不必克服由函数功能、数据库协议或网络协议等因素造成的不一致。工艺实例包含设计完成的零件设计数据和设计完成的工艺规程信息。前者用于检索实例,后者用于表示工艺设计的内容。如何将二者结合起来,是工艺实例表达需要解决的重要问题。PDM 的一个重要功能是产品配置管理,它是以电子资料室为底层支持,以材料清单(bill of material,BOM)为组织核心,将定义最终产品的各种工程数据和文档联系起来。

零件的工艺规程信息按照功能分离的原则,分为零件工艺数据和工艺卡片模板两个部分,分别存储于 PDM 产品数据库中的产品工艺数据库和工艺卡片模板库中。当需要查看工艺规程内容的时候,通过程序将工艺卡片模板和产品工艺数据结合以显示工艺规程卡片。产品的零件设计数据存储于 PDM 的 CAD 图文档库中。产品设计数据和产品工艺规划数据分别挂接在产品结构树的各个节点上。实例的组织是以产品为基本单位实现的。企业用 BOM 组织设计完成的产品,可以用一个 BOM 表示一个系列的产品,或表示一个产品。产品的零部件节点上挂接着相应的设计数据和工艺规程信息,这些零部件节点对应着设计完成的工艺实例。根据企业工艺设计实践的特点,实例由设计人员根据待设计零件的管理数据进行检索,如产品系列和零件名称等,通过 BOM 实现相似实例的查阅。基于 BOM 的工艺人员检索流程如图 3-25 所示。

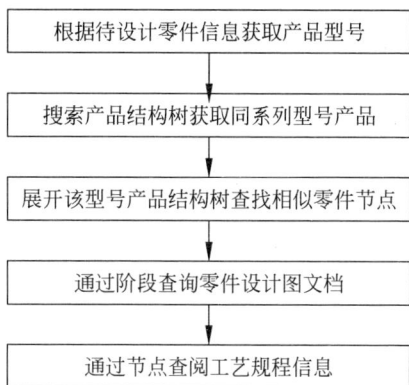

图 3-25　基于 BOM 的工艺人员检索流程

工艺资源库管理需要提供对工艺资源信息的查看、增加、删除和检索功能,如图 3-26 所示。在实现中要注意的是,工艺资源数据库内容庞杂,某一具体的工艺设计所涉及的工艺资源信息往往只是工艺资源数据库的一部分,因此需要提供检索功能,将工艺人员所需要的工艺资源信息过滤出来。

检索功能采用数据库技术中的"视图技术"来显示工艺资源信息,其具体实现方法如下。

选择 PDM 中的多个资源数据表,并将其字段重新组合、更名,按照工艺设计需要的检索条件编写出 SQL 语句,用这些 SQL 语句建立一张来自 PDM 数据库的

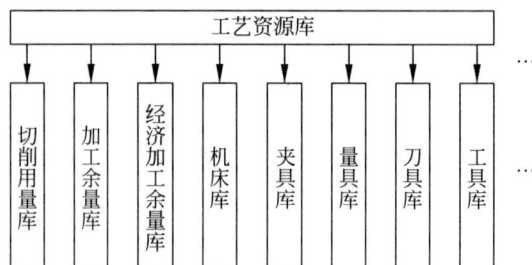

图 3-26 部分工艺资源库结构

视图。视图仅仅是对数据库的一种映射，并不生成真正的数据。因此，工艺资源库管理与 PDM 共用了工艺资源数据库。当 PDM 对工艺资源数据进行更新操作时，工艺资源检索后显示的视图也会自动更新。

为了保证所生成工艺路线的合理性，在零件工艺规划之前还应对零件的工艺性及可制造性进行分析与评价，以减少工艺规划问题求解的复杂性，保证所生成的工艺路线具有可制造性，提高工艺路线规划的效率。

为了判断整个零件是否具有可制造性，组成该零件的所有加工特征可分为是/否具有可制造性两种类型。如果有任何一个加工特征不能满足可制造性要求，则必须对其进行修改，同时系统还会出现相应的错误提示信息；反之，如果所有加工特征都满足可制造性要求，则系统将分析每个加工特征所对应的刀具可行进给方向，实现满足零件可制造性的装夹规划，为特征加工操作方案的生成提供支持。

针对加工特征的可制造性评价问题，下面介绍面向 STEP-NC 的基于启发式搜索的零件聚类装夹规划算法。该算法按照刀具进给方向及其装夹约束条件判断每个加工特征的所有潜在的加工方法，如果不满足加工方法条件，则认为该特征无法加工，返回零件重新设计的建议；只有当所有的加工特征都存在可行加工方法时，才将这些加工特征与其加工方法组合构成 STEP-NC 的加工工步，随后再按照刀具更换次数最少的原则实现对零件的合理装夹，完成基于可制造性分析的零件装夹规划，并为后期工艺路线生成与优化提供合理的数据准备。

3.5 产品工艺智能规划方法

本节介绍产品工艺智能规划方法，包括产品 MBD 模型检索方法，以及基于检索结果的产品工艺知识重用方法。产品 MBD 模型检索方法与基于检索结果的产品工艺知识重用方法的算法流程如图 3-27 所示，其基本步骤如下。

步骤 1：借助产品 MBD 模型检索方法，检索产品模型是否存在可用记录。

步骤 2：输入产品制造特征的设计要求信息，利用产品 MBD 模型检索方法判断该特征是否存在可用方案。

步骤 3：搜索是否存在与可用方法的加工要求一致的数据记录。

步骤 4：若存在相同记录则采用原记录的方案并转步骤 7；否则转步骤 5。

步骤 5：输入产品工艺规划方案决策执行，建立面向对象的知识表达。

步骤 6：采用基于知识的推理与知识的重用方法获得重用结果。

步骤 7：输出完整的粗精加工划分与工艺规划方案信息，算法结束。

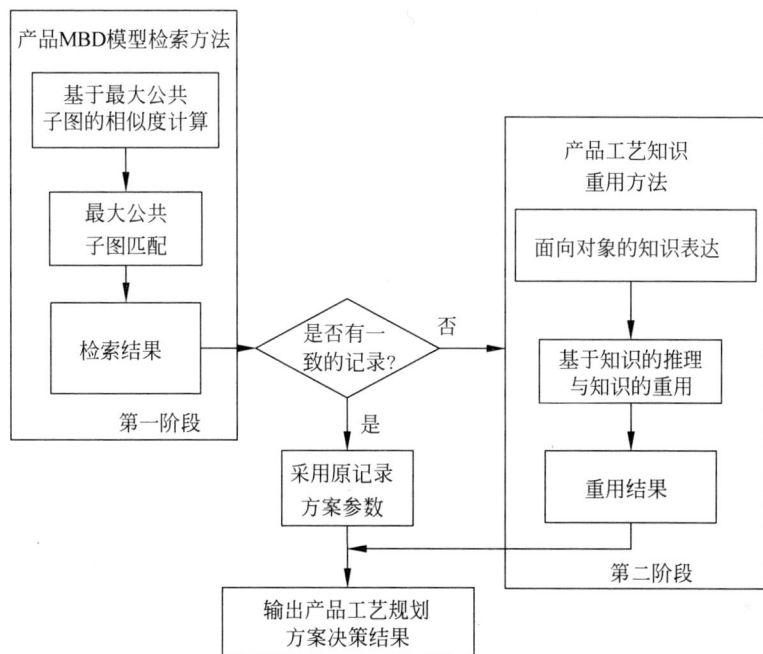

图 3-27　产品工艺规划方案决策执行方法流程

3.5.1　产品 MBD 模型检索方法

在本节中，充分考虑了 MFAG 的节点间多重关联和标签具有多重属性的特点，建立了基于最大公共子图（maximum common subgraph，MCS）与最小公共超图（minimum common hypergraph，MCH）之间差异的 MFAG 相似性评价方法。

1. 基于最大公共子图的相似度计算

两个 MFAG G_a 和 G_b 之间的相似度定义如下：

$$\text{sim}(G_a, G_b) = \text{diff}(\hat{G}_{a,b}, \check{G}_{a,b}) = \frac{\displaystyle\sum_{i=1}^{|\hat{V}_{a,b}|} \sigma_i + \sum_{j=1}^{|\hat{E}_{a,b}|} \lambda_j}{|\check{V}_{a,b}| + |\check{E}_{a,b}|} \tag{3-7}$$

其中，$\hat{G}_{a,b} = (\hat{V}_{a,b}, \hat{E}_{a,b})$、$\check{G}_{a,b} = (\check{V}_{a,b}, \check{E}_{a,b})$ 分别为 G_a 和 G_b 的 MCS 和 MCH；

σ_i 和 λ_j 分别为 $\hat{G}_{a,b}$ 中被匹配的节点和边的相似度值。MBD 模型相似性评价的核心问题是寻找 MFAG 的 MCS。MFAG 的 MCS 问题与其他的 MCS 问题[8-18]的不同之处体现在以下几方面：第一，在本节的 MCS 问题中，MFAG 包含许多等效节点。机械零件通常包含许多尺寸精度完全相同但位置略有不同的多个制造特征，主要是孔类特征。第二，MFAG 的节点间可能存在多重关联关系。一对节点可以同时通过特征相交、位置尺寸和位置公差相互关联。第三，MFAG 具有相对较高的图密度（graph density）[19]。节点间的多重关联增加了 MFAG 的总边数与最大可能边数之比。第四，MFAG 的 MCS 的问题同时也是一个非关联最大公共边子图（disconnected maximum common edge subgraph，dMCES）[20]问题，因为一些制造特征可能不与其他任何制造特征有特征相交或位置尺寸、公差方面的联系，如图 3-28 中的节点 v_4。

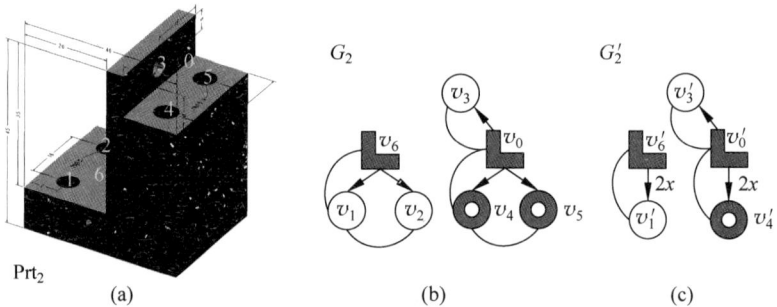

图 3-28　零件 Prt$_2$ 的 MBD 模型的基于图的表示模型

（a）Prt$_2$ 的 MBD 模型；（b）Prt$_2$ 的 MFAG；（c）Prt$_2$ 的 NEC 图

为了使 MCS 算法适用于 MFAG，本章在前人研究[9]的基础上，融合了具有类似特点的子图同构问题的算法机制，介绍了 MFAG 的 MCS 算法。首先，采用邻域等价类（neighborhood equivalence class，NEC）[16]将等价节点合并，缩小问题的解空间。其次，查询图（query graph）中节点的匹配顺序根据 MFAG 的结构信息和其与目标图（target graph）的匹配概率进行了优化。最后，在从目标图中选择候选匹配节点（candidate node）时，不仅考虑了其与查询节点（query node）的相似性，还考虑了其与紧前匹配节点的关联关系。

2. 最大公共子图匹配算法

表 3-3 展示了 MCS 算法的整体流程。在对相似矩阵 $\boldsymbol{M}_{\text{sim}}$ 以及节点集合 X 和 Y 进行初始化后，两个 MFAG G_a 和 G_b 经过等价节点的合并，由函数 RewriteToNECTree 转化为 NEC 树图。RewriteToNECTree 从每个特征树的顶节点开始，根据广度优先策略对特征树进行搜索，将处于特征树同一层次的所有等效节点合并为一个 NEC，即 NEC 树图中的一个节点。NEC 树图的信息将在查询节点排序、候选节点的选择以及主回溯流程发挥重要作用，从而避免算法对等价节

点的重复计算。

表 3-3　基于最大公共子图的相似度计算算法流程

算法 1：MCS searching algorithm for MFAG
Global graph G_a , G_b ; set X , Y ; integer n_{max}
1：function MCSSearch$_{MFAG}$ (G_a , G_b)
2：　　call Initialize(M_{sim} , X , Y)
3：　　$X \leftarrow \varnothing$, $Y \leftarrow \varnothing$
4：　　$n_{max} \leftarrow 0$
5：　　(G_a', G_b') = RewriteToNECTree(G_a , G_b)
6：　　M_{sim} = NodeSimilarityCalculation(G_a' , G_b')
7：　　$(G_Q', G_T', \text{Struct})$ = PreprocessPatternGraph(G_a' , G_b' , M_{sim})
8：　　$N_{G_Q'}$ = GenerateNodeSequence(G_Q' , P_{feas})
9：　　call Backtrack($N_{G_Q'}$, G_T' , M_{sim} , Struct , X , Y)
10：　　stop

G_1' 和 G_2' 中节点间的相似度见表 3-4。

表 3-4　G_1' 和 G_2' 中节点间的相似度

	v_1	v_2	v_3	v_5	v_6
v_0	—	—	0	0	0.811
v_1	0.763	0	—	—	—
v_3	—	—	—	0	0
v_4	0.398	0	—	—	—
v_6	—	—	0	0	0.510

随后,在 G_a' 和 G_b' 节点间的相似度矩阵 M_{sim} 由函数 NodeSimilarityCalculation 计算得到。为进一步减少计算量,只有特征树的顶节点与顶节点,以及非顶节点与非顶节点之间的相似度才被计算。例如,在 Prt_1 和 Prt_2 的匹配过程中,特征树的顶节点与非顶节点对应的矩阵元素为空。此后,函数 PreprocessPatternGraph 分析了 G_a' 和 G_b' 中每个 NEC 节点的邻接信息,所有邻接信息存储在 Struct 中。同时,函数 PreprocessPatternGraph 根据 M_{sim} 的计算结果,将没有可匹配的相似度超过阈值的节点删除。根据 PreprocessPatternGraph 处理后的结果,G_a' 和 G_b' 含有较少 NEC 节点的图被作为查询图 G_Q',而另一个则作为目标图 G_T'。函数 GenerateNodeSequence 为查询图中的节点排定合理的匹配顺序 $N_{G_Q'}$。

主回溯流程在表 3-5 中给出,其主要通过从目标图 G_T' 中选择节点,依次与 $N_{G_Q'}$ 中的节点进行匹配,最终得到匹配的节点对并分别添加到 X 和 Y 中。当回溯流程开始时,函数 extendable 将依据当前的相似度矩阵 M_{sim} 判断 X 和 Y 是否可以继续扩展。若当前得到的解已不可扩展,则将结果输出,且主回溯流程停止;否则,函数 GetNextCandidate 将继续从目标图 G_T' 中选择合适的节点与 $N_{G_Q'}$ 中的下一个查询节点相匹配。每当获得一个匹配节点对 $\tilde{M}(u'_n,v'_n)$ 时,被匹配的节点将从 $\boldsymbol{M}_{\mathrm{sim}}$ 中删除,得到新的相似度矩阵 $\boldsymbol{M}_{\mathrm{sim}}$。

表 3-5　最大公共子图匹配算法流程

算法 2：Backtrack($N_{G'_Q}$, G'_T, $\boldsymbol{M}_{\mathrm{sim}}$, Struct, X, Y)

1：function Backtrack($N_{G'_Q}$, G'_T, $\boldsymbol{M}_{\mathrm{sim}}$, Struct, X, Y)
2：　　if extendable(M_{sim}) then
3：　　　　Set $(u_c,v_c)=(\varepsilon,\varepsilon)$
4：　　　　$u_n=\mathrm{PickVertex}(u_c,N_{G'_Q})$
5：　　　　$v_n=\mathrm{GetNextCandidate}((u_c,v_c),N_{G'_Q},\mathrm{Struct},G'_T)$
6：　　　　Result＝False
7：　　　　while $(u_c,v_c)\neq(\varepsilon,\varepsilon)$ do　　　//The sequence is not finished
8：　　　　　　$X\leftarrow X+u_n$
9：　　　　　　$Y\leftarrow Y+v_n$
10：　　　　　$\boldsymbol{M}'_{\mathrm{sim}}\leftarrow\mathrm{Refine}(\boldsymbol{M}_{\mathrm{sim}})$
11：　　　　　Call Backtrack($N_{G'_Q}$, G'_T, $\boldsymbol{M}'_{\mathrm{sim}}$, Struct, X, Y)
12：　　　　　$v_n=\mathrm{GetNextCandidate}((u_c,v_c),N_{G'_Q},\mathrm{Struct},G'_T)$
13：　　else
14：　　　　$n_{\max}\leftarrow\max(n_{\max},|X|)$
15：　　　　Output(X, Y)
16：　　end if

3.5.2　产品工艺知识重用方法

产品工艺知识重用过程的表达采用面向对象的知识表达方法。一方面,面向对象的方法将框架、产生式规则和过程组织起来,具有很强的知识表达能力,能够表达经验性规则(如加工方法选择规则,机床、刀具、夹具和量具选择规则)和过程性算法等;另一方面,面向对象的知识表达形式易于抽取决策知识数据,有利于存储于决策知识数据库内。产品设计的知识库的框架如图 3-29 所示。

1. 数控加工工艺流程重用方法

如图 3-30 所示,当要为新的舱体零件编制加工工艺时,首先应用本章的 MFN 匹配方法,由高到低对相似工艺检索结果

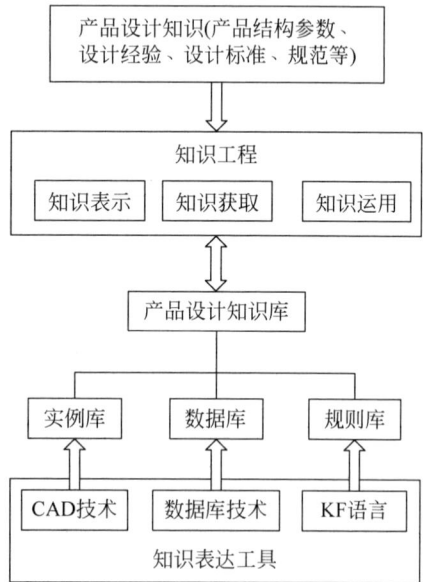

图 3-29　产品设计的知识库的框架

进行排序,由工艺人员决策是否可以重用,并选择要重用的三维数控加工工艺模型,依次继承可匹配制造特征的成组加工方案、工序顺序以及制造资源和数控加工参数,最后以人机交互的方式修改或重新设计差异部分的工艺。表 3-6 所示为图 3-30 的案例中在工艺重用时对相似工艺案例信息的详细处理。

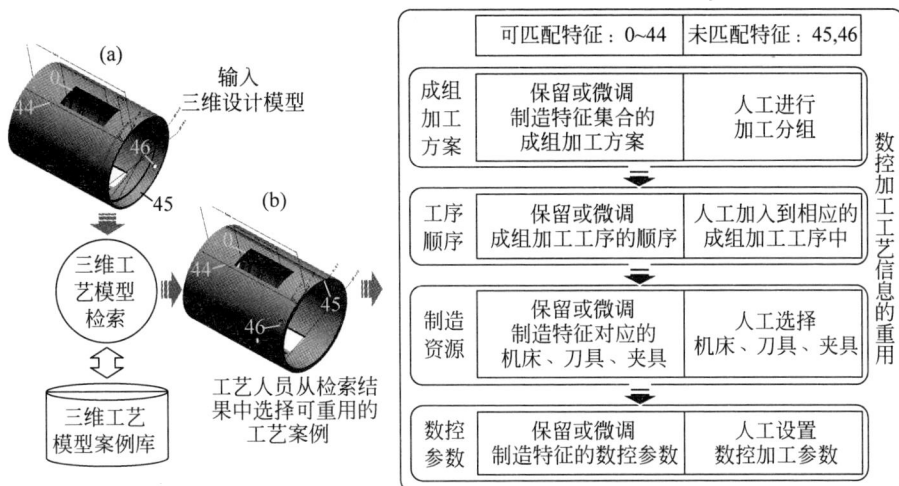

图 3-30　三维数控加工工艺模型的工艺信息重用流程

表 3-6　舱体的数控加工工艺信息重用示例

处理方式	工序序号	工序名称	制造特征	加工方法	刀具类型	机床	夹具
新增腔 45	1	数控车圆内腔	腔 45	数控车	车刀	数控车床	扇形装甲板中心支架
全部保留	2	加工中心加工周向孔特征	孔 22～30	立式数控钻	钻头	卧式四轴加工中心	立镗夹具
全部保留	3		孔 31～43	立式数控铣	螺纹铣刀		
全部保留	4		孔 46	立式数控镗	镗刀		
全部保留	5	加工中心加工周向窗口	窗口 0,1	立式数控铣	铣刀	卧式四轴加工中心	立镗夹具
全部保留	6	加工中心加工周向方形腔体	腔 2～21	立式数控铣	铣刀	卧式四轴加工中心	立镗夹具
保留槽 44 删除槽 45	7	加工中心加工周向直槽	槽 44	立式数控铣	铣刀	卧式四轴加工中心	立镗夹具

图 3-30 中的舱体(a)与(b)相比,缺少 1 个槽特征,但增加了 1 个圆内腔特征,且 46 号周向孔特征的位置有差异。因此,两个腔体的 45 号特征是无法被匹配的,46 号孔特征虽然位置不同,但仍然具有相似性,可以匹配。当工艺人员确认该重用方案时,除 45 号特征以外,所有被匹配的制造特征的分类成组方案、工序顺序,以及每个制造特征的加工方案、机床、刀具、夹具和数控加工参数等都将保留,即表 3-6 中的工序 2～6 被保留。随后对差异结构部分进行处理:从工序 7 中删除不

可匹配的 45 号槽特征;在工序 2 前增加工序 1,对 45 号圆内腔进行数控车削加工,由于重用零件中没有可匹配的制造特征,因此该道工序的具体工艺信息由工艺人员重新制定。

2. 制造特征的加工阶段划分方法

1) 数据准备

加工阶段划分决策树的训练数据来源于各类制造特征的加工阶段划分方案的历史数据。决策树的参考属性为特征类型、材料信息、尺寸规格、精度等级、粗糙度以及各下属子级参数信息,目标属性为加工阶段划分结果,各输入属性信息如表 3-7 所示。

表 3-7　生成加工阶段划分决策树的输入信息

序号	特征类型	材料	尺寸规格	精度等级	粗糙度	加工阶段划分结果
1	菱形腔	LY12	52200	IT10	12.5	r(粗加工)
2	菱形腔	LY12	52200	IT8	6.3	hf(半精加工)
3	菱形腔	LY12	52200	IT6	3.2	f(精加工)
⋮	⋮	⋮	⋮	⋮	⋮	⋮
n	盲孔	LY12	25920	IT8	6.3	r(粗加工)

2) 节点属性的测试与选定

由于航天舱体零件的生产过程中,材料牌号有大量重复的情形,属性的变化波动极小,采用 ID3 算法会导致使用信息增益作为测试标准时,对属性节点的划分计算偏向材料属性等重复性较强的数据,进而掩盖了精度等级、粗糙度等属性的重要性,而 C4.5 算法在度量属性呈现数量决定趋势的数据集时做出了改进,选取具有最大信息增益率的属性作为划分标准,从而削减数量决定趋势影响,可有效避免 ID3 算法构建决策节点时属性的选取偏向于重复样本的缺点,因此,节点分类属性的测试度量方法采用 C4.5 算法。输入信息中各属性的信息增益率计算结果如表 3-8 所示。

表 3-8　节点划分时测试属性的信息增益与信息增益率

测试属性	信息增益	信息增益率
特征类型	0.927	0.697
材料	0.328	0.105
尺寸规格	0.021	0.032
精度等级	0.264	0.284
粗糙度	0.285	0.481

3) 节点属性的分裂

在节点属性测试时,选择信息增益率最高的属性作为节点属性后,根据该属性的样本划分状态形成指向子节点的分裂条件。在确定分裂条件时,连续型参数的分裂条件需要离散化处理。例如制造特征的尺寸规格属性,不同特征的尺寸规格不一且变化极大,其取值区间为 $[875.5, 52200]$ 的连续区间,显然对所有取值逐个进行计算并生成分裂条件将极大降低决策树生成的效率。故 C4.5 算法在 ID3 算法的基础上进行改进,实现了连续型参数的离散化,使得大量连续型参数形成分裂条件成为可能。

4)树形结构的建立

在完成节点属性的测试与选定、节点属性的分裂并指向子节点后,进行递归操作,递归操作后最终指向叶子节点。在加工阶段划分决策树中,叶子节点为加工阶段划分结果信息。

5)决策树的剪枝

剪枝一般分为前剪枝与后剪枝操作,由于前剪枝过程简单、易剪去有用分支,其剪枝精度相比后剪枝较低,故本节采用后剪枝操作。后剪枝操作包括 PEP、MEP、REP、CCP 方法,而 MEP 方法获得的树规模较大,REP 方法需要独立的剪枝数据集,CCP 方法计算效率最低,故本节采用剪枝后树精度最高、规模较小且不需要独立剪枝数据集的 PEP 方法。同时,PEP 方法适用于铣削参数生产数据集中呈现的大量重复取值的情况。

3. 制造特征的铣削参数决策方法

1)数据准备

输入数据为制造特征各加工阶段设计信息和与其对应加工方案信息的历史数据。从参数属性数值的角度进行分析,相似制造特征的铣削参数值的设置普遍相同或近似。由于参数内部存在交叉影响关系,且连续型参数组合方案繁多,难以依次生成所有铣削参数[4-6],因此,通过制定参数方案模板,规避生成过程中的重复工作与参数内部关联关系约束的限制。根据舱体零件生产数据具有大量重复、近似的特点,以数据出现频率作为依据,利用欧式距离度量相似性,采用 k-modes 算法对生产数据进行聚类,得到参数方案的聚类结果,如表 3-9 所示。

表 3-9　参数方案聚类结果

聚类结果	切削方式	刀具类型	刃长(mm)/刃角(°)	刀具直径/mm	加工余量/mm	主轴转速/(r/min)	吃刀量/mm	进给量/mm	步距/mm	切削液	其他
1	圆周铣	EM	$30/20°$	$D12$	5	1500	0.4	0.3	7.2	开	…
2	往复铣	EM	$15/20°$	$D6$	0.02	3000	0.4	0.06	7.2	开	…
⋮	⋮	⋮	⋮	⋮	⋮	⋮	⋮	⋮	⋮	⋮	⋮
n	往复铣	FM	$25/20°$	$D10$	0.1	1800	0.25	0.15	6	开	…

将参数方案聚类结果与制造特征各加工阶段设计信息历史数据进行匹配,形成各制造特征在不同加工阶段对应的铣削参数方案信息,其中,决策树的参考属性

为特征类型、材料信息、尺寸规格、精度等级、粗糙度、加工阶段划分结果信息以及各下属子级参数信息，目标属性为上述各加工阶段设计要求信息对应的模板号。各输入属性信息如表 3-10 所示。

表 3-10 生成加工阶段划分决策树的输入信息

序号	特征类型	材料	尺寸规格	精度等级	粗糙度	加工阶段划分结果	模板号
1	菱形腔	LY12	52200	IT10	12.5	r	1
2	菱形腔	LY12	52200	IT8	6.3	hf	4
3	菱形腔	LY12	52200	IT6	3.2	f	6
⋮	⋮	⋮	⋮	⋮	⋮	⋮	⋮
n	盲孔	LY12	25920	IT8	6.3	r	m

2）节点属性的测试与选定

对特征类型、材料信息、尺寸规格、精度等级、粗糙度、加工阶段划分结果信息以及各下属子级参数信息分别计算属性的信息增益率，选取信息增益率最高的属性作为节点属性。其计算过程与加工划分阶段中节点属性的测试与选定的计算过程相同。

3）节点属性的分裂

在生成各加工阶段铣削参数值的阶段内，虽然节点属性的测试和选定过程与加工阶段划分阶段中的对应测试、选择过程相同，但是在属性节点形成分裂条件时出现了明显差异。由于建立各加工阶段铣削参数值方案的决策树时，由聚类获得了大量参数方案模板，导致其目标属性取值数远大于加工阶段划分阶段中目标属性的数量，使得离散化过程大量耗时。

为降低上述情况的离散化耗时，采用 Fayyad 边界点定理分割方法对连续型参数的离散化处理过程进行优化，该方法结合目标属性的变化，将具有相同值的邻接参考属性成组划分，使得划分朝向更利于系统混乱度降低的结果。但该定理仅适用于目标属性取值类别较少的情况，当目标属性取值接近甚至远多于参考属性值序列长度时，其离散化效果削弱，难以做到对序列长度偏大的连续型数据进行高效的离散化。

在生成铣削参数值方案的过程中存在大量参数方案，导致目标属性取值广泛、分布较为均匀，属于目标属性取值接近甚至多于参考属性值序列长度的情况，因此这里介绍了一种基于 Fayyad 边界定理的改进分割方法，在考虑目标属性值分布的同时兼顾了对参考属性值分布的分析。改进方法对目标属性取值接近甚至多于参考属性值序列长度的处理步骤如下。

步骤 1：在度量分布距离时，仍采用欧式距离度量法则，将相邻参考属性值的欧式距离数值之和汇聚至同一域。

步骤 2：进一步做出线性处理使得局部具备近似正态分布，以 σ 代表标准差，μ

代表均值,选取 $x=\mu$ 为近似正态分布的对称轴。

步骤 3:在局部近似正态分布中,采取 3σ 准则将分布在 $(\mu-3\sigma,\mu+3\sigma)$ 的参考属性值选出,筛去其余值。

步骤 4:以数据分布的相似集中程度作为依据,选取与目标属性分布近似的成组参考属性值,预划分子定义域区间以形成离散化属性值,两区间端点的二分值形成分裂条件。

在完成上述步骤后,即形成对目标属性取值接近甚至多于参考属性值序列长度的连续型参数离散化。为使目标属性值与参考属性值作用于同一域内,对参考属性数值做线性压缩处理,其离散化效果如图 3-31 所示。

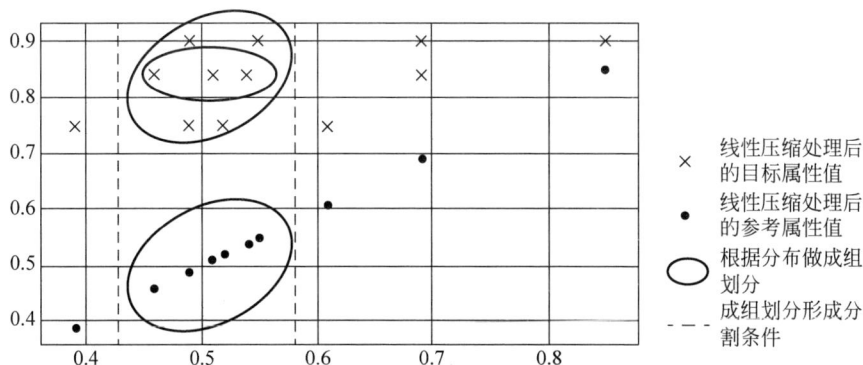

图 3-31　改进分割法离散化效果

4)建立树形结构

在完成节点属性的测试与选定、节点属性的分裂并指向子节点后,进行递归操作,递归操作后最终指向叶子节点。在加工阶段划分决策树中,叶子节点为加工阶段划分结果信息。

5)决策树的剪枝

在完成节点属性的测试与选定、节点属性的分裂并指向子节点后,进行递归操作,最终形成决策树的树形结构。在各加工阶段铣削参数值生成的阶段内,同样选择适用于铣削参数生产数据集中呈现的大量重复取值的 PEP 方法进行决策树剪枝操作。

3.6　航天零件加工车间的产品工艺智能规划实例

以上海某航天产品制造企业的实际生产结构件为案例对象,对基于大数据管理的产品工艺智能规划效果进行了演示。示例零件依据企业的保密要求做了适当的结构改动。

二维码 3-4

1. 航天结构件的制造特征识别

本节展示了航天舱体和壁板零件的制造特征识别效果。单击菜单栏"加工特征"中的特征识别按钮,通过 MFC 窗口显示结构件的制造特征识别结果,界面展示信息包含特征编号、特征类型和所含表面的编号等。单击对应特征编号还可获得构成制造特征面组的具体信息,如底面、侧面等相关信息。同时,界面集成了选定特征高亮显示、全部特征高亮显示等功能,在选择特征时,能够保持模型上对应特征以红色高亮突出显示。图 3-32 所示为舱体零件制造特征识别的效果图,被选中的制造特征在零件模型上显示为红色。

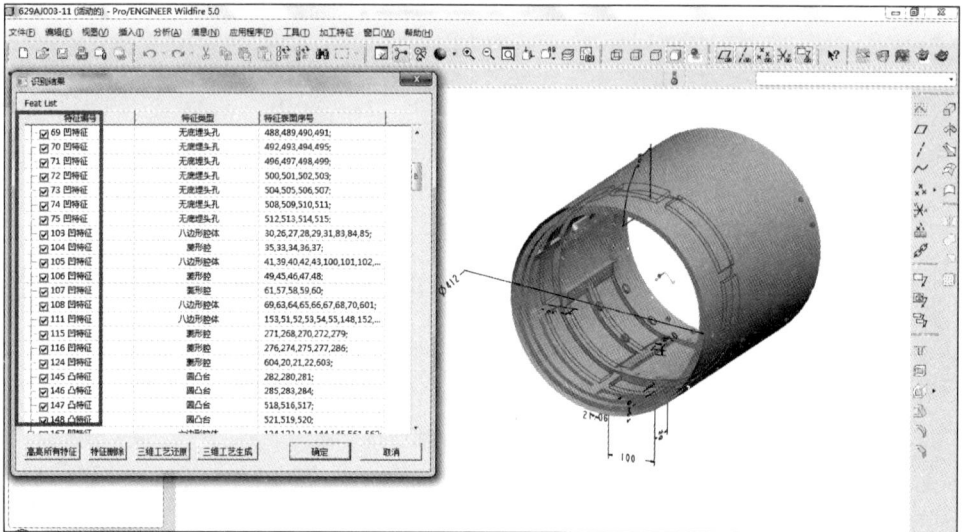

图 3-32　舱体零件特征识别效果图

2. 航天结构件的三维标注提取

在制造特征识别结果信息交互界面可以查看相关三维标注信息。图 3-33 示出了舱体零件中 104 号腔体特征的三维标注信息提取结果。在系统完成制造特征识别后,将输出所有制造特征的相关序号、类型、面组构成情况等信息,在特征识别结果界面上右击特征序号即可弹出特征三维标注信息的窗口。

特征的三维标注信息展示窗的详细内容在图 3-34 中给出,包括制造特征的类型、序号、形状尺度信息(长/直径、宽/直径、高/深)、独立标注信息(表面质量与形状公差)、关联标注信息(定位尺寸与方向/位置公差),以及标注信息与各个组成表面的关联情况。

3. 航天结构件的工艺模型检索和重用

在完成结构件的制造特征识别和三维标注提取之后,可在此基础上进行相似工艺的重用。图 3-35 示出了相似三维模型检索的功能,界面给出了三个历史工艺

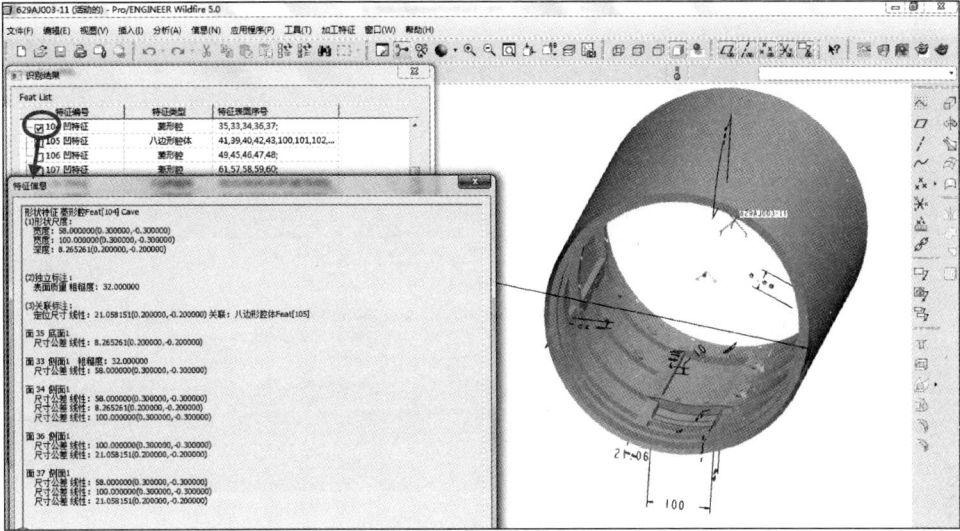

图 3-33 舱体的三维标注信息提取效果

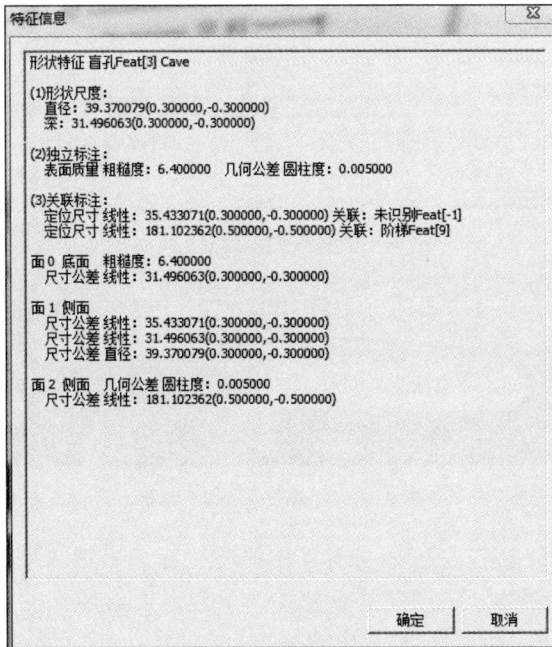

图 3-34 制造特征的三维标注信息展示界面

案例库中与查询零件相似度最高的三个零件,可在人机交互界面选中需要重用的零件,单击"确定"按钮进入下一个步骤。选择了重用模型之后,进入工序序列的修改环节,如图 3-36 所示。

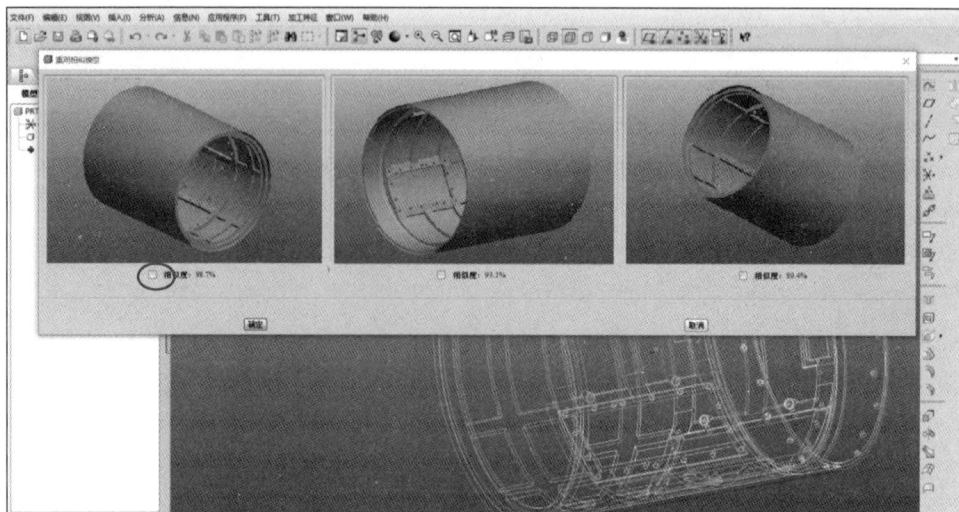

图 3-35　三维模型检索界面

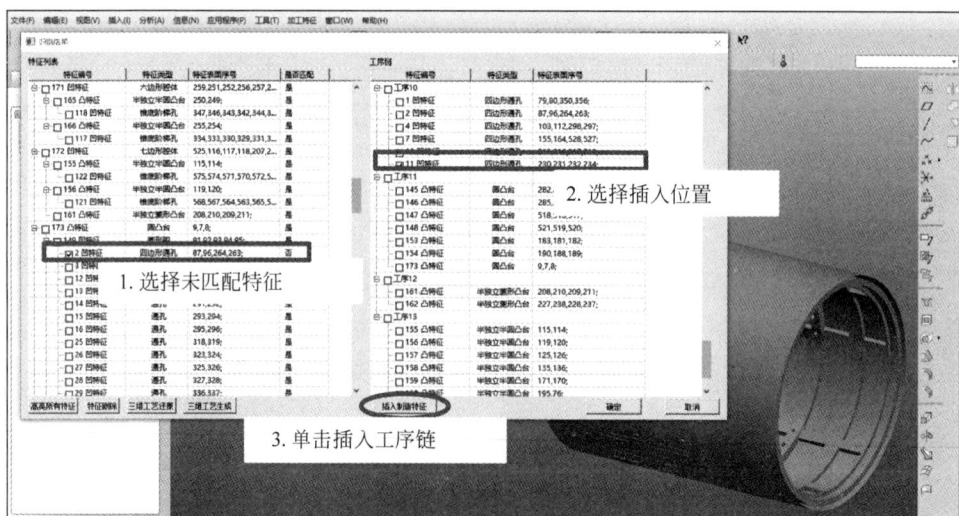

图 3-36　工序序列修改界面

图 3-36 中,弹出窗口左边为当前零件的制造特征识别结果,右边为从重用模型继承得到的工序序列。工序序列在初始时只包含能够匹配的制造特征,对于其他未匹配的部分,可以按照图 3-36 中的操作步骤,添加到工序序列中的指定位置。工艺重用的最后一步为制造特征数控加工参数的制定。与工序序列的情况相同,可匹配的制造特征的数控加工参数都能从重用模型中继承得到,对于未匹配的和需要调整数控加工参数的制造特征,右击相应的制造特征编号,即可弹出图 3-37所示的数控加工参数编辑界面。

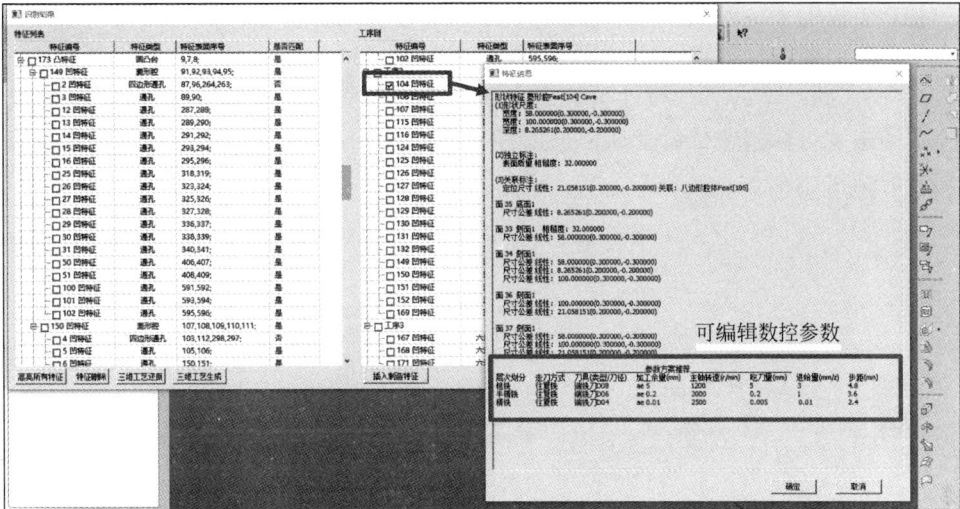

图 3-37　数控加工参数编辑界面

4. 航天结构件的制造特征加工阶段划分和铣削参数决策

图 3-38 给出了铣削参数生成模块的交互界面效果图,图中显示的是经过挖掘历史经验数据获得的决策树 MFC 界面,界面以横版形式呈现一棵决策树模型的整体树形。为方便读取与压缩界面,界面处直接将树形的根节点设置为首个划分节点,每个做出划分的属性节点下的分割条件逐行对齐,树形分裂直至完全分割为止。

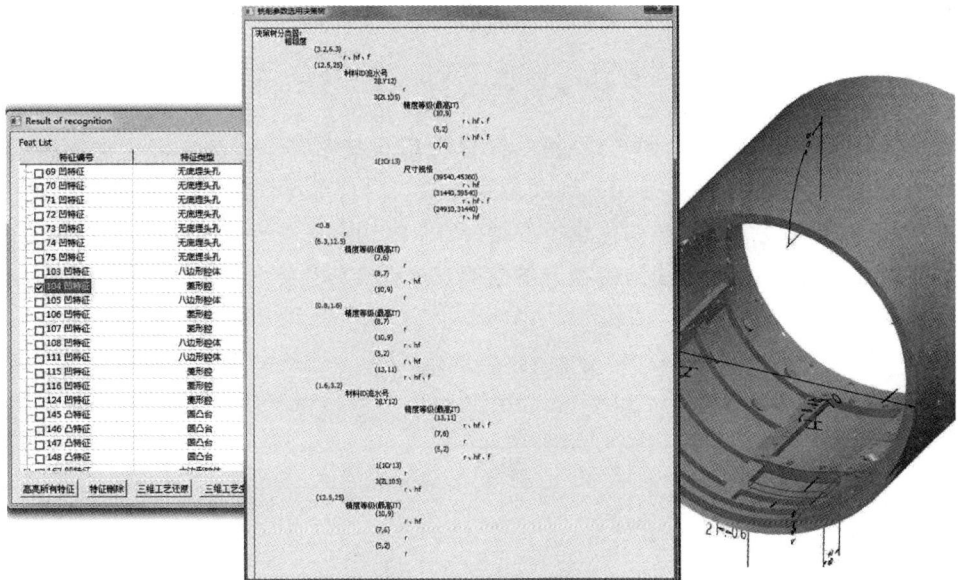

图 3-38　铣削参数生成模块的交互界面效果图

在生成加工阶段划分决策树后，为实现对生产数据的可视性解释，将决策树输出的树形结果进行整理，得到如图 3-39 所示的树形结构图。根据形成的树形结构图，将同一路径中的节点属性与分裂条件转化为计算机可读的 if-then 语句，结合输入的选定目标制造特征设计信息，读取决策树中的划分路径获得对应加工阶段划分的结果。

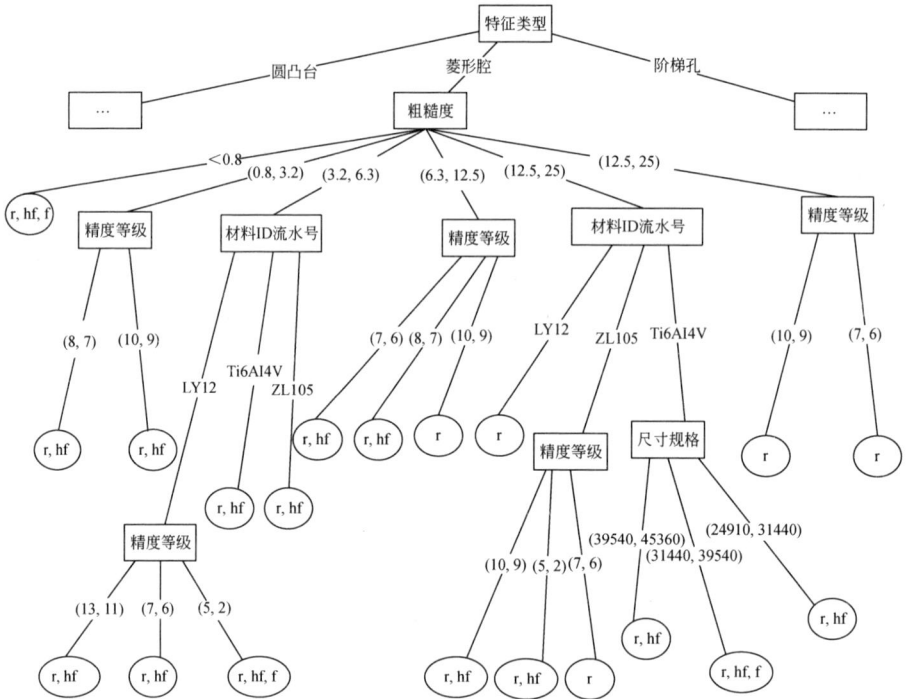

图 3-39　部分型腔铣削参数加工阶段划分决策树形结构

铣削参数生成决策树的实验验证，同样选用与某军工企业的实际生产零件类似的模型。对舱体零件中使用铣削加工的孔、腔、凸台等特征铣削参数方案进行生成，单个特征的铣削参数整体生成过程耗时 5～8s。由于进行数据挖掘的数据源自实际生产测绘记录，该方法的推荐方案数值与企业实际生产使用方案接近，实验结果见表 3-11。

表 3-11　实验结果记录

特征类别	通孔特征	封闭腔特征				凸台特征
子类型	菱形通孔	盲孔	埋头孔	阶梯孔	菱形腔	圆凸台
数量	4	76	36	14	24	19
合格数	4	73	32	13	24	19
合格率	100%	96.05%	88.89%	92.86%	100%	100%

实验表明,基于决策树的铣削参数生成方法能够有效地实现铣削参数方案的自动生成与推荐,辅助实现后续自动数控仿真与数控编程。

参考文献

[1] 刘华昌.基于 MBD 的集成式 CAPP 技术研究与系统开发[D].镇江:江苏科技大学,2014.

[2] 吴容.基于 MBD 的数控加工工艺模型及设计系统研究[D].南京:南京航空航天大学,2016.

[3] 黄瑞,张树生,白晓亮,等.三维 CAD 模型检索驱动的快速数控编程方法[J].机械工程学报,2014,3:191-198.

[4] 徐昌鸿,张树生,王洪申,等.一种面向多局部结构数控工艺重用的工艺方案优化方法[J].西北工业大学学报,2016,34(6):1004-1010.

[5] 陈皓.基于特征技术的工艺决策系统开发[D].湘潭:湘潭大学,2006.

[6] 辛宇鹏.面向三维数字化制造的机加工艺设计与优化技术研究[D].西安:西北工业大学,2015.

[7] WANG H,ZHANG J,ZHANG X,et al. An oriented feature extraction and recognition approach for concave-convex mixed interacting features in cast-then-machined parts[J]. Part B: journal of engineering manufacture,IMECHE,2018,233(4):1269-1288.

[8] KAWABATA T. Build-up algorithm for atomic correspondence between chemical structures[J]. Journal of chemical information & modeling,2011,51(8):1775-1787.

[9] KRISSINEL E B,HENRICK K. Common subgraph isomorphism detection by backtracking search[J]. Software practice & experience,2004,34(6):591-607.

[10] SALTZ M,JAIN A,KOTHARI A,et al. DualIso:an algorithm for subgraph pattern matching on very large labeled graphs[C]. Proceedings of the IEEE International Congress on Big Data,2014:498-505.

[11] ENGLERT P,KOVACS P. Efficient heuristics for maximum common substructure search [J]. Journal of chemical information & modeling,2015,55(5):941-955.

[12] LYZINSKI V,FISHKIND D,FIORI M,et al. Graph matching:relax at your own risk[J]. IEEE transactions on pattern analysis and machine intelligence,2015,38(1):60-73.

[13] CORDELLA L P,FOGGIA P,SANSONE C,et al. A (sub)graph isomorphism algorithm for matching large graphs [J]. IEEE transactions on pattern analysis & machine intelligence,2004,26(10):1367-1372.

[14] GUPTA M,GAO J,YAN X,et al. Top-K interesting subgraph discovery in information networks[C]. Proceedings of the IEEE international conference on data engineering,2014.

[15] REZA T,KLYMKO C,RIPEANU M,et al. Towards practical and robust labeled pattern matching in trillion-edge graphs[C]. Proceedings of the IEEE International Conference on CLUSTER Computing,2017.

[16] HAN W S,LEE J,LEE J H. Turbo iso:towards ultrafast and robust subgraph isomorphism search in large graph databases[C]. Proceedings of the ACM SIGMOD International Conference on Management of Data,2013.

［17］ VENTO M. A long trip in the charming world of graphs for Pattern Recognition［J］. Pattern recognition,2015,48(2):291-301.

［18］ GHOSH S,DAS N,KUNDU M,et al. Handwritten oriya digit Recognition using maximum common subgraph based similarity measures［C］. Information Systems Design and Intelligent Applications,2016.

［19］ CARLETTI V,FOGGIA P,SAGGESE A,et al. Challenging the time complexity of exact subgraph isomorphism for huge and dense graphs with VF3［J］. IEEE transactions on pattern analysis & machine intelligence,2018,40(4):804-818.

［20］ DUESBURY E,HOLLIDAY J D,WILLETT P. Maximum common subgraph isomorphism algorithms［J］. MATCH communications in mathematical and in computer chemistry, 2017,77(2):213-232.

第 4 章

基于大数据预测的车间生产智能调度

车间生产调度通过合理配置有限的生产资源,使得所需要的性能指标达到最优,是车间运行优化的重要内容。目前,常见的生产调度问题一般是按照一定的工艺路线,为车间工件集内的工件合理分配机床等资源,并确定工件在机床上的起止加工时间,在约束条件下优化某些性能指标。在实际的生产环节中,由于生产环境的动态性和随机性,加工时间、工件到达时间和机床故障率等因素会出现动态变化,从而导致调度性能指标呈现复杂波动。而利用工业大数据技术,可通过海量数据的分析实现车间性能的预测,并根据车间的状态优化决策,进而实现预测性调度,为车间调度方法提供了新思路。

本章结合晶圆车间生产调度业务的特点,描述晶圆调度数据的数据来源、存储架构与组织形式,进而介绍大数据驱动的晶圆车间生产智能调度方法。其中,重点介绍晶圆车间生产的智能调度业务、智能调度数据资源、性能预测以及基于预测的调控方法,并结合实例说明基于大数据预测的车间生产智能调度方法在晶圆生产车间的应用。

4.1 车间生产智能调度业务

Johnson 于 1954 年研究了两台机床的流水车间调度问题[1],自此车间生产调度问题引起了学者们广泛的研究并取得了丰硕成果。由于调度问题的复杂性,单机、两机、三机、多机这类具有多台机床的问题非常具有研究的价值和必要性,在后来的 50 多年中,大量研究成果相继问世,超过 2 万篇关于调度问题的文献发表。总的来说,典型的车间调度问题是按照一定的工艺路线为车间工件集内的工件合理分配机床等资源,并确定工件在机床上的起止加工时间,在约束条件下优化某些性能指标。

二维码 4-1

调度问题一般指在给定的时间内对系统内的有限资源进行合理安排,即"分配一组资源来执行一组任务",也就是"排序"(sequence)使之以尽可能优良的性能完成预定任务。对于现代的先进制造系统而言,生产调度中的调度问题可以描述如下:在某一时间期限内分配一组机器来执行生产任务。可以将车间生产智能调度定义为:根据系统的生产目标和环境状态,在尽可能满足约束条件(如交货期、工艺要求和路线及资源现状等)的前提下,按照工艺规程和计划,通过对海量生产数据的挖掘分析,利用人工智能技术自动生成并下达生产调度指令对系统内的可用资源进行实时任务分配,安排其使用资源、加工时间及加工顺序,以达到缩短产品的制造周期、减少在制品、降低库存、提高生产资源的利用率以及提高制造系统生产率等优化目的。

4.1.1　车间生产智能调度业务的内容

车间生产调度问题涉及 4 个基本要素:任务、资源、时间和性能指标。车间生产智能调度的任务是通过合理分配和管理 PCBA 车间的资源,组织生产过程,快速高效地完成生产任务,以达到降低生产损耗、缩短生产周期、压缩生产成本和提高企业经济效益等目标。

从制造系统的复杂度来看,车间生产调度可分为 4 类:单机调度、并行机调度、流水车间调度和作业车间调度[2]。单机调度问题是指加工系统中只有一台设备,待加工的零件也都只有一道工序,所有零件都在该设备上加工,将工件以合理的顺序安排到该设备上加工以满足某些性能指标最优。当生产车间出现瓶颈机床时的调度就可视为单机调度。并行机调度问题是指加工系统有一组功能相同的机床,待加工的零件都只有一道工序,可选任一台机床来加工零件。流水车间调度问题是指加工系统有一组功能不同的机床,待加工的零件包含多道工序,每道工序在一台机床上加工,所有零件的加工路线都是相同的。作业车间调度问题是指加工系统有一组功能不同的机床,待加工的零件包含多道工序,每道工序在一台机床上加工,零件的加工路线互不相同。

从性能指标的要求来看,车间生产调度的性能指标有 5 类:基于加工完成时间、基于交货期、基于库存、基于生产成本和多目标综合的性能指标。基于加工完成时间的性能指标主要与流经时间和最大完成时间有关;基于交货期的性能指标主要与推迟完成时间、拖后完成时间、完成时间大于交货期的工件个数有关;基于库存的性能指标主要与平均待加工工件数、平均未完成工件数、平均已完成工件数、平均正在加工工件数和平均机器空闲时间等有关;基于生产成本的性能指标主要与生产过程中发生的费用(如准备成本、换线成本、加工费用、操作人员加班费用、超期赔偿费用、在线库存费用和调度管理费用)有关;多目标综合的性能指标则会综合流经时间和拖期时间、最大完工时间(makespan)与总拖期时间和 E/T 指标等因素。

根据生产环境确定与否,车间生产调度可分为确定性调度和随机调度。确定性调度是指与生产调度相关的参数在进行调度前都确定已知的调度。随机调度是指诸如加工时间、交货期等生产调度参数至少一个是概率分布已知的随机变量的调度。

从工件的加工特点来看,车间生产调度分为静态调度和动态调度[3-4]。静态调度是指所有待安排加工的工件在开始调度时刻均处于待加工状态,即假定调度环境是确定已知的,因而进行一次调度后,各作业的加工即被确定,在调度执行过程中不再改变。动态调度是指作业依次进入待加工状态,各种作业不断进入系统接受加工,同时完成加工的作业又不断离开。与此同时,还要考虑作业环境中不断出现的动态扰动(设备损坏、作业加工超时、交货期提前和紧急订单插入等),需要在调度执行过程中跟踪车间的实际状况对调度方案进行修改和更新。

从车间生产方式的类型来看,车间生产调度可分为开环车间调度和闭环车间调度。开环车间调度不考虑库存的影响,仅针对客户订单进行调度,也称为"加工排序问题";闭环车间调度通过设置安全库存策略,由库存向客户提供产品,调度中需要同时考虑库存的批量大小和车间的作业排序,也称为"批量大小调度问题"。

在系统规模大、产品种类多、工艺路线复杂、系统动态性高的晶圆制造系统中,基于大数据方法,对工期智能调控问题展开系统的研究,以实现晶圆工期的精准调控,从而提升系统的准时交付率。具体而言,本章针对复杂大规模晶圆工期调控问题影响参数多、作用关系复杂、系统动态变化的特点,借助大数据方法,研究晶圆工期数据关联关系分析方法,实现关键参数的滤取;研究晶圆工期预测方法,揭示工期在制造过程中的波动规律;基于关联分析与工期的精准预测,提出数据驱动的晶圆工期调控策略优化方法。

4.1.2　车间生产智能调度问题的特点

合理科学的调度计划,对企业节约生产成本和提高生产效率有着非常重要的作用。在实际的生产系统中,多种因素会影响生产计划的执行,所以车间生产智能调度问题一般具有以下几个特点。

1. 多目标性

在实际生产过程中,由于生产环境的复杂性以及生产产品的多样性,调度的目标往往体现为多种表现形式,如客户满意度、最小完工时间、最高设备利用率、最小生产成本和负载均衡等,这些目标之间往往互相冲突,因此合理科学的调度方案经常需要综合考虑多个目标要求,并降低各目标之间冲突的影响。

2. 计算的复杂性和多约束性

在多年的生产调度研究中,研究人员已经证明绝大多数调度问题都属于NP-hard 问题(nondeterminism polynomial hard),随着调度问题规模的增加,问题的解空间呈指数级增加。在实际生产系统中,由于各加工工件自身都有着严格的工艺约束,以及工件要求完工时间、生产设备等制约,所以调度问题的建模和求解非常复杂。

3. 动态随机性

制造系统的加工环境是不断变化的一个动态的随机过程,因此生产调度系统中存在很多随机和不确定的因素,主要包括设备运行故障、断电等突发情况,生产过程中加工设备对零件各个工序加工能力的不同,以及外部环境的随机性,例如交货期变更、紧急订单的插入、零件加工过程中的损坏等。

4. 离散不确定性

在产品的生产过程中,加工作业经常是在离散的时间段中,同一个零件的不同工序也经常由不同设备加工,这些都带有离散性质。同时,任务的添加和撤销、人工的误操作以及关键操作人员的缺失也属于离散事件。因此,车间调度的优化实质是对离散事件的组合优化问题。

5. 解决问题的多耦合性

生产调度是整个先进生产制造系统实现管理技术、运筹技术、优化技术、自动化技术与计算机技术发展的核心。它不仅涉及加工零件及机床、刀具、运行小车等加工设备,还必须根据加工资源与优化目标进行生产计划的工件混合分批、负荷平衡,同时还要和计算机辅助工艺过程设计(computer aided process planning,CAPP)等并行集成,完成大量的信息集成和复杂的控制结构等。

由于生产过程调度具有上述特点,所以针对不同的车间生产过程,往往需要通过不一样的方式进行建模和求解,以保证理论研究可以更好地用于实际生产。只有通过实践的不断检验,才能促使生产调度理论不断完善,并使之推动我国高端制造业和生产力的进步。

4.2　车间生产智能调度数据资源

车间生产智能调度数据仓库是面向车间生产智能调度而集成了不同来源数据的信息环境,其内在数据的质量与信息价值都高于一般的数据库系统,从而避免了跨系统、跨平台的低效率的查询分析。数据仓库具有特定的数据组织形式,这种数据组织形式更有利于提高查询的效率和正确性,车间生产智能调度数据仓库的目标就是让企业宝贵的数据资源得到充分的利用,为车间生产智能调度提供海量数据依据,实现其真正的价值。

4.2.1　车间生产智能调度数据来源

车间生产智能调度数据来源于企业资源管理系统、制造执行系统、产品数据管理系统、制造数据采集系统等信息系统。通过这些制造、管理信息系统,可以得到产品生产过程中的订单信息、在制品流转信息、工艺制程信息、质控信息、产品计划与执行信息、设备信息、物流信息等数据,为车间生产智能调度提供充足数据依据。

由于不同车间生产智能调度的数据来源依据业务的不同各有区别,而晶圆制造车间具有生产规模大、产品工艺杂、系统动态性高的特点,极具代表性,因此这里以晶圆车间为例,介绍生产智能调度数据来源。晶圆制造首先通过扩散制程在硅片表面形成一层氧化层,保护该层下的电路结构不受化学沾污。然后,对硅片进行薄膜制程,通过化学气相沉积设备在硅片表面形成一层氮化硅层,作为隔离与保护层。接着硅片进入光刻区域,通过掩膜版在光刻胶上形成电路图像。在光刻后进入等离子刻蚀区,根据光刻胶上形成的图像在硅片上形成永久性电路。在经历若干次其他工艺制程之后,该晶圆片进行掺杂制程,通过离子注入在硅片区域形成晶体管。在离子注入工艺之后,再次进行薄膜制程,实现氮化硅的淀积,在此基础上进行金属化制程,实现半导体的接触电路的制备。在金属化制程之后,即完成了一层电路的核心制备工艺,然后重复执行类似的工艺制程形成多层立体电路。在后续的重入过程中,其工艺路线并不完全相同,但是一般都包含薄膜、光刻、刻蚀等核心工艺制程[5]。

晶圆工艺制程数据包括产品的工序数据、工艺配方信息和原料信息等。工序数据描述了产品在工艺流程中的额定工序,包括每道工序的名称、候选设备、工艺配方要求、额定加工时间、需要的工序要求等。工艺配方(recipe)规定了关键制程的详细工艺参数,包括设备类型、原料种类、设备模式、建档人员、创建时间等。以一个离子注入工艺的配方为例,它包括可选设备类型、掺杂元素、掺杂剂量、注入能量与结深等内容。原料信息指在晶圆制造系统运行过程中,对晶圆制备过程所用到的光刻胶、氮气等原料的规格与状态要求。以某一薄膜工序中所用氮气为例,其原料数据包括气压、纯度、流量等。

产品的计划与生产执行数据包括订单数据、在制品工序数据、在制品实时状态数据等。其中,订单数据包括客户订单数据与厂内的生产订单数据两部分;客户订单数据包括订单批号、客户名称、订单类型、所含晶圆数量、晶圆 Lot(批次)序号、交货期、出货型号、投产状态等;厂内生产订单数据包括内部批号、出货型号、当前状态、客户订单号、合批信息、工艺流程、良率标准等。在制品工序数据描述了系统内发生的每道工序的流转过程,包括每道工序的发生区域、工序名称及描述、开始时间、结束时间、当前工艺路线、主要资源、晶圆 Lot 的优先级、晶圆 Lot 的类型、产品类型等。在制品实时状态数据描述了每个在制品 Lot 的完工情况,包括 Lot 批号、工艺流程、当前工序号、预计交期、投产时间、质检良率等。

设备数据包括设备清单、设备的实时状态信息、设备维护数据、设备状态统计数据等。其中设备清单包括设备编号、设备名称、设备类型、采购时间、供应商信息、所属部门等。设备的实时状态信息描述了设备当前的运行参数,如电流、电压等。在晶圆制造系统中,设备型号可达百余种,其状态数据因设备与型号的不同而呈现出多样化的特性。以等离子体刻蚀机为例,其状态数据包括刻蚀气体进气速度、等离子体发生器功率、排气速度、电场强度等。设备维护数据包括维护计划编号、维护计划开始时间、维护计划结束时间、维护对象、维护原因、维护人员等。设备状态统计数据包括设备编号、时间、开机率、停机次数、设备综合效率(overall equipment effectiveness,OEE)等。

质量数据包含三部分：工序质检信息、在线测试数据和出厂良率数据。其中，工序质检信息指在关键工序(如刻蚀、光刻)执行后，对该道工序的执行结果进行质量检测而产生的信息，其检测信息因不同的工序而异。以晶圆制造系统中刻蚀质检为例，其由自动检测系统对电路在微观尺度下的成形效果进行检测，该检测数据包含晶圆 Lot 序号、当前刻蚀工序编号、当前工艺路线、质检通过结果、问题描述、刻蚀图形显微照片等。在线测试指在硅片制造过程中，对晶体管结构的关键尺寸与电学性能进行测试。在线测试数据包括晶圆 Lot 序号、测试项目名称、测试项目结果、参考值、测量值等。出厂良率测试采用探针卡对晶圆片上的晶粒进行电学测试，从而测定该片上晶粒的合格率。出厂良率数据包括晶圆片序号、晶圆类型、晶粒序号、晶粒测试结果、晶粒成品率等。

利用多机协同的分布式存储方式实现以上获取的海量晶圆工艺制程数据的存储，数据存储架构如图 4-1 所示[6]。

4.2.2 车间生产智能调度数据组织方式

二维码 4-2　　　　二维码 4-3

在介绍了海量车间生产智能调度数据来源的基础上，本节对车间生产智能调度数据的组织方式进行介绍，以实现与调度过程相关的产品计划、生产执行数据的集成融合。

车间的主要任务是进行生产任务的执行与管理、资源的分配与生产过程的协调。车间的生产过程较为复杂，不同生产要素间(设备、工装、人员、物料等)的生产信息存在着内在联系但在空间与时间上较为分散。同时，相同生产要素之间的状态信息很可能没有统一的标准形式，这种异构的信息使得生产要素状态的追踪与管理变得十分困难与低效。将分散与异构的车间生产过程信息进行采集、集成并融合成为有价值的车间状态信息，是车间智能感知的前提与基础。

图 4-2 示出了一个典型制造车间信息集成框架，包括三个层次：制造车间实体层、制造车间信息层与企业信息系统层。其中企业信息系统层由企业资源计划、产品数据管理和计算机辅助工艺计划组成，是制造车间信息集成系统的上层，主要负责企业级的决策制定。

制造车间信息集成的核心产物是制造车间信息层。该层次由 5 个模块 11 个集成单元组成，分别通过工业互联网技术、RFID 技术、无线传感器网络技术等关键技术实现。图中，制造车间实体层中用于管理 RFID 设备、控制 RFID 读取器和标签之间的数据传输以及设备硬件数据集成；计划与调度模块用于集成任务计划数据、调度方案与执行情况数据以及制造工艺管理数据；实时在制品跟踪与可视化模块集成了由各种传感器提供的实时物料与在制品信息；数据库模块负责各集成单元集成数据的存储；数据接口模块用于与企业信息系统沟通。

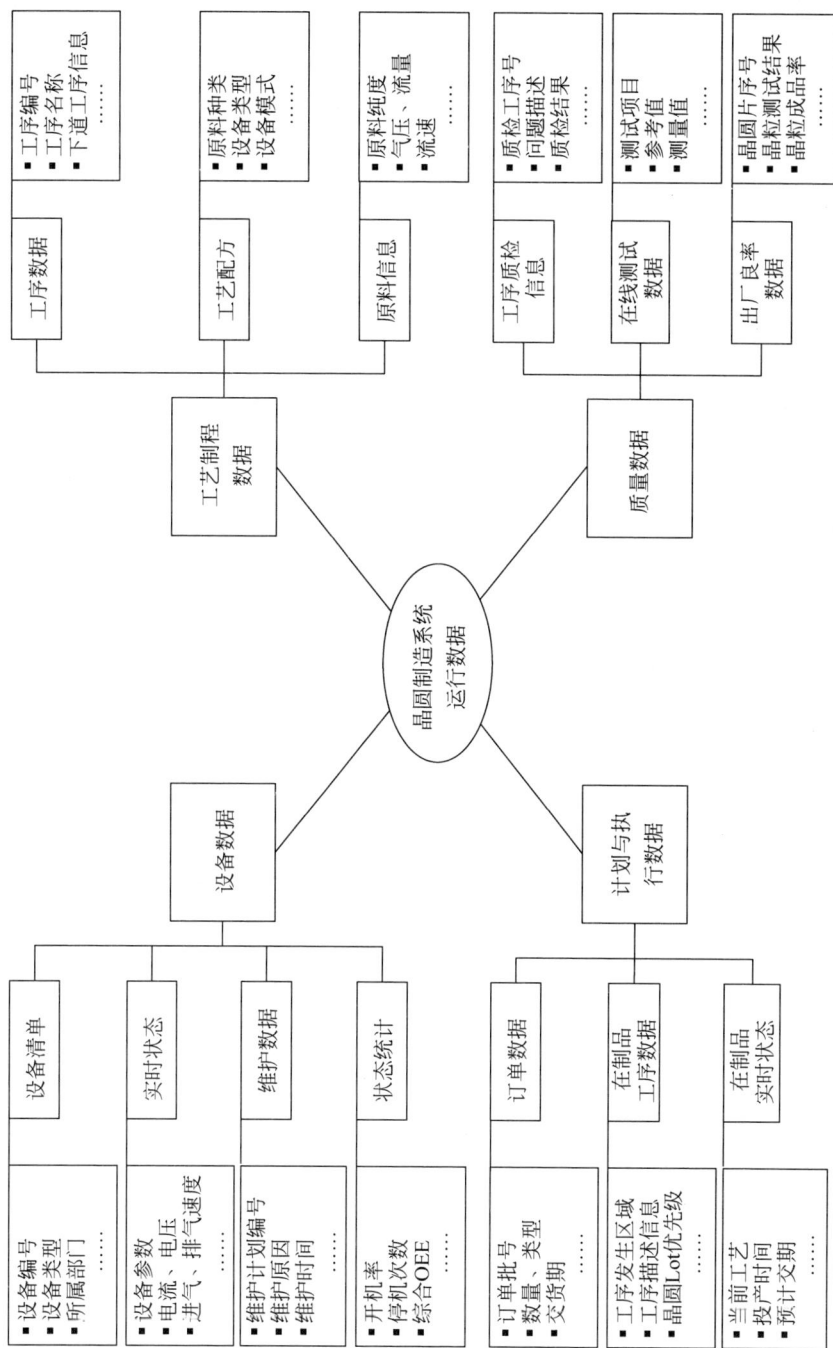

图 4-1　晶圆海量结构化数据存储架构

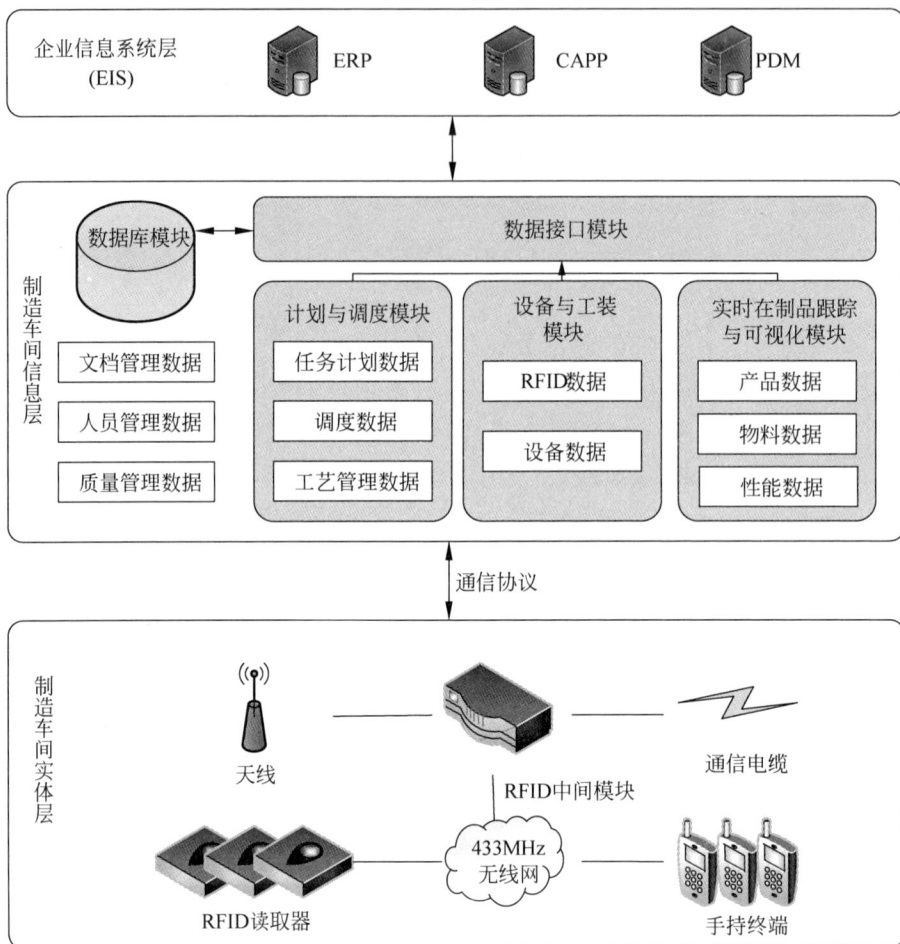

图 4-2 车间数据集成框架

4.3 大数据驱动的车间生产智能调度方法体系

在新型感知技术、新一代信息技术、互联网技术和自动化技术的联合推动下，传统制造业模式发生了巨大变化。生产车间作为制造企业的核心部分，是生产过程信息流和物流的交汇处，其信息包括加工数据、生产管理、物流信息、生产调度、人力资源等多种异构信息。而车间调度是制造企业提高响应速度、降低成本和提高服务的重要环节。当今，制造车间已经是一个复杂的系统，特别是随着个性化定制、小批量生产模式的发展，传统的调度方式不再能够适应个性化定制这种新的生产方式，需要根据客户需求、产品订单、原料库存、设备运行状态、产品库存等实时信息，在线调整生产计划，尤其是在生产车间层面，根据实时或预测的异常事件，主动实现车间设备的调度与控制，这对于提高制造企业的生产效率与竞争力具有重要的现实意义。

信息技术的迅猛发展促使制造模式不断更新换代,尤其是智慧制造概念的提出,使制造模式发生了本质上的变更,智慧制造将物联网作为人机物互联互通的关键技术,应用知识网处理物联网收集的传感器数据。依托各种智能传感器实时感知制造生产车间的工件、机器状态数据,应用复杂事件处理、人工智能等方法处理传感器数据,对生产调度相关信息进行预测,依据数据处理结果对生产加工过程进行调度决策成为智能车间生产调度的新模式。

从海量生产数据出发,以车间生产状态智能感知为基础,以车间生产数据分析挖掘技术和车间生产调度智能决策技术为核心,形成大数据驱动的车间生产智能调度方法体系架构,如图 4-3 所示。总体可分为物理系统和信息系统两个层面,首

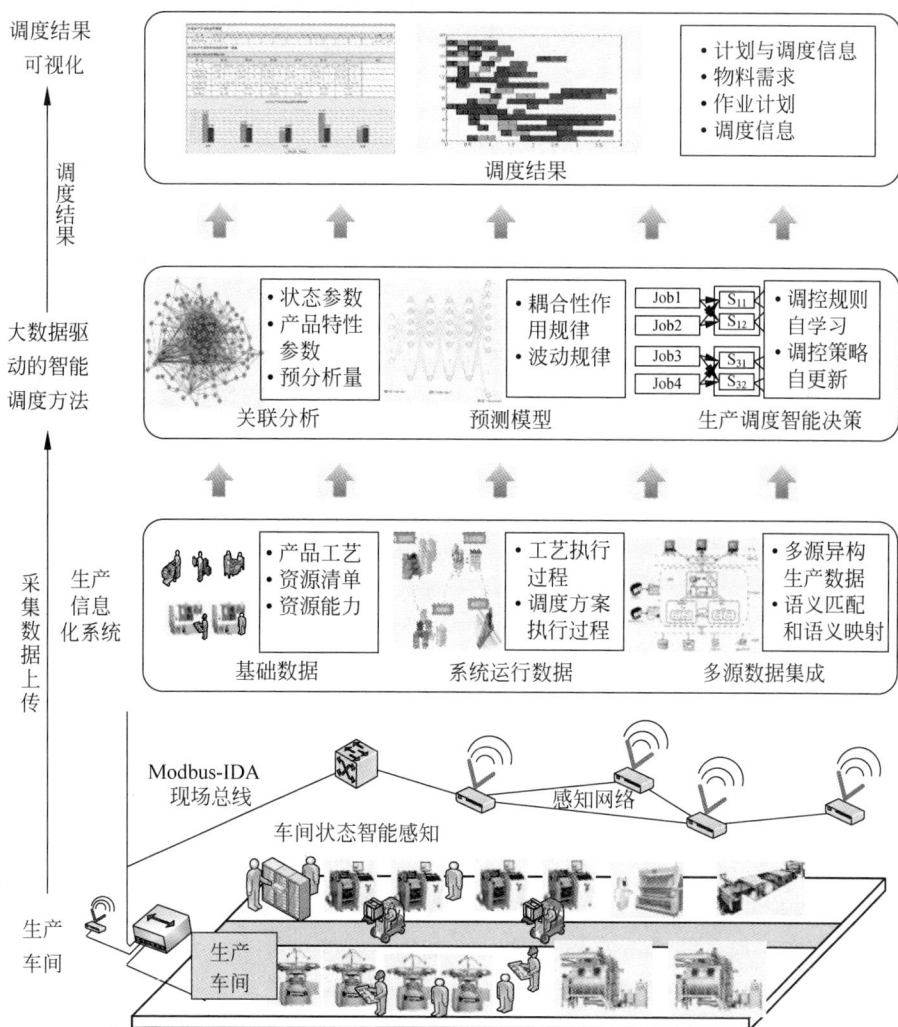

图 4-3　大数据驱动的车间生产智能调度方法体系架构

先对车间生产过程大数据进行实时采集、融合存储和预处理；然后对海量车间状态参数、产品特性参数与预测对象的关联关系进行分析，获取影响预测对象的关键参数；在此基础上，基于深度学习、强化学习等人工智能技术，构建预测模型，通过海量数据学习发现预测量的波动规律；最后针对调控参数与预测量的关联关系，构建调控参数与调控量之间的量化描述模型，基于数据实现调控策略的自学习、自更新，从而实现大数据驱动的车间生产智能调控。

在复杂制造系统中存在很多参数(如设备的等待队列长度、利用率等)，这些生产参数的波动最终导致了车间性能的不确定性与不稳定性。如果对每一个生产要素都加以控制，一方面随着制造系统的复杂程度提升，控制的维数急剧增加，控制难度较大；另一方面，并非所有因素都会对车间调度性能产生重大影响，盲目的动态调度会造成人力、物力、财力的浪费。因此，在大数据驱动的车间调度方法体系中，如何对车间生产性能进行预测是精准调度的关键。

4.4 车间生产性能预测技术

衡量车间生产性能的三个主要指标分别是在制品水平、产出量和生产周期。这三者的理论关系可以通过律特法则(Little's Law)来衡量。然而在实际生产中，这三者间的关系并不能简单地通过公式衡量，并且这种潜在关系还会受到生产环境的动态性影响。例如，机器故障可能会增加车间的在制品水平，增加周期时间并对产量产生影响。为了能够提前掌握车间性能从而做出预测性动态调整，需要对车间性能进行预测，以避免生产性能衰退。除了以上三个指标外，一些综合性指标，例如设备利用率、良率以及能耗，也作为新的生产性能分析目标被广泛关注。本节在介绍车间生产性能预测的一般方法的基础上，以晶圆车间为例，主要针对工期预测技术进行介绍。

4.4.1 车间生产性能预测的一般方法

近年来，许多文献针对车间生产性能的预测问题提出了自己的方法，这些方法主要分为5类，分别是仿真法、统计法、分析法、神经网络法与综合法。

仿真法依照车间的真实情况建立尽可能相似的计算机仿真模型。这种方法能够很好地模拟现场的状况，并且预测精度较高，但获得精确仿真模型的时间与成本较高，并且对计算机性能要求较高[7]。

统计法通过分析历史数据，将预测模型归于某种数理统计模型，估计模型的相关参数，构造对应的概率分布模型或回归模型。该方法具有可靠的数学理论依据，并且对于规模较小的制造场景建立针对性的统计模型通常能够获得较高精度，但对于工序较多、分布复杂的制造系统建模效率及精度不高。

分析法中的代表方法是排队理论。排队理论认为产品在设备前的等待时间占工期的绝大部分,因此将生产线看作队列模型,通过估计产品进入生产线后的等待时间估算完工时间。分析法建模简单,计算量较小,但考虑因素有限,与实际情况偏差较大,尤其对于复杂生产线预测精度较低[8-9]。

神经网络法以订单特性与车间生产状态作为模型输入,以车间性能指标作为模型输出,建立输入/输出间的黑箱模型,描述输入参数与输出性能间复杂的非线性关系[10]。神经网络法以其精度高、可并行且善于处理复杂系统的特点在车间生产性能预测问题上受到广泛关注。但神经网络需要大量数据样本作为支持,并且对输入参数的选择依赖度较高,因此十分适合拥有海量全局数据的大数据场景。

综合法即综合以上 4 种方法各自的优点,同时弥补各自的缺点,在模型的不同阶段采用不同的方法。该方法是以人工智能方法为基础的混合方法,主要分为备选特征集建立、数据预处理、条件互信息特征选择与并行周期预测模型建立 4 个步骤,如图 4-4 所示。

步骤 1:产品周期主要由加工时间与等待时间组成,而等待时间是造成产品周期发生波动的主要原因。等待时间主要与产品优先级、等待队列长度、设备利用率与在制品数量有关。因此,通过统计上述变量,可以组建备选特征集合。

步骤 2:利用数据提取、转换和加载技术从制造执行系统中获取数据。其中每一条数据包含步骤 1 中的备选特征。

步骤 3:利用条件互信息(conditional mutual information,CMI)衡量备选特征集与周期间的关系,选择强相关特征,并筛去冗余特征。

步骤 4:利用模糊 C 聚类算法(fuzzy C-means algorithm,FCM)对产品类型进行聚类,针对不同的产品,利用神经网络模型建立并行的多个神经网络,分别建立不同产品的周期预测模型。

步骤 5:以预测精度为评价指标,不断迭代优化步骤 3、步骤 4 中的相关参数,直至模型最优。

根据以上步骤建立的模型,可以解决当有新的工件到达时的问题,统计该工件在步骤 3 下所选特征的值,并按照步骤 4 中的分类标准对该产品进行归类。利用该类的周期预测神经网络,即可完成该产品的生产周期预测。

4.4.2　车间工期预测模型

晶圆的单层电路的制备周期受晶圆 Lot 传递效应与晶圆层传递效应的影响而呈现出复杂的波动规律。在晶圆的单层工期预测中,如何对两种传递效应进行存储、表达与传递是研究中的重点与难点。循环神经网络具有递归结构,由于可随递归流传递方向展开形成深层次网络结构,被视为一种新的深度学习模型[11]。其可将神经网络隐单元的状态通过网络中的递归连接进行传递,从而实现关联关系在网络中的传输[12]。然而,在利用反向传播波谷时间(back propagation trough time,BPTT)算法对循环神经网络进行训练的过程中,容易出现梯度消失或梯度爆

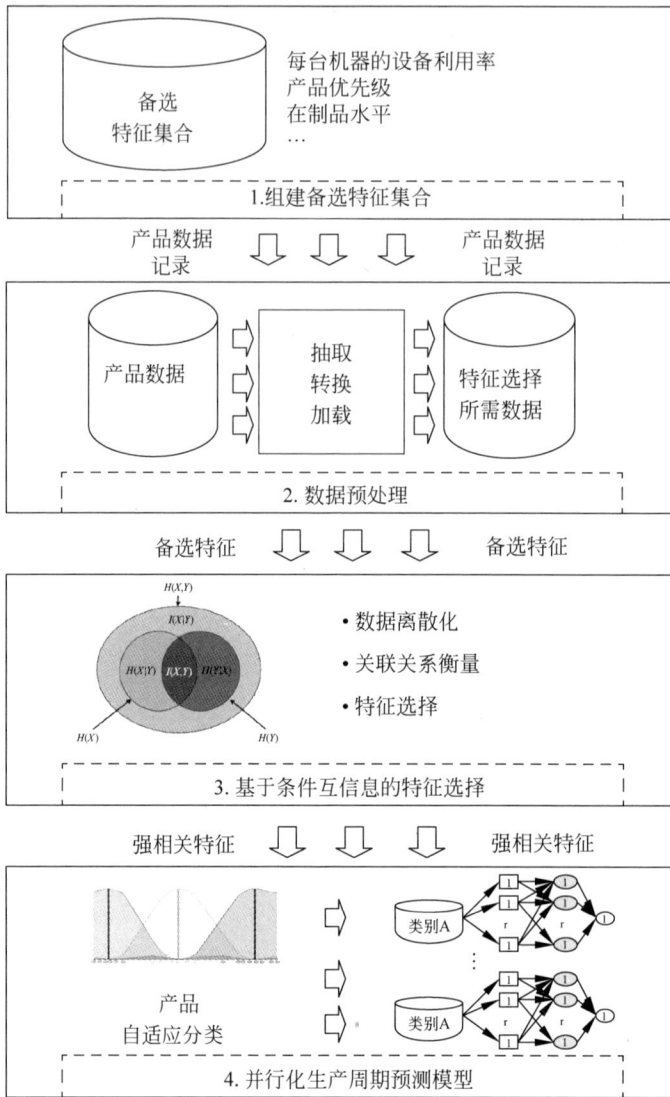

图 4-4　基于大数据分析的生产周期预测模型

发现象,使得其训练过程极为困难[13]。为了解决这一难题,LSTM 作为一种新型循环神经网络应运而生,其根据常量错误木马(constant error carousel,CEC)演化而来,通过引入存储单元与一系列门结构来解决由于隐单元状态的长距离传输而带来的梯度爆炸与梯度消失问题[14]。Vanilla LSTM 是一种经典的 LSTM 模型,其由三个门单元(输入门、输出门、遗忘门),一个单记忆存储结构,三个窥视孔连接(peephole connections)构成。Vanilla LSTM 通过控制三个门单元的闭合来控制网络的状态更新,其中输入门调节输入数据对网络状态的影响,遗忘门调节输入数据对网络隐单元的影响,输出门调节输入数据对网络输出的影响[12]。因而 LSTM

被广泛应用在自然语言处理、图像分割、手写字识别、基于可穿戴设备的活动状态识别等需要表达上下文关联的应用场合[15]。晶圆的多重入工艺(如图 4-5(a)所示)使得单层工期受到晶圆 Lot 和晶圆层两种传递效应的影响,这两种传递效应使得晶圆的单层工期受到同一晶圆不同层次和同一层次不同晶圆的两种关联作用,从而在两个方向形成关联关系的传递。然而,LSTM 在网络结构上仅仅含有单个递归连接,难以对沿双向传播的两种传递效应进行存储、表达和传递。由此,本章在经典的 Vanilla LSTM 循环神经网络的基础上,在 LSTM 单元中引入两种递归流(hw_{t-1}^i 和 hl_t^{i-1}),实现两种传递效应沿双向的传递(如图 4-5(b)所示)。其中 hw_{t-1}^i 表示晶圆递归流,用于晶圆 Lot 传递效应的表达;hl_t^{i-1} 表示层次递归流,用于晶圆层传递效应的表达。

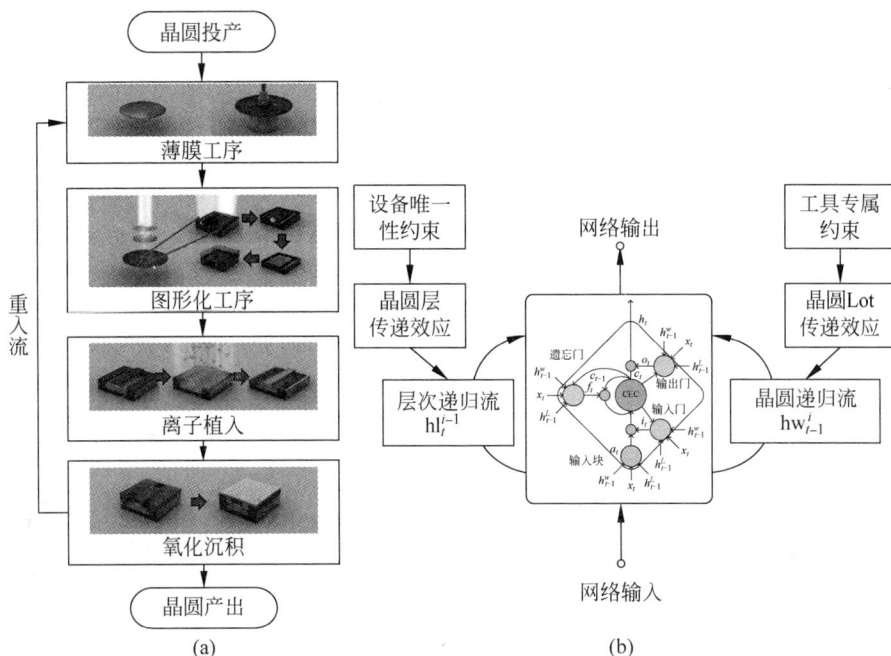

图 4-5　晶圆制造中的重入工艺与循环神经网络
(a) 晶圆制备重入流程;(b) 循环神经网络结构

晶圆制造过程中工艺柔性高、设备间负载差异大,系统在制品分布复杂,用于工期预测的数据多样化程度高。为了从多样化的预测数据中挖掘知识,从而进行工期的精准预测,逐渐形成了"分类＋预测"的方法。该方法通过对数据进行分类,从而降低类内的数据的多样性。在此基础上,针对每一类单独构建预测模型,从而实现晶圆工期的精准预测。而在 Vanilla LSTM 循环神经网络中,其 CEC 存储单元采用单维数组存储网络隐单元的状态,难以实现多样化传递效应的存储与表达。基于"分类＋预测"方法[16],对多样化数据分而治之的思想,提出带多维度存储结构的隐单元(multi-CEC,MCEC),根据数据的相似性将循环神经网络中的隐单元存储于 MCEC 结构中,并设计 MCEC 状态读取与更新算法,实现多样化传递效应的存储与表达。

本节提出的面向晶圆单层工期预测模型见式(4-1)。其中 ct_t^i 表示第 t 个晶圆卡的第 $i-1$ 层工期预测值,W_{cth} 表示 Bilateral LSTM 的输出向量的连接权值,h_t^i 表示 Bilateral LSTM 的输出向量。$f_t^{ri}(\cdot)$ 表示对第 t 个晶圆卡的第 i 层工期预测的 Bilateral LSTM 神经网络模型,模型网络结构如图 4-6 所示,模型内部的前向参数更新机理见式(4-5)~式(4-9)。其中 x_t^i 是预测的输入参数集,其由提出的关键参数识别方法获得,包含了晶圆卡的优先级、设备的等待队列长度、在制品数量等。hw_{t-1}^i 表示 Bilateral LSTM 模型的晶圆递归流,其表示在晶圆传递效应的影响下,不同的晶圆卡在同一层工期之间的影响关系。其值与第 $t-1$ 个晶圆卡的第 i 层工期预测的 LSTM 模型的隐单元输出相等,见式(4-2)。hl_t^{i-1} 表示 Bilateral LSTM 模型的层次递归流,其表示在层次传递效应的影响下,同一个晶圆前后层电路制备周期之间的关系。其值与第 t 个晶圆卡的第 $i-1$ 层工期预测的 LSTM 模型的隐单元输出相等,见式(4-3)。

$$\mathrm{ct}_t^i = W_{\mathrm{cth}} h_t^i = W_{\mathrm{cth}}^r f_t^i (x_t^i, \mathrm{hw}_{t-1}^i, \mathrm{hl}_t^{i-1}) \tag{4-1}$$

$$\mathrm{hw}_{t-1}^i = f_{t-1}^{ri} (x_{t-1}^i, \mathrm{hw}_{t-2}^i, \mathrm{hl}_{t-1}^{i-1}) \tag{4-2}$$

$$\mathrm{hl}_t^{i-1} = f_t^{r \cdot i-1} (x_t^{i-1}, \mathrm{hw}_{t-1}^{i-1}, \mathrm{hl}_t^{i-2}) \tag{4-3}$$

4.4.2.1 二维网络拓扑结构

为了表征晶圆单层工期预测中的两种关联关系形成的双向信息传递,本节设计的双向循环神经网络单元(2D-LSTM),在传统的三层神经网络中植入双向递归流(如图 4-7(a)所示),使得 2D-LSTM 单元可沿着晶圆卡轴向和晶圆层轴向两个方向进行展开(如图 4-7(b)所示)。其中,晶圆卡轴向(wafer lot axis)表示在不同晶圆卡的同一层电路制备工期预测模型之间存在递归流连接。在同一晶圆卡轴向上的 LSTM 神经网络单元为 $\cdots, f_t^{ri}(\cdot), f_n^{ri}(\cdot), f_k^{ri}(\cdot), \cdots$,其中 $f_t^{ri}(\cdot)$、$f_n^{ri}(\cdot)$、$f_k^{ri}(\cdot)$ 分别为用于晶圆卡 t、n、k 第 i 层电路工期的预测。在该序列中,晶圆卡 t、n、k 在第 $i-1$ 层电路的制备上相邻产出,因此按照该层产出的顺序,对下一层电路(第 i 层)的制备周期进行预测。这种连接使得不同的晶圆卡在同一层电路制备过程中的 LSTM 单元沿着产出的顺序相互连接,从而使得不同晶圆卡在同一层电路制备过程中的晶圆关联得以互相传递。晶圆层轴向(wafer layer axis)表示同一晶圆卡的不同层的工期预测模型之间沿着晶圆层编号相互连接。在同一晶圆层轴上的 LSTM 神经网络单元为 $f_t^{r1}(\cdot), f_t^{r2}(\cdot), f_t^{r3}(\cdot), \cdots, f_t^{rn}(\cdot)$,其中的各个元素分别用于晶圆卡 t 在各层制备过程中的连接(该晶圆卡共由 n 层电路构成)。在晶圆层轴向上,用于同一晶圆卡不同层电路工期预测的神经网络单元相互连接,使得同一晶圆卡不同层电路的制备工期间的层次传递效应得以互相传递。这两种连接的存在,使得 2D-LSTM 单元可沿晶圆卡轴向和晶圆层轴向进行展开,形成二维的网络结构,如图 4-7(c)所示。

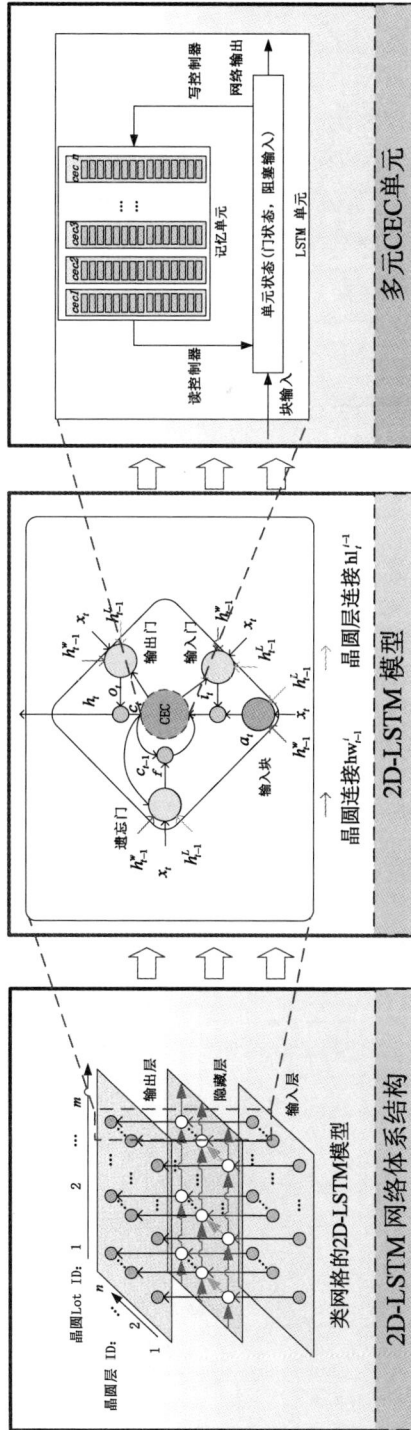

图 4-6　Bilateral LSTM 循环神经网络结构

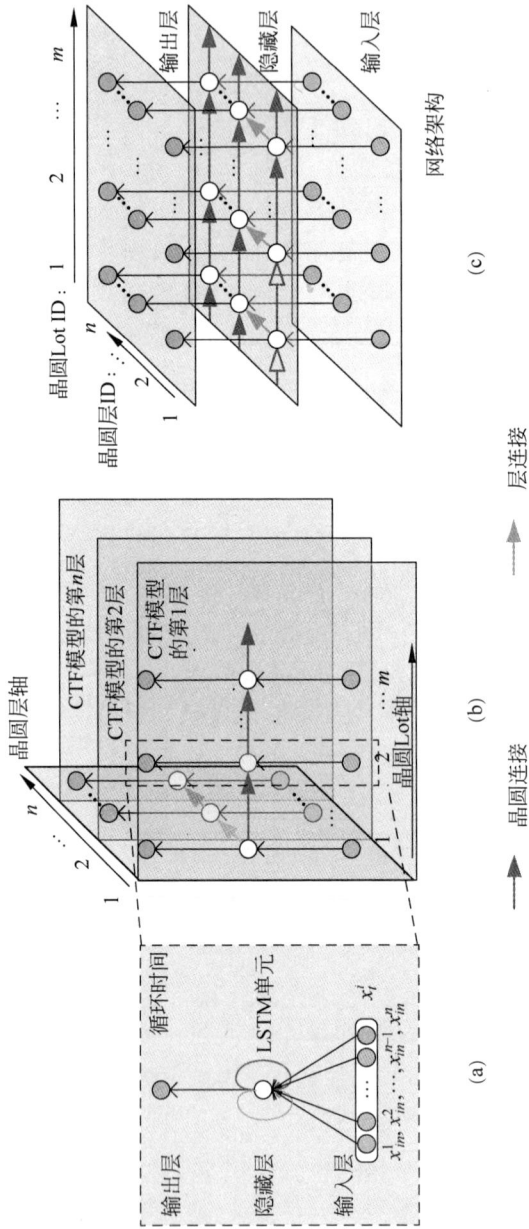

图 4-7 二维循环神经网络网络拓扑结构

(a) 具有两个重复连接的 LSTM 模型；(b) 二维 LSTM 模型；(c) 类网格 2D-LSTM 网络架构

在所设计的 2D-LSTM 中,每一个 LSTM 神经网络单元 $f_t^{ri}(\cdot)$ 用于某一晶圆卡某一层电路制备过程的工期预测,其中每一 LSTM 单元 $f_t^{ri}(\cdot)$ 包含三个逻辑门的值、一个 CEC 存储单元与一个块状输入。从网络拓扑结构上来看,$f_t^{ri}(\cdot)$ 是一种带双递归流的三层神经网络模型,其用于对 t 个晶圆卡的第 i 层工期进行预测。该双向循环网络单元的结构如图 4-8 所示,其中单元的输入块由 x_t^i,hw_{t-1}^i,hl_t^{i-1} 三部分构成,x_t^i 表示当前的新输入,hw_{t-1}^i 表示沿着晶圆卡轴向传递的晶圆递归流,hl_t^{i-1} 表示沿着晶圆层轴向传递的层次递归流。单元的输入可从块状输入(block

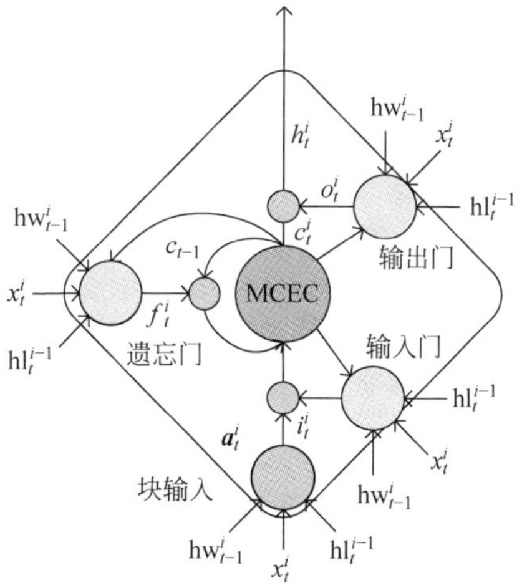

图 4-8　带双递归流的 LSTM 循环神经网络单元

input)、输入门(input gate)、遗忘门(forget gate)、输出门(output gate)进入 2D-LSTM 单元。其中输入门用于控制输入对网络存储单元 MCEC 的影响,遗忘门用于控制上一时刻的网络隐单元 MCEC 对下一时刻网络隐单元的影响,输出门用于控制网络隐单元对 2D-LSTM 单元输出的影响。

在网络的前向传播过程中,模型首先计算输入节点的状态,其通过对输入块 $(x_t^i,\text{hw}_{t-1}^i,\text{hl}_t^{i-1})$ 进行加权计算得到,具体计算过程见式(4-4),其中 $\boldsymbol{W}_{xa}$、$\boldsymbol{W}_{\text{hwa}}$、$\boldsymbol{W}_{\text{hla}}$ 为加权矩阵,$\boldsymbol{b}_a$ 为偏置矩阵。$g(\cdot)$ 为激活函数,在本模型中为双曲正切函数 $\tanh x$。

$$\text{模型输入:}\begin{cases}\bar{\boldsymbol{a}}_t^i = \boldsymbol{W}_{xa}x_t^i + \boldsymbol{W}_{\text{hwa}}\text{hw}_{t-1}^i + \boldsymbol{W}_{\text{hla}}\text{hl}_t^{i-1} + \boldsymbol{b}_a \\ \boldsymbol{a}_t^i = g(\bar{\boldsymbol{a}}_t^i)\end{cases} \tag{4-4}$$

在模型输入门的状态更新中,其输入包括输入块 $(x_t^i,\text{hw}_{t-1}^i,\text{hl}_t^{i-1})$ 中的三部分元素,并由隐单元与三个门结构的状态连接(peephole connection)构成。其状态更新的具体计算过程见式(4-5),其中 $\boldsymbol{W}_{xi}$、$\boldsymbol{W}_{\text{hwi}}$、$\boldsymbol{W}_{\text{hli}}$、$\boldsymbol{W}_{ci}$ 为加权矩阵,$\boldsymbol{b}_i$ 为偏置矩阵。$\sigma(x)$ 为激活函数,在本模型中为 sigmoid 函数。模型的遗忘门状态更新与输入门相似,其输入包括输入块 $(x_t^i,\text{hw}_{t-1}^i,\text{hl}_t^{i-1})$ 中的三部分元素和上一时刻的隐单元状态 c_{t-1}^i。其状态更新的具体计算过程见式(4-6),其中 $\boldsymbol{W}_{xf}$、$\boldsymbol{W}_{\text{hwf}}$、$\boldsymbol{W}_{\text{hlf}}$、$\boldsymbol{W}_{cf}$ 为加权矩阵,$\boldsymbol{b}_f$ 为偏置矩阵,$\sigma(x)$ 为 sigmoid 激活函数。

$$\text{输入门:}\begin{cases}\bar{\boldsymbol{i}}_t^i = \boldsymbol{W}_{xi}x_t^i + \boldsymbol{W}_{\text{hwi}}\text{hw}_{t-1}^i + \boldsymbol{W}_{\text{hli}}\text{hl}_t^{i-1} + \boldsymbol{W}_{ci}c_{t-1}^i + \boldsymbol{b}_i \\ \boldsymbol{i}_t^i = \sigma(\bar{\boldsymbol{i}}_t^i)\end{cases} \tag{4-5}$$

$$\text{遗忘门：}\begin{cases} \overline{\boldsymbol{f}}_t^i = \boldsymbol{W}_{xf} x_t^i + \boldsymbol{W}_{\mathrm{hwf}} \mathrm{hw}_{t-1}^i + \boldsymbol{W}_{\mathrm{hlf}} \mathrm{hl}_t^{i-1} + \boldsymbol{W}_{cf} c_{t-1}^i + \boldsymbol{b}_f \\ \boldsymbol{f}_t^i = \sigma(\overline{\boldsymbol{f}}_t^i) \end{cases} \tag{4-6}$$

在完成输入节点、输入门、遗忘门的状态更新之后，模型开始更新隐单元的状态，其计算过程见式(4-7)。在 Bilateral LSTM 模型中，为存储和表达多样化的晶圆工期关联关系，引入多维度的隐单元存储结构，式(4-7)中，$f^{mr}(\cdot)$ 为隐单元状态计算函数，其基于多维度隐单元 M_t^i、输入节点 a_t^i、输入门 i_t^i、遗忘门 f_t^i 的状态对隐单元的状态进行更新。

$$\text{记忆单元：} c_t^i = f^{mr}(M_t^i, a_t^i, i_t^i, f_t^i) \tag{4-7}$$

在完成了隐单元的状态更新之后，模型根据输入块 $(x_t^i, \mathrm{hw}_{t-1}^i, \mathrm{hl}_t^{i-1})$ 中的三部分元素和隐单元 c_t^i 对输出门的状态进行更新。其状态更新的具体计算过程见式(4-8)，其中 $\boldsymbol{W}_{xo}$、$\boldsymbol{W}_{\mathrm{hwo}}$、$\boldsymbol{W}_{\mathrm{hlo}}$、$\boldsymbol{W}_{co}$ 为加权矩阵，$\boldsymbol{b}_o$ 为偏置矩阵。$\sigma(x)$ 为激活函数，在本模型中为 sigimoid 函数。LSTM 单元的输出向量 $\boldsymbol{h}_t^i$ 由输出门和 CEC 结构的状态计算可得，计算过程见式(4-9)。其中 $\phi(\cdot)$ 为双曲正切函数 $\tanh x$。

$$\text{输出门：}\begin{cases} \overline{\boldsymbol{o}}_t^i = \boldsymbol{W}_{xo} x_t^i + \boldsymbol{W}_{\mathrm{hwo}} \mathrm{hw}_{t-1}^i + \boldsymbol{W}_{\mathrm{hlo}} \mathrm{hl}_t^{i-1} + \boldsymbol{W}_{co} c_t^i + \boldsymbol{b}_o \\ \boldsymbol{o}_t^i = \sigma(\overline{\boldsymbol{o}}_t^i) \end{cases} \tag{4-8}$$

$$\text{隐单元：} \boldsymbol{h}_t^i = \boldsymbol{o}_t^i \cdot \phi(c_t^i) \tag{4-9}$$

4.4.2.2　多维度记忆单元结构

晶圆工艺参数与系统状态的多样化特性一直是工期预测中的难点，在历史研究中，常常通过模糊 C 均值聚类(fuzzy C-means clustering)等方法对晶圆工期数据进行聚类，提升类内的数据一致性，然后对每一类样本构建预测模型进行工期预测。受这种"分而治之"的思路启发，为了存储晶圆工期预测中的复杂关联关系，本节借鉴神经图灵机的思想[17]，引入多维度的记忆单元结构(multi-CEC, MCEC)，对复杂关联关系进行存储。MCEC 结构引入多个与单维度 CEC 等长的 CEC 向量 $(\mathrm{cec}_1, \mathrm{cec}_2, \cdots, \mathrm{cec}_n)$ 来存储关联关系，其通过状态读取控制器和状态更新控制器来与 LSTM 单元进行交互，其工作原理示意图如图 4-9 所示。

1. 状态读取控制器

多维度记忆单元 $\boldsymbol{M}_t$ 本质上是一个 $M \times N$ 的矩阵，其中 N 是 CEC 向量的维数，M 是 CEC 向量的维数。在前向状态更新过程中，状态读取控制器将会通过加权 t 时刻的 CEC 向量 $\mathrm{cec}_t^1, \mathrm{cec}_t^2, \cdots, \mathrm{cec}_t^n$ 来得到 t 时刻的记忆单元状态。在加权过程中，对 j 个 CEC 向量的权重 w_{mcj} 通过衡量当前 CEC 向量 cec_t^j 与 LSTM 单元的输入 i_t^i 之间的相似性来决定，其计算方法见式(4-10)。

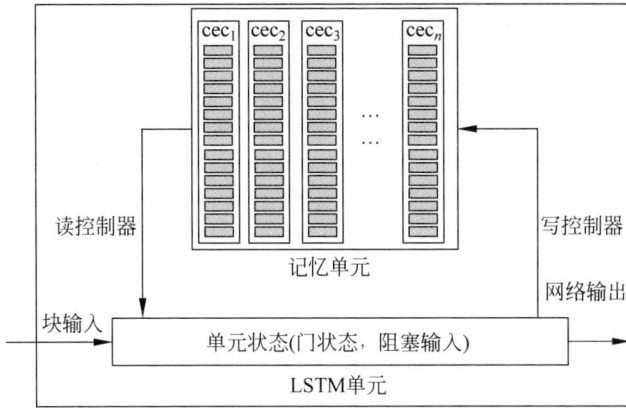

图 4-9　多维度记忆单元结构的工作原理

$$c_t^i = f^{mr}(M_t^i, a_t^i, i_t^i, f_t^i) = M_t^i W_{CM} = [\mathrm{cec}_t^1, \mathrm{cec}_t^2, \cdots, \mathrm{cec}_t^n][w_{mc1}, w_{mc2}, \cdots, w_{mcn}]^{\mathrm{T}}$$

$$(4\text{-}10)$$

$$w_{mcj} = \frac{\mathrm{cec}_t^j i_t^i}{|\mathrm{cec}_t^j| \times |i_t^i|} \times \sum_{j=1}^{n} \frac{|\mathrm{cec}_t^j| \, |i_t^i|}{\mathrm{cec}_t^j i_t^i}$$

$$(4\text{-}11)$$

2. 状态更新控制器

MCEC 单元的状态更新是 2D-LSTM 单元运行中的重要环节,借鉴 Vanilla LSTM 中单维记忆单元的状态更新方法,本节提出了多维度记忆单元的状态更新方法,见式(4-12)。在 MCEC 状态更新过程中,对单个 CEC 向量分别进行状态更新,首先引入遗忘门状态 f_t^i,通过 f_t^i 与 cec_{t-1}^i 的点积确定 $t-1$ 晶圆卡工期预测模型中的 CEC 向量对 t 个晶圆卡工期预测模型中 CEC 向量的影响。然后通过输入参数 a_t^i 与输入门 i_t^i 的点积计算输入对于 MCEC 单元的影响,通过当前 CEC 向量的权值 w_{mcj} 可得模型的输入对于当前 CEC 向量 cec_t^j 的影响。将两者相加即可综合 $t-1$ 代 CEC 向量对 t 代 CEC 向量的影响与当前模型输入对于 CEC 向量的影响,得到 t 代各 CEC 向量的值,从而实现 MCEC 单元的状态的更新。

$$\mathrm{cec}_t^j = f_t^i \cdot \mathrm{cec}_{t-1}^j + (i_t^i \cdot a_t^i) \cdot w_{mcj}$$

$$(4\text{-}12)$$

4.4.2.3　模型训练

本节设计的 Bilateral LSTM 针对晶圆制造过程中的晶圆传递效应与层次传递效应,引入了沿双向展开的两种递归流,可以实现两种传递效应的存储、传递与表达。在 Bilateral LSTM 神经网络的训练过程中,晶圆传递效应按照晶圆的产出顺序实现传递,因此,在 Bilateral LSTM 的参数调优与训练过程中要求训练集数据严格按照产出顺序进行排列,并对模型进行调优与训练。针对晶圆工期的逐层制备特点,Bilateral LSTM 在单层工期预测中的部署与应用流程如图 4-10 所示,其具体步骤如下。

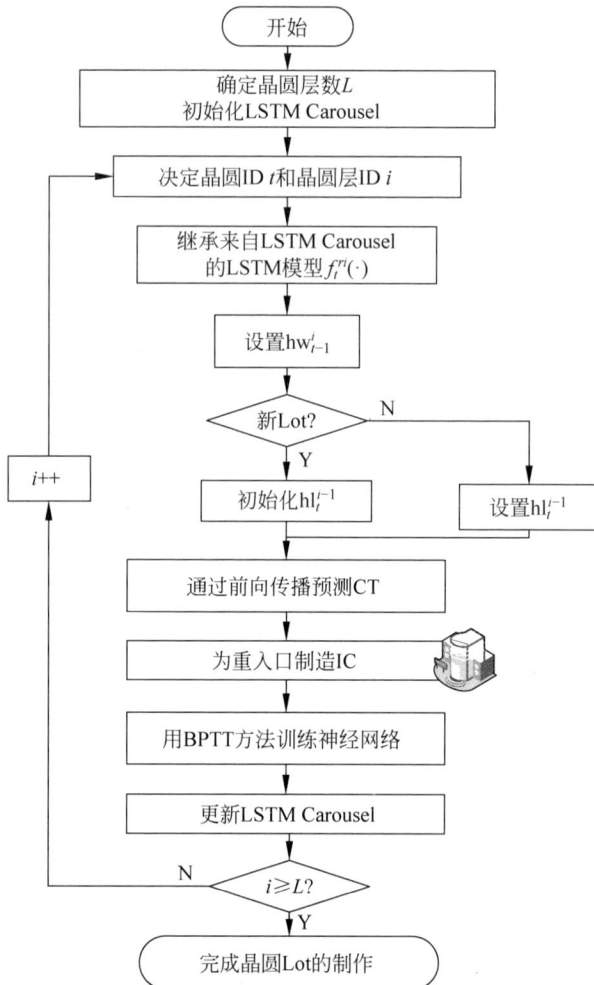

图 4-10　基于 Bilateral LSTM 模型的单层工期预测流程

步骤 1：根据晶圆产品的工艺确定晶圆的重入次数 L。

步骤 2：初始化模型集 $V_{f^r} = \{f_l^{r1}(\cdot), f_l^{r2}(\cdot), \cdots, f_l^{rL}(\cdot)\}$，该模型集用于存储针对各层工期进行预测的最新模型 $f_l^{ri}(\cdot)$。

步骤 3：当某一晶圆卡进入某一次重入，并开始该次重入中的首道工序时，系统确定该晶圆卡的晶圆卡序号 t 和晶圆层序号 i。

步骤 4：系统从模型集 V_{f^r} 取出针对当前晶圆层 i 的预测模型 $f_t^{ri}(\cdot) = f_l^{ri}(\cdot)$，用于当前晶圆卡的当前层的工期预测。该模型的晶圆递归流 hw_{t-1}^i 由当前晶圆层的最新预测模型来确定，其等于 $f_l^{ri}(\cdot)$ 的隐单元状态。层次递归流 hl_t^{i-1} 由负责该晶圆上一层的工期预测模型来确定，其等于 $f_t^{r,i-1}(\cdot)$ 的隐单元状态，若当前为晶圆制备中的首次重入，即 $i=1$，则采用零向量初始化层次递归流。

步骤 5：模型通过前向状态更新，预测得到该晶圆当前层的工期 CT_t^i。

步骤 6：该晶圆卡投产并得到实际的工期值。

步骤 7：模型通过 BPTT 方法进行训练，并将更新的 LSTM 模型更新至模型集 $V_{f'}$ 中。若当前晶圆卡已经完成所有晶圆层的制备工艺，则对该晶圆卡进行数据存档，否则返回步骤 2 对该晶圆卡下一层的工期进行预测。

这里以晶圆生产车间为例，具体介绍车间工期预测模型。晶圆的单层工期是指自每个晶圆 Lot 在某一层电路制备中第一道工序的开始时间至下一层电路制备中首道工序的开始时间之间的时间段。晶圆 Lot 第 i 层电路制备过程的单层工期 ct_t^i 定义如下：

$$\mathrm{ct}_t^i = \mathrm{ts}_t^{i+1} - \mathrm{ts}_t^i \tag{4-13}$$

在晶圆 Lot 的制备中，其最终工期 CT_t 与各层电路工期之间的关系见式(4-14)。其中，晶圆 Lot 共由 n 层电路构成，其最终工期 CT_t 等于各层电路的单层工期之和：

$$\mathrm{CT}_t = \mathrm{ct}_t^1 + \mathrm{ct}_t^2 + \cdots + \mathrm{ct}_t^n \tag{4-14}$$

本章通过对晶圆单层电路制备工期进行预测，期望得到电路逐层制备过程中工期的波动偏差，从而为调控过程提供依据，预测过程的描述模型见式(4-15)。

$$\mathrm{ct}_t^i = \mathrm{pred}(x_t^i) \tag{4-15}$$

其中，$\mathrm{pred}(\cdot)$ 表示预测模型，$x_t^i = \{f_1, f_2, \cdots, f_j\}$ 是一种关键参数滤取方法，通过分析候选参数与晶圆单层工期之间的关联关系得到关键参数。

4.5　性能预测驱动的车间生产智能调度方法

性能预测驱动的车间生产智能调度方法采用设备的状态数据，通过构建神经网络模型来预测设备区域内的工作中心在制品区(work in progress，WIP)、工件尺寸(job size)、瓶颈工位前的等待队列长度、工艺路线上的等待队列长度与工期之间的关系来形成生产调控策略。传统的生产调度方法大多是基于调度规则和瓶颈的优化方法，这些简单的方法在处理小规模或者局部优化问题时具有较好的效果，在处理大规模全局优化问题时则难以获得全局最优，尤其是在工艺越来越复杂、设备种类与数量越来越多的现代制造场景中，如何实现产品准时交付的全局优化是急需解决的关键问题。本节以生产规模大、产品工艺杂、系统动态性高的晶圆制造车间为例，介绍性能预测驱动的车间生产工期智能调度方法。

4.5.1　晶圆单层工期调控模型

在晶圆制造系统中，晶圆卡按照各自批次投产与交付，若批内晶圆卡提前完工，会产生库存成本；若晶圆卡超期完工，则会导致拖期惩罚。对于整个制造系统

而言,考虑以上因素的晶圆卡工期调控目标如下:

$$\mathrm{obj} = \alpha \sum_{\forall b \in B} \max_{\forall t \in b}(\mathrm{C\hat{T}}_t - \mathrm{C\tilde{T}}_t) + (1-\alpha) \sum_{\forall b \in B} \sum_{\forall t \in b}(\mathrm{C\hat{T}}_t - \mathrm{D\hat{T}}_t) \quad (4\text{-}16)$$

其中,B 为当前时刻所有在产的批次集合,有 $B = \{b_1, b_2, \cdots, b_n\}$,$b_i$ 表示第 i 批次的晶圆卡集合。令 $\mathrm{F\hat{T}}_t^l$ 表示晶圆卡 t 的实际完工时间,$\mathrm{F\tilde{T}}_t^l$ 表示晶圆卡 t 的期望完工时间,$\mathrm{D\hat{T}}_t$ 表示晶圆卡 t 的实际交付时间,计算公式为

$$\mathrm{D\hat{T}}_t = \max(\mathrm{C\tilde{T}}_t, \max_{\forall t \in b}\mathrm{C\hat{T}}_t) \quad (4\text{-}17)$$

在目标函数中,$\sum_{\forall b \in B} \max_{\forall t \in b}(\mathrm{C\hat{T}}_t - \mathrm{C\tilde{T}}_t)$ 表示当前制造系统中所有批次的晶圆卡拖期惩罚,其中 $\mathrm{C\hat{T}}_t$ 表示晶圆卡 t 的实际完工时间,$\mathrm{C\tilde{T}}_t$ 表示晶圆卡 t 的期望完工时间。 在实际生产过程中,同一批次的晶圆卡统一进行交付,因此采用 $\max_{\forall t \in b}(\mathrm{C\hat{T}}_t - \mathrm{C\tilde{T}}_t)$ 表示 b 批次的拖期惩罚。$\sum_{\forall b \in B} \sum_{\forall t \in b}(\mathrm{C\hat{T}}_t - \mathrm{D\hat{T}}_t)$ 表示当前制造系统中所有批次晶圆卡提前完工的库存成本,其用同一批次内各晶圆卡的完工时间差值来衡量。

最优的调控策略见式(4-18):

$$\mathrm{pr}^* = \mathrm{argmin}(\mathrm{obj}(\bullet)) \quad (4\text{-}18)$$

考虑晶圆的分层制备特性,构建晶圆工期的逐层调控方法,根据晶圆卡每一层电路的制备进展制订调控方案,对晶圆卡的工期进行调整。在分层晶圆工期调控模型中,晶圆卡的生产优先级可以在每一层制备完成的间隙进行调整,每个晶圆卡的优先级如下所示:

$$\mathrm{pr}_t = \{\mathrm{pr}_t^1, \mathrm{pr}_t^2, \cdots, \mathrm{pr}_t^l\} \quad (4\text{-}19)$$

式中,pr_t 表示晶圆卡 t 在生产过程中的优先级集合,pr_t^i 表示晶圆卡 t 在第 i 层电路制备期间的优先级,l 表示当前晶圆的层数。

与晶圆卡的每层工期相对应,晶圆卡 t 每一层电路制备的完工时间实际值为 $\{\mathrm{F\hat{T}}_t^1, \mathrm{F\hat{T}}_t^2, \cdots, \mathrm{F\hat{T}}_t^l\}$。系统预测得到的晶圆卡每一层电路制备的完工时间预测值为 $\{\mathrm{F\dot{T}}_t^1, \mathrm{F\dot{T}}_t^2, \cdots, \mathrm{F\dot{T}}_t^l\}$,式中 $\mathrm{F\dot{T}}_t^i$ 表示晶圆卡 t 在第 i 层电路的完工时间预测值,其由晶圆工期预测模型在该层晶圆制备的初始时刻预测所得:

$$\mathrm{F\dot{T}}_t^i = \mathrm{ft}^i(s, \mathrm{pr}^{i*}, \mathrm{F\hat{T}}_t^{i-1}) \quad (4\text{-}20)$$

晶圆卡每一层电路制备的期望完工时间为

$$\mathrm{F\tilde{T}}_t = \{\mathrm{F\tilde{T}}_t^1, \mathrm{F\tilde{T}}_t^2, \cdots, \mathrm{F\tilde{T}}_t^l\} \quad (4\text{-}21)$$

式中 $\mathrm{F\tilde{T}}_t^i$ 表示晶圆卡 t 在第 i 层电路的完工时间期望值,其由系统根据晶圆卡的所属批次及其期望完工时间估算而得。

构建针对每一层晶圆电路的工期调控模型,晶圆卡 t 第 i 层电路工期调控目标如下所示:

$$\text{obj}_t^i = \alpha \max_{\forall t \in b} (\text{F}\hat{\text{T}}_t^i - \text{F}\widetilde{\text{T}}_t^i) + (1 - \alpha) \sum_{\forall t \in b} (\text{F}\hat{\text{T}}_t^i - \max(\text{F}\widetilde{\text{T}}_t^i, \max_{\forall j \in b} \text{F}\hat{\text{T}}_j^i))$$

$$(4\text{-}22)$$

在目标函数中,$\max_{\forall t \in b}(\text{F}\hat{\text{T}}_t^i - \text{F}\widetilde{\text{T}}_t^i)$ 表示 b 批次中晶圆卡的拖期惩罚,其中 $\text{F}\hat{\text{T}}_t^i$ 表示晶圆卡 t 的第 i 层电路的实际完工时间,$\text{F}\widetilde{\text{T}}_t^i$ 表示晶圆卡 t 的第 i 层电路的期望完工时间。$\sum_{\forall t \in b}(\text{F}\hat{\text{T}}_t^i - \max(\text{F}\widetilde{\text{T}}_t^i, \max_{\forall j \in b}\text{F}\hat{\text{T}}_j^i))$ 表示当前晶圆所属的 b 批次中晶圆卡提前完工的库存成本。

在晶圆工期控制模型中,最优的调控方案通过最小化晶圆卡的拖期惩罚与库存成本得到,见式(4-23)。

$$\text{pr}^{i*} = \arg\min \sum_{t \in T} \text{obj}_t^i(\cdot) \tag{4-23}$$

其中,T 表示投产晶圆卡的集合。

4.5.2 基于强化学习的晶圆工期逐层调控模型

强化学习不需要各种观测信号,也不需要各种规则,它通过调控 Agent 与环境的交互进行学习,可有效解决动态环境下的调控问题[18]。如图 4-11 所示,调控 Agent 根据调控指令的奖赏反馈(r),针对状态动作对(s,a)估算系统的值函数 $Q^\pi(s,a)$ 对调控效果进行评估,并形成新的调控策略。在此基础上,调控策略根据系统状态 s 生成指令 a 对系统进

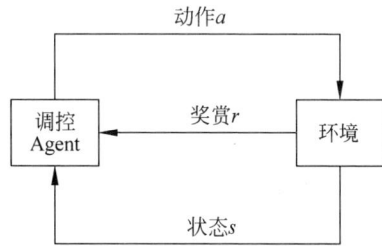

图 4-11 强化学习基本模型

行调控,系统在接受调控指令之后又反馈奖赏 r 给调控 Agent 形成往复循环。

目前,常见的值函数计算方法主要有期望总奖赏、折扣总奖赏和期望平均奖赏。在晶圆制造中,随着 24h 的不间断生产,系统的状态在无限时间段内变化。且随着时段的推进,系统的状态转移的不确定性逐渐增大,为了对各个时段内的奖赏反馈进行区分,引入折扣因子。在本节中引入折扣总奖赏函数作为系统的值函数,其计算方式如下:

$$V(s) = E_\pi \left\{ \sum_{t=1}^{\infty} \gamma^t r_t \mid s_t = s \right\} \tag{4-24}$$

与之相对应的状态-动作对值函数为

$$Q^\pi(s,a) = E_\pi \left\{ \sum_{t=1}^{\infty} \gamma^t r_t \mid s_t = s, a_t = a \right\} \tag{4-25}$$

强化学习的最终目标是发现最优策略 π^*,以达到最大折扣总报酬。最优策略可以通过鉴别最优值函数 $Q^\pi(s,a)$ 而获得,最优值的定义为

$$Q^{\pi^*}(s,a) = \max_a E\{\sum_{k=0}^{\infty} \gamma^k r_{t+k+1} \mid s_t = s, a_t = a\}$$

$$= \max_a E_{\pi^*}\{r_{t+1} + \gamma \sum_{k=1}^{\infty} \gamma^k r_{t+k+2} \mid s_t = s, a_t = a\}$$

$$= \max_a E_{\pi^*}\{r_{t+1} + \gamma Q^{\pi^*}(s_{t+1}, a_{t+1}) \mid s_t = s, a_t = a\} \quad (4\text{-}26)$$

方程(4-26)表示了最优状态动作对值函数的计算推导过程,也称为 Bellman 最优方程,通过求解该方程可得出最优策略如下:

$$\pi^*(s) = \mathrm{argmax}_{a \in A(s)} Q^*(s,a) \quad (4\text{-}27)$$

对最优策略进行求解的方法大体可以分为三类,即值函数法、策略梯度法与 Actor-Critic 方法。值函数方法通过关联值函数、系统状态与调控动作三者之间的关系,根据不同系统状态下的 $V(s)$ 来选择对应的调控动作,从而确定各系统状态下的调控动作,形成调控策略。在使用值函数法过程中,准确估计各系统状态下的 $V(s)$ 是形成高效可靠调控策略的关键,其较适用于系统状态空间有限的情况,在系统状态空间较大或者连续状态空间的情况下,值函数法需要采用函数逼近系统状态空间,难以准确估计值函数,从而导致调控策略效果不佳。策略梯度法通过构建策略函数与系统反馈之间的关系,通过系统的反馈奖赏来更新状态-动作对值函数 $Q^{\pi}(s,a)$ 来优化策略函数,从而使得策略函数随着调控—反馈—调控的循环逐步优化,直至最优。但是在策略梯度法中,状态-动作对值函数 $Q^{\pi}(s,a)$ 通过反馈奖赏来计算,通常要通过多次的调控-反馈-调控循环才能更新策略的梯度。这使得在策略梯度法中,策略的更新和收敛较慢。

Actor-Critic 模型在策略梯度法的基础上,引入 Critic 结构,模拟系统状态-动作对值函数 $Q^{\pi}(s,a)$,通过时序差分算法(temporal-difference learning,TD)来更新 Critic 模型,并给予 Critic 模型反馈用来实现策略函数的更新,实现单步的策略更新。Actor-Critic 模型结合了以上两者的优点,可在连续系统状态空间对调控策略进行单步更新,实现策略函数的快速收敛。因此,本节采用 Actor-Critic 强化学习模型对晶圆单层工期调控进行建模。

根据在晶圆制备过程中电路的分层制备特性,设计分层强化学习模型(hierarchical reinforcement learning model,HRL)。该强化学习模型具有与晶圆电路相似的层次结构,每一层中的强化学习子模型用于调控一层晶圆电路的制备周期(如图 4-12 所示),用于调控具有 l 层电路晶圆的分层强化学习模型为 HRL＝$\{\mathrm{RLM}_1, \mathrm{RLM}_2, \cdots, \mathrm{RLM}_l\}$。

考虑晶圆制造中的层次传递效应,在多层强化学习子模型 RLM_i 中,建立模型连接(c_t^{i-1})模拟层次传递效应。RLM_i 是面向第 i 层晶圆工期的调控模型,其根据系统的状态制定晶圆卡的优先级,从而调整晶圆的第 i 层电路的制备工期。同时结合反馈奖赏函数进行模型训练,对 RLM_i 模型进行调优。计算公式见式(4-28):

$$a_t^i = \mathrm{RLM}_i(c_t^{i-1}, s_t^i, r_t^{i-1}) \quad (4\text{-}28)$$

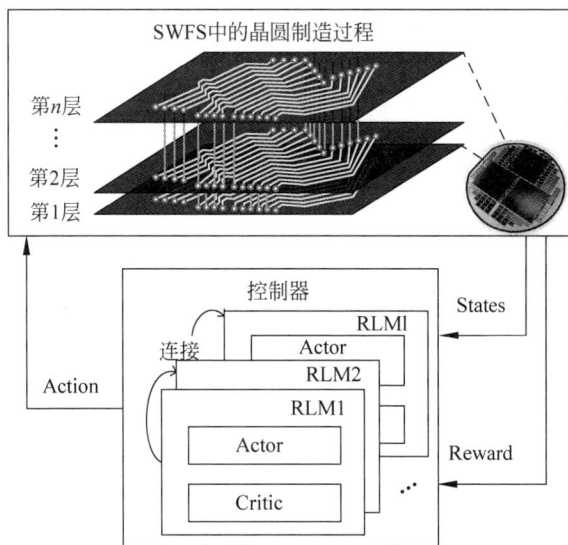

图 4-12 多层强化学习晶圆工期调控模型

式(4-28)中,系统的状态参数 $s_t^i = \{x_1, x_2, \cdots, x_n\}$ 由晶圆卡 t 的第 i 层工期的调控时刻的系统状态参数决定,其中 s_t^i 包含 n 个参数,其由晶圆工期关键参数滤取方法过滤得到,可表征晶圆工期的波动规律。

根据前述分层控制模型中的目标函数,设计强化学习模型中的动作反馈函数 r_t^i,如下所示:

$$r_t^i = \frac{1}{\alpha(\mathrm{F}\hat{\mathrm{T}}_t^i - \mathrm{F}\tilde{\mathrm{T}}_t^i) + (1-\alpha)(\mathrm{F}\hat{\mathrm{T}}_t^i - \mathrm{F}\hat{\mathrm{T}}_b^i)} \tag{4-29}$$

在动作估值函数中,$\mathrm{F}\hat{\mathrm{T}}_t^i - \mathrm{F}\tilde{\mathrm{T}}_t^i$ 表示调控误差,$\mathrm{F}\tilde{\mathrm{T}}_t^i$ 表示晶圆卡 t 第 i 层电路的完工时间期望值。考虑到晶圆在分批交付过程中的交付批次浮动特性,模型引入模糊数学方法来估计 $\mathrm{F}\tilde{\mathrm{T}}_t^i$,以消除交付批次滑动带来的交付批次不确定性。式(4-29)中,$\mathrm{F}\hat{\mathrm{T}}_t^i - \mathrm{F}\hat{\mathrm{T}}_b^i$ 表示晶圆卡提前生产的库存成本,其中 $\mathrm{F}\hat{\mathrm{T}}_b^i$ 表示第 b 批次中最晚完工的晶圆卡的完工时间。在晶圆制备中,$\mathrm{F}\hat{\mathrm{T}}_b^i$ 可以在第 b 批次晶圆卡完工后得到;而在工期预测中,$\mathrm{F}\hat{\mathrm{T}}_b^i$ 由第 b 批次中加工进度最慢的晶圆卡的完工时间预测值来近似。

4.5.3 基于 Actor-Critic 的工期调控策略优化方法

4.5.3.1 Actor-Critic 调控结构设计

在 Actor-Critic 方法中,采用 Actor 结构来近似策略函数,用来根据不同的系统状态选择相应的调控指令。采用 Critic 结构来近似值函数,对 Actor 选择的动作进行评估。Actor-Critic 方法根据系统的状态和奖赏反馈来得到时间差分,对 Actor 和 Critic 结构进行反馈调优。面向晶圆单层工期调控的 Actor-Critic 模型 $RLM_i(\cdot)$ 结构如图 4-13 所示。在该模型中,考虑到晶圆订单分批交付过程中交付批次浮动带来的交付时间不确定性,引入模糊数学方法对期望完工时间进行估计,并根据基于模糊数学估算的期望完工时间计算反馈奖赏函数。

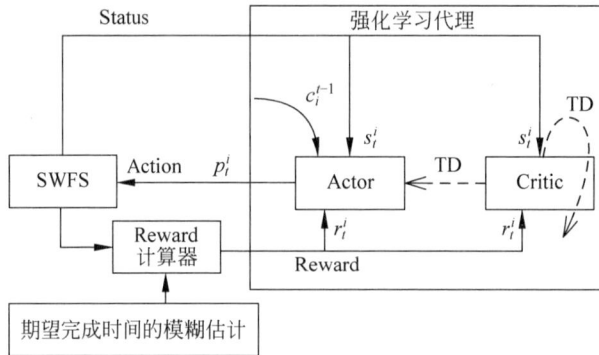

图 4-13　面向晶圆单层工期调控的 Actor-Critic 强化学习模型结构

4.5.3.2　期望完工时间模糊估计方法

在本节中,晶圆的生产采用分批交付策略,同种产品的订单往往存在多个子批同时在产的情况。在生产过程中,为了保障准时化生产,不同批次之间的晶圆卡在产出过程中会根据生产进度与完工时间的实际情况,按照完工的先后顺序进行子批打乱重组,因而出现交付批次浮动的现象。在这种情况下,晶圆卡的期望完工时间随着所属批次的波动而变化。在晶圆的工期调控过程中,期望完工时间的变化将直接影响调控目标,从而对调控效果产生冲击。因此,本节借鉴模糊数学的思想,引入交付批次的模糊隶属度概念,对晶圆卡的从属批次进行模糊化描述,从而消除晶圆卡交付批次浮动带来的不确定性影响。在本节中,模型允许一个晶圆卡从属于相邻的两个批次,并且可在生产过程中根据晶圆的完工时间进行动态调整。晶圆卡 i 对于批次 b 的模糊隶属度函数见式(4-30):

$$u_{ib} = \frac{|\,F\dot{T}_t^i - F\widetilde{T}_b^i\,|}{\sum\limits_{b \in k} |\,F\dot{T}_t^i - F\widetilde{T}_b^i\,|} \tag{4-30}$$

其中,分子 $|F\dot{T}_t^i - F\widetilde{T}_b^i|$ 是第 t 个晶圆卡的第 i 层的预测完工时间 $F\dot{T}_t^i$ 与第 b 批次晶圆卡的第 i 层的期望完工时间 $F\widetilde{T}_b^i$ 之差的绝对值,分母 $\sum\limits_{b \in k} |F\dot{T}_t^i - F\widetilde{T}_b^i|$ 表示第 t 个晶圆卡的第 i 层完工时间 $F\dot{T}_t^i$ 与 k 集合内各批次晶圆卡的第 i 层的期望完工时间的差异之和。其中集合 k 表示交付时间与当前在产晶圆卡的预测完工时间最为接近的两个子批次的集合。最终,晶圆卡 t 的第 j 层的期望完工时间见式(4-31)。

$$\mathrm{F}\widetilde{\mathrm{T}}_t^i = \begin{bmatrix} u_{ib1} & u_{ib2} \end{bmatrix} \begin{bmatrix} \mathrm{F}\widetilde{\mathrm{T}}_{b1}^i - T_n \\ \mathrm{F}\widetilde{\mathrm{T}}_{b2}^i - T_n \end{bmatrix} + T_n \tag{4-31}$$

式中,T_n 为当前时间,$b1$ 与 $b2$ 分别为集合 k 内的两个子批。

4.5.3.3　策略估值模型

策略估值模型对调控策略的调控效果进行评估,本章采用某个调控策略下的平均奖励作为系统的状态值函数 $V(s_t)$。为了实现晶圆调控策略的快速迭代更新,构建估值结构来拟合某一策略下的状态值函数,从而实现策略的单步更新。本节引入神经网络模型 f_c^i,根据系统的状态 s_t 对 $V^i(s_t)$ 函数进行拟合,从而实现系统状态的预估,对策略函数进行评价。系统模型见式(4-32)。

$$V^i(s_t) = f_c^i(s_t) \tag{4-32}$$

式中,估值模型 $f_c^i(\cdot)$ 表示对于第 i 层电路调控效果进行评估的估值模型,$V^i(s_t)$ 表示 $\mathrm{RLM}_i(\cdot)$ 调控的值函数。$f_c^i(\cdot)$ 为一种三层误差反向传播神经网络模型,网络结构如图 4-14 所示,其中各层具体描述如下。

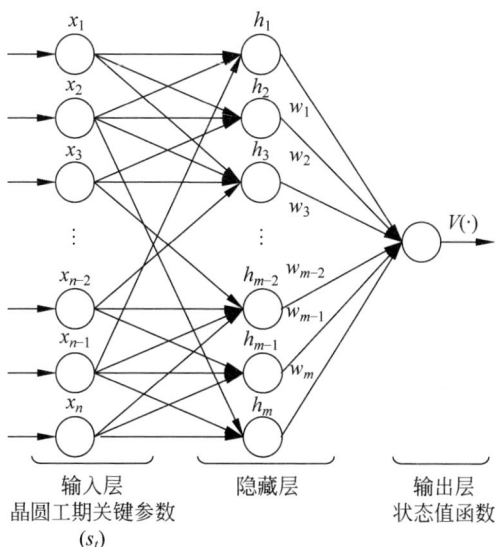

图 4-14　状态-动作对估值评价神经网络

(1) 输入层。输入层的输入向量为 $\boldsymbol{s}_t = (x_1, x_2, x_3, \cdots, x_n)$,输入神经元的数量等同于状态参数集 s_t 中的参数个数。输入层节点输入输出函数定义见式(4-33)。

$$f_i^{(1)} = x_i, \quad i = 1, 2, \cdots, n \tag{4-33}$$

(2) 隐含层。其隐含层由 m 个神经元构成,其中 m 由先导实验与人工经验确定,隐含层中采用的激活函数为 sigmoid 函数。隐含层节点输入/输出函数定义见式(4-34)。

$$f_i^{(2)} = f_{\mathrm{act}} \left(\sum_{j=1}^{n} w_{ij}^{(2)} x_j \right), \quad i = 1, 2, \cdots, n \tag{4-34}$$

$$f_{\mathrm{act}}(x) = \frac{1}{1 + \mathrm{e}^{-x}} \tag{4-35}$$

其中 $f_{\mathrm{act}}(\cdot)$ 为激活函数; $f_i^{(2)}$ 为第二层的权值向量; w_{ij} 表示第一层中第 i 个神经元与隐含层中第 j 个神经元的连接权值。

(3) 输出层。输出层将隐含层中的神经元进行归一化,该层包含一个节点,输出变量表示状态-动作对值函数的拟合值。其输入/输出函数定义见式(4-36)。

$$f^{(3)} = \sum_{i=1}^{m} w_j^{(3)} h_j \tag{4-36}$$

在 Actor-Critic 模型中,Critic 模型在每一回合迭代过程中都根据反馈奖赏来进行优化。本节采用 TD 误差 $\delta^i(t)$ 来对 Critic 结构的拟合效果进行评估,其计算方法如下:

$$\delta^i(t) = r^i(t+1) + \gamma V^i(t+1) - V^i(t) \tag{4-37}$$

式中, $r^i(t+1)$ 表示 $t+1$ 时刻 $\mathrm{RLM}_i(\cdot)$ 收到的反馈奖赏; $\delta^i(t)$ 表示第 i 层电路制备工期调控模型 $\mathrm{RLM}_i(\cdot)$ 的 TD 误差; $V^i(t+1)$ 表示 $t+1$ 时刻 $\mathrm{RLM}_i(\cdot)$ 的函数值,其由 $f_c^i(\cdot)$ 估值模型计算得到。TD 误差越小,则 Critic 拟合真实的状态值函数的效果就越好;反之,TD 误差越大,则 Critic 拟合效果越差。由于对晶圆每一层电路工期进行调控的估值模型具备相同的模型结构,因此在模型中权值的更新中不再引入电路层号 i 进行标识。权值更新过程如下所示:

$$w(t) = w(t-1) + \beta \delta(t) \nabla_\theta f_c(s_t) \tag{4-38}$$

式中, $w(t)$ 为 t 时刻神经网络 $f_c(\cdot)$ 中的权值参数, $\nabla_\theta f_c(s_t)$ 为 t 时刻 TD 误差与权值的梯度, β 为学习率。

4.5.3.4　调控策略模型

在基于 Actor-Critic 的强化学习模型中,Actor 模型即晶圆工期的调控策略,其基于系统的状态数据,生成晶圆 Lot 的优先级调控指令,从而对晶圆 Lot 的单层完工时间进行调整。在调控过程中,晶圆的工期受到晶圆 Lot 传递效应与晶圆层传递效应的影响。为了在调控指令生成过程中保留晶圆工期的两种传递效应的影响,本节在 Actor 模型中引入 Bilateral LSTM 模型来生成调控指令。在晶圆制造系统中,晶圆 Lot 的优先级可取 $[0,99]$ 区间上的整数,其调控指令集中共有 100 个元素可供选择。在 Actor 模型中,对 100 个调控指令的概率进行估计,并根据概率来选取调控指令对晶圆 Lot 的工期进行调整。为了避免在 LSTM 循环神经网络中掺入高维计算,从而产生过拟合或者欠拟合等情况,本模型在 Bilateral LSTM (BL) 阶段根据系统状态参数维度、调控精度选择了低维度进行运算,并通过神经元增广层将 Bilateral LSTM 模型的输出维度调整到调控指令的维度(100 维)。在此基础上,模型根据神经元增广层的输出进行调整,引入 Softmax 层,生成该系统

状态下各调控指令的选择概率[19]。策略算法的系统模型见
式(4-39)。

$$p_t^i = f_t^{ai}(s_t^i, \mathrm{hw}_{t-1}^i, \mathrm{hl}_t^{i-1}) \tag{4-39}$$

策略神经网络的结构如图 4-15 所示,它由三部分组成,分别为
Bilateral LSTM 层、神经元增广层、Softmax 层,其中每一层的输
入/输出见式(4-40)和式(4-41)。

二维码 4-4

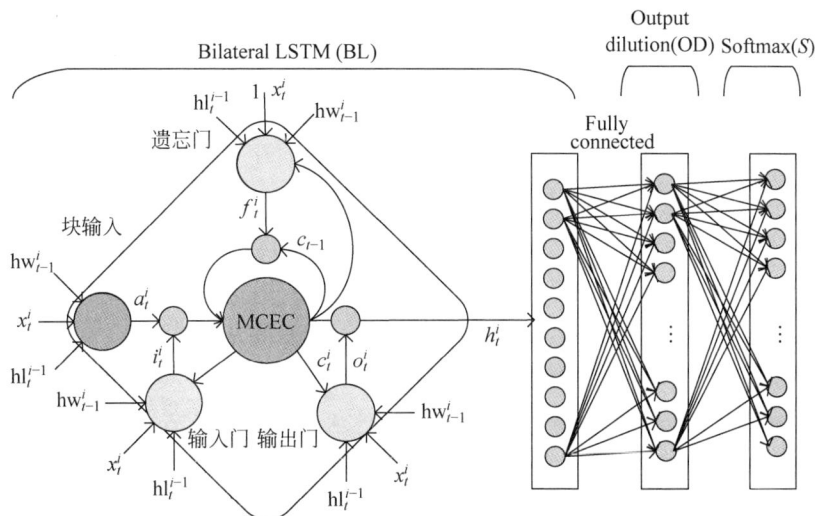

图 4-15　策略结构神经网络模型

Bilateral LSTM 层采用前文提出的双线循环神经网络,通过 hw_{t-1}^i 和 hl_t^{i-1}
描述晶圆制造系统运行过程中的晶圆传递效应与层次传递效应。其输入/输出函
数定义为

$$\boldsymbol{h}^{(\mathrm{BL})} = f_a(\boldsymbol{s}_t^i, \mathrm{hw}_{t-1}^i, \mathrm{hl}_t^{i-1}) \tag{4-40}$$

其中,$\boldsymbol{s}_t^i = (x_1, x_2, x_3, \cdots, x_n)$ 表示系统状态;$f_a(\cdot)$ 表示 Bilateral LSTM 神经
网络;hw_{t-1}^i 表示晶圆 Lot 递归流,用以传递晶圆 Lot 传递效应;hl_t^{i-1} 表示晶圆
层递归流,用以传递晶圆层传递效应。本层的输出结果 $\boldsymbol{h}^{(\mathrm{BL})} = (h_1, h_2, h_3, \cdots,$
$h_m)$,其中 m 为输出神经元的数量。

神经元增广层对 Bilateral LSTM 层的输出放大到 100 维,从而形成晶圆 Lot
优先级在[0,99]区间上各元素的概率。其输入/输出函数为

$$f_j^{(\mathrm{Od})} = f_{\mathrm{act}}(W_j^{(\mathrm{Od})} h^{(\mathrm{BL})}) = f_{\mathrm{act}}\left(\sum_{k=1}^{100} w_{jk}^{(\mathrm{Od})} h_j\right), \quad j = 1, 2, \cdots, m \tag{4-41}$$

式中,$f_{\mathrm{act}}(\cdot)$ 为 sigmoid 函数,h_j 表示 Bilateral LSTM 层的输出神经元,w_{jk} 为
连接权值矩阵。

Softmax 层用于对神经元增广层输出的结果进行进一步归一化,归一化之后
该层的输出即为对应系统状态下采用各优先级的概率。

$$f_j^{(S)} = \frac{e^{f_j^{(Od)}}}{\sum_{k=1}^{100} e^{f_k^{(Od)}}}, \quad j = 1, 2, \cdots, 100 \tag{4-42}$$

式中，e 为自然对数的底数，$f_j^{(Od)}$ 表示神经元增广层的第 j 个神经元的值。

在 Actor 模型运行过程中，根据估值模型提供的 TD 误差进行模型优化。若 TD 误差为正，表示当前策略调控效果较好，可进一步加强和巩固该策略；反之，若 TD 误差为负，则应当削弱当前策略的影响与趋势。因此在 Actor 模型中引入对数函数。若 $\delta(t) > 0$，则缩小误差 $E(t)$，可增大 $\ln f_j^{(S)}$，从而提高该动作的概率 $f_j^{(S)}$；若 $\delta(t) < 0$，则缩小误差 $E(t)$，可减小 $\ln f_j^{(S)}$，从而降低该动作的概率 $f_j^{(S)}$。由此，设计系统拟合误差函数见式(4-43)。

$$E(t) = -\ln f_j^{(S)} \delta(t) \tag{4-43}$$

式中，$f_j^{(S)}$ 为当前选择第 j 个调控动作对应的概率，$\delta(t)$ 表示 Critic 结构计算的 TD 误差。根据以上设计的系统误差，模型中权值的更新过程如下所示：

$$\theta(t) = \theta(t-1) + \alpha \, \nabla_\theta \log f_a(X_t) \delta(t) \tag{4-44}$$

式中，$\theta(t)$ 为 t 时刻的权值参数，$\nabla_\theta \log f_a(X_t)$ 为 t 时刻拟合误差与权值的梯度，α 为模型学习率。

4.5.3.5 模型训练

基于强化学习的晶圆单层工期调控方法的运行过程的伪代码见表 4-1，其具体步骤如下。

表 4-1 Actor-Critic 模型训练伪代码

模型伪代码
Initialise s, θ
Sample $p_j = f_a(X_j)$
For each step do
Evaluate reward
$r_t^i = \alpha(\hat{FT}_t^i - \widetilde{FT}_t^i) + (1-\alpha)(\hat{FT}_t^i - \hat{FT}_b^i)$
Evaluate status X_j'
Evaluate action $p_j = f_a(X_j')$
$\delta(t) = r(t+1) + \gamma V(t+1) - V(t)$
$\theta(t) = \theta(t-1) + \alpha \, \nabla_\theta \log f_a(X_t) \delta(t)$
$w(t) = w(t-1) + \beta \delta(t) \nabla_\theta f_c(X_t, p_t)$
Update status and action
End for
End function

步骤 1：根据晶圆产品的工艺确定晶圆的重入次数 l。

步骤 2：初始化模型集 $HRL = \{RLM_1, RLM_2, \cdots, RLM_l\}$，该模型集用于存储针对各层工期进行调控的最新模型 RLM_i。

步骤 3：当某一晶圆 Lot 进入某一次重入，并开始该次重入中的首道工序时，系统确定该晶圆 Lot 的序号 t 和晶圆层序号 i。

步骤 4：系统从模型集 HRL 取出针对当前晶圆层 i 的调控模型 RLM_i 用于当前晶圆 Lot 的工期调控。同时，调控模型从晶圆制造系统中获得系统状态 s_t^i、系统反馈奖赏 r_t^i。

步骤 5：调用该调控模型的策略算法 $p_t^i = f_t^{ai}(s_t^i, hw_{t-1}^i, hl_t^{i-1})$，在策略算法中晶圆递归流 hw_{t-1}^i 由当前模型来确定，其等于 $f_t^{ai}(\cdot)$ 的隐单元状态。层次递归流 hl_t^{i-1} 由负责该晶圆上一层的工期预测模型来确定，其等于 $f_t^{r,i-1}(\cdot)$ 的隐单元状态，若当前为晶圆制备中的首次重入，即 $i = 1$，则采用零向量初始化层次递归流。运行调控模型中的策略算法得到晶圆 Lot 的调控优先级 p_t^i，并反馈给晶圆制造系统，对晶圆工期进行调控。

步骤 6：调用该模型的估值算法，根据系统的状态 s_t^i 计算系统的值函数 $V(s_t^i)$，并根据系统的反馈奖赏 r_t^i 计算 TD 误差 δ。

步骤 7：模型通过 BPTT 方法进行训练，并将更新的 RLM_i 模型更新至模型集 HRL 中。若当前晶圆 Lot 已经完成所有晶圆层的制备工艺，则对该晶圆 Lot 进行数据存档；否则返回步骤 2 对该晶圆 Lot 下一层的工期进行预测。

4.6 基于大数据预测晶圆制造车间生产智能调度实例

集成电路制造业是关系国民经济和社会发展的基础性、先导性和战略性产业，正在成为我国国民经济的支柱性产业之一[20]。集成电路产业链可分为芯片设计企业（fabless）、晶圆制造代工企业（foundry）、封装测试企业（package & testing house）三个部分。其中，晶圆制造阶段的知识、技术和资金最密集，加工周期最长，是集成电路制造的核心与焦点[21]。晶圆制造采用典型的 OEM 制造类型，订单的拖期交付将会产生拖期惩罚，从而降低顾客的满意度，影响企业口碑与销售业绩。订单的提前交付会产生库存成本，占用仓储与物流资源与流动资金，降低企业的竞争力。晶圆订单的制备进程直接决定原料消耗，从而影响原料采购进程。订单的拖期完工常常伴随着加班生产，从而影响产品的良率。因此，在晶圆制造系统的调度中对晶圆工期进行精准调控，不仅可提高晶圆订单的准时交付率，而且会优化系统的原料采购、销售管理、仓储与物流管理、质量管理，具有重要的工程意义。

4.6.1 晶圆制造系统特性分析

晶圆制造系统根据设计方案完成电路在硅片上的制备，其具有系统规模大、产品种类多、工艺路线复杂、系统动态性高的特点,是典型的复杂制造系统[22-24]。

1) 生产规模大

通常一座 300mm 的量产晶圆厂由上千台设备以脊椎型布局构成几百个工作站来完成晶圆产品的制备[25]。其月产量可达几十万片,在制品数量可达几万个 Lot。晶圆 Lot 也称晶圆卡,是晶圆制造和运输的最小单位,通常包含 16~48 片晶圆,典型的晶圆 Lot 如图 4-16 所示。

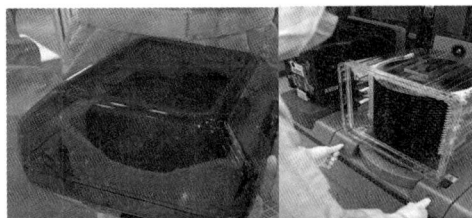

图 4-16　两种典型的晶圆卡

2) 工艺路线复杂

常见的互补型金属氧化物半导体晶体管(complementary metal-oxide-semiconductor transistor,CMOS)晶圆产品的工序数量有 200~1500 道,制造周期长达 4~15 周,且其工艺中存在多重入流,晶圆需要反复经历扩散、光刻、刻蚀、离子注入、化学气相淀积等工艺实现立体集成电路的制备。晶圆的多层立体结构如图 4-17 所示。

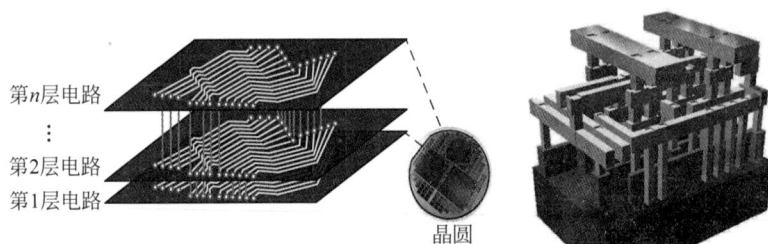

第n层电路
:
第2层电路
第1层电路

晶圆

图 4-17　晶圆的多层立体结构

3) 系统动态性高

晶圆车间环境变量中的各工位调度规则、物流系统的拥堵状况、车间的等待队列长度等动态变化,产品的投料速度、工艺类型、优先级在生产过程中实时调整,这些因素使得晶圆制造系统的在制品数量、晶圆 Lot 的完工时间也相应波动[26]。

4.6.2　晶圆制造车间智能调度案例

4.6.2.1　晶圆工期关键参数识别

本节采用晶圆制造系统中的实际数据,对提出的工期预测方法进行性能的测试。首先进行输入参数滤取实验,然后采用滤取得到的参数进行工期的预测实验。
实验数据来自于上海某 300mm 晶圆生产线,该生产线主要生产三种类型的晶圆,
三者具有完全不同的工艺路线。本节对其中一种晶圆的工期进行预测实验,该晶
圆产品的工艺路线包括 400 道含有多重入流的工序。车间拥有 400 台机器,其中
的瓶颈工作站是光刻曝光站。在晶圆工期关键参数滤取实验中,从 1202 个候选参
数中筛选得到 78 个输入参数,如表 4-2 所示。其中参数的影响力由参数滤取过程
中参数带来的测度 Obj 的增益计算而得。

表 4-2　晶圆 Lot 工期关键参数集

参数类型	参数数量	参数总影响力	参数平均影响力
Pr	1	4.39	4.39
TP	64	86.32	1.35
Load	6	9.19	1.53
Queueing	6	7.74	1.29
WIP	1	1.47	1.47

从晶圆 Lot 工期预测关键参数集,可得到如下结论。

(1) 从参数的组成上来说,有 64 道工序的加工时间入选。这说明该晶圆厂中
晶圆 Lot 的工期明显伴随 64 道工序的加工时间波动,这种情况常见于新晶圆厂的
产能爬坡阶段,工艺不成熟,加工时间波动较大,返工的晶圆也较多。这与该晶圆
生产线的实际情况是相吻合的。

(2) 有 6 台晶圆设备的等待队列时间参数入选。这说明在该晶圆的工艺路径
上,有 6 台设备前的等待队列长度和晶圆工期紧密相关。这 6 台设备分属于炉管
区设备(成批等待)和光刻区设备(车间瓶颈),这与该晶圆生产线的实际情况也是
相吻合的。

(3) Lot 优先级的平均影响力远超其他参数,说明对于单个 Lot 而言,调整其
优先级可以有效地影响晶圆 Lot 的完工时间。

进一步通过晶圆工期预测精度来评价输入参数的滤取效果。在滤取得到的
78 个关键参数的基础上,基于模糊分类方法与神经网络集成的预测方法构建
Fuzzy C-means(FCM)与增加动量项的三层 BP 神经网络集成的预测模型,对晶圆
工期进行预测。在预测实验中,将本节提出的大数据驱动方法(data-driven
approach,DDA)与采用人工经验确定的 5 个输入/输出参数(产品的优先级、车间
的在制品数量、所有设备的平均利用率、设备的平均等待队列长度、产品所有工序
的加工时间)的多元线性回归(MLR)与 Chen 提出的 FCM-BPN 方法进行预测效
果对比。以不同规模的 6 组数据进行晶圆 Lot 工期预测,预测数据与结果见表 4-3,
预测效果的测度包括平均绝对偏差和方差两部分。

表 4-3　6 个不同规模的数据集下晶圆工期预测实验结果

数据集		A	B	C	D	E	F
规模/组		50	100	500	1000	1500	2000
平均绝对偏差	MLR	333.9986	229.1996	236.325	236.2351	236.6957	236.7045
	FCM-BPN	248.9421	258.0302	254.1979	252.7561	253.9728	249.384
	DDA	258.3588	315.486	283.4263	168.4844	205.0387	199.384
方差	MLR	399.045	287.895	276.122	276.379	277.877	276.877
	FCM-BPN	302.293	296.715	306.715	305.888	300.725	298.979
	DDA	245.1221	384.4998	247.0114	162.4574	197.4442	186.0225

在工期预测实验中,DDA 方法对数据规模的变化具有明显的敏感性,在大数据集(D、E、F)下都具有明显的优势,在预测精度和稳定性上都优于采用人工经验确定输入参数的 FCM-BPN 和 MLR 方法。

晶圆工期关键参数滤取方法对候选参数与晶圆工期之间的关联关系进行度量,并对影响晶圆工期波动的关键参数进行滤取,为晶圆工期预测与调控方法提供输入参数。晶圆工期关键参数滤取过程分析如下。

(1) 晶圆工期候选参数关联分析。通过基于信息熵的关联关系分析方法,分析参数与工期之间的相关性、参数与参数之间的冗余性与互补性,实现关键参数的分析,关联分析界面如图 4-18 所示。

(2) 晶圆工期关键参数滤取。基于关联关系的分析结果,实现晶圆工期参数过滤算法,对影响晶圆工期的关键参数进行滤取,滤取界面如图 4-18 所示。

4.6.2.2　晶圆单层工期预测过程

本节根据上海某晶圆厂的三种晶圆产品(a、b 和 c)的实际工艺数据和设备配置信息,构建晶圆制造系统的仿真模型,以固定的投料速度进行均匀投料,获取三种晶圆的工期数据进行预测实验。在 Bilateral LSTM 模型中三个控制门状态向量的长度和记忆存储单元的维度和数据特性与问题规模紧密相关。在 Bilateral LSTM 模型中,输入门、输出门和遗忘门的状态向量的长度应当相等以维持模型的一致性。因此,本节设计先导实验,对控制门状态向量的长度和 MCEC 结构的维度进行优化。实验结果(见图 4-19)表明,在控制门状态向量长度为 8、MCEC 结构维度为 5 时,Bilateral LSTM 模型具有较好的预测效果。

针对三种不同的晶圆,本节采用各 300 个晶圆卡的各层工期数据进行工期预测实验,其中 a 种晶圆共有 20 次重入工艺,包含 20 层工期预测数据;b 种晶圆共有 17 次重入工艺,包含 17 层工期预测数据;c 种晶圆共有 27 次重入工艺,包含 27 层工期预测数据。在工期预测过程中,以 Sha[27],Tirkel[28] 和 Wang[6] 三人的方法(图 4-20 中标为 ShaM,TirkelM,WangM)作为参照组,与本节提出的 Bilateral LSTM 模型进行工期预测效果对比。在预测过程中,本节采用 80% 的数据作为训

图 4-18 晶圆工期关键参数滤取界面

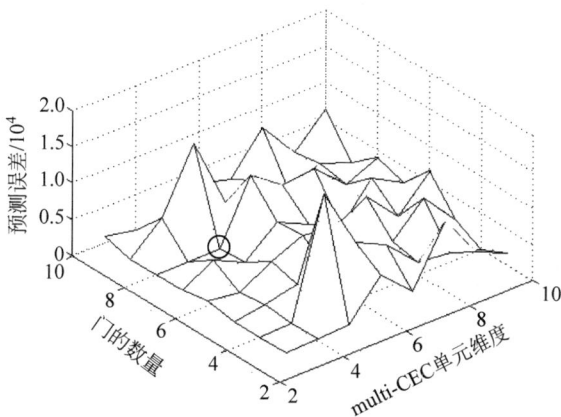

图 4-19 模型超参数优选实验

练集,20%的数据作为验证集,并以验证集的预测效果进行分析。

在对 Bilateral LSTM 预测模型进行训练的基础上,采用验证数据对晶圆单层工期的预测效果进行分析。晶圆单层工期预测的平均相对误差(mean relative error,MRE)如图 4-20 所示。实验结果表明,Bilateral LSTM 方法的平均相对误差要全面优于 ShaM、TirkelM 和 WangM 方法。在晶圆单层工期的预测中,三种对照方法的平均相对误差波动较大,其中 WangM 在晶圆 b 的第 2 层工期预测中,MRE 达到 1.62,而在该类晶圆的第 13 层工期预测中,MRE 达到 0.24。而本节设计的 Bilateral LSTM 则在各层晶圆的工期预测中具有相对稳定的平均相对误差。

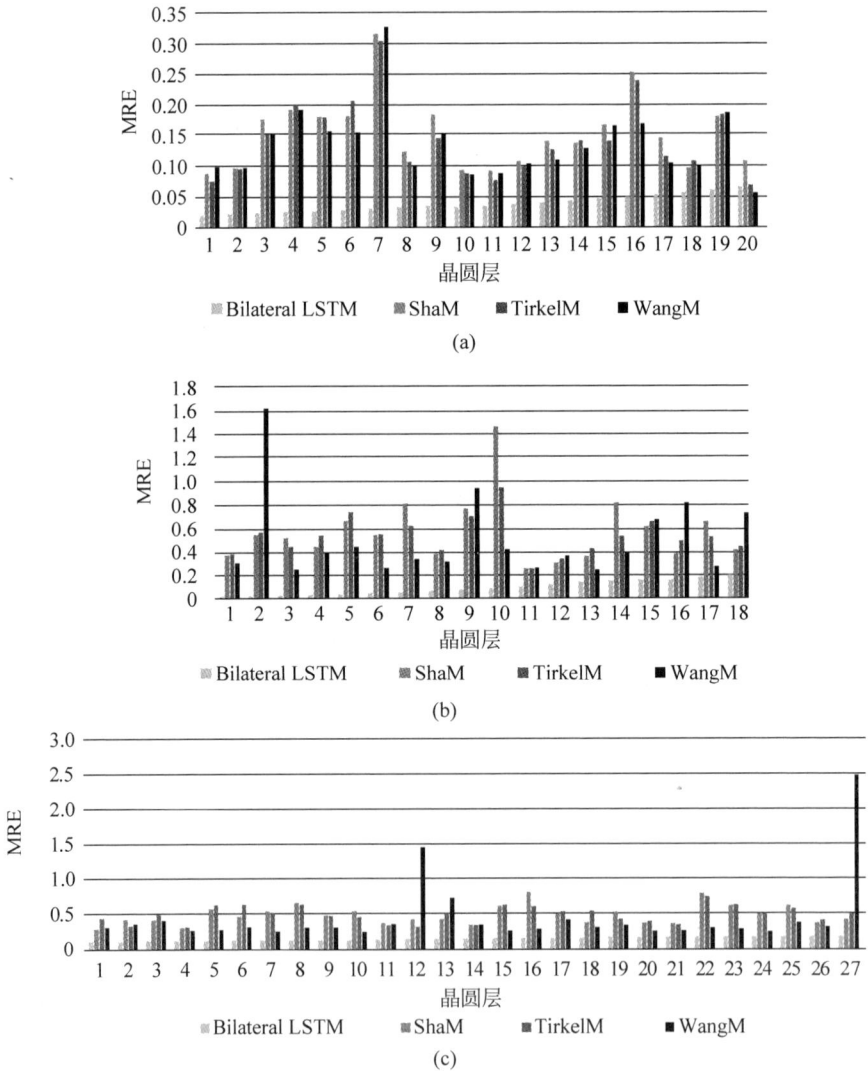

图 4-20　Bilateral LSTM、ShaM、TirkelM 和 WangM 方法进行单层工期预测的精度分析

(a)晶圆 a 的单层工期预测 MRE;(b)晶圆 b 的单层工期预测 MRE;(c)晶圆 c 的单层工期预测 MRE

在预测结果相对误差的标准差（standard deviation of the relative error, SDRE）方面，Bilateral LSTM 也具备优异的预测性能。如图 4-21 所示，Bilateral LSTM 对于三种晶圆单层工期预测的 SDRE 指标要全面优于三种参照方法。在晶圆 c 的工期预测中，Bilateral LSTM 在所有的 27 层工期预测中都具有较小的 SDRE 值，远远优于 ShaM、TirkelM 和 WangM 方法。

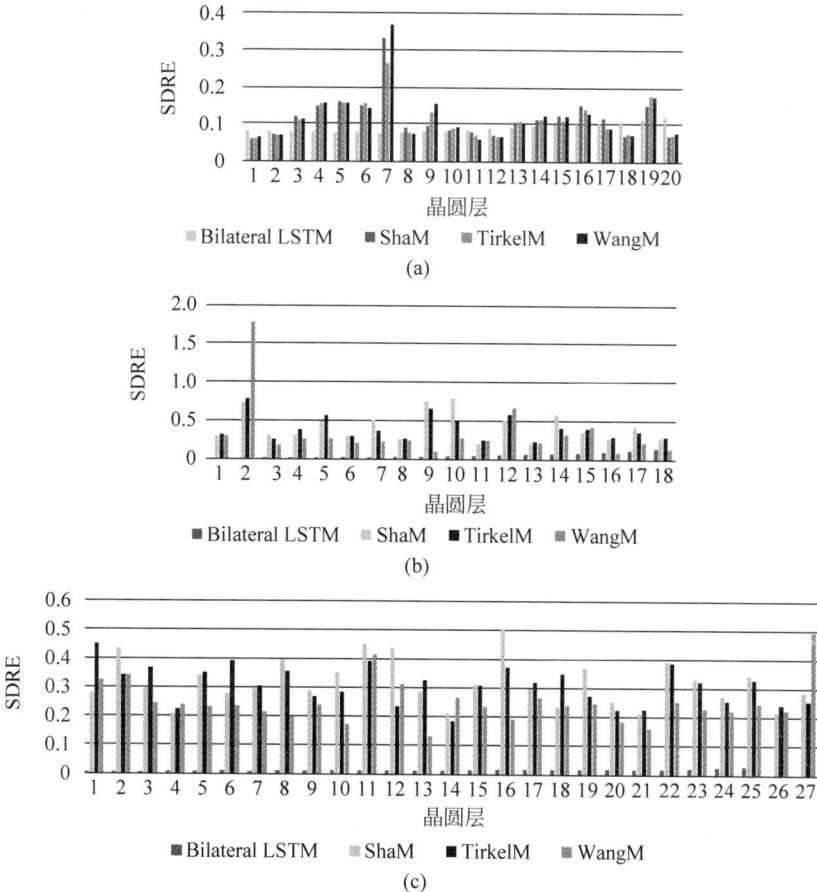

图 4-21　Bilateral LSTM、ShaM、TirkelM 和 WangM 方法进行单层工期预测的稳定性分析
（a）晶圆 a 的单层工期预测 SDRE；（b）晶圆 b 的单层工期预测 SDRE；（c）晶圆 c 的单层工期预测 SDRE

将 Bilateral LSTM 与 ShaM、TirkelM 和 WangM 等工期预测方法进行对比可知，具备二维结构和多维度记忆存储单元的 Bilateral LSTM 展现了极其优异的预测性能，其在绝大多数晶圆层的工期预测中在精度和稳定性方面都优于三种对比算法。为了探究模型结构对于预测性能的影响，本节进一步将 Bilateral LSTM 与 LSTM-MCEC 和 2D-LSTM 模型进行预测性能对比。其中 LSTM-MCEC 模型指带单个递归流，多维度 CEC 单元的 LSTM 循环神经网络模型；2D-LSTM 指带两个递归流，单维度 CEC 单元的循环神经网络模型。三种模型的晶圆工期预测结果

如图 4-22 所示。在工期预测的平均相对误差方面，Bilateral LSTM 在晶圆 a 的 19 层、晶圆 b 的 11 层、晶圆 c 的 5 层工期预测中优于 LSTM-MCEC 模型，这说明双递归流形成的二维网络结构能够带来预测性能的提升。

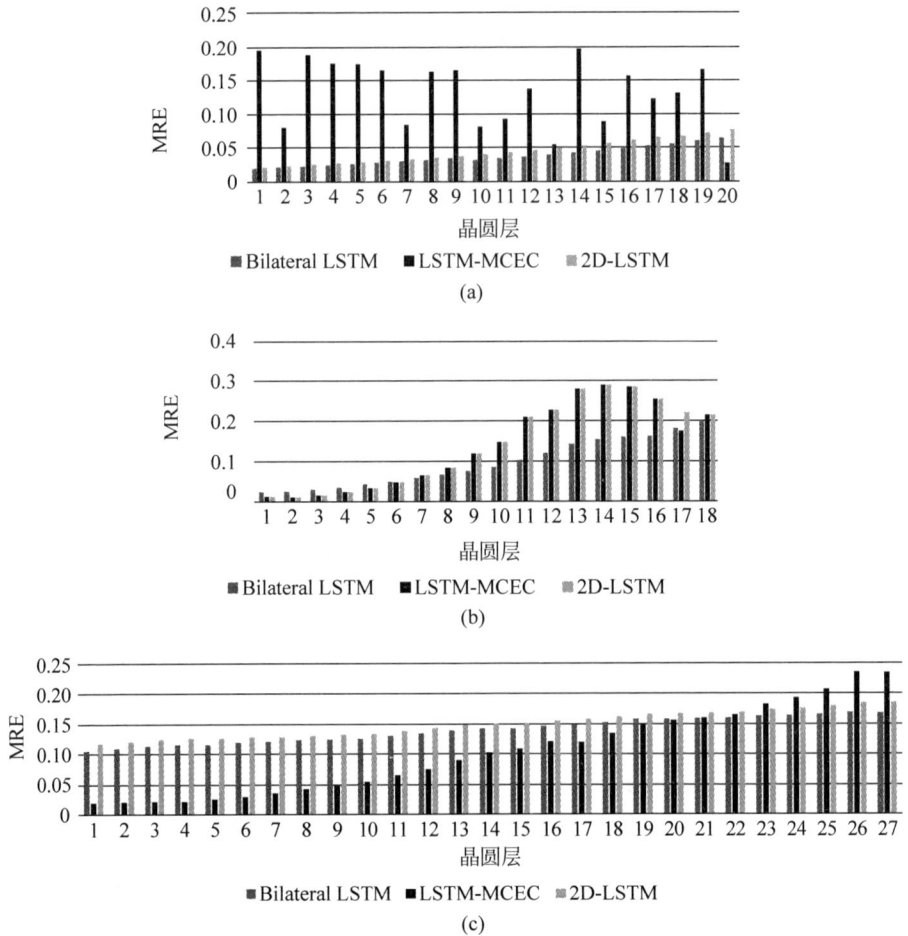

图 4-22　Bilateral LSTM、LSTM-MCEC 和 2D-LSTM 方法进行单层工期预测的精度分析
（a）晶圆 a 的单层工期预测 MRE；（b）晶圆 b 的单层工期预测 MRE；（c）晶圆 c 的单层工期预测 MRE

LSTM 模型中传递的关联关系存储在记忆单元 CEC 中，为探究多维度 CEC 单元对于预测性能的影响，本节将 Bilateral LSTM 与 2D-LSTM 模型进行预测性能对比。如图 4-23 所示，在晶圆 a 和 b 的各 15 层、晶圆 c 的 27 层工期预测中，Bilateral LSTM 在 SDRE 性能上优于 2D-LSTM 模型。这意味着带有 MCEC 结构的 Bilateral LSTM 在预测的稳定性上要优于 2D-LSTM 模型。

晶圆单层工期预测过程包括工期预测概览、工期预测与结果发布两部分（系统界面如图 4-24 所示），晶圆工期的具体预测步骤如下。

（1）工期预测概览。利用该界面可对各晶圆 Lot 每一层的工期数据进行概

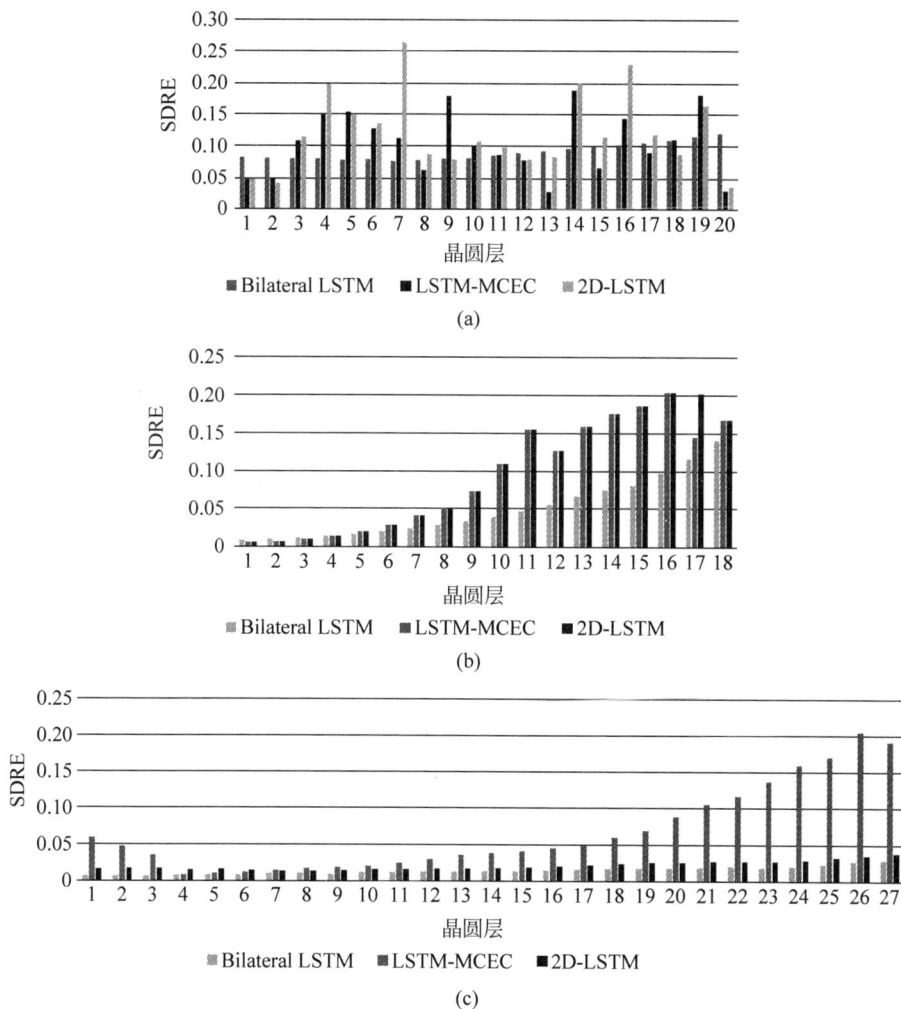

图 4-23　Bilateral LSTM、LSTM-MCEC 和 2D-LSTM 方法进行单层工期预测的稳定性分析
（a）晶圆 a 的单层工期预测 SDRE；（b）晶圆 b 的单层工期预测 SDRE；（c）晶圆 c 的单层工期预测 SDRE

览，晶圆的工期数据包括工期预测时的系统状态参数、预测完工时间、实际完工时间。

（2）晶圆工期预测与结果发布。利用该界面可以实现工期预测需求的接收，并对预测算法进行调用，然后对预测的结果进行存储与反馈。

4.6.2.3　晶圆工期逐层调控过程

本节以上海某晶圆厂的 300mm 加工线（H 车间）为案例对象，对大数据驱动的晶圆智能调度方法进行示例性验证。H 车间共有 22 个工作区，包括加工设备 754 台，构成 400 个工作站位。其自动化物流系统采用 50 台小车联通 22 个工作

图 4-24　晶圆单层工期预测界面

区，以实现系统内物料配送。H 车间的在制品数量约达到 8000 个 Lot，在制晶圆片 20 万片左右。根据实际情况，简化晶圆产品名称，即晶圆制造系统共有 a、b、c 三种产品的晶圆产品，电路层数分别为 20 层、18 层与 27 层。

　　将 2017 年 4—8 月中 H 车间与利用本节提出的 RL 方法产出晶圆的准时完工情况进行对比，数据如图 4-25 所示。图中的完工时间平均偏差 md 计算方式见式(4-45)，其中 S 表示该周产出的晶圆 Lot 集合，$|S|$ 表示集合 S 中晶圆 Lot 的数量，$\mathrm{F\widehat{T}}_t$ 表示晶圆 Lot t 的实际完工时间，$\mathrm{F\widetilde{T}}_t$ 表示晶圆 Lot t 根据交货期计算得

到的预期完工时间。

$$md = \frac{1}{|S|}\sum_{t \in S}|F\hat{T}_t - F\widetilde{T}_t| \qquad (4\text{-}45)$$

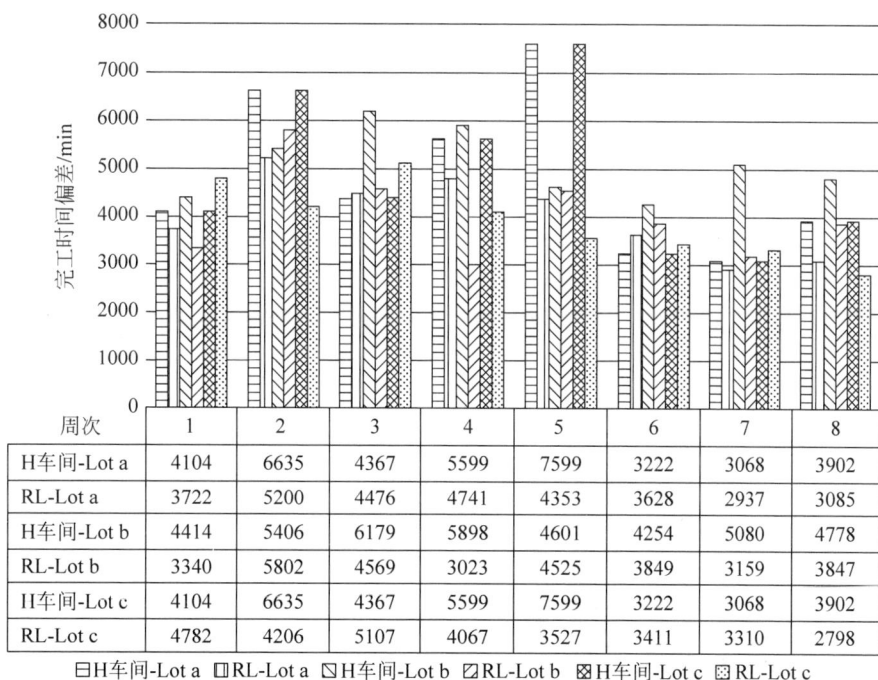

周次	1	2	3	4	5	6	7	8
H车间-Lot a	4104	6635	4367	5599	7599	3222	3068	3902
RL-Lot a	3722	5200	4476	4741	4353	3628	2937	3085
H车间-Lot b	4414	5406	6179	5898	4601	4254	5080	4778
RL-Lot b	3340	5802	4569	3023	4525	3849	3159	3847
H车间-Lot c	4104	6635	4367	5599	7599	3222	3068	3902
RL-Lot c	4782	4206	5107	4067	3527	3411	3310	2798

图 4-25　晶圆工期调控效果实例验证

由图 4-25 可知,H 车间在 2017 年 4—8 月期间产出的晶圆 Lot 的平均偏差为 4900min,而在本节的 RL 方法的调控下为 4016min,相较于 H 车间改善了 18%。具体到每一类晶圆 Lot 来看,在晶圆 Lot a 的生产中,在 RL 方法调控下的第 7 周取得最高的准时交付率,其完工时间平均偏差仅达 2937min。在晶圆 Lot b 的生产中,H 车间中的晶圆 Lot 完工时间平均偏差为 5076min;而在 RL 方法的调控下,其完工时间平均偏差为 4014min,低于 H 车间 21%。在晶圆 Lot c 的生产中,H 车间有 6 周的完工时间平均偏差 md 高于 RL 方法所调控的仿真系统,表明 RL 方法在 4—8 月中的 6 周具有较好的晶圆准时完工率。由以上的分析可知,本节所提出的 RL 工期调控算法可对晶圆工期进行调控,有效提高晶圆 Lot 的准时完工水平。

晶圆工期逐层调控过程包括工期调控概览、工期调控数据存储与载入、工期逐层调控三部分(见图 4-26),具体调控步骤如下。

(1) 晶圆工期调控概览。该界面可以针对在产的各晶圆各电路层的工期数据进行概览,其包括工期调控时的期望完工时间、实际完工时间、调控参数。

(2) 晶圆工期调控与结果发布。利用该界面可以实现晶圆调控需求的接收、工期调控数据存储与载入,调控模型的调用与调控指令下发。

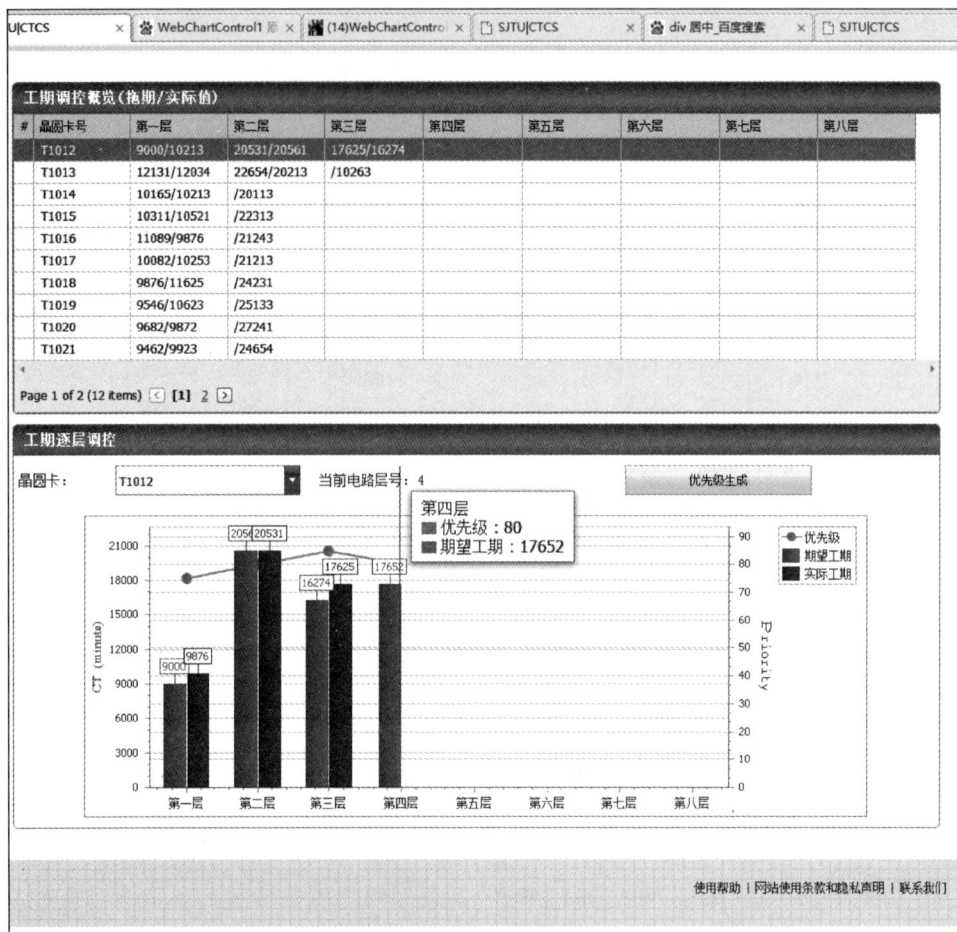

图 4-26　晶圆工期逐层调控界面

参考文献

[1]　JOHNSON S. Optimal two-and-three stage production schedules with setup time include [J]. Naval research logistics quarterly,1954,1：61-68.

[2]　GRAVES S C. A review of production scheduling[J]. Operations research,1981,29(4)：646-675.

[3]　MICHDEL L. Scheduling：theory,algorithms, and systems[M]. Prentice-Hall,2016.

[4]　YAMAMOTO M，NOF S Y. Scheduling/rescheduling in the manufacturing operation system environment [J]. International journal of production research，1985，23（5）：705-722.

[5]　杨俊刚,张洁. 基于多示例学习径向基函数神经网络的刻蚀设备异常侦测[J]. 上海交通大学学报，2016,50(12)：1816-1822.

［6］　WANG J，ZHANG J. Big data analytics for forecasting cycle time in semiconductor wafer fabrication system［J］. International journal of production research，2016，54（23）：7231-7244.

［7］　王海涛. 基于离散事件的排故过程建模与仿真方法研究［D］.天津：中国民航大学,2017.

［8］　赵琴. 排队论在车间调度中的研究与应用［D］.兰州：兰州理工大学,2013.

［9］　梁丽娟. 基于排队网络的虚拟单元构建与调度问题研究［D］.镇江：江苏科技大学,2016.

［10］　展勇. 柔性开放车间调度算法研究［D］.哈尔滨：哈尔滨工程大学,2011.

［11］　LE X，WANG J. Robust pole assignment for synthesizing feedback control systems using recurrent neural networks［J］. IEEE transactions on neural networks & learning systems，2014,25(2)：383-393.

［12］　GREFF K，SRIVASTAVA R K，KOUTNIK J，et al. LSTM：a search space odyssey［J］. IEEE transactions on neural networks and learning systems，2017,28(10)：2222-2232.

［13］　MARTENS J，SUTSKEVER I. Learning recurrent neural networks with hessian-free optimization［C］. International Conference on Machine Learning. Omnipress，2011.

［14］　HOCHREITER S，SCHMIDHUBER J. Long short-term memory［J］. Neural computation，1997,9(8)：1735-1780.

［15］　GRAVES A，LIWICKI M，FERNÁNDEZ S，et al. A novel connectionist system for unconstrained handwriting recognition［J］. IEEE transactions on pattern analysis and machine intelligence，2008,31(5)：855-868.

［16］　CHANG P C，LIAO T W. Combining SOM and fuzzy rule base for flow time prediction in semiconductor manufacturing factory［J］. Applied soft computing，2006,6(2)：198-206.

［17］　CHEN T. Estimating job cycle time in a wafer fabrication factory：A novel and effective approach based on post-classification［J］. Applied soft computing，2016,40(3)：558-568.

［18］　WEI C，ZHANG Z，QIAO W，et al. An adaptive network-based reinforcement learning method for MPPT control of PMSG wind energy conversion systems［J］. IEEE transactions on power electronics，2016,31(11)：7837-7848.

［19］　WANG J，ZHANG J，WANG X. Bilateral LSTM：A two-dimensional long short-term memory model with multiply memory units for short-term cycle time forecasting in re-entrant manufacturing systems［J］. IEEE transactions on industrial informatics，2018,14(2)：748-758.

［20］　张洁,秦威,吴立辉. 晶圆制造自动化物料运输系统调度［M］. 武汉：华中科技大学出版社,2015.

［21］　魏少军. 2017 年中国集成电路产业现状分析［J］. 集成电路应用，2017,34(4)：6-11.

［22］　MONCH L，UZSOY R，FOWLER J W，et al. A survey of semiconductor supply chain models part I：semiconductor supply chains，strategic network design，and supply chain simulation［J］. International journal of production research，2018，56(13)：4524-4545.

［23］　UZSOY R，FOWLER J W，MONCH L，et al. A survey of semiconductor supply chain models part II：demand planning，inventory management，and capacity planning［J］. International journal of production research，2018，56(13)：4546-4564.

［24］　MONCH L，UZSOY R，FOWLER J W，et al. A survey of semiconductor supply chain models part III：master planning，production planning，and demand fulfilment［J］. International journal of production research，2018，56(13)：4565-4584.

［25］ CHIDAMBARAM P R,BOWEN C,CHAKRAVARTHI S,et al. Fundamentals of silicon material properties for successful exploitation of strain engineering in modern CMOS manufacturing［J］. IEEE transactions on electron devices，2006，53(5)：944-964.

［26］ ZHANG C,BARD J F,CHACON R. Controlling work in process during semiconductor assembly and test operations［J］. International journal of production research，2017，55(24)：7251-7275.

［27］ SHA D Y,STORCH R L,LIU C H. Development of a regression-based method with case-based tuning to solve the due date assignment problem［J］. International journal of production research，2007，45(1)：65-82.

［28］ TIRKEL I. Forecasting flow time in semiconductor manufacturing using knowledge discovery in databases［J］. International journal of production research，2013，51(18)：5536-5548.

第 5 章

基于大数据集成的物料运输系统调度

制造业是一个国家的基础和支柱行业,这个行业决定着一个国家工业发展的整体水平。在整个制造系统中,从收料与储存、制造与装配到包装与运送,每一个环节都要进行搬运工作。有资料表明,物料搬运成本占生产总成本的 13%～30%,不同的产业有不同的比例。随着工业自动化的发展,以及当今网络物流运输行业的兴起,物料运输在流水化生产线和产品运输、分拣过程中成为一个重要的环节。自动化物料运输系统逐渐成为制造系统中必不可少的重要组成部分,主要由于以下原因。

(1) 搬运大尺寸和大容量物料的需求。在制造系统中,部分物料重量过大,传统的人工搬运的方式容易导致工人重复性搬运压力损伤,且容易引起物料跌落、破损等情况发生。而采用自动化物料运输系统可以大大降低车间操作人员的劳动强度,提高物料搬运的安全性。

(2) 洁净加工环境的需要。部分产品的加工(如晶圆)需要在高洁净的微环境中进行,操作人员频繁的物料搬运产生的微尘容易引起在制品的污染,导致产品良率的降低。而自动化物料运输系统可大大减少车间的物料运输人员数量,提高加工车间的洁净度等级。

(3) 提高设备利用率和缩短生产周期的需要。传统的人工搬运物料方式效率较低,由于设备等待物料人工搬运而处于闲置的时间,通常会导致加工设备利用率减少 10%～20%。而自动化物料运输系统可以有效地缩短物料搬运导致的设备等待时间和物料搬运时间,从而提高设备利用率,缩短产品的生产周期。

随着市场竞争的加剧,制造企业面临提高生产效率和降低生产成本的巨大压力。制造车间物料运输系统的调度方法和技术的研究与应用,可以达到提高物料运输效率和缩短加工周期的目标。传统的物料运输系统调度方法越来越难以适应日益复杂的调度问题和动态变化的调度环境,大数据技术的出现为物料运输系统的调度提供了新的思路。因此,本章介绍基于大数据集成的物料运输系统调度方法。

5.1 物料运输系统调度业务

5.1.1 物料运输系统调度业务的内容

自动化物料运输系统主要由物料存储仓库、运输导轨和物料运输小车等部分组成。物料存储仓库是用于存放在制品的存储系统。运输导轨用于连接各存储仓库和加工设备,为运输小车提供运行轨道。物料运输小车用于搬运物料,常用的运输小车包括高空提升传输车(overhead hoist transport,OHT)、高空穿梭车(overhead shuttle,OHS)、轨道导航车(rail guided vehicle,RGV)、自动导航车(automated guided vehicle,AGV)和传送带系统。其中 AGV 作为一种柔性化和智能化物料运输机器人,在目前的制造业中得到了广泛的应用。根据小车自动行驶过程中的导航方式将 AGV 分为电磁感应引导式 AGV、激光引导式 AGV、视觉引导式 AGV、铁磁陀螺惯性引导式 AGV 和光学引导式 AGV 等类型。

自动化物料运输系统主要通过运输小车完成在制品在不同加工设备或存储设备之间的运输任务。根据搬运请求的不同,自动化物料运输系统中在制品的运输过程有以下 4 种情况:①从工位搬运至存储仓库;②从存储仓库搬运至工位;③从存储仓库搬运至另一个存储仓库;④从一个工位直接搬运至另一个工位。

由于制造车间中在制品众多,为了完成这些物料的搬运任务,物料运输系统需要频繁地为小车指派搬运任务。此外,在物料运输系统中,运输导轨包括回转盘和运输捷径导轨等,导轨路径复杂。为了尽可能地减少堵塞和冲突事件的发生,调度系统还需对小车的运输路径进行合理的规划。因此,自动化物料运输系统的调度问题包括两个部分:小车的运输任务指派(派工)和运输路径规划。因此,自动化物料运输系统的调度问题是指根据运输请求及系统状态对小车进行调度。其中,小车的运输任务指派是指为小车指派搬运任务,并合理地安排搬运顺序。小车的运输路径规划是指确定小车从所在位置移动到装货点(缓冲区、工位等)的路径以及从装货点到卸货点的路径,与此同时,要尽可能地避免冲突和死锁,并且该路径对于指派目标是最优的或者近优的。二者的共同目标是使在制品处于物料运输系统中的时间最短,即最小化在制品在加工工位之间转移时的等待时间和搬运时间。

5.1.2　物料运输系统调度问题的特点

根据物料运输系统的调度方式,物料运输系统分为离线调度系统和在线调度系统。在离线调度系统中,所有的搬运请求都是已知的,调度过程将对小车完成搬运请求的顺序及运输路径同时进行优化,调度目标是使总的运输时间最短或者使小车的数量最少。在线调度系统中,由于工件随机到达,小车的搬运时间、装载时间和卸载时间的波动,以及小车或者机器发生故障等原因,实际的生产环境往往是动态变化的,因此调度策略必须及时进行调整。

具体来说,物料运输系统调度问题具有以下显著特点。

(1) 运输任务的大规模性。在现代复杂制造系统中,加工设备通常有数百台,每个工件通常具有几十到数百道加工工序,每个工件完成所有工序需要被搬运的总距离可达数十千米,物料运输规模十分庞大。

(2) 运输过程的不确定性。由于物料运输系统有多台运输小车对多个在制品工件同时进行搬运,工件运输请求又是随机到达的,运输小车在执行物料运输任务时会出现临时性堵塞和死锁等现象,将极大地影响制造系统的正常运行。

(3)运输指标的多样性。在物料运输系统中,需要考虑的指标包括平均等待时间、工件平均派送时间、运输小车平均利用率以及系统产出量、工件平均生产周期、工件平均交货期满意率和关键设备利用率等。

5.2　物料运输系统调度数据资源

5.2.1　物料运输调度数据来源

5.2.1.1　物料运输系统的数据来源种类

SAP 物料主数据是指某一个物料编码对应的所有物料信息,物料主数据视图众多,涉及 MM/PP/SD/FICO 等模块。物料主数据视图是 SAP 系统中集成度最高,也是最难定义的,在定义不同的视图时,涉及的组织结构不一样,例如:无组织结构、工厂、销售组织、分销渠道、存储地点等。

自动化物料运输系统主要由物料存储仓库、运输导轨和物料运输小车组成,而运输路径的路径规划问题与运输小车的运输任务指派问题是物料运输系统调度的主要优化对象。因此在物料运输系统中,参与运输的物体(如小车、托盘、物料等)会产生实时的状态数据。

近年来,随着工业无线网络技术如蓝牙技术(bluetooth)与自动识别技术如 RFID、二维码识别技术(QR droid)在制造企业的大量应用,海量实时、多源的制造数据得以采集与利用。物料运输系统的数据来源种类如图 5-1 所示。

二维码 5-1

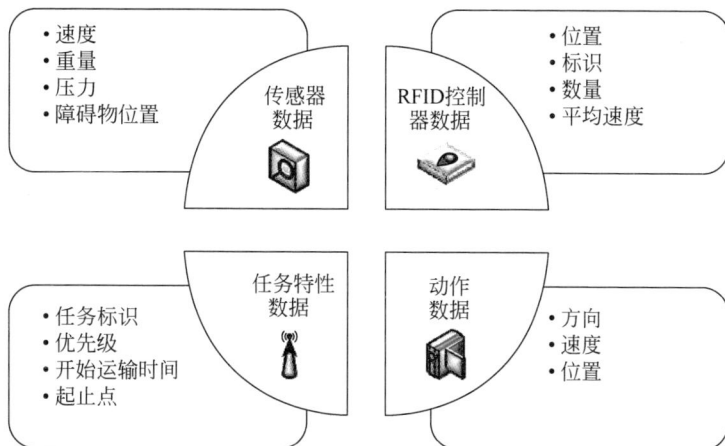

图 5-1　物料运输系统的主要数据来源

5.2.1.2　海量结构化数据实时存储架构

物料运输系统的实时性需求对数据存储的加载效率、存储效率与检索效率提出了较高的要求。由于物料运输系统在空间上分布较广，采用分布式存储方式是物料运输系统数据存储的必然选择。因此，如何在分布式存储的条件下提高数据加载与检索效率是物料运输系统数据存储方案的首要目标。目前主要的解决思路是利用多机协同的分布式存储环境提高系统处理效率[1]。物料运输系统的分布式数据存储系统（massive data storage system，MDSS）架构如图 5-2 所示。系统包含 5 个部分：数据采集单元、加载机节点集群、元数据节点集群、查询机节点集群以及存储节点集群。系统各部分的作用如下。

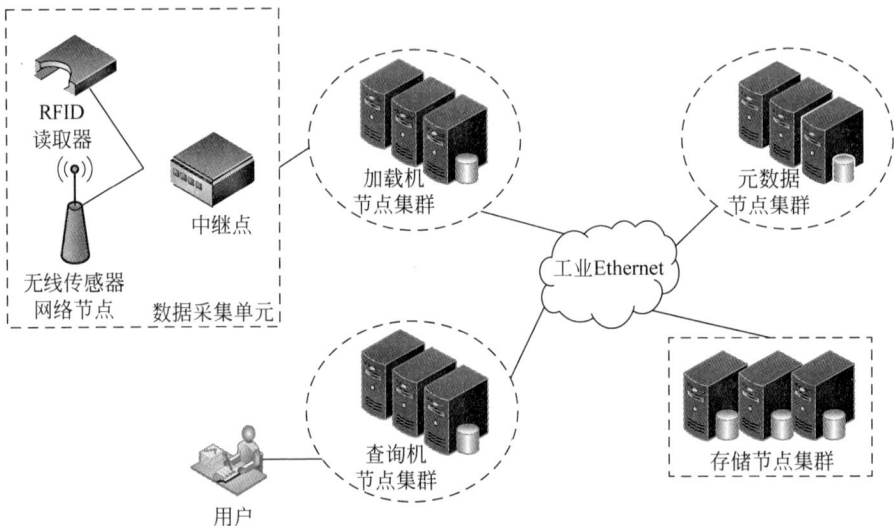

图 5-2　物料运输系统 MDSS 的架构

数据采集单元：针对物料运输系统数据采集设备空间分布较为分散的特点，以数据采集单元对空间上较近和业务上联系较高的设备采集到的数据进行一次汇总，经由中继点集成后送入加载机节点集群。通过中继点处理可以有效降低数据冗余性和异构性。

加载机节点集群：是整个系统的数据加载端。以进程为单位，在多台设备上同时建立多个并发加载客户端，通过并发加载提高系统整体加载效率。在 MDSS 中，加载机节点集群同时缓存近期入库的数据，经过固定的时间周期，把缓存数据通过千兆 Ethernet 写到数据存储管理装置中。

查询机节点集群：物料管理人员或 Agent 在查询机上发出查询指令建立查询规划，查询机根据元数据节点集群保存的元数据信息，向存储节点分发查询任务，最后汇总多个存储节点返回的查询结果，提交给用户。

存储节点集群：用于持久存储长期保存的历史数据。将数据源进行分块存储,通常将一次或几次从加载机刷新到集群中的数据作为数据分块单位。

元数据节点集群:用来协调整个集群的工作,保存整个系统工作所需的元数据信息。元数据节点集群存储的元数据包括:数据节点状态信息;索引分片具体的存储位置信息;表空间元数据;每个表空间内的一些辅助信息以及系统日志等。MDSS 系统主要支持分布式的数据存储和检索。

5.2.2　物料运输数据多维度组织形式

在物料运输系统中,无处不在且形式各异的智能物件与环境发生交互,产生了大量的实时数据,共同反映了物料运输系统的实时状态。然而,在采集这些实时数据时由于传感器等智能感知设备在时序上与空间上的差异性,使得数据所反映出的信息具有时间与空间上的分散性。为了对实时数据进行充分利用,挖掘其中丰富且潜在的宝贵信息,首要的一步是对这些数据进行规范化组织。本节以物料运输系统中的 RFID 数据为例,提出 RFID 数据多维立方体模型,以实现物料运输数据的多维度组织[2]。

在物料运输系统中采集的 RFID 原始数据可以定义为 $D = \{D_i = \langle \text{Operator}_i^{\text{EPC}},$ $\text{Batch}_i^{\text{EPC}}, \text{Location}_i^{\text{EPC}}, \text{BehaviorID}, T_i \rangle\}$,其中,$\text{Operator}_i^{\text{EPC}}$ 代表物料运输小车的电子信息号码(electronic product code,EPC),每一个 EPC 表征一条状态记录。$\text{Batch}_i^{\text{EPC}}$ 代表运输任务批号 EPC。$\text{Location}_i^{\text{EPC}}$ 代表运输途中所经过的 RFID 扫描器所在的位置 EPC。BehaviorID 是记录时发生的事件编号,例如上料、小车停靠和卸料等。T_i 代表了记录产生时的时间戳。以一条数据记录为例,记录 $D_i = \langle 120013\text{E}49\text{D}, 1\,500\text{C}0268\text{E}, 2\text{E}0067\text{A}2\text{F}4, 0206, 2008\text{-}08\text{-}0916\text{:}25 \rangle$ 中,$\text{Location}_i^{\text{EPC}} = 2\text{E}0067\text{A}2\text{F}4$ 表示在缓冲区 10520 处发生了小车停靠的操作,其位置 EPC 在数据库内对应的记录如图 5-3 所示。

$\text{Location}_i^{\text{EPC}}$	LocaAdd	BehaviorID	Type
2E0067A2F4	10520	0206	0

0: 缓冲区
1: 机器

图 5-3　RFID 位置 EPC 数据对应数据库记录

原始 RFID 数据记录之间存在较强的联系,例如图 5-3 中所示的位置记录中,还具有 BehaviorID 这一外键,对应数据库内对象行为表中的另一条记录。为了便于表达这种复杂的数据关系,采用数据立方体的形式对数据进行组织。图 5-4 展示了 RFID 数据立方体模型,包含三个关键维度——RFID 数据维、关键特征维与操作维。RFID 数据维(x 轴)包含了一条 RFID 数据的 5 个元素。关键特征维(z 轴)表征了每一个 RFID 元素的 EPC 或 ID 所对应的数据库内的详细内容。操作维则对应了一次 RFID 操作,对应产生一条 RFID 记录,这些记录按照产生时间顺序排列,形成链式结构,最终组成表征整个运输过程的数据立方体。

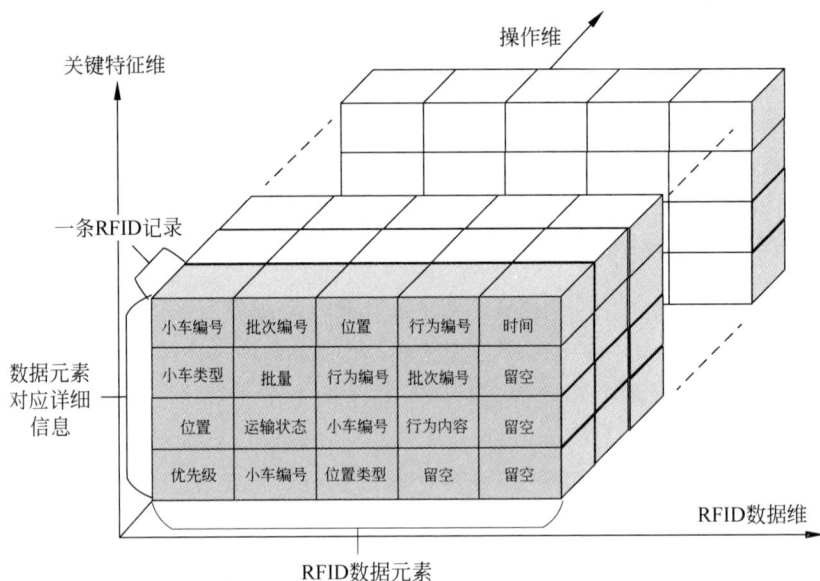

图 5-4　候选运输任务数据矩阵

5.3　大数据集成的物料运输系统调度方法体系

在基于大数据集成的物料运输系统调度方法中,所有待搬运工件形成搬运任务集,当运输小车出现空闲时,会将自己的状态和运输请求发送至调度中心,调度中心根据工件和小车的实时状态信息,将最优的任务分配给最优的运输小车。在以上调度方法中,每次调度活动只有一个最优运输任务分配给发送请求的运输小车;当运输小车完成搬运任务后,会再次发送小车的状态信息和当前位置信息,直至所有搬运任务完成。这种方法的优点是:在任何时刻,每辆小车总能分配到最优的搬运任务,问题的复杂度会非常稳定;由于任务分配是由实时数据驱动的,因此运输计划与实际执行结果的偏差相对于传统的调度方法要小很多。

大数据集成的物料运输系统调度方法体系如图 5-5 所示,主要包括 3 个模块:①物料运输系统状态感知模块;②基于大数据集成的物料运输系统状态分析模块;③物料运输任务调度优化模块。其中,物料运输任务调度优化模块根据任务的优先级、小车的最大负载和体积制定最优的分配方案和运输路线;基于大数据集成的物料运输系统状态分析模块主要进行物料运输系统的状态数据集成和分析;物料运输系统状态感知模块主要完成工件、小车数据的采集和运输系统状态感知的任务。

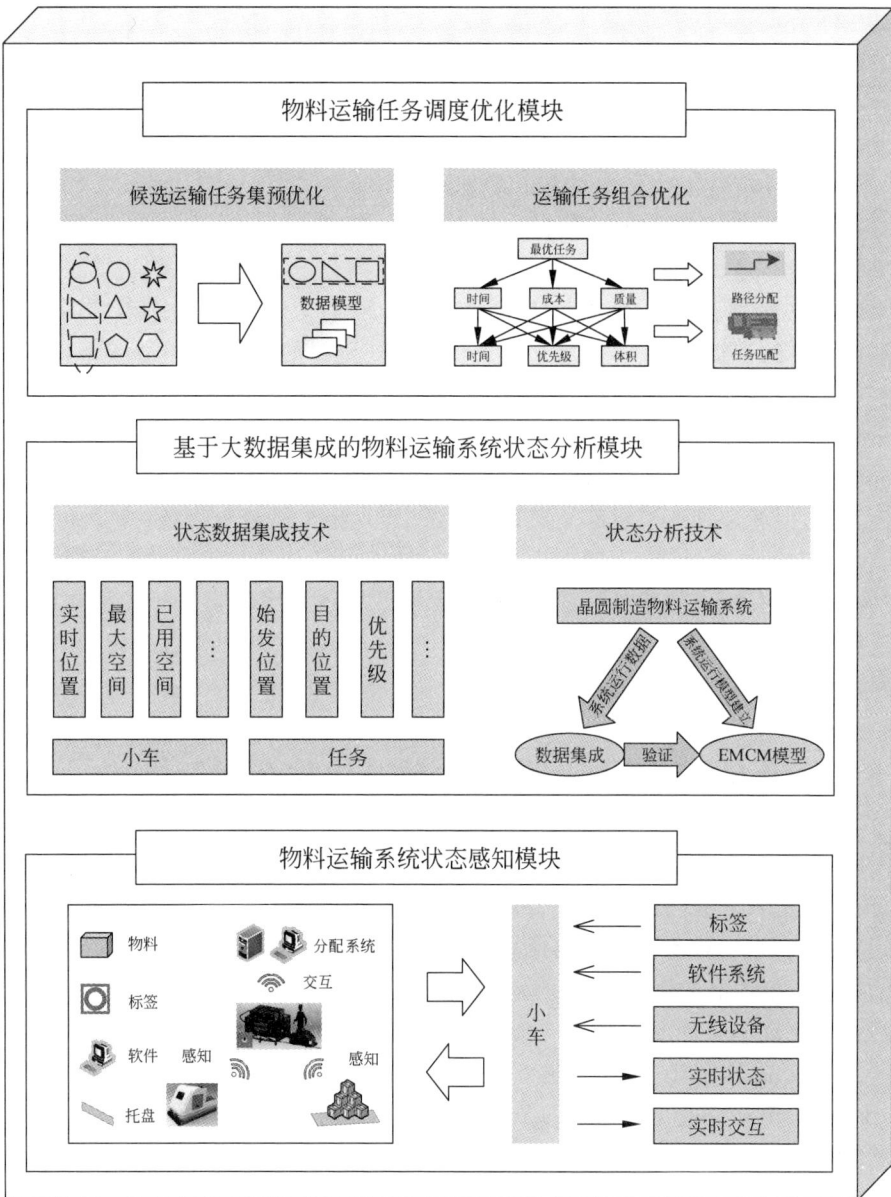

图 5-5　大数据集成的物料运输系统调度方法体系

5.4　物料运输系统状态感知技术

　　智能系统具备状态感知、实时分析和自主决策等基本特征,状态感知作为智能系统的起点具有十分重要的地位。物料运输系统状态感知技术应用于系统的感知层面,主要通过基于无线传感网

二维码 5-2

络的中间节点等实现系统数据集成，并通过传感器技术等实现对设备身份与状态参量的感知。状态感知技术是实现系统智能的首要条件，是构建一个智能系统的起点，因此在使用大数据集成技术对物料运输系统进行调度时，首先需要进行状态识别。

在物料运输系统中，通过统计物料运输系统的主要任务执行对象——运输小车、物料、缓冲区或工位状态来表示系统的工作状态。

物料的状态分为4类：等待（waiting）、已分配（assigned）、已装载（loaded）和已完成（finished）。waiting状态表示物料等待被分配至运输小车；assigned状态表示物料已通过调度策略被分配给空闲小车，但小车还未开始搬运；loaded表示物料已被分配到空闲小车，并且小车正在搬运其至目的地；finished表示搬运任务已经完成。

运输小车的状态可分为3种：空闲（idle）、空载运输（retrieval）和搬运（delivery）。idle状态表示小车没有装载任务及任务请求；retrieval表示小车已有搬运任务，但尚未到达搬运起始点；delivery表示小车已装载物料，并开始了搬运。小车不存在第4个状态，当搬运任务完成后状态由delivery转为idle。系统的状态包括有无空闲小车、小车是否卸载完成、运输系统负荷率和物料是否请求运输等。通过实时RFID扫描事件读取小车或物料的状态，引发系统状态变化。当有新的物料搬运任务时，对系统的状态进行检测，通过一定的调度策略触发调度任务。

5.5 基于大数据集成的物料运输系统状态分析技术

物料运输系统运行分析是指通过对物料运输系统的内在运行变化过程和机理的分析，确定系统的静态和动态因素（静态因素包括运输小车数量、运输捷径数量和运输导轨布局等，动态因素包括小车速度、小车堵塞和产品等待时间等）对物料运输系统运行性能的影响。通过物料运输系统运行状态分析可剖析物料运输系统的运行变化规律和特点，为物料运输系统的优化调度研究提供基础。

本节以晶圆制造物料运输系统为例，采用扩展马尔可夫模型（extended Markov chain model，EMCM）的Interbay/Intrabay系统的运行分析方法，实现对晶圆制造物料运输系统状态进行快速和有效的分析[4]。并通过物料运输系统数据集成技术，对物料运输系统在实际运行时产生的海量实时、多源的制造数据实施清理、集成和归约等预处理措施后，进行挖掘和统计分析，通过对实时数据处理所得结果与基于扩展马尔可夫模型的Interbay/Intrabay系统的运行稳定状态分析求解结果进行对比，验证所建立的EMCM模型可行性和有效性。

5.5.1 物料运输系统数据集成方法

物联网技术，尤其是无线传感器网络技术与RFID技术使得利用大数据方式描述制造车间的物料运输过程成为可能。然而，企业除了享受物联网技术带来的便利之外,还必须考虑由大量异质的数据采集设备所引发的数据存储、处理与分析方面的挑战。一方面,由于不同传感器的测量方式与误差范围不同,使得通过不同传感器测量同一物体得到的数据存在差异性,包括格式的差异性与数值的差异性;另一方面,由于物料运输过程数据的时效性要求高,因此对于物料运输过程数据的处理速度也有相应要求。针对这两方面的问题,需要对分散在异构数据源中的原始实时数据进行集中与转换,才可进一步分析并获得有价值的信息,这种对异源数据进行集中与转换的过程就称为数据集成。

数据集成是把不同来源,具有不同格式、特点及性质的数据在逻辑上或物理上有机地集中,从而为企业提供全面的数据共享。简单来说,数据集成的目的就是解决异源数据差异性。除此之外,面向物料运输系统的数据集成还需要考虑在海量实时数据的情况下数据集成效率的问题。对于以 RFID 技术与传感器网络技术为主的物料运输系统,常采用 RFID 中间件的方法与传感器节点的方法分别对这两种技术为主的物料运输系统数据进行集成。

RFID 中间件是 RFID 应用部署的重要环节,是 RFID 运作的中枢,扮演 RFID 标签和上层应用之间的中介角色,从应用程序端使用中介软件提供的一组通用的应用程序接口(application programming interface,API),连接到 RFID 读写器,读取 RFID 标签数据。针对物料运输系统中复杂的业务环境与日益扩大的业务需求,需要利用 Agent 与可扩展标记语言(extensible markup language,XML)来解决不同阅读器间的数据结构和格式差异性问题[3]。XML 是一种标记语言,被设计用于进行数据存储与传输,Agent 则是代理类库,用来封装包含有 XML 语言转换方法的读卡器业务。图 5-6 所示为基于 XML 与 Agent 的 RFID 中间件系统架构图。

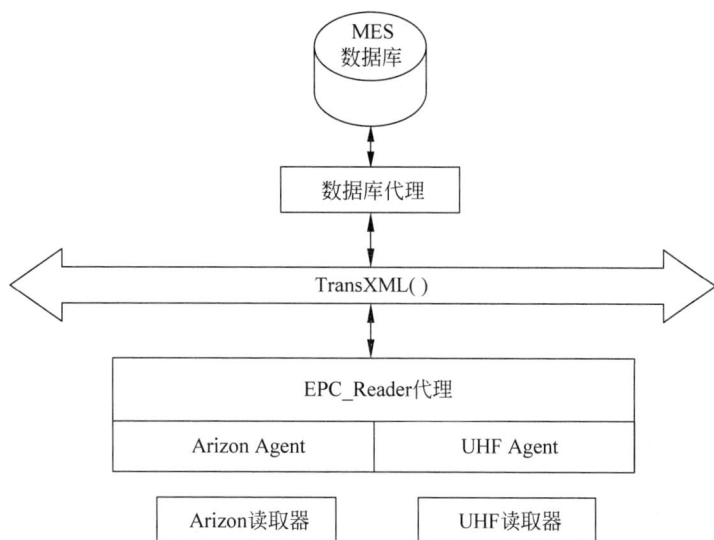

图 5-6　基于 Agent 和 XML 的 RFID 数据集成架构

其中 Arizon EPC_Reader 和 UHF Reader 是两种典型的异构 RFI 读取器。通过读写器 Agent,隐藏了 Arizon 和 UHF 读写器之间接口的差别;通过数据库 Agent,使得 RFID 技术与现有的制造执行系统实现无缝连接,为了提供统一的数据库操作接口,可以使用数据库代理屏蔽不同数据库管理系统的差异性。

利用传感器网络技术进行物料运输系统的数据采集涉及仓储、运输路径、缓冲区及制造工位等多个制造场景,这些场景在空间上分布范围较广且分布较为分散,导致采集的数据较为分散。如果仅采用单个数据库对所有传感器数据进行集成,不仅会增加数据传输与处理时间,还会使得存在关联关系的数据被分散开来。因此,物料运输系统中传感器网络的数据集成常采用传感器集群的方式进行。将处于相同区域内的传感器数据采集并汇聚至传感器集群服务器中,通过中间件或 XML 方法对同一主题的数据进行集成融合,以一定时间段将集成后的数据统一发送至中央数据库。传感器网络数据集成架构如图 5-7 所示。

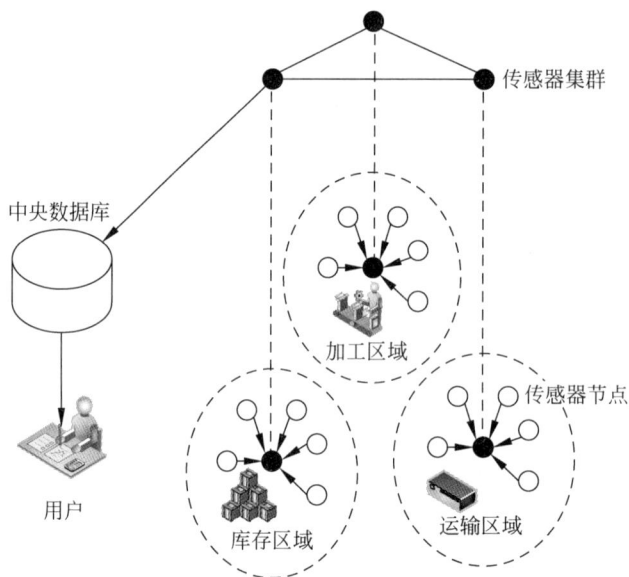

图 5-7　传感器网络数据集成架构

5.5.2　物料运输系统运行模型

5.5.2.1　物料运输系统描述与运行假设

1. 物料运输系统描述

晶圆制造物料运输系统由一个 Interbay 物料运输系统和若干 Intrabay 物料运输系统组成,如图 5-8 所示。Interbay 系统由存储仓库、运输小车、运输导轨、运输捷径导轨和回转台等组成。存储仓库是用于存储大量物料在制品

二维码 5-3

的仓库,通常由一个或多个装/卸载端口、存储物料的货架和物料抓取机械手组成,其容量为几十到数百个存储仓位。Interbay 系统通过存储仓库与 Intrabay 系统相连接。

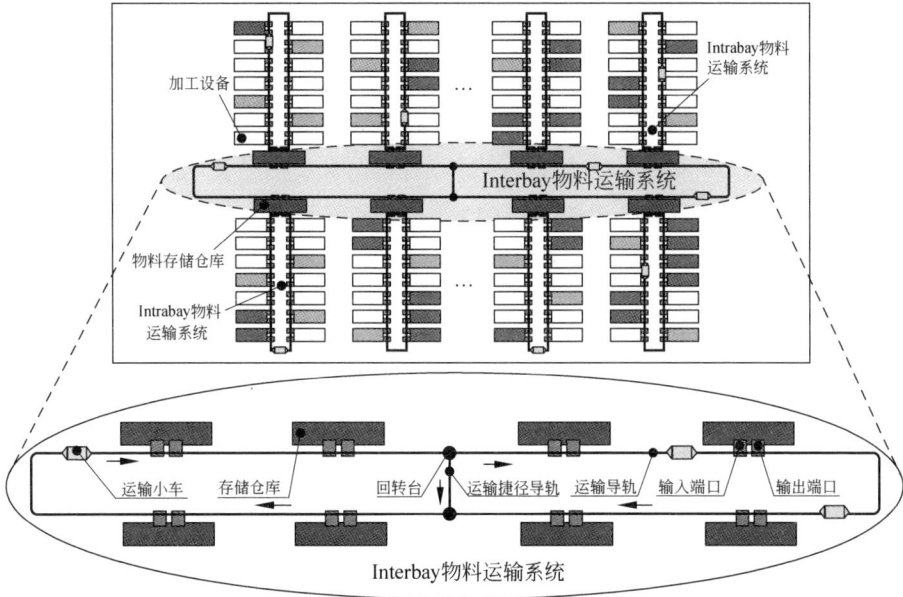

图 5-8　物料运输系统布局结构示意图

运输小车用于搬运物料,实现物料在各存储仓库之间的流转,通常有 OHT、OHS、AGV、RGV 和传送带几种类型,一个运输小车每次只能搬运一个单位的物料。运输导轨是 Interbay 系统内的“高速铁路”,它连接各存储仓库的装/卸载端口,形成闭环的物料运输网络,为运输小车运行提供平台。捷径导轨为运输导轨中的分叉导轨,它可大大减少运输小车搬运物料的移动距离,缩短物料搬运时间。回转台是运输导轨中的转向装置,辅助运输小车快速进入运输捷径导轨。Intrabay 系统由存储仓库、运输导轨、运输小车和加工设备装/卸载端口等组成,其中存储仓库、运输导轨和运输小车的功能与 Interbay 系统相同,在此不再赘述。加工设备装/卸载端口是运输小车与加工设备交互的接口,其与运输导轨相连,运输小车通过加工设备装/卸载端口实现物料的装/卸载。Interbay 和 Intrabay 系统在系统结构和运行特性方面具有相似性,但运输捷径导轨导致 Interbay 系统的结构比 Intrabay 系统更为复杂。因此,本小节以 Interbay 物料运输系统为研究对象,其方法同样适用于 Intrabay 物料运输系统。

物料运输系统运行过程中,空载运输小车沿着运输导轨单向运行,当某存储仓库装载端口有晶圆卡等待搬运时,空载运输小车运行到该存储仓库装载端口位置后停止,对晶圆卡进行装载,装载完晶圆卡后运输小车沿着运输导轨继续满载运行,当运行到晶圆卡的目标存储仓库卸载端口位置后停止,对晶圆卡进行卸载,卸载晶圆卡后运输小车沿着运输导轨继续空载运行。运输小车每次只能装载一个晶圆卡。

Interbay 物料运输系统的物料运输过程为连续过程，为了对 Interbay 物料运输系统的运行过程进行描述和分析，对系统物料运输过程进行离散化处理，仅考虑运输小车在各存储仓库装/卸载位置点的状态，系统连续变化过程简化为存储仓库装/卸载位置点状态的离散变化过程。设 $L(m)$ 为具有 m 个运输小车的 Interbay 物料运输系统，S 为 $L(m)$ 系统的存储仓库的集合，s_i 为 $L(m)$ 系统的第 i 个存储仓库，$i=1,2,\cdots,n,s_i \in S$，每个存储仓库 s_i 包括一个卸载和一个装载端口，分别用 s_i^d 和 s_i^p 表示，每个卸载/装载端口位置每次只能服务一个运输小车，则离散化处理的 Interbay 系统如图 5-9 所示，简化后的 Interbay 系统各存储仓库位置点数 $k=2n$。

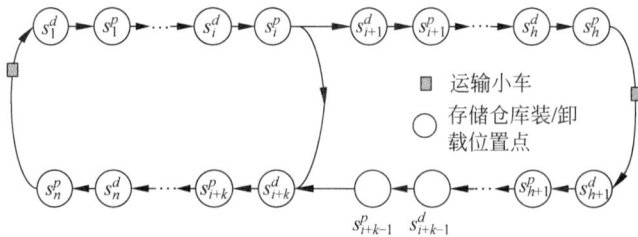

图 5-9　基于存储仓库装/卸载位置点简化的 Interbay 物料运输系统

基于各存储仓库装/卸载位置点离散化处理的 Interbay 系统运行过程描述如下：设定物料运输小车 $V_j(j=1,2,\cdots,m)$ 沿导轨单向持续运行，并在存储仓库的装载和卸载位置点停留，进行晶圆卡的装载/卸载。当空载运输小车 V_j 经过存储仓库 s_h 的卸载位置点 s_h^d 后，下一步进入装载位置点 s_h^p。如果装载位置点 s_h^p 中没有晶圆卡等待运输小车搬运，则运输小车进入下一位置点 s_{h+1}^d 并继续运行；如果装载位置点 s_h^p 中有晶圆卡等待运输小车搬运，则运输小车停止并装载晶圆卡（设定晶圆卡的目标存储仓库位置为 $s_n,s_n \in S$），经过装载时间 t^l 后，运输小车根据运输路径序列 $r=(s_h^p,s_{h+1}^d,s_{h+1}^p,\cdots,s_n^d)$ 继续运行，到达目标位置 s_n^d 后运输小车停止并卸载晶圆卡。如果在路径序列 r 的运行过程中被其他运输小车堵塞，则当前运输小车停止，当临时性堵塞消失后运输小车继续运行。

2. 物料运输系统运行假设

根据 Interbay 物料运输系统的特点，对系统运行过程进行以下假设：

（1）每个时间周期内，任一存储仓库的物料到达数量是确定的，且物料到达时刻服从泊松分布；

（2）运输小车采用先到先服务的搬运策略，且每次只能搬运一个物料；

（3）运输小车搬运、装载和卸载物料的时间是确定的；

（4）存储仓库 $i(i=1,2,\cdots,n)$ 的装/卸载位置点 s_i^p/s_i^d 的物料装载和卸载请求到达率相等；

（5）物料运输请求均匀分布于各个运输小车；

（6）各运输小车运行过程中相互独立不相关；

（7）物料运输小车被下游存储仓库的运输小车堵塞的概率与小车的数量成正比。

5.5.2.2　物料运输系统的参数定义

1. 存储仓库相关参数定义

S——Interbay 物料运输系统中的存储仓库集合；

n——Interbay 物料运输系统中的存储仓库的数量；

s_i——Interbay 物料运输系统中的第 i 个存储仓库，$s_i \in S$，$i = 1, 2, \cdots, n$；

s_i^p——第 i 个存储仓库的装载位置点，$i = 1, 2, \cdots, n$；

s_i^d——第 i 个存储仓库的卸载位置点，$i = 1, 2, \cdots, n$；

U_i——第 i 个存储仓库的卸载位置点 s_i^d 的上游存储仓库的卸载位置点集合，$i = 1, 2, \cdots, n$；

D_i——第 i 个存储仓库的卸载位置点 s_i^d 的下游存储仓库的装载位置点集合，$i = 1, 2, \cdots, n$；

λ_i——存储仓库装载位置点 s_i^p 的装载运输请求到达率，$i = 1, 2, \cdots, n$；

Λ_i——存储仓库卸载位置点 s_i^d 的卸载请求到达率，$i = 1, 2, \cdots, n$；

p_{ij}——Interbay 系统所有物料运输请求集合中，从装载位置点 s_i^p 到卸载位置点 s_j^d 的运输请求率，$i, j = 1, 2, \cdots, n$。

2. 运输小车相关参数定义

m——Interbay 物料运输系统中的运输小车数量；

r_i——满载（装有物料）运输小车在卸载位置点 s_i^d 卸载物料的概率，$i = 1, 2, \cdots, n$；

q_i——空载运输小车在装载位置点 s_i^p 装载物料的概率，$i = 1, 2, \cdots, n$；

α_i^d——卸载位置点 s_i^d 上满载运输小车的到达率，$i = 1, 2, \cdots, n$；

α_i^p——装载位置点 s_i^p 上满载运输小车的到达率，$i = 1, 2, \cdots, n$；

ε_i^d——卸载位置点 s_i^d 上空载运输小车的到达率，$i = 1, 2, \cdots, n$；

ε_i^p——装载位置点 s_i^p 上空载运输小车的到达率，$i = 1, 2, \cdots, n$；

θ_i——运输小车到达第 i 个存储仓库的比率，$i = 1, 2, \cdots, n$；

p_i^p——卸载位置点 s_i^d 的运输小车被处于装载位置点 s_i^p 的运输小车堵塞的概率，$i = 1, 2, \cdots, n$；

p_i^d——装载位置点 s_{i-1}^p 的运输小车被处于卸载位置点 s_i^d 的运输小车堵塞的概率，$i = 1, 2, \cdots, n$；

$t_{i,i+1}$——运输小车从装载位置点 s_i^p 到存储仓库卸载位置点 s_{i+1}^d 的运行时间，$i = 1, 2, \cdots, n$；

t_i——运输小车从卸载位置点 s_i^d 到装载位置点 s_i^p 的运行时间，$i=1$，$2,\cdots,n$；

t^l——运输小车装载和卸载物料的时间，且有 $t^l > t_i$，$t_{i,i+1} > t_i$；

τ_w——处于装载位置点 s_w^p 的负载运输小车进入下一存储仓库 s_{w+1} 的概率，通过运输捷径进入对应存储仓库 s_{w+k} 的概率为 $1-\tau_w$（可用 $\overline{\tau}_w$ 表示）；

t_b——运输小车被下游其他运输小车堵塞的平均时间长度。

3. EMCM 状态相关参数定义

$\boldsymbol{R}$——扩展马尔可夫模型的状态转移概率矩阵；

W——扩展马尔可夫模型的状态集合；

v_w——扩展马尔可夫模型中状态 w 的访问率，$w \in W$；

$\boldsymbol{v}$——扩展马尔可夫模型的状态访问率向量，$\boldsymbol{v}=(v_w)$，$w \in W$；

C——运输小车两次连续访问模型某一状态的平均时间周期；

T_w——运输小车从进入模型状态 $w(w \in W)$时刻到进入下一状态时刻的时间间隔。

5.5.2.3 物料运输系统的 EMCM 模型

Interbay 物料运输系统运行过程中，认为 Interbay 系统中各存储仓库 $s_i (i=1,2,\cdots,n)$中的晶圆卡到达时间近似服从泊松分布，导致运输小车在各存储仓库装/卸载位置点装/卸载晶圆卡的时刻具有随机特性，从而导致运输小车装载、搬运和卸载晶圆卡过程的状态序列具有随机特性；同时，运输小车在各存储仓库装/卸载位置点的状态仅与运输小车的前一时刻状态相关，即运输小车的状态具有无后效性。根据马尔可夫特性的定义：状态变化具有随机性且无后效性的状态序列具有马尔可夫特性，因此，运输小车装载、搬运和卸载晶圆卡过程中的状态序列变化具有马尔可夫特性，可以采用马尔可夫模型的方法建立 Interbay 系统的运行分析模型并进行状态分析。Interbay 物料运输系统为多小车运输系统，随着运输小车数量增加，马尔可夫模型的状态数量呈指数增加，导致系统状态规模组合爆炸。因此，这里采用 EMCM Interbay 运行分析建模方法。

根据系统假设，Interbay 系统 $L(m)$ 的各运输小车运行过程相互独立不相关，Interbay 系统中 m 个运输小车搬运物料的运行过程可等效为 m 个相互独立的单个运输小车搬运物料的运行过程。因此可通过分析单个运输小车搬运物料的运行过程状态变化序列的马尔可夫链特性，并在多个运输小车环境下进行扩展，形成 Interbay 系统的运行分析模型。

单个运输小车搬运物料的运行状态可定义为三元组：

$$\text{EMCM}=\{S,K_p,K_s\}=\{(s_i,i=1,2,\cdots,n),(p,d),(e,f,b,k,s)\} \quad (5\text{-}1)$$

式中，K_p——运输小车所处的存储仓库装/卸载位置点集合；

K_s——运输小车在装/卸载位置点的状态集合；

　　p、d——运输小车当前所处存储仓库的装载位置点和卸载位置点；

　　e、f、b、k、s——运输小车在装/卸载位置点的状态为：运输小车空载、运输小车满载、运输小车空载堵塞、运输小车满载堵塞和运输小车正在装/卸载。

　　根据状态定义可知,运输小车在存储仓库卸载位置点的状态有 (i,d,e)、(i,d,f)、(i,d,b)、(i,d,k) 和 (i,d,s),分别表示运输小车在卸载位置点处于空载运行、满载运行、空载堵塞、满载堵塞和卸载物料状态；同样地,运输小车在存储仓库装载位置点的状态有 (i,p,e)、(i,p,f)、(i,p,b)、(i,p,k) 和 (i,p,s),分别表示运输小车在存储仓库装载位置点处于空载运行、满载运行、空载堵塞、满载堵塞和装载物料状态。对于具有 n 个存储仓库的 Interbay 系统,EMCM 的状态集合 W 可表示为

$$W = \{(1,d,e),(1,d,f),(1,d,b),(1,d,k),(1,d,s),\cdots,(n,p,e),(n,p,f),$$
$$(n,p,b),(n,p,k),(n,p,s)\}$$

状态数量为 $2\times5\times n=10n$。

5.5.3　物料运输系统运行稳定状态分析

　　EMCM 的分析过程如下：①通过单运输小车搬运物料的运行过程的扩展马尔可夫模型转移概率和稳定状态分析,建立 EMCM 转移概率矩阵和模型稳定状态方程；②通过 Interbay 系统的多运输小车环境下的系统堵塞概率、系统运行守恒条件和 EMCM 平均时间周期 C 分析,建立 Interbay 系统的系统堵塞概率方程、运行守恒条件方程和 EMCM 平均时间周期方程,从而形成 EMCM 的稳定状态求解方程组；③对 EMCM 的稳定状态方程组进行求解,即可获得 EMCM 的稳定状态访问率值,为 Interbay 系统的运行分析提供基础。

5.5.3.1　EMCM 转移概率和稳定状态分析

1. 模型转移概率

　　模型转移概率指 Interbay 系统模型中各状态之间变化的概率。以具有 n 个存储仓库的 Interbay 系统为例,其任一运输小车在各存储仓库位置点的状态变化过程如图 5-10 所示。

　　模型状态变化及转移概率分析过程如下：设定运输小车当前在存储仓库的卸载位置点 s_i^d 空载运行,对应的模型状态为 (i,d,e),由于空载运输小车在存储仓库的卸载位置点 s_i^d 将以 p_i^p 的概率被下游装载位置点 s_i^p 的运输小车堵塞,所以运输小车以 p_i^p 的概率进入下一状态 (i,d,b),或以 $1-p_i^p$(用 $\overline{p_i^p}$ 表示)的概率进入下一状态 (i,p,e)。如果空载运输小车进入状态 (i,p,e),即运输小车在存储仓库装载位置点 s_i^p 空载运行,其下一步可能进入以下状态：①当位置点 s_i^p 没有物料等

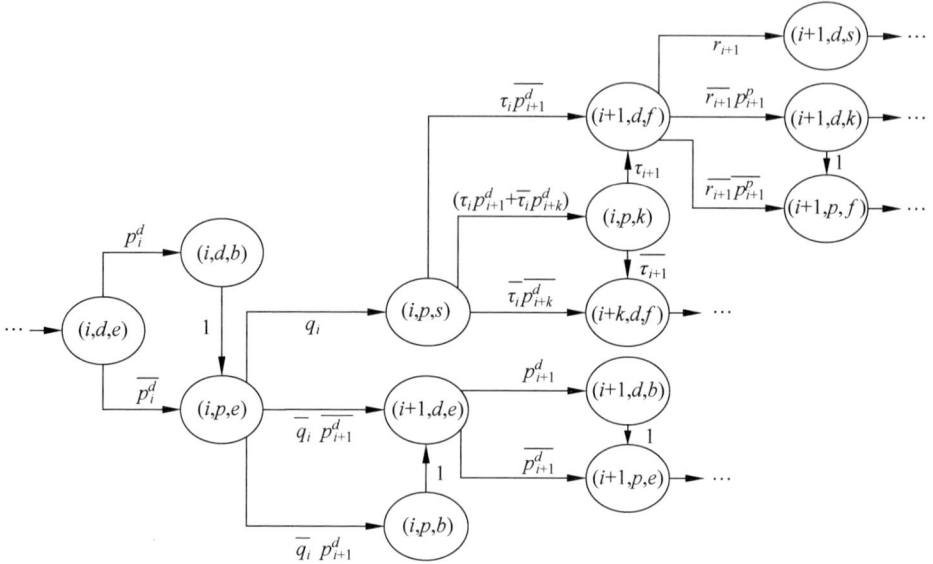

图 5-10　Interbay 系统的 EMCM 状态变化过程

待搬运时,进入运输小车存储仓库装载位置点 s_i^p 装载物料状态(i,p,s);②当位置点 s_i^p 没有物料等待搬运但空载运输小车被下游存储仓库卸载位置点 s_{i+1}^d 的运输小车堵塞时,进入运输小车在存储仓库位置点 s_i^p 空载堵塞状态(i,p,b);③当位置点 s_i^p 没有物料等待搬运且下游存储仓库卸载位置点 s_{i+1}^d 没有小车堵塞时,进入运输小车在存储仓库卸载位置点 s_{i+1}^d 空载运行状态$(i+1,d,e)$。进入$(i,p,$ $s)$、(i,p,b)和$(i+1,d,e)$状态的概率分别为 q_i、$\overline{q}_i p_{i+1}^d$ 和 $\overline{q}_i \overline{p_{i+1}^d}$。同理,可分析得到模型其他各状态之间的转移概率。

　　基于以上状态转移概率分析,即可形成 EMCM 的状态转移概率矩阵 $\boldsymbol{R}$(见图 5-11)。

　　对于具有 n 个存储仓库的 Interbay 系统,状态转移概率矩阵 $\boldsymbol{R}$ 的大小为 $10n \times 10n$。根据参数定义,状态转移概率矩阵 $\boldsymbol{R}$ 中的变量 τ_i 表示处于装载位置点 s_i^p 的满载运输小车通过运输捷径进入存储仓库 s_{i+k} 的概率。设 l 为 Interbay 物料运输系统中运输捷径的数量,各运输捷径起始端连接的存储仓库集合为$\{s_{h_1},$ $s_{h_2},\cdots,s_{h_l}\}$,终端连接的存储仓库集合为$\{s_{h_1+k_1},s_{h_2+k_2},\cdots,s_{h_s+k_l}\}$,则当 $i=h_1,$ $h_2,\cdots,h_l$ 时,$0<\tau_i<1$,当 $i \neq h_1,h_2,\cdots,h_l$ 时,$\tau_i=0$。

2. 模型稳定状态分析

　　由于 Interbay 系统的运输小车在闭环运输导轨上连续运行,从而运输小车运行状态变化形成的扩展马尔可夫链的状态数量是有限的,具有 n 个存储仓库的 Interbay 系统的状态数量为 $10n$;同时马尔可夫链状态是正的、复发和状态遍历

	(1,d,f)	(1,d,k)	(1,d,s)	(1,d,e)	(1,d,b)	(1,p,f)	(1,p,k)	(1,p,s)	(1,p,e)	(1,p,b)	⋯	(i,p,f)	(i,p,k)	(i,p,s)	(i,p,e)	(i,p,b)	(i+1,p,f)	(i+1,p,k)	(i+1,p,s)	(i+1,p,e)	(i+1,p,b)	⋯	(i+k,p,f)	(i+k,p,k)	(i+k,p,s)	⋯
(1,d,f)			r_1																							
(1,d,k)	$\overline{r_1 p_1^R}$					1																				
(1,d,s)						p_1^R																				
(1,d,e)						p_1^R																				
(1,d,b)								1																		
(1,p,f)									p_2^d																	
(1,p,k)									p_2^d																	
(1,p,s)								q_1																		
(1,p,e)										$q_1 p_2^d$																
(1,p,b)																										
⋯																										
(i,p,f)														$(\tau_l p_{l+1}^d + \overline{\tau_l p_{l+k}^d})$			$\tau_l p_{l+1}^d$						$\overline{\tau_l p_{l+k}^d}$			
(i,p,k)																	τ_l						$\overline{\tau_l}$			
(i,p,s)														$(\tau_l p_{l+1}^d + \overline{\tau_l p_{l+k}^d})$			$\overline{\tau_l p_{l+1}^d}$						$\overline{\tau_l p_{l+k}^d}$			
(i,p,e)														q_l												
(i,p,b)																$\overline{q_l p_{l+1}^d}$	1									
(i+1,d,f)																$\overline{q_l p_{l+1}^d}$	$\overline{r_{l+1} p_{l+1}^p}$				r_{l+1}					
(i+1,d,k)																				p_{l+1}^p						
(i+1,d,s)																				p_{l+1}^p						
(i+1,d,e)																										
(i+1,d,b)																										
⋯																										
(i+k,d,f)																							$\overline{r_{l+k} p_{l+k}^p}$	r_{l+k}		

图 5-11　Interbay 系统的 EMCM 状态转移概率矩阵

的。因此,扩展马尔可夫链各状态的稳态访问率具有唯一值,且满足式(5-2)。

$$\boldsymbol{R} \cdot \boldsymbol{v} = v \tag{5-2}$$

不失一般性,令 $v_{(1,p,e)}$ 的值为1,即

$$v_{(1,p,e)} = 1 \tag{5-3}$$

其中状态转移矩阵 $\boldsymbol{R}$ 的元素 R_{ij} ($R_{ij} \in R, i,j=1,2,\cdots,10n$) 表示运输小车从状态 i 到状态 j 的状态转移概率,R_{ij} 可表示为

$$R_{ij} = \{(q_i^{y_1} \cdot \bar{q}_i^{(1-y_1)}) \cdot (r_i^{y_2} \cdot \bar{r}_i^{(1-y_2)}) \cdot [(p_i^d)^{y_3} \cdot \overline{p_i^{d}}^{(1-y_3)}] \cdot$$
$$[(p_i^p)^{y_4} \cdot \overline{p_i^{p}}^{(1-y_4)}] \cdot (\tau_i^{y_5} \cdot \bar{\tau}_i^{(1-y_5)})\}^{y_6} \tag{5-4}$$

其中 $y_1 \sim y_6$ 为二进制状态变量,$y_1 \sim y_6 \in \{0,1\}$。元素 R_{ij} 的值与概率向量 $\boldsymbol{q} = (q_i)(i=1,2,\cdots,n)$、$\boldsymbol{r} = (r_i)(i=1,2,\cdots,n)$、$\boldsymbol{p}^d = (p_i^d)(i=1,2,\cdots,n)$、$\boldsymbol{\tau} = (\tau_i)$ $(i=h_1,h_2,\cdots,h_l)$ 和 $\boldsymbol{p}^p = (p_i^p)(i=1,2,\cdots,n)$ 相关。将式(5-2)展开后获得 EMCM 各状态的访问率表达式见式(5-5)~式(5-14):

$$v_{(i,d,e)} = \overline{q_{i-1}p_i^p}v_{(i-1,p,e)} + v_{(i-1,p,b)} \tag{5-5}$$

$$v_{(i,d,f)} = \begin{cases} \tau_{i-1}(\overline{p_i^d}v_{(i-1,p,f)} + v_{(i-1,p,k)} + \overline{p_i^d}v_{(i-1,p,s)}), & i-1 = h_1,h_2,\cdots,h_l \\ \overline{p_i^d}v_{(i-1,p,f)} + v_{(i-1,p,k)} + \overline{p_i^d}v_{(i-1,p,s)}, & i-1 \neq h_1,h_2,\cdots,h_l,h_{1+k},\cdots,h_{l+k} \\ \overline{p_i^d}(v_{(i-1,p,f)} + v_{(i-1,p,s)}) + v_{(i-1,p,k)} + \\ \quad \overline{\tau_{i+k}}[\overline{p_i^d}(v_{(i+k,p,f)} + v_{(i+k,p,s)}) + v_{(i+k,p,k)}], & \text{其他} \end{cases} \tag{5-6}$$

$$v_{(i,d,b)} = p_i^p(v_{(i,d,s)} + v_{(i,d,e)}) \tag{5-7}$$

$$v_{(i,d,k)} = \bar{r}_i p_i^p v_{(i,d,f)} \tag{5-8}$$

$$v_{(i,d,s)} = r_i v_{(i,d,f)} \tag{5-9}$$

$$v_{(i,p,f)} = \overline{r_i p_i^p}v_{(i,d,f)} + v_{(i,d,k)} \tag{5-10}$$

$$v_{(i,p,e)} = \overline{p_i^p}v_{(i,d,e)} + \overline{p_i^p}v_{(i,d,s)} + v_{(i,d,b)} \tag{5-11}$$

$$v_{(i,p,b)} = \overline{q_i p_{i+1}^d}v_{(i,p,e)} \tag{5-12}$$

$$v_{(i,p,k)} = \begin{cases} \tau_i p_{i+1}^d(v_{(i,p,f)} + v_{(i,p,s)}) + \bar{\tau}_i p_{i+k}^d(v_{(i,p,f)} + v_{(i,p,s)}), & i = h_1,h_2,\cdots,h_l \\ p_{i+1}^d(v_{(i,p,f)} + v_{(i,p,s)}), & i \neq h_1,h_2,\cdots,h_l \end{cases} \tag{5-13}$$

$$v_{(i,p,s)} = q_i v_{(i,p,e)} \tag{5-14}$$

为了利用式(5-5)~式(5-14)求解 EMCM 稳定状态访问率向量 $\boldsymbol{v}$ 的唯一值,需要先获得 $\boldsymbol{p}^d = (p_i^d)(i=1,2,\cdots,n)$、$\boldsymbol{p}^p = (p_i^p)(i=1,2,\cdots,n)$、$\boldsymbol{r} = (r_i)(i=1,2,\cdots,n)$、$\boldsymbol{\tau} = (\tau_i)(i=h_1,h_2,\cdots,h_l)$ 和 $\boldsymbol{q} = (q_i)(i=1,2,\cdots,n)$ 等概率向量的值。其中,概率向量 $\boldsymbol{p}^d$ 和 $\boldsymbol{p}^p$ 的值可通过 Interbay 堵塞概率分析获得,概率向量 $\boldsymbol{r}$、$\boldsymbol{q}$ 和 $\boldsymbol{\tau}$ 的值可通过物料运输系统运行守恒条件分析获得。

5.5.3.2　建立 EMCM 稳定状态求解方程组

1. 系统堵塞概率

Interbay 系统堵塞概率指运输小车在存储仓库卸载位置点 s_i^d 和装载位置点 s_i^p 被下游运输小车堵塞的概率。对于存储仓库卸载位置点 s_i^d 的运输小车，当其下游的装载位置点 s_i^p 有运输小车且处于(i,p,s)、(i,p,b) 和 (i,p,k) 状态时，位置点 s_i^d 的运输小车将被堵塞。对于存储仓库装载位置点 s_{i-1}^p 的运输小车，当其下游运输导轨有运输小车准备进入存储仓库卸载位置点 s_i^d 或下游的存储仓库卸载位置点 s_i^d 有运输小车时（即下游运输小车状态为$(i,d,*)$），位置点 s_{i-1}^p 的运输小车将被堵塞。同时根据系统运行假设有：运输小车的堵塞概率与小车数量 m 成正比。因此，运输小车在关键装载/卸载位置点 s_i^d/s_i^p 被堵塞的概率 p_i^d/p_i^p 分别见式(5-15)和式(5-16)。

$$p_i^d = (m-1)\frac{v_{(i,d)}}{\sum_{j=1}^{|R|}(v_{(i,d)}+v_{(i,p)})}, \quad \forall s_i^d, i=1,2,\cdots,n \tag{5-15}$$

$$p_i^p = (m-1)\frac{v_{(i,p,s)}+v_{(i,p,b)}+v_{(i,p,k)}}{\sum_{j=1}^{|R|}(v_{(i,d)}+v_{(i,p)})}, \quad \forall s_i^p, i=1,2,\cdots,n \tag{5-16}$$

2. 系统运行守恒条件

Interbay 系统运行守恒条件指 Interbay 系统稳定运行时满足以下条件：Interbay 系统稳定运行时，各存储仓库的物料卸载请求到达率等于满载运输小车在该存储仓库卸载位置点的卸载率；各存储仓库的物料装载请求到达率等于空载运输小车在该存储仓库装载位置点的装载率；运输小车按照物料运输路径表（物料运输路径表示出了 Interbay 系统中各存储仓库之间的物料运输率关系）以稳定的概率通过运输捷径导轨。通过 Interbay 系统运行守恒条件分析可获得概率向量 $\boldsymbol{r}=(r_i)(i=1,2,\cdots,n)$、$\boldsymbol{q}=(q_i)(i=1,2,\cdots,n)$ 和 $\boldsymbol{\tau}=(\tau_i)(i=h_1,h_2,\cdots,h_l)$ 的值。

1) 概率向量 $\boldsymbol{r}$

$\boldsymbol{r}=(r_i)(i=1,2,\cdots,n)$ 表示满载运输小车在各存储仓库卸载位置点 $s_i^d(i=1,2,\cdots,n)$ 卸载物料的概率。根据 Interbay 运行守恒条件，存储仓库 s_i 卸载位置点 s_i^d 的物料卸载请求到达率 Λ_i 等于满载运输小车在卸载位置点 s_i^d 的卸载率，而满载运输小车在卸载位置点 s_i^d 的卸载率等于存储仓库卸载位置点 s_i^d 上满载运输小车的到达率 a_i^d 与满载运输小车在存储仓库卸载位置点 s_i^d 卸载物料的概率 r_i 的积。因此，参数 r_i 的计算见式(5-17)：

$$\Lambda_i = r_i \cdot a_i^d \Rightarrow r_i = \Lambda_i/a_i^d \tag{5-17}$$

由于 Interbay 系统与各个 Intrabay 系统通过存储仓库连接，物料通过 Interbay 物料运输系统搬运多次重入各 Intrabay 系统，因此，在存储仓库卸载位置点 s_i^d 被卸载的物料若干时间后将在装载位置点 s_i^p 被装载，即对于存储仓库 s_i 有 $\Lambda_i = \lambda_i$，且 Λ_i、λ_i 的值可通过 Interbay 系统的物料运输路径表计算获得。a_i^d 为负载运输小车到达存储仓库卸载位置点 s_i^d 的比率，它的值可以通过运输小车的物料搬运流分析获得。

本小节以具有单个运输捷径导轨的 Interbay 物料运输系统（见图 5-12）为例，对 a_i^d 值的求解过程进行分析。由图 5-12 可知，由于运输捷径导轨的存在，在运输小车连续装载、搬运和卸载物料过程中，当满载运输小车的物料目标存储仓库处于物料运输区域 Z_2 时，则负载运输小车进入 Z_2 区域；否则，满载运输小车在物料运输区域 Z_1 中连续运行。因此，物料运输区域 Z_1 和 Z_2 中的存储仓库对应的负载运输小车到达率 a_i^d 的表达式各不相同。其中，物料运输区域 Z_1 中存储仓库（即 $\{s_1,\cdots,s_u,s_{u+k},\cdots,s_n\}$）对应的负载运输小车的到达率 a_i^d 如式（5-18a）所示；物料运输区域 Z_2 中存储仓库（即 $\{s_{u+1},s_{u+2},\cdots,s_{u+k-1}\}$）对应的负载运输小车的到达率 a_i^d 如式（5-18b）所示。由于 a_i^d 可通过已知变量求出，所以参数 r_i 已知。同理，当 Interbay 物料运输系统具有多个运输捷径导轨时，同样可获得各存储仓库的负载运输小车的到达率值 a_i^d。

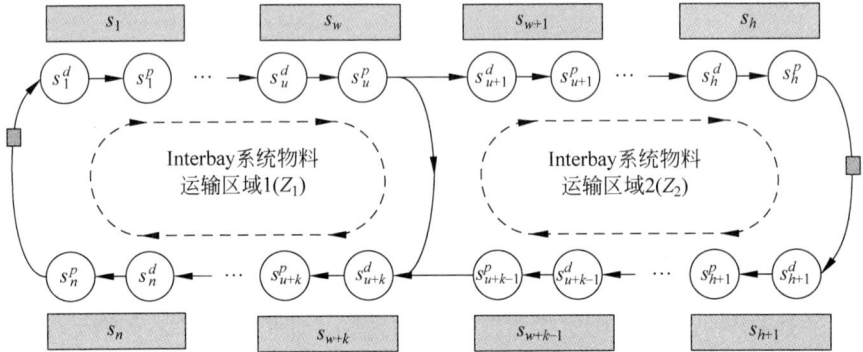

图 5-12　具有单个运输捷径的 Interbay 物料运输系统

$$a_i^d = \sum_{j=i+1}^{n}\sum_{r=i}^{j}\lambda_j p_{jr} + \sum_{j=1}^{i-1}\sum_{\substack{r=1\\r\neq j,i-1}}^{n}\lambda_j p_{jr}, \quad \forall s_i \in \{s_1,\cdots,s_u,s_{u+k},\cdots,s_n\} \quad (5\text{-}18a)$$

$$a_i^d = \sum_{\substack{j=1\\j\neq u+1,u+k-1}}^{n}\sum_{r=i}^{u+k-1}\lambda_j p_{jr} + \sum_{j=u+1}^{i-1}\sum_{\substack{r=1\\r\neq j,i-1}}^{n}\lambda_j p_{jr} +$$

$$\sum_{j=i+1}^{u+k-1}\sum_{r=i}^{j}\lambda_j p_{jr}, \quad \forall s_i \in \{s_{u+1},s_{u+2},\cdots,s_{u+k-1}\} \quad (5\text{-}18b)$$

2）概率向量 $\boldsymbol{q}$

$\boldsymbol{q}=(q_i)(i=1,2,\cdots,n)$ 表示空载运输小车在各存储仓库装载位置点 $s_i^p(i=1,2,\cdots,n)$ 装载物料的概率。根据 Interbay 运行守恒条件，存储仓库 s_i 装载位置点 s_i^p 的物料装载请求到达率 λ_i 等于空载运输小车在装载位置点 s_i^p 的装载率。物料装载请求到达率 λ_i 为空载运输小车到达存储仓库装载位置点 s_i^p 的比率 ε_i^p 与空载运输小车在装载位置点 s_i^p 装载物料的概率 q_i 的积。因此，参数 q_i 的计算式为

$$\lambda_i=q_i \cdot \varepsilon_i^p \Rightarrow q_i=\frac{\lambda_i}{\varepsilon_i^p}, \quad \forall i=1,2,\cdots,n \tag{5-19}$$

对于具有 m 个运输小车的 Interbay 系统，在平均时间周期 C 内，任一运输小车进入状态 (i,p,e) 的状态访问率为 $v_{(i,p,e)}$，则空载运输小车到达存储仓库装载位置点 s_i^p 的比率 ε_i^p 可表示为式(5-20)，其中平均时间周期 C 的求解将在下文介绍。因此，参数 q_i 的推导公式见式(5-21)。

$$\varepsilon_i^p=\frac{m v_{(i,p,e)}}{C} \tag{5-20}$$

$$q_i=\frac{\lambda_i C}{v_{(i,p,e)} m} \tag{5-21}$$

3）概率向量 $\boldsymbol{\tau}$

$\boldsymbol{\tau}=(\tau_i)(i=h_1,h_2,\cdots,h_l)$ 表示处于存储仓库装载位置点 $s_i^p(i=h_1,h_2,\cdots,h_l)$ 的满载运输小车进入存储仓库 s_{i+1} 的概率。下面以具有单个运输捷径导轨的 Interbay 物料运输系统为例，对存储仓库装载位置点 s_i^p 的满载运输小车进入下一存储仓库 s_{i+1} 的概率 τ_i 进行分析。设物料运输区域 Z_1 中的存储仓库装载位置点 s_u^p 有物料运输请求，当空载运输小车在存储仓库装载位置点 s_u^p 装载完物料后，根据物料的目标存储仓库 s_j 的位置选择运行导轨，当目标存储仓库 s_j 处于运输区域 Z_1 时，满载运输小车通过运输捷径并沿着物料运输区域 Z_1 的运输路径 $(s_u \rightarrow s_{u+k} \rightarrow \cdots \rightarrow s_n \rightarrow \cdots)$ 运行，并在目标存储仓库 s_j 卸载物料；否则，满载运输小车进入运输区域 Z_2 并沿着该区域的运输路径 $(s_u \rightarrow s_{u+1} \rightarrow \cdots \rightarrow s_h \rightarrow \cdots)$ 运行。因此，根据运输小车进入运输捷径导轨的特性，确定满载运输小车离开存储仓库装载位置点 s_w^p 后进入运输捷径的总体概率 $\bar{\tau}_u$（$\bar{\tau}_u$ 表示 $1-\tau_u$）的计算式见式(5-22)。同理，可分析获得具有多个运输捷径导轨的 Interbay 物料运输系统的概率向量 $\boldsymbol{\tau}=(\tau_i)(i=h_1,h_2,\cdots,h_l)$。

$$\bar{\tau}_u=\frac{\displaystyle\sum_{i=1}^{u}\left(\sum_{j=u+k}^{n} p_{ij}+\sum_{j=1}^{i-1} p_{ij}\right)+\sum_{i=u+k+1}^{n}\sum_{j=u+k}^{i} p_{ij}}{\displaystyle\sum_{i=1}^{u}\left(\sum_{j=u+1}^{n} p_{ij}+\sum_{j=1}^{i-1} p_{ij}\right)+\sum_{i=u+2}^{n}\sum_{j=u+1}^{i} p_{ij}} \tag{5-22}$$

3. 模型平均时间周期

模型平均时间周期 C 指运输小车状态变化的平均时间长度，可表示为

$$C = \sum_{w=1}^{|W|} v_w E(T_w)$$

$$= \sum_{i=1}^{n} \big[v_{(i,d,e)} E(T_{(i,d,e)}) + v_{(i,d,f)} E(T_{(i,d,f)}) + v_{(i,d,b)} E(T_{(i,d,b)}) +$$

$$v_{(i,d,k)} E(T_{(i,d,k)}) + v_{(i,d,s)} E(T_{(i,d,s)}) + v_{(i,p,e)} E(T_{(i,p,e)}) +$$

$$v_{(i,p,f)} E(T_{(i,p,f)}) + v_{(i,p,b)} E(T_{(i,p,b)}) + v_{(i,p,k)} E(T_{(i,p,k)}) +$$

$$v_{(i,p,s)} E(T_{(i,p,s)}) \big] \tag{5-23}$$

其中，$E(T_w)$ 为运输小车处于状态 w 的期望状态时间。EMCM 各状态的期望状态时间可基于 EMCM 的状态访问率和各状态转移时间分析获得：运输小车进入状态 $(i,d,s)/(i,p,s)$ 后，其对应的期望状态时间 $E(T_{(i,d,s)})/E(T_{(i,p,s)})$ 为运输小车在存储仓库卸/装载位置点 s_i^d / s_i^p 的卸/装载物料的时间 t^l；运输小车进入状态 $(i,d,f)/(i,d,e)$ 后，其对应的期望状态时间 $E(T_{(i,d,f)})/E(T_{(i,d,e)})$ 为运输小车从存储仓库装载位置点 s_{i-1}^p 到存储仓库卸载位置点 s_i^d 之间的负载/空载运行时间 $t_{i-1,i}$，$i = 1,2,\cdots,n$；运输小车进入状态 $(i,p,e)/(i,p,f)$ 后，其对应的期望状态时间 $E(T_{(i,p,e)})/E(T_{(i,p,f)})$ 为运输小车从存储仓库卸载位置点 s_i^d 到存储仓库装载位置点 s_i^p 的空载或负载运行时间 t_i，$i = 1,2,\cdots,n$；运输小车进入状态 (i,d,k) 后，由于 $t^l > t_i$ 且 $t_{i-1,i} > t_i$，因此，运输小车在该状态对应的期望时间 $E(T_{(i,d,k)})$ 仅受下游存储仓库卸载位置点 s_{i+1}^d 的运输小车卸载物料时间的影响，根据剩余等待时间计算公式有 $T_{(i,d,k)} = t^l / 2$；运输小车进入状态 (i,d,b) 后，其在该状态对应的期望时间 $E(T_{(i,d,b)})$ 受到下游存储仓库装载位置点 s_i^p 的装载物料时间的影响，且与进入状态 (i,d,b) 之前的模型状态有关；运输小车进入状态 (i,p,b) 后，其在该状态对应的期望时间 $E(T_{(i,p,b)})$ 受下游存储仓库卸载位置点 s_{i+1}^d 的运输小车状态的影响；运输小车进入状态 (i,p,k) 后，其在该状态对应的期望时间 $E(T_{(i,p,k)})$ 受下游存储仓库卸载位置点 s_{i+1}^d 的卸载物料时间的影响，且与进入 (i,p,k) 之前的模型状态有关。运输小车处于状态 (i,d,f)、(i,d,e)、(i,d,b)、(i,d,k)、(i,d,s)、(i,p,f)、(i,p,e)、(i,p,b)、(i,p,k) 和 (i,p,s) 的期望状态时间表达式分别见式(5-24)～式(5-33)。

$$E(T_{(i,d,f)}) = t_{i-1,i} \tag{5-24}$$

$$E(T_{(i,d,e)}) = t_{i-1,i} \tag{5-25}$$

$$E(T_{(i,d,b)}) = \frac{t^l \times v_{(i,d,e)}}{(v_{(i,d,e)} + v_{(i,d,s)}) \times 2} \tag{5-26}$$

$$E(T_{(i,d,k)}) = t^l / 2 \tag{5-27}$$

$$E(T_{(i,d,s)}) = t^l \tag{5-28}$$

$$E(T_{(i,p,f)}) = t_i \tag{5-29}$$

$$E(T_{(i,p,e)}) = t_i \tag{5-30}$$

$$E(T_{(i,p,b)}) = \frac{(v_{(i+1,d,f)} + v_{(i+1,d,e)})(t_{i,t+1} - t_i) + v_{(i+1,d,s)}[(t_{i,t+1} - t_i) + t^l]}{(v_{(i+1,d,f)} + v_{(i+1,d,e)} + v_{(i+1,d,s)}) \times 2} \tag{5-31}$$

$$E(T_{(i,p,k)}) = \frac{\dfrac{(v_{(i+1,d,f)} + v_{(i+1,d,e)})(t_{i,t+1} - t_i) + v_{(i+1,d,s)}[(t_{i,t+1} - t_i) + t^l]v_{(i,p,f)}}{v_{(i+1,d,f)} + v_{(i+1,d,e)} + v_{(i+1,d,s)}}}{(v_{(i,p,f)} + v_{(i,p,s)}) \times 2} +$$

$$\frac{(t_{i,t+1} - t_i)v_{(i,p,s)}}{(v_{(i,p,f)} + v_{(i,p,s)}) \times 2} \tag{5-32}$$

$$E(T_{(i,p,s)}) = t^l \tag{5-33}$$

4. 模型稳定状态求解方程组

基于上述分析结果,EMCM 的稳定状态求解方程组可表示为

$$\boldsymbol{R} \cdot \boldsymbol{v} = v \tag{5-34}$$

$$v_{(1,p,e)} = 1 \tag{5-35}$$

$$p_i^d = (m-1)\frac{v_{(i,d)}}{\displaystyle\sum_{j=1}^{|W|}(v_{(i,d)} + v_{(i,p)})}, \quad \forall s_i^d, i = 1,2,\cdots,n \tag{5-36}$$

$$p_i^p = (m-1)\frac{v_{(i,p,s)} + v_{(i,p,b)} + v_{(i,p,k)}}{\displaystyle\sum_{j=1}^{|W|}(v_{(i,d)} + v_{(i,p)})}, \quad \forall s_i^p, i = 1,2,\cdots,n \tag{5-37}$$

$$q_i = \frac{\lambda_i C}{v_{(i,p,e)} m} \tag{5-38}$$

$$C = \sum_{w=1}^{|W|} v_w E(T_w) \tag{5-39}$$

以上方程组的总个数为 $|W|+3n+1$,方程组的变量个数为 $|W|+3n+1$,其中 EMCM 状态访问率 $v_w(w \in W)$ 的个数为 $|W|$,变量 $q_i(i=1,2,\cdots,n)$、$p_i^p(i=1,2,\cdots,n)$ 和 $p_i^d(i=1,2,\cdots,n)$ 的个数分别为 n,变量 C 的个数为 1。

5.5.3.3　物料运输系统稳定状态分析技术

针对 Interbay 系统 EMCM 的稳定状态方程组,采用高斯迭代法求解,可快速获得 $\boldsymbol{q}$、$\boldsymbol{p}^p$、$\boldsymbol{p}^d$、$\boldsymbol{v}$ 等向量和变量 C 的唯一值。在此基础上,即可进行物料运输系统的运行分析,来分析运输小车数量、小车速度、运输捷径设置、小车堵塞、物料到达和等待时间等因素对系统的影响。

5.5.4　物料运输系统状态分析模型评价

在制造企业的日常生产过程中,物料运输系统会产生海量的制造数据,这些制造数据具有实时、多源和结构化等特点。现对某实际晶圆制造物料运输系统进行调查和研究,采集物料运输系统调度的相关数据,通过数据集成技术对前文建立的 EMCM 物料运输系统运行模型进行系统运行稳定状态分析技术的可行性和有效性使用验证。

(1) 利用大数据集成技术将物料运输系统在实际运行时产生的海量实时、多源的制造数据按照集成规范,转换为格式统一的结构化数据。

(2) 对转换后的结构化数据进行完整性和正确性的检查,验证数据是否存在缺失、格式错误和违反基本逻辑等现象。

(3) 通过对数据关联关系进行识别,将数据整合成全面有效的数据,实现数据与系统运行状态的相互对应。

(4) 提取得到系统运行处于稳定状态时的概率向量 $q=(q_i)(i=1,2,\cdots,n)$、$p^p=(p_i^p)(i=1,2,\cdots,n)$、$p^d=(p_i^d)(i=1,2,\cdots,n)$、$v=(v_w)$ 和变量 C。

(5) 与 EMCM 模型所求解结果进行对比分析,验证模型的可行性和有效性,并提出以下命题:

基于 EMCM 的稳定状态求解方程组,当 Interbay 物料运输系统运行稳定时(即运输小车能够响应所有运输请求并对物料进行搬运),则概率向量 $q=(q_i)(i=1,2,\cdots,n)$、$p^p=(p_i^p)(i=1,2,\cdots,n)$、$p^d=(p_i^d)(i=1,2,\cdots,n)$、$v=(v_w)$ 和变量 C 存在唯一解,且马尔可夫模型的状态访问率 $v_w(w\in W)$ 是稳定的。

5.6　物料运输系统智能调度技术

5.6.1　物料运输调度整体流程

二维码 5-4

基于大数据的运输任务指派方法架构如图 5-13 所示,它主要由 3 部分组成:①实时多源数据感知与封装;②实时数据交互;③基于工作流的实时导航。

1. 实时多源数据感知与封装

在制造系统中,通过多种数据采集硬件如 RFID、工控机等可以实时采集车间运行状态数据。为了更为方便地进行数据管理与交互,采用以下模型对实时多源数据进行封装。该数据模型包括 4 个节点:小车编码、最大容量、当前位置以及已占用体积。

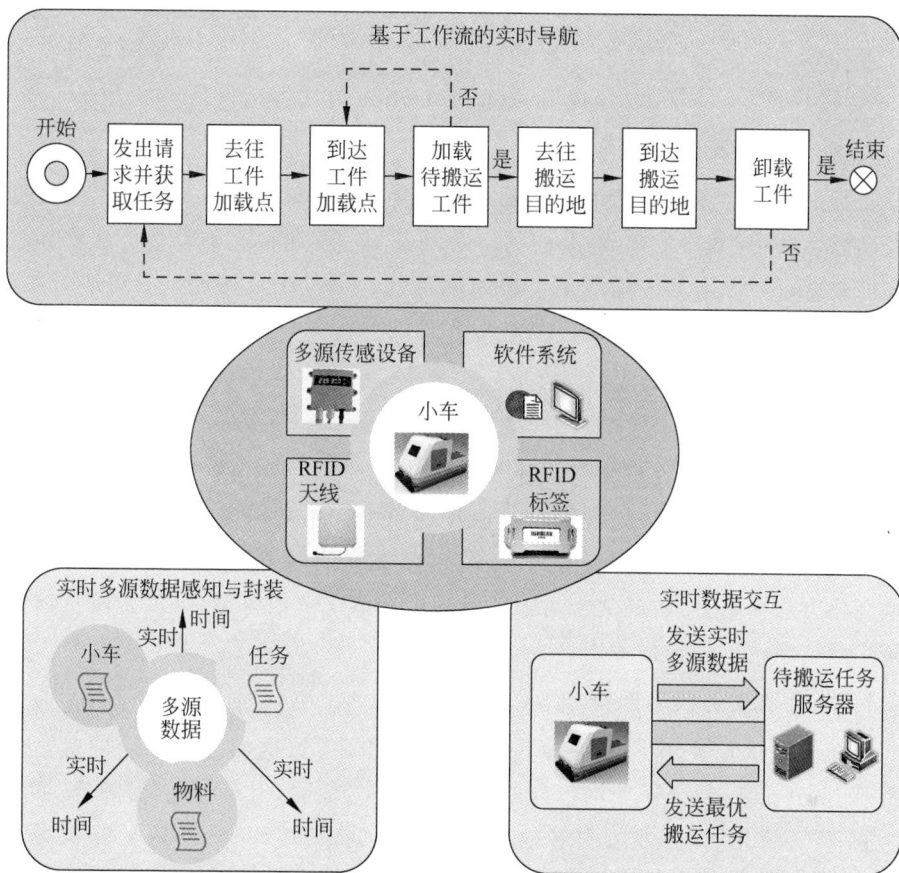

图 5-13　基于大数据的运输任务指派方法架构

$$
\boldsymbol{V} =
\begin{bmatrix}
\mathrm{VID}_1 & V_{\max}^1 & \mathrm{CL}_1 & V_u^1 \\
\mathrm{VID}_2 & V_{\max}^2 & \mathrm{CL}_2 & V_u^2 \\
\mathrm{VID}_3 & V_{\max}^3 & \mathrm{CL}_3 & V_u^3 \\
\vdots & \vdots & \vdots & \vdots \\
\mathrm{VID}_i & V_{\max}^i & \mathrm{CL}_i & V_u^i
\end{bmatrix}
\tag{5-40}
$$

式中，VID_i 为运输小车 i 的编码，$V_{\max}^i$ 为运输小车 i 的最大容量，CL_i 为运输小车 i 的当前位置，V_u^i 为运输小车 i 的已占用体积。

2．实时数据交互

实时数据交互主要用于实现小车与待搬运任务服务器之间的实时数据交互。其中，面向服务的架构（service-oriented architecture，SOA）用于实时多源数据的发送与接收，整个过程描述如下：当任意小车空闲时，小车的实时状态，包括小车编码、最大容量、当前位置以及当前操作者将封装成一个 XML 文件；

sendCurrentStatus 方法将被激活,并将 XML 文件发送到待搬运任务服务器; taskOptimization 方法将根据小车和任务的实时数据,计算最优的搬运任务;最后,sendMoveTask 方法激活,将 taskOptimization 方法的结果传输出去。

3. 基于工作流的实时导航

基于工作流的实时导航用于为操作者提供自我决策能力以及基于实时数据的导航功能。其中,基于工作流,共包括 7 个活动:①发送请求与获取任务;②去往工件加载点;③到达工件加载点;④加载工件;⑤去往目的地;⑥到达目的地;⑦卸载工件。

5.6.2　两阶段物料运输优化方法

基于以上的流程,这里介绍一种两阶段物料运输优化方法[5],通过实时多源数据为小车分配最优的运输任务组合。由于通常车间中的待运输任务量巨大,这里通过两阶段优化算法来减少任务组合复杂度,提高问题求解效率。在两阶段物料运输优化方法中,第一阶段从待运输任务集中获取候选任务集,第二阶段从候选任务集中获取最优的运输任务组合。

1. 待运输任务实时数据模型

在介绍优化方法之前,有必要先引入待运输任务数据模型。假设待运输任务集中有 N 个任务,每个任务均包含以下信息:任务编码、出发地点、目的地、期望到达时间、任务优先级、任务索引号以及物料信息(物料编码、物料数量以及物料体积)。N 个任务数据存储在矩阵 N 中,其中 TID_j 表示任务 j 的编码,FL_j 表示任务 j 的出发地点,TL_j 表示任务 j 的目的地,D_j 表示任务 j 的期望到达时间,P_j 表示任务 j 的优先级,IID_j 表示任务 j 的物料索引号。

$$N = \begin{bmatrix} \text{TID}_1 & \text{FL}_1 & \text{TL}_1 & D_1 & P_1 & \text{IID}_1 \\ \text{TID}_2 & \text{FL}_2 & \text{TL}_2 & D_2 & P_2 & \text{IID}_2 \\ \vdots & \vdots & \vdots & \vdots & \vdots & \vdots \\ \text{TID}_j & \text{FL}_j & \text{TL}_j & D_j & P_j & \text{IID}_j \\ \vdots & \vdots & \vdots & \vdots & \vdots & \vdots \\ \text{TID}_N & \text{FL}_N & \text{TL}_N & D_N & P_N & \text{IID}_N \end{bmatrix} \tag{5-41}$$

物料的数据模型包含以下信息:物料编码、物料名称、物料数量以及单位物料的体积。任务 j 的物料数据模型存储在矩阵 W_j 中,其中 ICode_{jk} 表示单位物料 k 的编号,Name_{jk} 表示物料 k 的名称,Q_{jk} 表示物料 k 的数量,V_{jk} 表示单位物料 k 的体积。

$$\boldsymbol{W}_j = \begin{bmatrix} \text{ICode}_{j1} & \text{Name}_{j1} & \boldsymbol{Q}_{j1} & \boldsymbol{V}_{j1} \\ \text{ICode}_{j2} & \text{Name}_{j2} & \boldsymbol{Q}_{j2} & \boldsymbol{V}_{j2} \\ \text{ICode}_{j3} & \text{Name}_{j3} & \boldsymbol{Q}_{j3} & \boldsymbol{V}_{j3} \\ \vdots & \vdots & \vdots & \vdots \\ \text{ICode}_{jk} & \text{Name}_{jk} & \boldsymbol{Q}_{jk} & \boldsymbol{V}_{jk} \end{bmatrix} \tag{5-42}$$

2. 候选运输任务集优化

候选运输任务集优化是指选择出较好的运输任务提供给进一步的组合优化。由于待运输任务集中存在着大量的任务,通过候选运输任务集优化可以很大程度减少数据冗余。所有的待运输任务都将根据其优先级进行预优化,任务的优先级根据物料预期到达时间计算,一般地,物料预期到达时间越早,任务优先级越高。

候选运输任务集选择方法如下:按照任务的优先级,从高到低选择 q 个任务;如果不同任务具有相同的优先级,则选择预期到达时间更早的任务。候选运输任务集的数据存储在矩阵 q 中。

$$\boldsymbol{q} = \begin{bmatrix} \text{TID}_{q,1} & \text{FL}_{q,1} & \text{TL}_{q,1} & D_{q,1} & P_{q,1} & \text{IID}_{q,1} \\ \text{TID}_{q,2} & \text{FL}_{q,2} & \text{TL}_{q,2} & D_{q,2} & P_{q,2} & \text{IID}_{q,2} \\ \text{TID}_{q,3} & \text{FL}_{q,3} & \text{TL}_{q,3} & D_{q,3} & P_{q,3} & \text{IID}_{q,3} \\ \vdots & \vdots & \vdots & \vdots & \vdots & \vdots \\ \text{TID}_{q,q} & \text{FL}_{q,q} & \text{TL}_{q,q} & D_{q,q} & P_{q,q} & \text{IID}_{q,q} \end{bmatrix} \tag{5-43}$$

基于以上候选任务矩阵,可以得到可行的运输任务组合,任务组合的体积不超过小车的最大容量。

3. 基于层次分析法的组合优化方法

层次分析法是多目标决策领域应用十分广泛的工具,因此,这里介绍一种基于层次分析法的搬运任务组合优化方法,这种方法通过综合任务的优先级、小车的最大容量、运输距离以及小车已占用体积等来实现绿色搬运。

层次分析法主要用于设置运输距离、任务优先级以及小车已占用体积等因子的权重,如图 5-14 所示,其中,运输成本、运输时间以及运输质量作为准则层,距离、优先级以及占用体积作为方案层。

为了获取合适的权重系数,首先采用配对比较法获取判定矩阵 $\boldsymbol{A}$。

$$\boldsymbol{A} = (a_{ij})_{n \times n} = \begin{bmatrix} a_{11} & a_{12} & \cdots & a_{1n} \\ a_{21} & a_{22} & \cdots & a_{2n} \\ \vdots & \vdots & \ddots & \vdots \\ a_{n1} & a_{n2} & \cdots & a_{nn} \end{bmatrix} \tag{5-44}$$

基于判定矩阵 $\boldsymbol{A}$,权重系数计算如下:

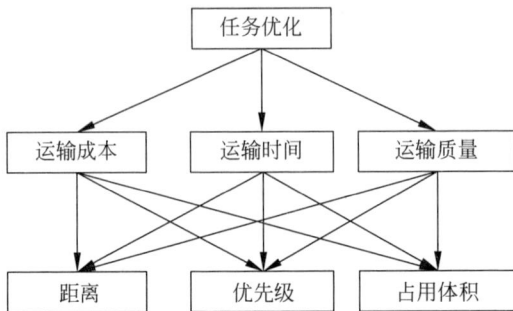

图 5-14　基于层次分析法的组合优化方法

$$w_i = \frac{\sqrt[n]{\prod\limits_j a_{ij}}}{\sum \prod\limits_j a_{ij}}, \quad \sum_{i=1}^n w_i = 1, \quad \boldsymbol{W} = (w_1, w_2, \cdots, w_n)^{\mathrm{T}} \tag{5-45}$$

然后采用一致性测试验证得到的权重系数的有效性,步骤如下:

(1) 建立矩阵 $\boldsymbol{A}$ 的特征方程,获取最大特征值 $\lambda_{\max}$;

(2) 计算同步指标 I_{CI} 和平均随机同步指标 $I_{\mathrm{RI}}(n)$;

(3) 进行一致性测试。

如果 I_{CR} 满足 $I_{\mathrm{CR}} \leqslant 0.1$,则判定矩阵可以接受,即任务运输距离、优先级以及占用体积的权重系数可表示为向量 $(W_L, W_P, W_U)^{\mathrm{T}}$。

$$\boldsymbol{A}\lambda_{\max} = \lambda_{\max}\boldsymbol{W} \tag{5-46}$$

$$\lambda_{\max} = \frac{1}{n} \sum_i \frac{(\boldsymbol{AW})_i}{w_i} \tag{5-47}$$

$$I_{\mathrm{CI}} = \frac{\lambda_{\max} - n}{n - 1} \tag{5-48}$$

$$I_{\mathrm{CR}} = \frac{I_{\mathrm{CI}}}{T_{\mathrm{RI}}} \tag{5-49}$$

通过层次分析法,可以获取任务运输距离、优先级以及占用体积的权重。基于层次分析法的物料运输调度方法具体步骤如下。

(1) 建立运输任务组合目标函数。P_c 表示运输任务组合 c 的优先级,L_c 表示运输任务组合 c 的运输距离,U_c 表示运输任务组合 c 的体积,w_L、w_P 与 w_U 分别表示 L、P 与 U 在目标函数 $f(L_c, P_c, U_c)$ 中的权重,P_0、L_0、U_0 表示 P、L、U 的维度。因此,目标函数表示为

$$\max f(L_c, P_c, U_c) = w_L L_c / L_0 + w_P P_c / P_0 + w_U U_c / U_0 \tag{5-50}$$

(2) 计算运输任务组合 c 的运输距离 L_c。L_c 是当前任务组合由当前小车完成的最短路径长度,可根据小车所经过的所有位置点计算得到,其中,矩阵 $\boldsymbol{D}$ 用于存储车间中任意位置点之间的距离值,DP_{ij} 表示位置 ID_i 与位置 ID_j 之间的距离,

很明显,$DP_{ii}=0$,$DP_{ij}=DP_{ji}$。

$$\boldsymbol{D}=\begin{bmatrix} DP_{11} & DP_{12} & \cdots & DP_{1i} & \cdots & DP_{1j} & \cdots & DP_{1n} \\ DP_{21} & DP_{22} & \cdots & DP_{2i} & \cdots & DP_{2j} & \cdots & DP_{2n} \\ \vdots & \vdots & \ddots & \vdots & \vdots & \vdots & \vdots & \vdots \\ DP_{i1} & DP_{i2} & \cdots & DP_{ii} & \cdots & DP_{ij} & \cdots & DP_{in} \\ \vdots & \vdots & \vdots & \vdots & \ddots & \vdots & \vdots & \vdots \\ DP_{j1} & DP_{j2} & \cdots & DP_{ji} & \cdots & DP_{jj} & \cdots & DP_{jn} \\ \vdots & \vdots & \vdots & \vdots & \vdots & \vdots & \ddots & \vdots \\ DP_{n1} & DP_{n2} & \cdots & DP_{ni} & \cdots & DP_{nj} & \cdots & DP_{nn} \end{bmatrix} \tag{5-51}$$

(3) 计算运输任务组合 c 的优先级 P_c。m 表示任务组合中运输任务的个数。

$$P_c = \sum_{j=1}^{m} P_{cj} \tag{5-52}$$

(4) 计算运输任务组合 c 的体积 U_c。z 表示任务中物料种类数。

$$U_c = \sum_{j=1}^{m} \sum_{k=1}^{z} Q_{jk} V_{jk} \tag{5-53}$$

(5) 计算 P_0、L_0、U_0。S 表示可行的任务组合数。

$$L_0 = \frac{1}{S} \sum_{c=1}^{S} L_c \tag{5-54}$$

$$P_0 = \frac{1}{S} \sum_{c=1}^{S} P_c \tag{5-55}$$

$$U_0 = \frac{1}{S} \sum_{c=1}^{S} U_c \tag{5-56}$$

(6) 计算 w_L、w_P 与 w_U。

(7) 计算目标函数 $f(L_c, P_c, U_c)$ 的值。

(8) 找到最优即找到最大目标函数值的运输任务组合。

5.7　晶圆制造车间的物料运输系统调度实例

5.7.1　车间硬件环境

本节通过一个物料运输调度实例来说明以上介绍的调度方法,不失一般性,在以下车间中考虑基本的制造资源配置,如图 5-15 所示,该制造环境由以下几部分组成:①加工区域,包括 14 个工作站,每个工作站有一个加载缓冲和一个输出缓冲;②仓库,用于存储物料、在制品以及完工工件;③4 辆运输小车。为了能够实时采集车间中的多源数据,物料和制造资源上均贴有数据采集标签。具体的,每个路口、加载缓冲、输出缓冲以及存储立柜均贴有采集实时位置数据的标签；每个托盘和关键在制品均贴有实时采集物料数据的标签；每个运输员工均配有提供操作者信息的员工卡（RFID 卡）。

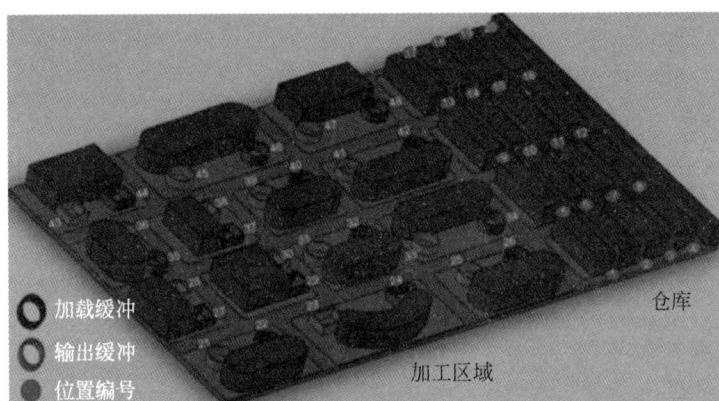

图 5-15　车间基本制造资源配置图

5.7.2　实施应用

通过 4 辆运输小车与 15 个待运输任务介绍以上调度方法的执行过程，小车和待运输任务的信息如表 5-1、表 5-2 所示。

表 5-1　小车信息

小车编码	当前位置	最大容量	已用容量
VID_1	10	15	12
VID_2	38	15	8
VID_3	33	15	0
VID_4	26	15	8

表 5-2　待运输任务信息

任务编码	当前位置	去往位置	期望到达时间	优先级	物料索引号	体积
TID_1	5	32	150	1	IID_1	11
TID_2	45	27	140	1	IID_2	3
TID_3	23	35	130	1	IID_3	5
TID_4	11	44	120	1	IID_4	12
TID_5	21	37	110	1	IID_5	8
TID_6	16	34	100	1	IID_6	4
TID_7	43	29	90	2	IID_7	10

续表

任务编码	当前位置	去往位置	期望到达时间	优先级	物料索引号	体积
TID_8	13	24	80	2	IID_8	6
TID_9	25	9	70	2	IID_9	9
TID_{10}	39	22	60	2	IID_{10}	7
TID_{11}	28	40	50	3	IID_{11}	5
TID_{12}	31	46	40	3	IID_{12}	7
TID_{13}	7	42	30	3	IID_{13}	10
TID_{14}	30	48	20	4	IID_{14}	4
TID_{15}	41	19	10	4	IID_{15}	6

（1）建立小车实时数据模型如下：

$$V = \begin{bmatrix} VID_1 & 10 & 15 & 12 \\ VID_2 & 38 & 15 & 8 \\ VID_3 & 33 & 15 & 0 \\ VID_4 & 26 & 15 & 8 \end{bmatrix} \tag{5-57}$$

（2）建立待运输任务数据模型如下。选择 5 个任务作为候选运输任务，并建立候选运输任务数据矩阵。

$$N = \begin{bmatrix} TID_1 & 5 & 32 & 150 & 1 & IID_1 \\ TID_2 & 45 & 27 & 140 & 1 & IID_2 \\ TID_3 & 23 & 35 & 130 & 1 & IID_3 \\ TID_4 & 11 & 44 & 120 & 1 & IID_4 \\ TID_5 & 21 & 37 & 110 & 1 & IID_5 \\ TID_6 & 16 & 34 & 100 & 1 & IID_6 \\ TID_7 & 43 & 29 & 90 & 2 & IID_7 \\ TID_8 & 13 & 24 & 80 & 2 & IID_8 \\ TID_9 & 25 & 9 & 70 & 2 & IID_9 \\ TID_{10} & 39 & 22 & 60 & 2 & IID_{10} \\ TID_{11} & 28 & 40 & 50 & 3 & IID_{11} \\ TID_{12} & 31 & 46 & 40 & 3 & IID_{12} \\ TID_{13} & 7 & 42 & 30 & 3 & IID_{13} \\ TID_{14} & 30 & 48 & 20 & 4 & IID_{14} \\ TID_{15} & 41 & 19 & 10 & 4 & IID_{15} \end{bmatrix} \tag{5-58}$$

$$q = \begin{bmatrix} TID_{11} & 28 & 40 & 50 & 3 & IID_{11} \\ TID_{12} & 31 & 46 & 40 & 3 & IID_{12} \\ TID_{13} & 7 & 42 & 30 & 3 & IID_{13} \\ TID_{14} & 30 & 48 & 20 & 4 & IID_{14} \\ TID_{15} & 41 & 19 & 10 & 4 & IID_{15} \end{bmatrix} \tag{5-59}$$

候选运输任务数据矩阵如表 5-3 所示,参数值列表如表 5-4 所示。

表 5-3 候选运输任务信息

任务编码	当前位置	去往位置	期望到达时间	优先级	物料索引号	体积
TID_{11}	28	40	50	3	IID_{11}	5
TID_{12}	31	46	40	3	IID_{12}	7
TID_{13}	7	42	30	3	IID_{13}	10
TID_{14}	30	48	20	4	IID_{14}	4
TID_{15}	41	19	10	4	IID_{15}	6

表 5-4 参数值列表

参数名称	P_0	L_0	U_0	w_P	w_L	w_U
参数值	4.833	214	9.75	0.333	0.333	0.333

(3)可以发现小车 3 处于空闲状态,因此根据前面介绍的方法可以得到小车 3 的任务运输组合集。

(4)构建目标函数,选择最优的任务运输组合。从表 5-5 中可以看出,任务组合 TID_{11}、TID_{14} 和 TID_{15} 具有最大的目标函数值。因此,小车 3 将执行运输任务组合 TID_{11}、TID_{14} 和 TID_{15}。

表 5-5 各任务运输组合目标函数值结果

小车编码	任务组合	优先级	运输距离	体积	目标函数值
3	TID_{11}	3	141	5	0.801
3	TID_{12}	3	129	7	0.910
3	TID_{13}	3	163	10	0.902
3	TID_{14}	4	153	4	0.787
3	TID_{15}	4	143	6	0.883
3	TID_{11},TID_{12}	6	225	12	1.024
3	TID_{11},TID_{13}	6	255	15	1.088
3	TID_{11},TID_{14}	7	245	9	0.958
3	TID_{11},TID_{15}	7	207	11	1.073
3	TID_{12},TID_{14}	7	173	11	1.136
3	TID_{12},TID_{15}	7	235	13	1.101
3	TID_{13},TID_{14}	7	183	14	1.213
3	TID_{13},TID_{15}	8	229	10	1.066
3	TID_{11},TID_{14},TID_{15}	11	293	15	1.335

5.7.3　结果分析

本节介绍的调度算法与传统调度算法的对比结果如图 5-16 所示。其中，图 5-16(a)示出 4 辆小车总的负载距离与空驶距离对比结果；图 5-16(b)示出每辆小车负载距离与空驶距离对比结果。从中可以得出以下结论：

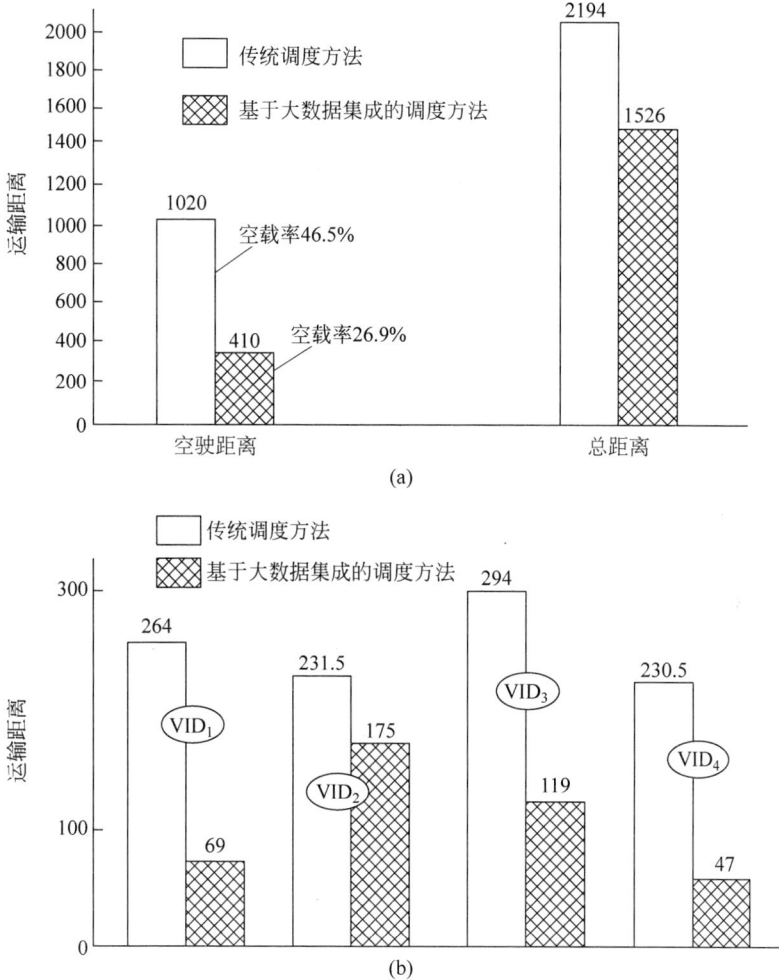

图 5-16　基于大数据集成的调度方法与传统调度方法结果对比

(a) 4 辆小车负载距离与空驶距离对比结果；(b) 每辆小车负载距离与空驶距离对比结果

(1) 基于大数据集成的物料运输调度方法在空驶距离上相对于传统调度方法减少 19.6%；

(2) 基于大数据集成的物料运输调度方法在总运输距离上相对于传统调度方法减少 668；

（3）基于大数据集成的物料运输调度方法在每辆小车的运输距离上相对于传统调度方法分别减少 $195(\text{VID}_1)$、$56.5(\text{VID}_2)$、$175(\text{VID}_3)$、$183.5(\text{VID}_4)$。

参考文献

[1] LEE J，LAPIRA E，BAGHERI B，et al. Recent advances and trends in predictive manufacturing systems in big data environment [J]. Manufacturing letters，2013，1(1)：38-41.

[2] FAN X. Progress on RFID technology application in logistics industry [C]//Proceedings of the 2010 International Conference of Logistics Engineering and Management，2010：2372-2378.

[3] 李晓丽. 异构数据集成技术在物联网中的研究与应用[D].北京：北京邮电大学，2013.

[4] 吴立辉. 晶圆制造自动化物料运输系统的智能调度研究[D].上海：上海交通大学，2011.

[5] ZHANG Y，ZHANG G，DU W，et al. An optimization method for shopfloor material handling based on real-time and multi-source manufacturing data [J]. International journal of production economics，2015，165：282-292.

第6章

基于大数据可视化的生产智能监控

采用车间生产过程中的可视化监控技术有助于管理者实时掌握制造车间的运行状态和生产情况,能极大提高应对突发状况的能力和生产效率。随着物联网技术的进一步发展,生产线、生产设备都将配备传感器,从而对底层的制造状态进行感知。通过对这些数据进行分析并可视化,可准确反映车间运行状态和生产情况,有助于生产管理者实时掌握车间运行情况,及时调整生产计划,合理分配制造资源,实现资源的高效利用。

在前文介绍车间数据采集、融合、传输的基础上,本章重点介绍生产智能监控业务数据来源、边缘计算技术、车间生产监控信息建模和可视化技术,系统阐述车间生产过程智能监控方法。同时结合相应制造业生产监控案例,介绍飞机装配车间和食品包装车间的生产在线监控系统实例,以描述大数据技术在生产过程智能监控中的应用。

6.1 生产智能监控业务

现代化工业制造生产线安装有数以千计的小型传感器,以探测温度、压力、热能、振动和噪声等。每隔几秒就收集一次数据,利用这些数据可以实现对车间生产状态的实时监控,包括产品状态、设备状态、能耗状态、质量状态等[1]。

很多公司多年来一直使用实时监控面板来监控他们的工厂,大多数情况下,使用较为简单的趋势图,并仅在超出固定的限值时报警。不同监控业务的监控信息通常来自于一个个单独数据库中的单一的信息仓库。对于业务复杂的制造企业来说这是一个大障碍,因为这将导致一系列的单一仓库,而非一个集成式仓库。另一方面,由于采集的信息量非常庞大,需要从海量的监控信息中挖掘出企业真正关注的实时生产信息。例如在杜邦公司(DuPont)彻底检查其报警管理系统之前,有时他们每周会发出15万次警报。当每周有15万次警报发出时,想要知道哪些警报是需要真正注意的将会是一个很大的挑战。所以最为重要的是过滤掉噪声,使我们专注于重要的警报。

因此需要针对车间实际生产场景及业务需求,构建车间或生产线信息模型,实现产品状态、核心设备状态、工装工具齐套率、产品质量数据等场景数据分析结果的可视化监控。在工业控制方面,可视化界面意味着控制生产过程,保持机器和工厂的最优运转,以及生产效率的提升,因此可视化在工业监控软件中的研究与应用具有重要的意义[2]。可视化技术 1987 年由美国国家基金会首次提出,它是集二维、三维等图形图像、文字、声音等多种多媒体技术为一体的一项综合技术。随着科学技术的发展,由超级计算机、测量仪器、人造地球卫星、航天飞机等产生的数据量越来越大,将数据转换为一种有效的、生动的形式能帮助人们理解其包含的信息、了解其现象,甚至发现某种规律[3]。否则,只能将这些数据收集起来并束之高阁。可视化提高了人对事物的观察能力及促进了整体概念的形成。它的结果便于人们记忆与理解,同时其对于信息的表达和处理方式有其他方法无法取代的优势。可视化技术以人们惯于接受的图形、图像的方式并辅以信息处理技术,将客观事物及其内在的联系表现出来。它不仅是客观现实的形象再现,也是客观规律、知识和信息的有机融合。

6.1.1　生产智能监控业务内容

生产车间是企业各种生产要素(人员、设备、信息)的聚集地,是反映生产能力、生产动态、质量动态、制造成本等信息的直接信息源[4]。生产智能监控业务内容主要包括产品状态、设备状态、生产流程执行状态三个部分[5]。

1．产品状态监控

产品状态信息主要包括产品在产品车间在制品的供应商、材料、性能参数、加工工位、数量、质量数据等信息。通过对在制品信息的采集,就能够及时掌握在制品所处的位置、加工工序、加工质量、工件的数量、合格率以及报废率。产品状态信息由订单信息、产品属性信息和原料信息构建产品维的元数据体系,包括订单、客户、产品、原料、原料供应商等数据对象。

2．设备状态监控

设备状态信息主要包括设备的基础信息、运行状态信息和维保信息。设备的基础信息主要指设备型号、设备名称、设备参数、设备性能和设备所处的位置等静态信息。设备的运行状态信息主要包括设备停机、设备加工以及设备故障,也包括机床主轴转速、进给率、刀具、夹具等信息。设备的维保信息主要指设备的日常保养以及异常维修信息。通过对设备的实时状态信息的感知采集,实现对设备的实时监控,有利于及时掌握、保持设备的优良工作状态,提高设备的工作效率。

3．生产流程执行状态监控

生产流程信息主要包括实际的生产进度、生产计划完成情况。依照订单状况,根据工件的工艺路线来制订工序进度计划,派发车间生产任务,并全程监控任务、记录任务的执行情况信息,不仅包括当前正在加工的任务,还包括排队任务等生产情况。

6.1.2 生产智能监控业务问题的特点

在生产制造过程中涉及的加工设备数量多、工作路线复杂,并且通常是几个车间或几个部门协同生产,也经常会发生机器故障、来料延迟和紧急插单等异常事件,实际生产环境往往具有动态性、不确定性。因此,生产监控业务具有如下特点。

1. 动态实时性

生产车间实际的加工生产是一个实时动态变化的过程,如物料工件的位置状态、AGV 小车的工作情况、各工序的完成进度、设备的加工状态等信息都是随着时间变化的,也包括生产加工过程中因为各种异常事件,如物料不合格、设备工装故障、工人操作失误和紧急插单等,导致生产加工不能按原始计划继续执行,使得生产信息动态变化。

2. 多源异构性

车间生产涉及来自不同系统的设备运行参数、产品加工时间等结构化数据,产品物料清单结构表、数控程序等半结构化数据,以及三维模型、检测图像等非结构化数据。由于信息采集方式和信息本身的结构属性不同,导致采集上来的信息结构格式不同[6]。此外,车间中各种设备的生产商不同,导致接口和所适用的通信传输协议也不同,造成了设备信息之间交互和集成的困难。

3. 模糊性

目前生产车间中很多制造信息都存在人为主观意念的模糊信息表达,包括定量、定性、宏观、微观等模糊的表达,使得在车间监控中无法定量描述这些信息。

4. 离散性

在实际制造车间中,往往会有多个信息化管理系统,如 MES、ERP 系统、DNC 系统、PDM 系统和 CAPP 系统等,它们相互独立、各自离散。但一个产品的顺利加工完成需要各部门之间的信息能够传递,它们需要进行信息交互,在生产过程中有效地对信息进行共享,以实现监控信息间的有效关联。

6.2 生产智能监控业务的数据资源

6.2.1 生产监控业务的数据来源

在整个生产过程中,车间生产监控业务数据来源于车间的各种生产要素,涉及物料信息、设备信息、人员信息、工装工具信息、质量信息、制造执行信息、异常事件信息、其他信息等[7],具体如图 6-1 所示。

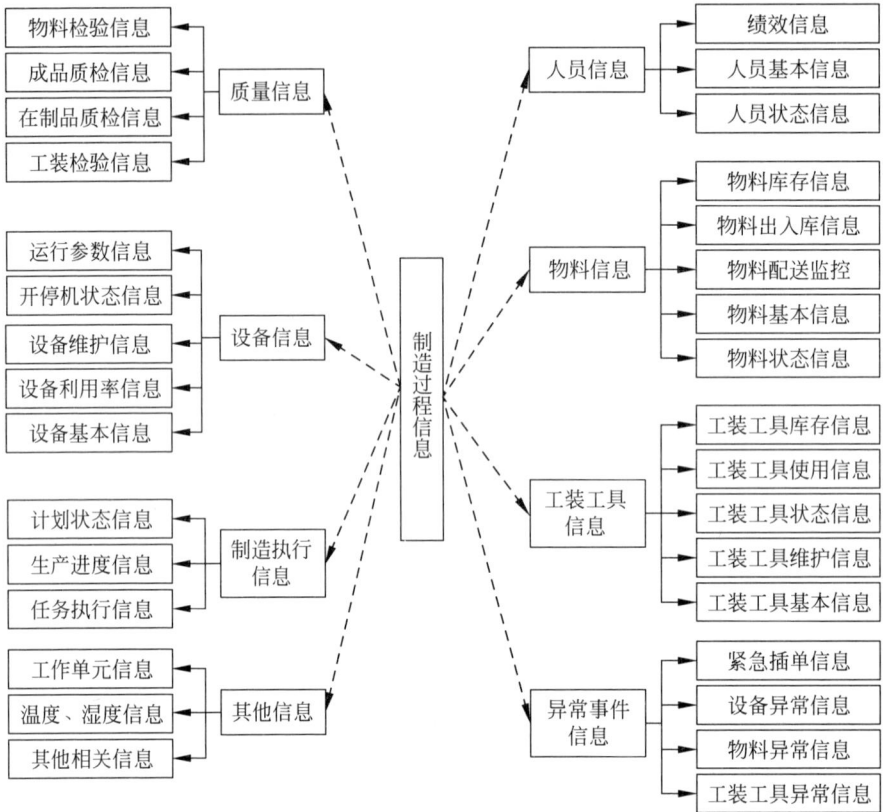

图 6-1 制造过程信息组成

1. 人员信息

在生产车间中,人员信息是指参与整个车间生产过程中的所有人员信息,例如进行各部门规划的管理者、进行流程或产品设计的工程师、进行生产加工的操作工人、进行调度工作的调度员、进行产品质量检测的质检员等,每个岗位的参与人员信息不仅包括姓名、性别、年龄、工号、职务等员工基本静态信息,还包括当前工作状态、绩效等实时动态信息。

2. 设备信息

制造过程中所包含的设备信息,主要指设备的基本属性、运行状态、加工参数、维护保养、利用率等信息,具体包括设备的种类和作用、旋转设备主轴转速、刀具设备的切削余量和进给速度、数控设备的代码编号、生产线中正在加工的设备所加工的零件、当前设备当日需完成产量、某生产线中设备的有效工作时间、设备故障情况及维护记录信息等。

3. 物料信息

物料信息主要指在生产加工过程中所需要的物料状态,应对其变化进行监控,以确保被用于生产加工的物料都是合格品,且物料接收过程按时按量进行。具体地,包含物料规格、物料数量、物料编码、物料入库、物料出库和物料库存情况等信息。

4．工装工具信息

工装工具主要指在生产加工过程中所使用的辅助工具,如模具、检具、刀具、夹具,其信息包括工装基本信息、工装工具库存信息、工装工具使用状态信息、工装维护记录信息等。

5．制造执行信息

制造执行信息主要指生产加工的进展情况,包括计划状态信息、生产进度信息和任务执行信息等。计划状态信息主要用来设置制造过程中的任务执行情况,如任务分配信息、任务接收信息、开工和完工状态信息等;生产进度信息主要用来表示制造过程的进度情况,如当前某正在生产部件的位置、加工状态、制造工序等;任务执行信息主要指制造过程中的执行细节,如零部件加工尺寸、需要加工的零部件数量、某一零部件加工所需的执行时间等。

6．质量信息

质量信息是制造过程中对质量相关信息的记录,如开始加工前所检查的物料质量信息、工装工具质量信息,加工过程中在各工序形成的工序质量信息,全部加工完成后形成的成品质量信息等。三种质量信息都需要作为产品最终质量信息的重要内容,以备后期质量问题追溯,便于做出产品的质量统计分析。

7．异常事件信息

异常事件信息主要指在生产加工过程中,发生的意外事件记录情况,如在生产过程中的紧急插单、设备故障、操作失误和处理情况、物料不合格记录情况、工装工具异常情况、产品不合格信息等。对以上异常情况都要及时记录并做出反馈,以便管理人员和调度员就生产调整及时做出反应。

8．其他信息

除上述几种信息以外,制造过程中的信息还包括车间内工位、站位、机台分布信息,产品实验情况记录信息,生产车间温湿度和空气流动情况信息,以及其他与制造过程相关的信息。

6.2.2　生产监控数据的组织形式

面向监控的数据仓库的作用是将原始的生产车间采集数据进行相应处理并转换成综合信息,通过将人、机、料、法、环等车间生产过程监控数据进行有效集成,从而供企业的各层分析、管理人员使用,对这些信息进行多方位的分析及可视化处理,能帮助企业管理层及时掌握车间生产实时动态,使之做出更符合企业业务发展规律的决策。面向监控的数据仓库的架构通常分为 4 个部分,如图 6-2 所示:第一部分是不同的数据来源,第二部分是通过对不同的数据源转换形成一个新的数据库,第三部分是联机分析处理(on-line analytical processing,OLAP),第 4 部分是各种数据分析工具、报表工具、数据挖掘工具以及各种基于数据仓库或数据集市开发的应用。

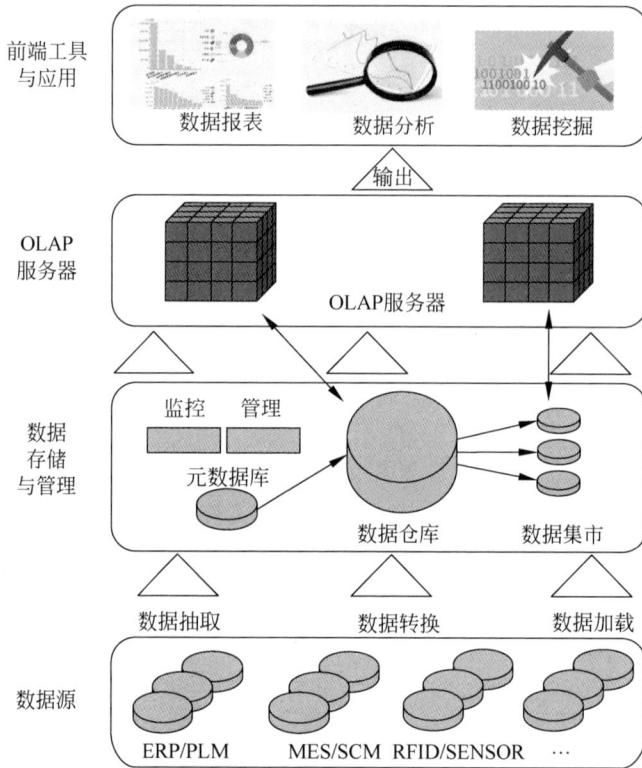

图 6-2　面向监控的数据仓库

从产品生产线上采集或历史数据库中查询到的原始数据是按照机台或某种数据类型组织的,仅反映了某一方面的特性,不能立即用于统计分析和控制。另外,产品生产过程中的各项技术指标、生产数据、控制参数相互关联、相互制约、相互影响。因此,针对数据来源多样和相互关联的特点[8-9],采用基于列存储和关系管理的统一数据服务,一方面可以在数据读取时避免不需要的列,降低 IO 带宽;另一方面可以配合压缩算法节省磁盘存储量,不仅为上层应用提供可靠的数据来源,而且加快了上层应用的数据读取速度。利用基于分布式文件系统的数据文件存储方法,实现大量数据的有效存储和快速读取;使用 ETL 工具,即数据抽取(extract)、转换(transform)、加载(load),实现由传统的行存储数据库向列存储数据库转化,如图 6-3 所示。通过有效、可靠的存储生产过程数据及其相互间的关联关系构建机台数据立方体,设计数据仓库建立准则,建立按主题组织的机台制造数据仓库,通过机台制造数据立方体描述方法对数据进行描述,通过基于主题的数据组织方法对数据进行组织;将单一查询在异构系统和数据库中进行分解,按照数据间关联关系将查询请求合理地优化分解为子查询任务,分配到各数据库节点中执行,最后将查询结果进行组合筛选,返回合理的查询结果;在此基础上进行数据整合,提供数据查询与引用,对机台运行数据进行科学、高效管理,实现数据库间无障碍数据交互,提高数据库使用效率。

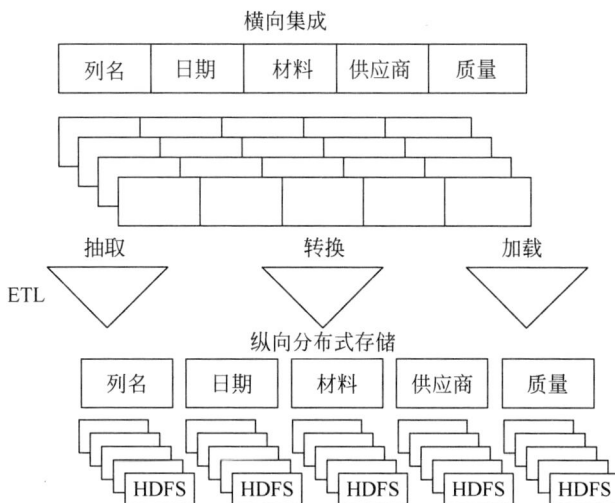

图 6-3　面向生产监控业务的实时数据存储

6.3　大数据驱动的生产智能监控方法体系架构

二维码 6-1

　　大数据驱动的生产智能监控方法以生产过程数据采集与融合为基础,以数据建模与仓储为载体,以面向主题的数据分析技术为手段,借助虚拟现实及边缘计算等新兴技术,实现大数据驱动下的生产过程可视化监控及智能分析。

　　(1)数据采集与融合。通过无线射频识别、智能传感器等生产监控数据采集技术,全面、实时采集车间生产监控数据,然后利用生产监控数据处理技术对采集的海量非结构化、多尺度、时序数据进行处理,并利用工业现场无线网络通信技术等车间数据传输技术,将采集的生产监控数据传输至数据库,最后在此基础上建立完整的语义匹配和语义映射系统,对多数据源异构进行集成融合[10-11]。

　　(2)数据建模与仓储。首先分析工艺流程,分析工位设备数据特点,针对底层数控系统数据的海量性和多源性特点,进行 OPC 数据访问映射和访问方式的设计。在此基础上,通过分析控制系统数据变量特点,通过构建主题数据仓库,实现数据建模。

（3）面向主题的数据分析。分析车间生产数据特征,及采集数据噪声来源,采用 STL 时序数据分解方法对数据进行处理,并在此基础上设计相应特征提取算法及去噪滤波算法。根据质量评价方法,对于产品的质量容差都转换为具体线性尺寸的容差来进行规范。建立基于生产过程数据的产品质量分析模型,能够对产品质量变化进行有效的监控,同时结合企业生产执行数据,可以对每个生产工艺过程进行反馈和预警。

（4）数据可视化与监控。基于车间生产流程的复杂网络模型,以生产流程复杂网络为主线,实现基于生产过程的监控。然后,以车间生产场景及产品、生产设备的虚拟模型为基础,在基于 Unity3D 引擎的虚拟环境中,设计信息模型中多媒介数据可视化接入接口,基于生产线通用信息模型,设计各类数据可视化界面展开方案,实现多源数据的可视化及车间生产过程仿真;同时,基于边缘智能计算,将云功能提供到边缘设备,通过位于网络边缘的单点工作站或私有云实现数据的可视化与分析,而无须将数据发送回中央处理器。

大数据驱动的生产智能监控方法体系架构见图 6-4。

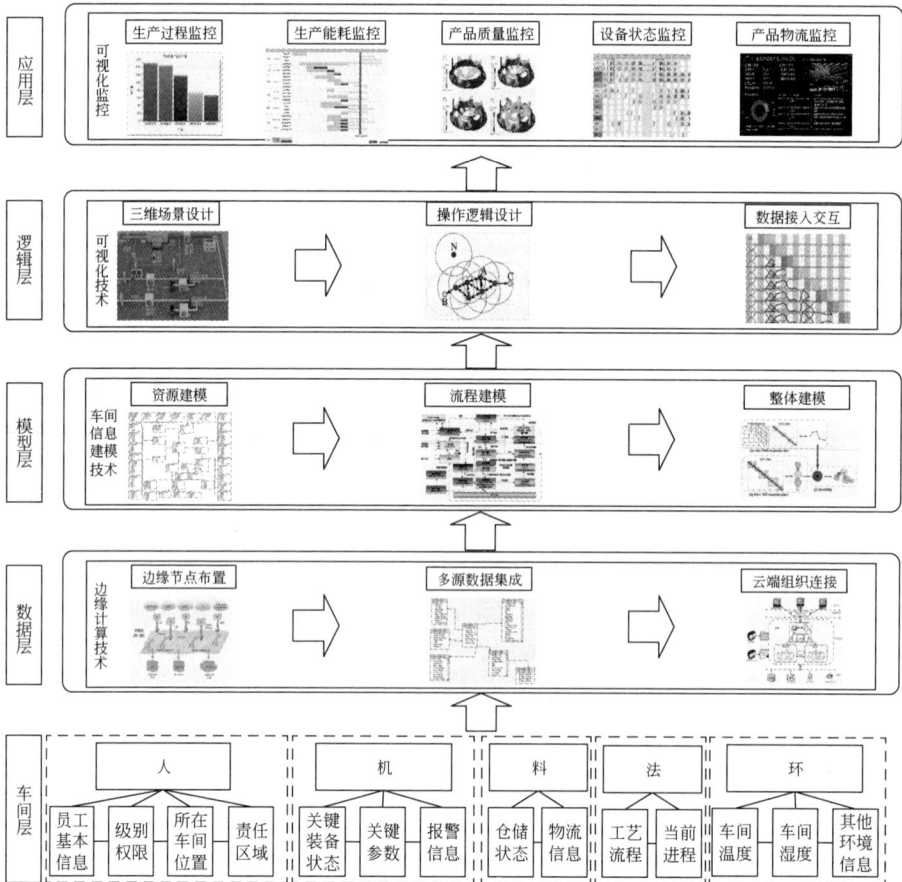

图 6-4　大数据驱动的生产智能监控方法体系架构

6.4　面向车间生产监控的边缘计算技术

二维码 6-2

由于前面章节已经介绍了基础的车间数据采集及传输技术，本节在其基础上介绍新兴的边缘计算技术，以满足海量数据情况下车间生产监控对于数据采集及计算实时性的需求。随着物联网的高速发展，车间生产过程中底层的智能设备与传感器逐渐增多[12]，使得该类设备产生海量数据，传统的以云计算为核心的集中式数据处理技术已不能高效处理这类设备所产生的数据，在车间生产过程的监控中，系统要求对生产过程状态实时进行数据分析、可视化与预警[13-14]。由于生产过程节拍短、节奏快，监控系统对于数据分析与可视化的时效性要求高，因此传统的基于工业私有云的监控模式逐渐难以满足一些低时延要求的监控需求；车间生产数据在上传到工业云中心的过程中，许多隐私数据同样被上传，这些隐私数据不仅会占用带宽资源，而且会增加泄露企业隐私数据的风险，无法满足数据安全的要求。

随着万物互联技术的发展，使得云计算中心的部分应用程序迁移到网络边缘设备，如图 6-5 所示。边缘大数据时代下的边缘计算模型可以较好地解决传统云计算所产生的问题，在边缘计算模型中，网络边缘设备具有数据存储、轻量级数据计算的能力，其可对设备或系统的生产状态进行实时感知、分析与可视化，进而实现数据的本地处理，包括数据存储、处理、缓存，设备管理，隐私保护等，并将计算结果发送给云计算中心。边缘计算模型不仅可以加快数据传输的速度，而且可以降低数据泄露的风险，将成为车间生产分析与监控的重要方式。

二维码 6-3

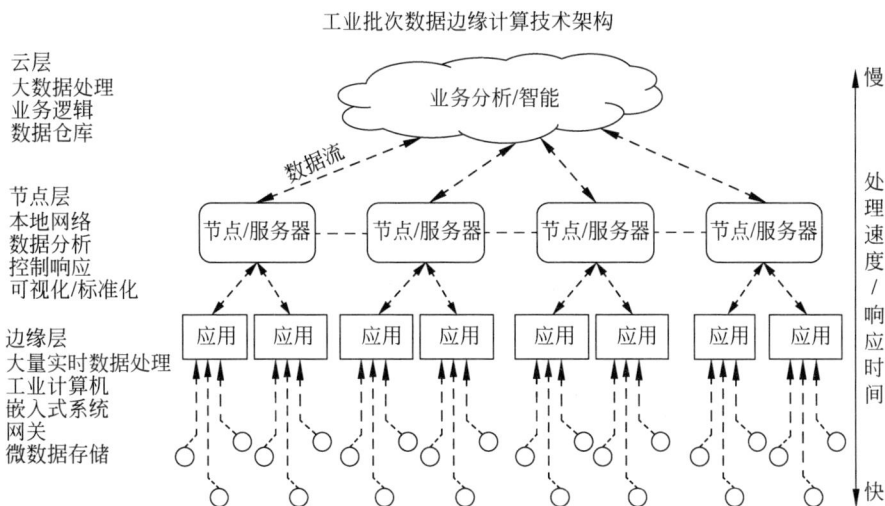

图 6-5　边缘计算原理结构图

边缘计算模型将原有云计算中心的部分或全部计算任务迁移到数据源的附近执行,根据大数据的 3V 特点,即数据量、时效性、多样性,通过对比以云计算模型为代表的集中式大数据处理和以边缘计算模型为代表的边缘式大数据处理时代不同的数据特征来阐述边缘计算模型的优势。集中式大数据处理的数据类型主要以文本、图片及结构化数据库等为主,数据量维持在 PB 级别[15],云计算模型下的数据处理对实时性要求不高。在边缘式大数据处理时代,数据类型变得更加复杂多样,其中万物互联设备的感知数据急剧增加,数据处理的实时性要求较高,由于数据量的增加以及对实时性的需求,需将原有云中心的计算任务部分迁移到网络边缘设备上,以提高数据传输性能,保证处理的实时性,同时降低云计算中心的计算负载[16]。

为此,边缘式大数据处理时代的数据特征催生了边缘计算模型。然而,边缘计算模型与云计算模型并不是非此即彼的关系,而是相辅相成的,二者的有机结合将为车间生产分析与监控提供较为完美的软硬件支撑平台。面向车间生产过程监控的边缘计算参考模型如图 6-6 所示。

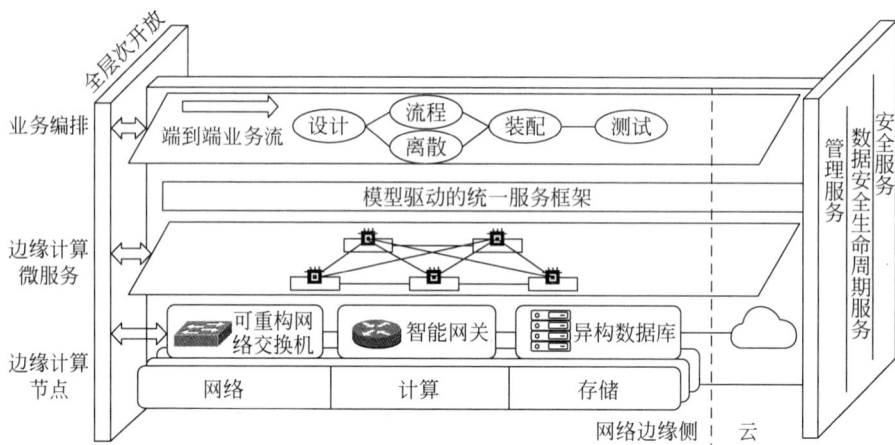

图 6-6　边缘计算参考模型

从横向层次来看,该架构具有如下特点。

(1) 业务编排基于模型驱动的统一服务框架,通过制造全流程中产品设计、流程制造、离散加工、整体装配和测试等环节的业务关系构建业务矩阵,进而定义端到端的业务流,实现工业互联网中的业务流。

(2) 边缘计算微服务实现架构极简化,边缘计算微服务专注于底层边缘节点的优化分析,屏蔽底层生产组织结构的复杂性;实现基础设施部署运营自动化、可视化以及跨域的资源调度,形成统一的服务框架,支撑车间生产过程分析与可视化。

（3）边缘计算节点适配多种工业总线和工业以太网协议,兼容多种异构连接,从而实现向下对接传感器、智能设备,向上对接企业信息系统,最终实现数据的流通传输。

边缘计算参考架构在每层提供了模型化的开放接口,实现了架构的全层次开放;边缘计算参考架构通过纵向管理服务、数据全生命周期服务、安全服务,实现对公司协同设计管理系统、科研生产管理系统、试验数据管理系统、综合管理系统等上层应用系统的有效支撑。

6.5　车间生产监控信息建模技术

车间生产监控系统主要用于实现生产过程中信息的监控、操作与管理,所以需要首先明确整个生产过程中所涉及的各种信息的数据流向、数据结构和相互之间的关联关系。整个车间生产监控的信息往往来自不同的设备,对象不同,数据格式不同,内容不同,排布方式不同,且这些设备虽独立存在但是也有相互关联的关系,具备动态性、并行性、同步性、资源共享性,所以很难利用一个比较完善的数学解析方法来描述生产车间中各个设备和各种对象的所有数据,因此,建立起车间生产监控信息模型,全面描述车间内部生产结构、加工流程和运行状态就显得十分必要。建立车间生产监控信息模型,首先要梳理车间所有实体资源,对其分别建模,参照实际加工生产流程,将实体资源模型进行关联,最终形成整个车间生产监控信息模型的总体模型。

车间生产监控信息建模方法主要分为 GRAI/GIM 方法、CIM-OSA 方法、ARIS 模型结构方法、PERA 方法、TOVE 方法、面向对象建模方法和基于多智能体的建模方法[17]。以上所列举的建模方法分别从不同角度描述了对企业复杂系统的认知情况,对于其中比较典型的方法介绍如下。

1. CIM-OSA 模型方法

计算机集成制造开放体系架构（computer integrated manufacturing-openness system architecture,CIM-OSA）,是 20 世纪 90 年代欧共体的 ESPRIT-AMICE 财团开发的,其最初目标是制定一个开放系统架构,并定义一套概念和规则,以促进未来计算机集成制造系统的发展。CIM-OSA 构建了包含生命周期维度、图像化维度、通用维度的面向企业生产与管理的三维模型,其建模框架支持计算机集成制造系统生命周期的所有阶段,从需求定义到设计规范,实现描述和日常企业操作的执行过程。与其他 CIM 模型相比,CIM-OSA 模型除了标准化和形式化的优势,其结构更加完整全面,有很好的开放性。基于此特性,CIM-OSA 衍生出了许多新型模型框架。但是依然存在缺乏直到建模的完善的方法论体系,并且模型框架的部分内容尚不明确。

2. ARIS 模型方法

集成信息系统架构（architecture of integrated information system，ARIS）由德国的 August-Wilhelm Scheer 提出，其目的在于确保企业信息系统能够完全满足集成需求。该框架将模型划分为描述视图和级别程度，允许通过特殊设计的方法描述单个元素，而不必包含整个模型。ARIS 模型包含了企业组织视图、数据视图、过程视图、资源视图，每个视图代表特定方面的业务流程模型，从而使业务流程建模更加简单方便。虽然过程视图描述了活动以及活动之间的分组和层次关系，组织视图概述了公司的组织结构，数据视图包含了所有事件和环境的数据，但以上三个视图却是相互独立的，难以表达出内容的一致性。

3. PERA 模型方法

PERA 模型可以在架构生命周期的多个层次和多个阶段对企业进行建模，表示在 CIM 企业建模中信息系统任务、制造任务、人力任务以及 CIM 系统中三种任务的总体关系，这是 PERA 与其他模型方法最大的不同。PERA 的视图主要包括两类，一类是功能视图，主要用于需求分析；另一类是组织视图，主要用于设计和实施。但是 PERA 具有非形式化描述的不足之处，相对于其他模型，执行效果不够好，完整的数学模型依然难以建立。

4. 面向对象建模方法

面向对象（object-oriented，O-O）建模，也称为 OMT、DOSE 和 OOA/OOD 建模方法，其核心是将所有实体内容，例如生产活动、加工过程、组织结构、物料资源等，都作为实体对象，对其进行分类和聚合，从而创建成包含可共享的对象特征和具体行为的类，并借助类间接口实现不同对象之间的通信。面向对象中的类，封装了对象的属性信息，以及需执行的操作流程，用面向对象的思想进行建模和企业信息系统开发，有助于集成企业信息中的通用内容，借助面向对象模型的封装、继承和多态三个性质，可以很明确地表示抽象概念，使得不同类别之间通信更加便捷，方法调用更加容易、稳定。

5. 基于多智能体的建模方法

多智能体的建模方法的特点在于，在其框架的子部分中引入 Agent 的概念，将其当作一种自我独立的单元，利用其特有的自治特性，使得框架结构具有高度的灵活性，集成效果较好。并且 Agent 能够很好地解决多样性、复杂性的问题，使得系统具备智能、柔性等特性，在实现局部自治的基础上，更容易实现全局性能优化。

面向对象分析的模型包括对象模型、动态模型和功能模型。对象模型用来表示静态和结构化系统的数据性质，它可以描述系统静态结构，表示对象之间的关系映射，为动态模型和功能模型提供基础。动态模型根据对象模型中内容的瞬时变

化和行为控制的需要而建立,可以设定对象模型中内容的变化序列。功能模型可
以表示动态模型所完成的功能,处理系统需执行的实际内容指令,从而指导动态模
型运作,可以更为高效地指明用户对目标的实际需求。

综上,面向对象的建模方法适用于信息多而复杂的车间环境,有利于车间监控
系统中内容的交互管理。因此,这里着重介绍当前应用较广的面向对象的车间生
产监控信息建模方法。

面向对象的方法是利用人的思维习惯及认知方式定义和划分客观世界中实体
的思维、设计和分析方法。它将具有相同类别的事物划归为具有相同或相似特征
的同一类,类中具体的对象就可以代表具体的事物。在整个面向对象方法中,类与
类之间、类与对象之间、对象与对象之间存在联系[8]。面向对象建模过程中,通常
要进行定义实体类、定义联系、定义属性和服务的工作。

(1) 定义实体类。利用面向对象的思维方式进行工作首先需要确定实体。其
过程遵循抽象原则,抽取相同类实例对象的特征,或功能相似的点形成实体。

(2) 定义联系。建立面向对象的模型时,需要确定实体间的关系。由于其关
系主要由关系集、状态网等相互作用,所以面向对象的模型可以由对象的关系模型
(ORM)、对象行为模型(OBM)、对象交互模型(OIM)三个子模型来描述完整的
系统。

(3) 定义属性和服务。在建立模型的基础上,对模型内部的管理系统和工程
内容分别进行设计,完成从属性到对象、从内容到方法的整体设计,建立较全的分
析模型,从而实现模型中类与类之间、类与对象之间、对象与对象之间的联系。

结合多种制造过程的信息的分类方法,设置人员信息类、设备信息类、工装工
具信息类、物料信息类、质量信息类、异常事件信息类、制造执行信息类及其他信息
类。建立好涉及制造过程的上述信息类之后,再在每个大类中抽象出子类,如航空
物料信息类中就可以继续抽象出平尾翼物料信息类、舱体物料信息类、对接物料信
息类等,子类与父类构成继承关系。而且类间信息聚合形成大类,如异常事件信息
可以包括设备异常信息、物料异常信息、人员安排异常信息、紧急插单异常信息等。
如图 6-7 所示为车间生产过程信息对象模型,对生产过程中的所有信息对象进行
了抽象。对于不同的制造车间,由于制造过程中所涉及的信息种类繁多,还需根据
具体车间和实际生产情况进行补充和扩展。

在建立车间生产监控资源模型的基础上,对各实体资源模型按照实际车间生
产业务流程进行关联,建立最终车间生产监控信息模型[18]。由于各车间的实际生
产业务流程各有不同,这里给出一通用示例,如图 6-8 所示,其中 1 代表两属性间
一对一的关系,如一个零件对应一个编码,N 表示一对多的关系,如一个装配件对
应多个零件。以上通用示例供读者参考,用户可根据自身实际业务需求进行适当
设计。

设备异常信息
- 异常设备编号
- 设备异常描述
- 发生时间
- 异常等级
- 处理方式

产品异常信息
- 异常编号
- 异常描述
- 发生时间
- 处理方式

紧急插单信息
- 插单任务编号
- 计划开工时间
- 插单时间
- 加工资源

工装异常信息
- 异常工装编号
- 工装异常描述
- 发生时间
- 处理方式

人员状态信息
- 工作状态
- 空闲状态
- 缺勤状态
- 休息状态

人员绩效信息
- 开始工作时间
- 结束工作时间
- 工时
- 当前位置

工装检验信息
- 工装编号
- 所在设备号
- 工装类型
- 问题反馈

原料配送信息
- 配送计划
- 配送车间
- 数量
- 配送时间

异常事件信息
- 异常事件编号
- 异常事件内容
- 发生时间

人员信息
- 工号
- 姓名
- 工种
- 年龄

原料检验信息
- 生产单号
- 原料号
- 属性信息
- 问题反馈

产品状态信息
- 存储状态
- 配送状态
- 等待状态
- 生产状态
- 报废状态
- 返工状态

原料信息
- 物料编号
- 物料名称
- 物料规格
- 批次

生产过程信息
- 信息类型
- 信息名称
- 标识
- 属性
- 数据类型
- 数据长度

质量信息
- 质检编号
- 质检方式
- 质检员

零部件质检信息
- 生产单号
- 零部件型号
- 检验数量
- 合格数量
- 不合格数量
- 处理方式
- 质检人员
- 质检时间

库存信息
- 库房号
- 库位号
- 物料来源
- 入库时间
- 数量

设备信息
- 设备编号
- 设备名称
- 所属车间

成品质检信息
- 生产单号
- 成品型号
- 抽样比例
- 检验数量
- 合格数量
- 不合格数量
- 检验人员
- 检验时间

出入库信息
- 物料单号
- 当前位置
- 数量

制造执行信息
- 工序号
- 工序名称

开停机状态信息
- 运行模式
- 停止类型

任务执行信息
- 工序任务类型
- 计划开工时间
- 计划完工时间
- 派工时间
- 挡车工
- 任务数量
- 执行数量
- 执行状态

工装工具信息
- 编号
- 名称
- 类型
- 规格

其他信息
- 信息类型
- 信息名称

运行参数信息
- 切削速度
- 进给速度
- 背吃刀量

产品实验信息
- 实验内容
- 实验参数
- 实验值

工作单元信息
- 温度
- 噪声
- 湿度

设备状态信息
- 空闲状态
- 等待状态
- 运行状态
- 故障状态

生产进度信息
- 总工序数
- 当前工序
- 总工时
- 总数量
- 当前工时
- 已加工数

刀具信息
- 刀具编号
- 刀具名称
- 刀具类型
- 刀具规格

量具信息
- 量具编号
- 量具名称
- 量具类型
- 量具规格

工具信息
- 工具编号
- 工具名称
- 工具类型
- 工具规格

设备维护信息
- 报修编号
- 报修时间
- 报修人员

计划状态信息
- 计划编号
- 计划开工时间
- 计划完工时间
- 执行状态

状态信息
- 空闲状态
- 等待状态
- 运行状态
- 故障状态

库存信息
- 库房号
- 数量

使用信息
- 使用时间
- 归还时间

维修信息
- 报修时间
- 报修人员

设备利用率信息
- 设备编号
- 生产时间
- 空闲时间
- 故障时间
- 开机时间

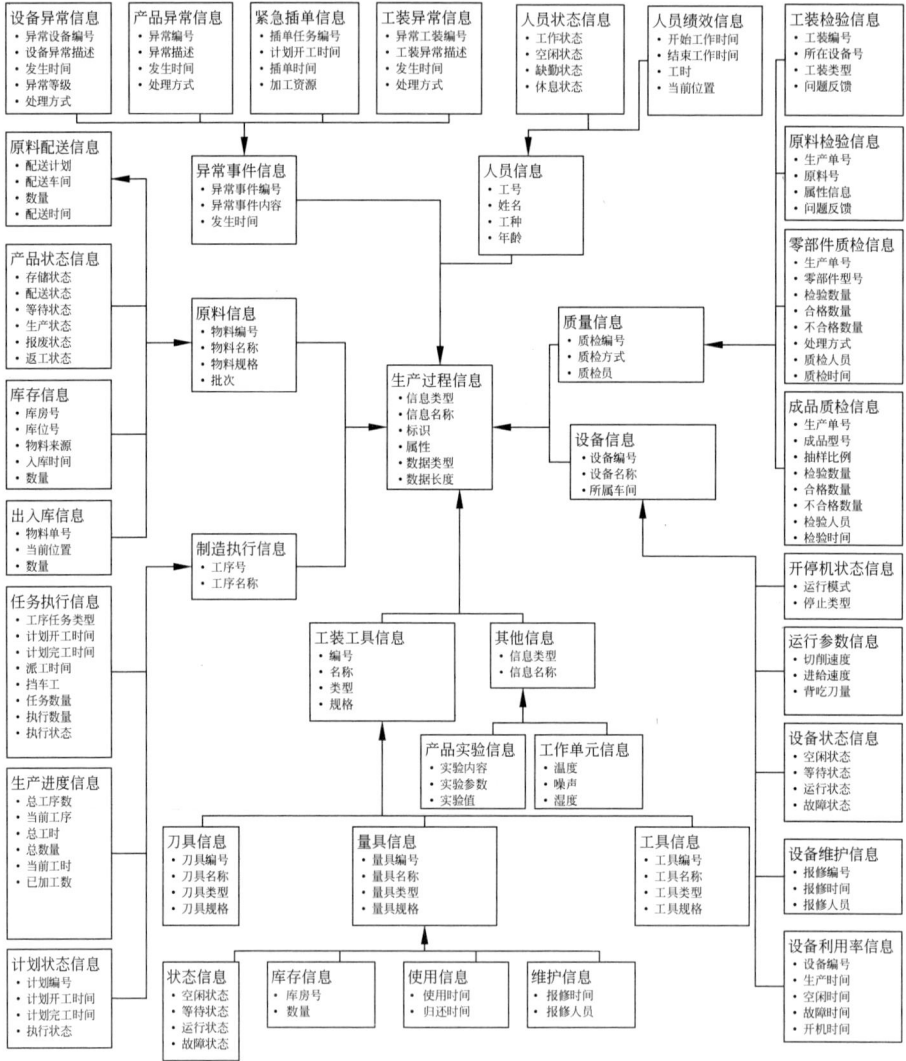

图 6-7　车间生产过程信息对象模型

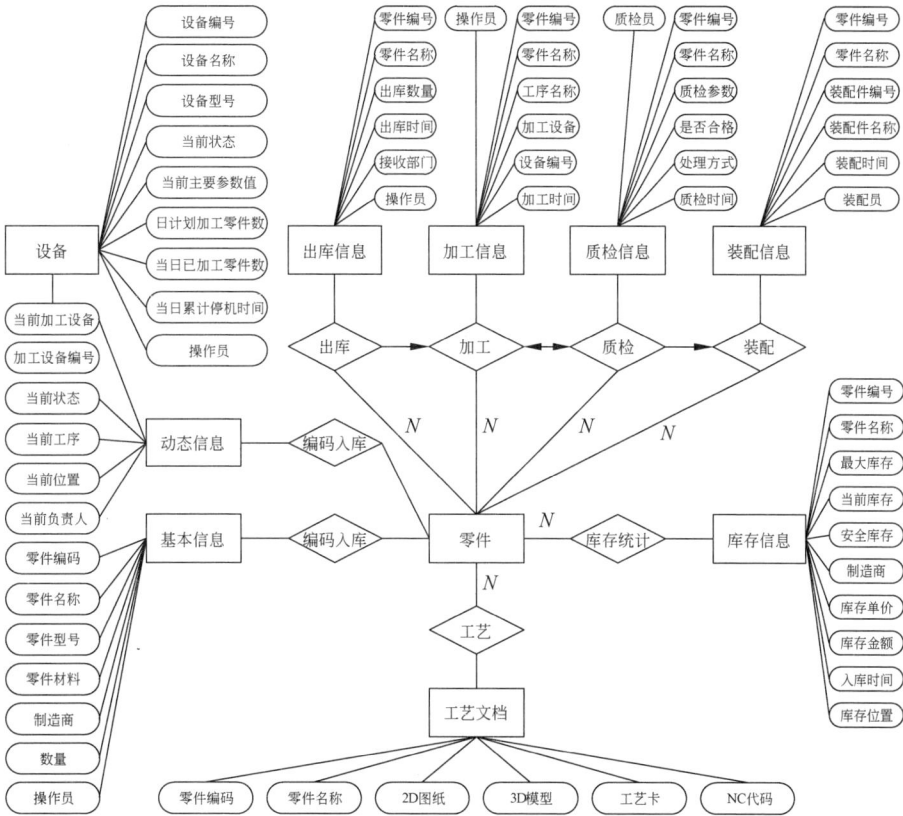

图 6-8　车间生产监控信息模型示例

6.6　车间生产监控可视化技术

可视化技术作为车间生产监控中的重要一环,可以使管理者生动直观地了解当前车间的生产状态和加工信息。传统的车间生产监控可视化技术的表现形式主要有文字、图、表、进度条、变色按钮、动态标签、动画等,主要通过常用的前端界面设计控件实现,如窗体、文本框、列表框、复选框、组合框、列表、图像框、进度条、按钮、标签、定时器、触发事件等。随着虚拟现实、增强现实技术的发展,多媒体融合的可视化技术已逐渐应用于生产车间监控。其借助于计算机技术,通过以三维视觉显示器、交互设备、三维建模仪器、声音设备等 4 类设备为依托,呈现出的多源信息融合的交互式的三维动态视景和实体行为的系统仿真,构建出虚拟现实的场景,使用户沉浸于该环境中[19]。

多媒体融合的可视化技术可以根据参考设备投入的状况和搭载系统平台的不同类型分为 4 类不同视觉形式:桌面型、增强现实型、沉浸式、分布式。在表 6-1 中详细列出了每种形式对应的特征。

表 6-1　多媒体融合的生产车间可视化技术分类

类别	沉浸感	人机交互性	特征	技术要求
桌面型	一般	一般	制造车间场景的扁平化虚拟呈现	一般
增强现实型	一般	强	制造车间场景的立体虚拟呈现,突出真实性	较高
沉浸式	强	强	借助可穿戴设备提高操作人员的人机交互性	高
分布式	强	强	虚拟场景中多用户在同一网络环境下的协同交互性	高

以计算机屏幕为硬件载体,显示扁平化的虚拟制造车间场景,用户可以仅通过鼠标、键盘等较为简单的设备完成虚拟与现实生产的交互。桌面型的可视化技术相比其他可视化技术其沉浸感虽然不足,交互简单,但是其较低的开发成本和极简的操作方式可以给用户提供极大的便利。目前桌面型可视化技术使用范围最广,用户群体最大,非常适用于车间生产监控,而桌面型可视化技术主要利用的就是Unity3D 的三维仿真方法来实现的,这里对该技术的实现过程进行介绍。

6.6.1　三维场景界面的设计

三维场景界面包含数据显示、人机交互、故障报警三个内容。所展示的数据涉及当前选择设备的实时加工参数、名称以及参数选择表;人机交互功能包含视角平移、旋转和拉伸;报警灯、报警声和故障代码共同构成报警模块的功能显示。整个功能设计流程图如图 6-9 所示。

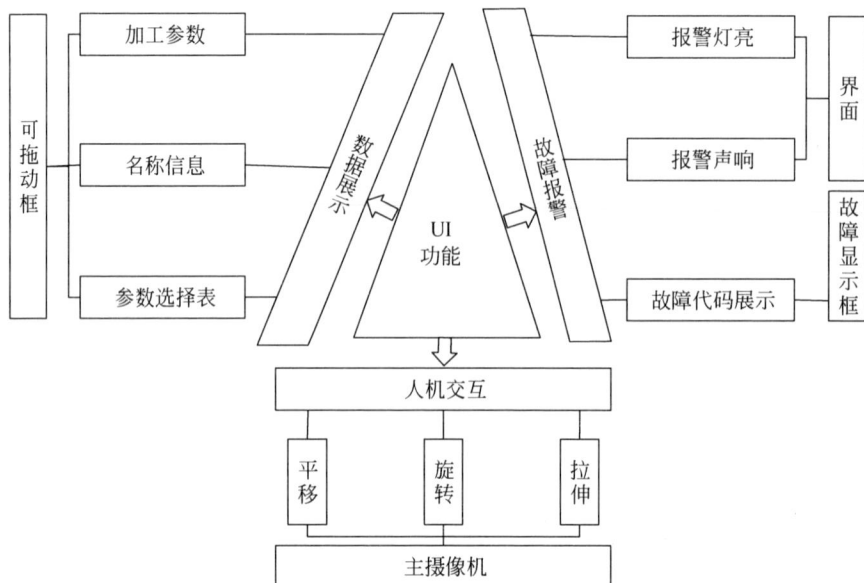

图 6-9　面向车间监控的三维场景界面设计流程

图 6-10 所示为车间三维场景界面设计实例,该界面分为 5 个功能区域,分别为模型区域、指示灯区域、设备名称区域、参数显示区域、视角调整区域。其中,模型由 3d Max 建立。指示灯区域位于界面的右上角,当场景中设备均正常时该灯为绿色,当设备出现故障后该灯变为红色,蓝色为停机设备,黄色表示设备通信中断或故障。设备名称区域位于界面虚拟设备模型的上部,用来显示当前选中物体的名称,只有当鼠标指针悬停于该虚拟设备模型时才会显示该设备名称,既节省了界面的空间,也提高了交互的便捷性。参数显示区域平时处于隐藏状态,在界面的中间,当单击对应设备时,即显示当前设备的加工状态参数等内容。视角调整区域主要负责平移、旋转、拉伸等动作,通过右击图案来控制主摄像机的运动,从而达到调整视角的目的。

图 6-10　车间三维场景界面设计实例

6.6.2　界面操作逻辑的设计

由于进行交互任务时需要以控制按钮的方式实现,控制按钮由鼠标单击触发来实现,这些 Sprite 物体都具有二维碰撞体属性,可以和鼠标单击产生的射线发生碰撞干涉,继而触发 OnClick 方法,所以需要对界面的操作逻辑进行合理的设计。

左侧任务栏中的多个按钮控件可以通过多个 public 方法对应实现,且视角调整按钮的任何一个部件都离不开独立的触发事件。将所有独立触发事件的方法都编辑在 ButtonScript.cs 脚本文件中,可以便于代码的管理。本实例所涉及按钮及其相应的方法对照关系见界面操作逻辑设计流程图 6-11。

生产车间内设备种类和数量众多,不同设备之间的参数不尽相同,参数显示列表需要和设备形成一一对应的关系。设备一旦被选中,代码就可以反映出后台设备并显示相应列表。后台进而进行以下 4 项工作:

(1) 查询键值对的 Key 值,获得设备名称,并在界面上显示出设备中文名;

(2) 根据 Key 值的不同选择不同的设备,并在界面上显示出设备参数列表;

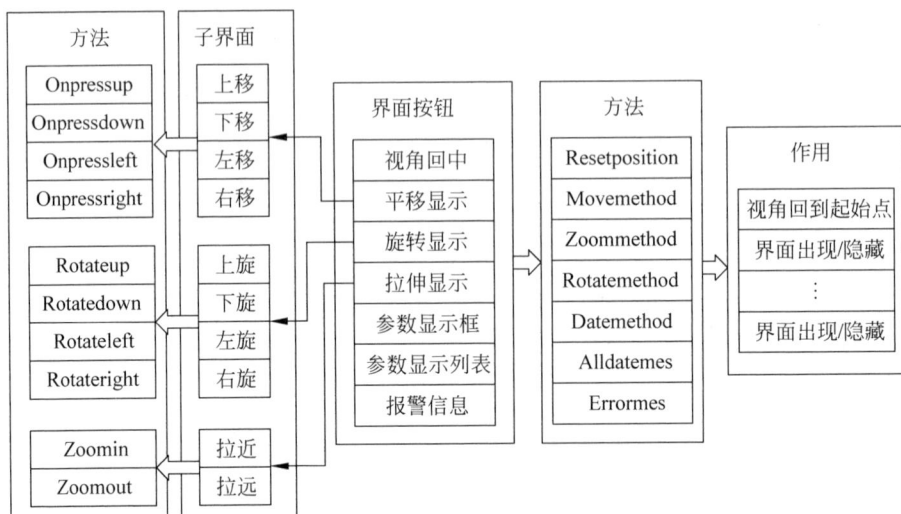

图 6-11　界面操作逻辑设计流程

（3）利用调用网页函数的方法将设备代码传递出去，以获取相应设备的实时动态参数；

（4）获取设备最新的实时加工参数，并对参数内容进行拆分、解析，通过所显示的设备参数列表对显示的内容进行动态调整。

操作人员切换设备进行状态观察时，当前设备的状态参数列表不显示，拖拽框的显示内容清空。对于当前所选中设备可以根据代码查询对应的 Key 值，以获取相应设备的名称，并在显示中进行更新。设备名称改变后，其在后台所对应的三维空间坐标发生变化，主摄像机的视角位置也随着坐标的位置而发生变化，旋转中心调整到新选中的设备上。新选中的设备会发生数次闪烁，表明被选中的状态，在任务栏中单击状态参数列表按钮，即显示出新的状态参数。通过新设备的代码查询到数据库中所匹配的最新实时状态参数，再进行函数调用，在三维场景中表示出来，即完成了拖拽框数据显示内容的刷新。

6.7　飞机装配车间的生产在线监控系统实例

当前，新一轮科技革命和产业变革与我国加快转变经济发展方式形成历史性交汇，国际产业分工格局正在重塑。航空领域是中国发展智能制造的重要领域，为了紧紧抓住这一重大历史机遇，实现我国制造强国的梦想，大力发展和应用信息技术，走新型高技术的客机制造道路，加速推进 C919 部装车间的信息化水平是其中的重中之重。

位于上海浦东的 C919 高自动化部装车间（见图 6-12）中，全数字化的飞机制造生产线已经建成。在飞机制造过程中，通过采集海量的制造数据，再将这些数据进

图 6-12　高自动化的 C919 部装车间

行传输、存储、分析和可视化,如图 6-13 所示,将有助于飞机制造过程中的运行与
优化,从而提升车间的智能化水平。

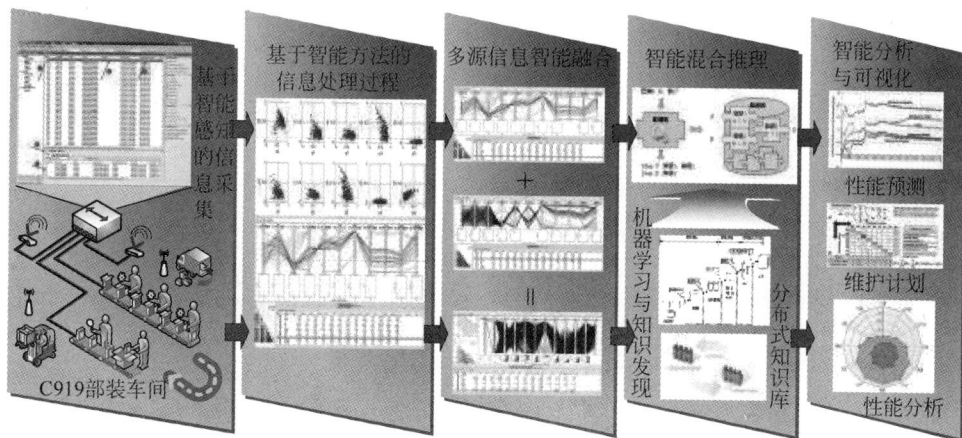

图 6-13　智能车间运行优化路线图

　　在整个智能车间运行优化中,数据的采集、处理和可视化是其中的基石,本项
目紧密围绕 C919 部装车间的智能设备、智能工位与智能产线,重点研究多种类设
备、多数据来源、多数据结构耦合情况下的数据采集、存储和可视化技术,为 C919
部装车间的智能化打好坚实的数据基础。本项目研究的数据包括生产进程 AO 数
据、设备实时状态数据、设备报警历史数据、产品质量数据、生产基础数据。围绕着
C919 部装车间,项目细分为自动化生产线数据采集及管理、机翼位姿监控、生产进
程可视化监控三部分展开。

6.7.1 数据采集及管理模块

数据采集及管理模块的核心子模块为 OPC 数据采集子模块,下面以创建数据标签和读取数据标签为例进行介绍。

(1) 数据源测试及基本参数设置,如图 6-14 所示。单击客户端主页中的"各数据源连接情况"选项卡,输入数据源服务器 IP 以及试读数据标签地址,单击"试读"按钮,在客户端的列表中可以看到数据源的连接状态。

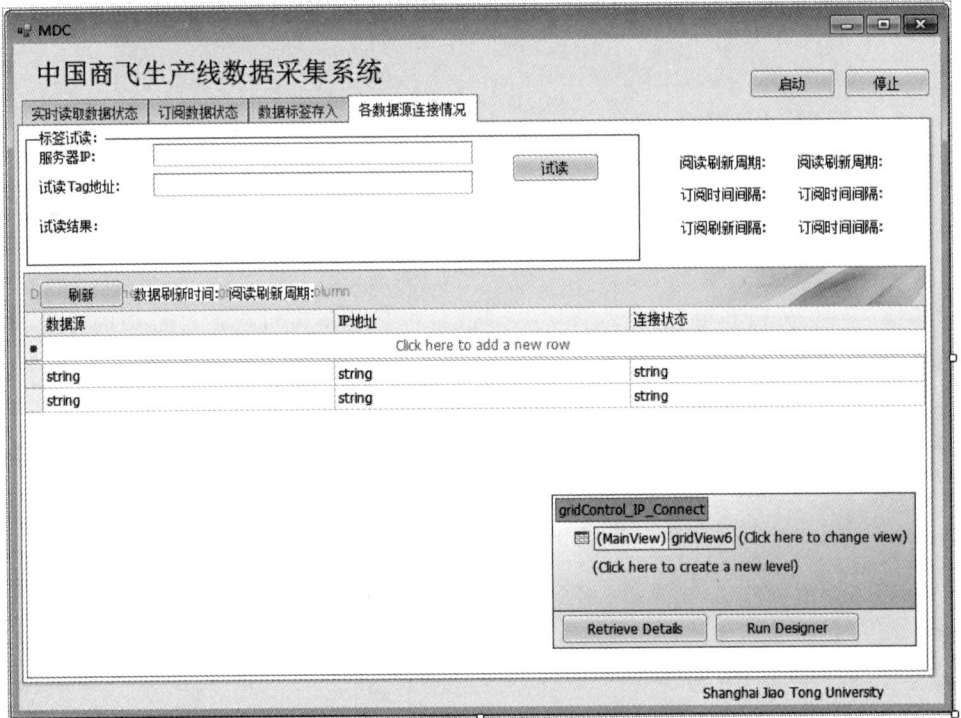

图 6-14 OPC-XML-DA 数据采集客户端主页

(2) 数据标签存入,如图 6-15 所示。存取数据标签实际上是实现对于 OPC 数据访问模型的映射。首先单击客户端主页中的"数据标签存入"选项卡,再单击其中的 Machine 子选项卡,在 Machine Name 框中输入内容,这一操作实际是创建一个 Server 对象节点;然后单击 Data Group 子选项卡,选择已经加入的 Server 对象节点,在 Data Group Name 框中输入内容,这一操作是创建 Server 对象节点下的 Group 对象节点;最后单击 Tag 子选项卡,选择已经加入的 Group 对象节点,在 Tag Name 框中输入内容,这一操作是创建 Group 对象节点下的 Item 对象节点。通过这 3 种操作,可以将每一个底层系统变量转化为 OPC 数据访问模型对象。

(3) 订阅数据标签状态,如图 6-16 所示。单击"订阅数据状态"选项卡,可以查看当前采集的数据标签中订阅的数据状态。

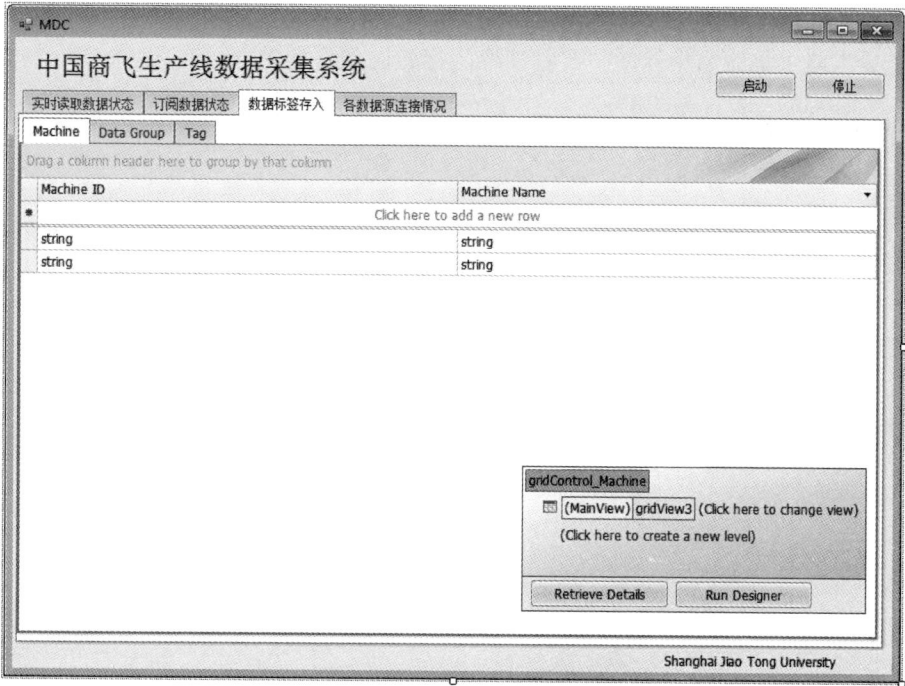

图 6-15　OPC-XML-DA 数据标签管理界面

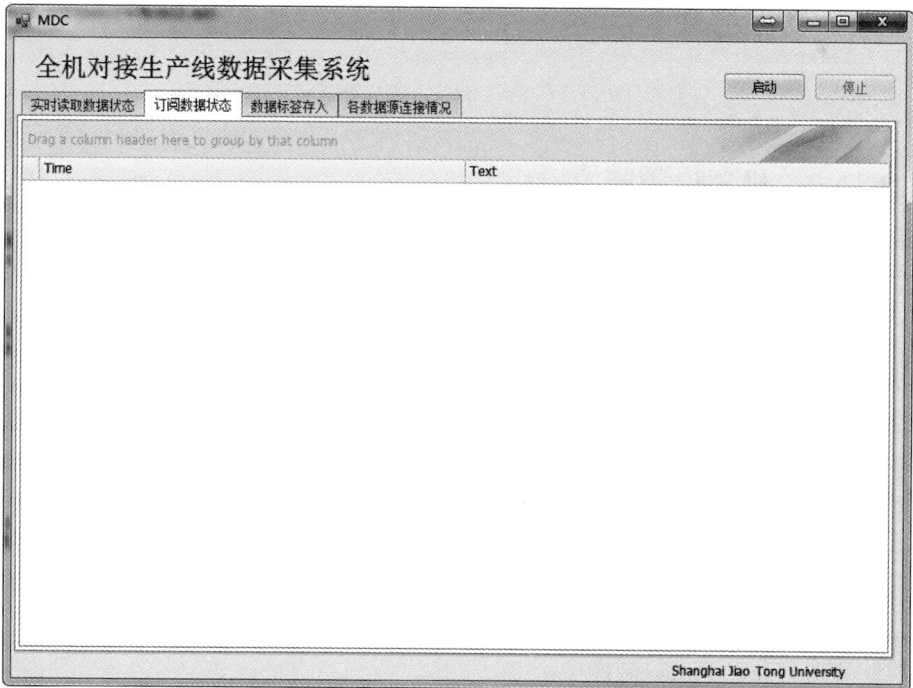

图 6-16　OPC-XML-DA 订阅状态显示界面

（4）实时读取数据状态，如图 6-17 所示。单击"实时读取数据状态"选项卡，可以查看当前采集的数据标签中实时读取的标签的数据状态。

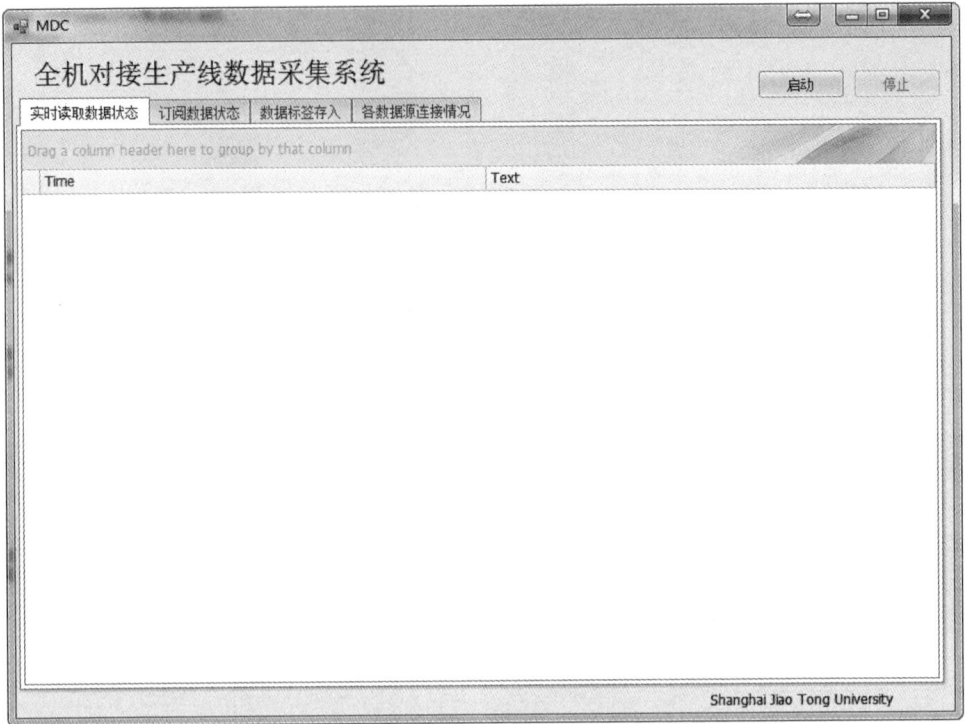

图 6-17　OPC-XML-DA 读取状态显示界面

6.7.2　机翼位姿监控模块

机翼位姿监控模块可以实现翼身对接工位的生产状态可视化、定位器预处理及机翼位姿分析等。

（1）翼身对接工位的生产状态可视化。将采集到的数据通过网页展示工位当前状态，可视化内容分为三个部分，其中第一部分显示定位器组和工位实时状态，包括定位器组急停状态、定位器组伺服报警状态、工位实时信息和当前工位正在完成的 AO 等。第二部分显示当前装配 AO 的执行情况。第三部分提供对于 AO 历史信息的查询。

（2）定位器数据预处理，如图 6-18 所示。其中，第一部分可以设置进行时序数据分解时采用的算法的参数值。在第二部分首先设置起始时间、结束时间和选择定位器，单击"计算"按钮即可计算出当前时间段内定位器时序数据的分解结果，分解后的数据会自动存入数据库中。

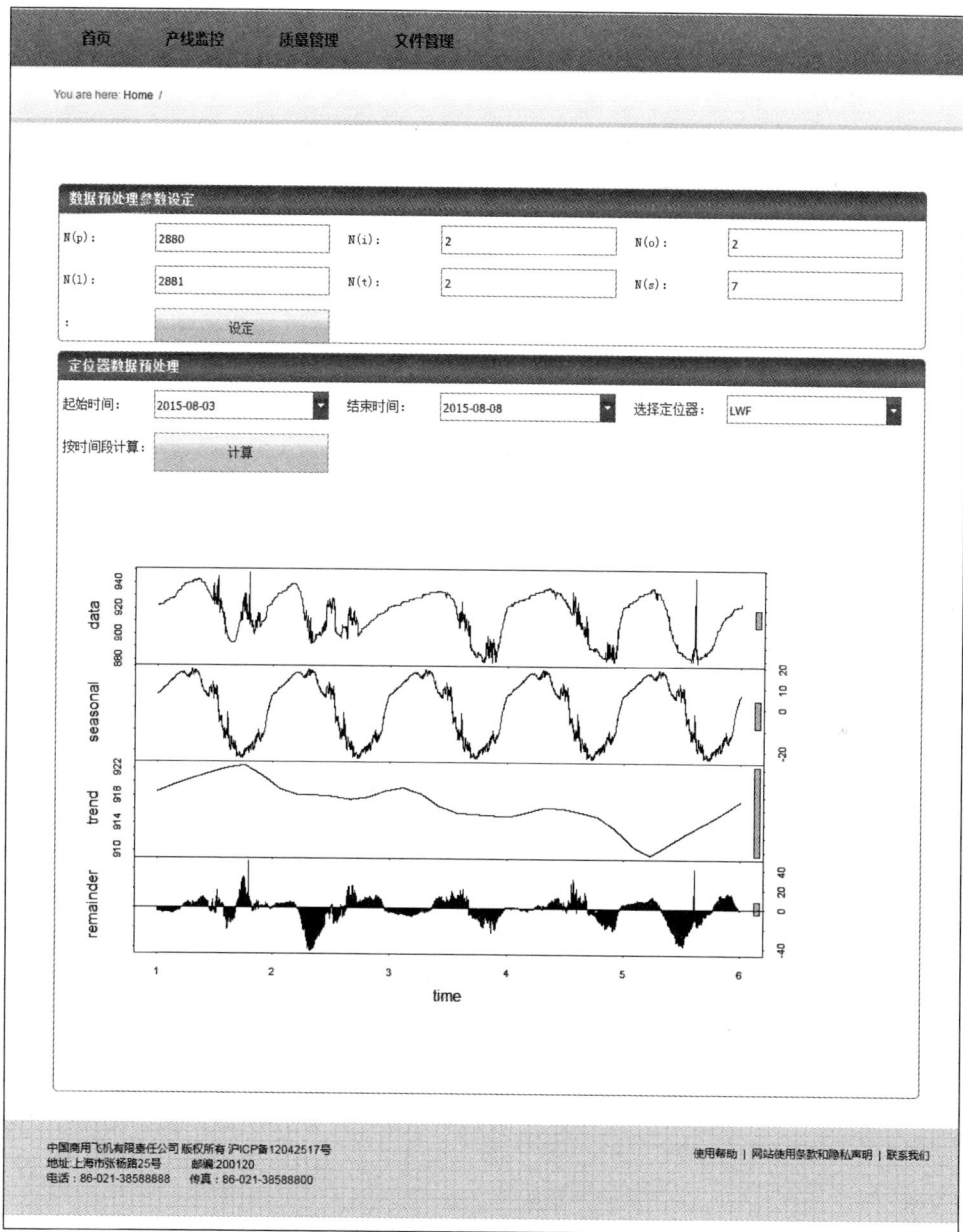

图 6-18　定位器数据预处理

（3）机翼位姿分析，如图 6-19 所示。首先设置起始时间、结束时间，单击"计算"按钮即可计算出当前时间段内机翼位姿状态。同时可以查询某些时间段内的 AO 历史信息，与机翼位姿进行联系，反馈装配子过程中的质量。

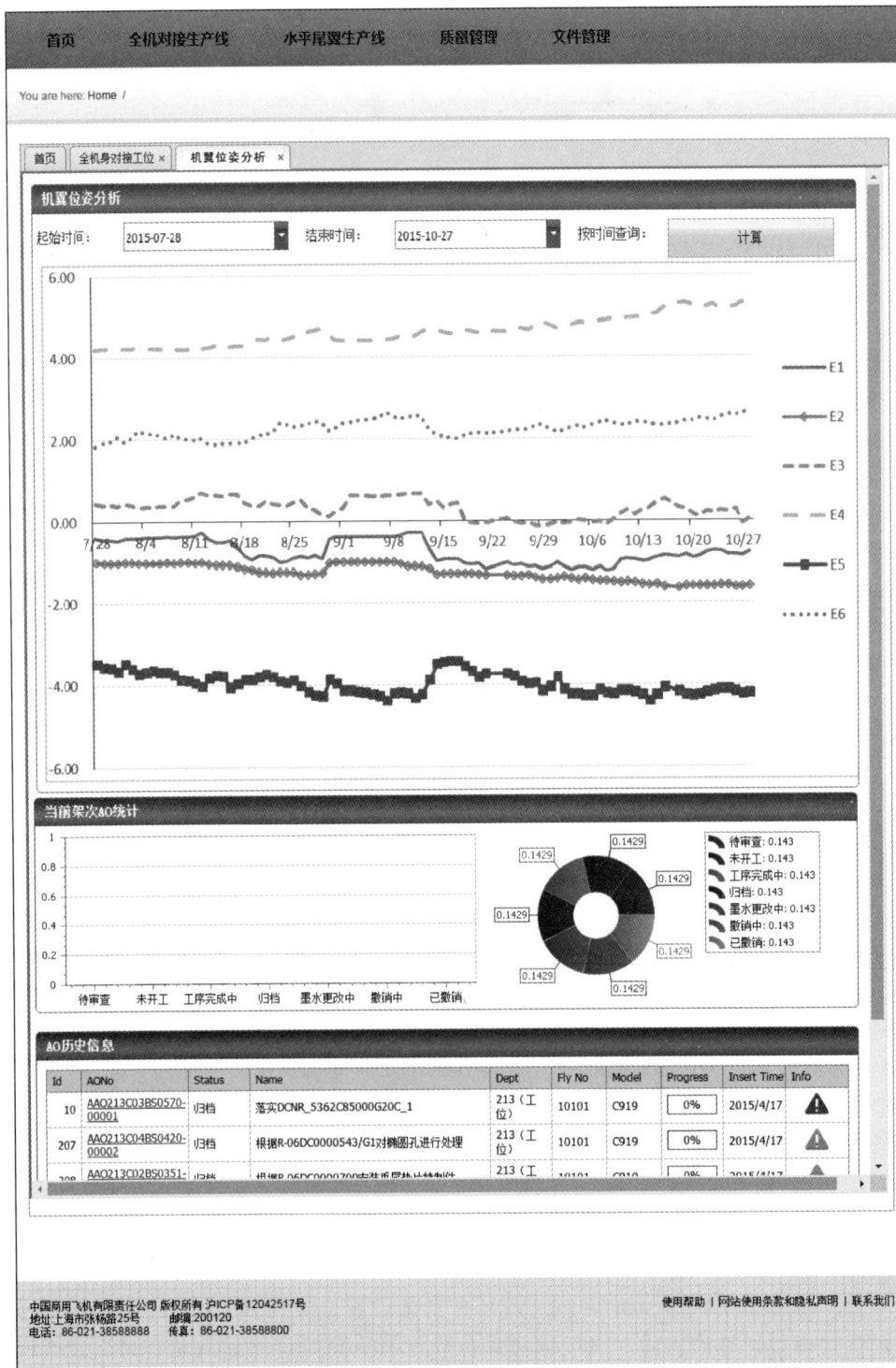

图 6-19　机翼位姿分析

6.7.3 生产进程可视化监控

生产线监控主要是在信息采集的基础上实现数据的集成和重构,并实现有效的管理,为生产现场可视化监控和设备管理提供实时的、可靠的数据基础。中国商飞公司共建设了平尾生产线、中央翼生产线、中机身生产线、机身对接及全机对接生产线 4 条生产线,围绕 4 条生产线的数据采集要求,针对不同的设备采用不同的数据采集方法。针对全机对接生产线的 Simotion 和其他生产线的 PLC 的特性,采用不同的 OPC 数据采集方式对 PLC 和 Simotion 分别进行数据采集,并在此基础上对工位生产进程设计可视化界面,全方位动态显示实时生产状态及进程,如图 6-20 所示。

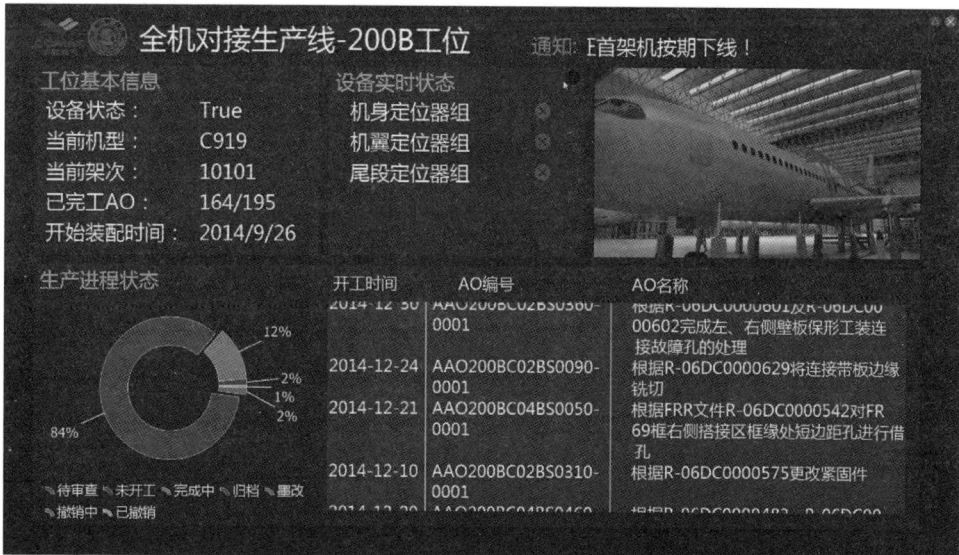

图 6-20 200B 工位生产进程可视化界面

6.8 食品包装车间的生产在线监控系统实例

随着我国包装工业的发展,提高食品包装流水线自动化程度和生产效率成为必然趋势,食品包装自动化生产线的连续、高速、平稳控制系统可提高包装流水线的自动化水平和生产效率,因此得到了国内外广泛的研究。国外大型食品包装设备公司都拥有自己的集成包装控制系统,例如,利乐的生产线控制器可以通过通信网络与灌装机、输送机的分布控制系统以及视觉设备互联,并进行包装线的配置、通信以及控制。

生产制造过程信息化是增强企业竞争力的核心内容,它通过对计划、追踪、监视、物流、设备控制等生产信息的一体化管理,实现生产过程实时跟踪与信息追溯等功能,最终达到生产过程自动化目标。在国外,国际自动化学会组织惠普、IBM、西门子、霍尼韦尔、思爱普、通用电气、微软、爱默生等多家知名企业，制定了具有代表性与权威性的企业控制系统集成标准 ISA-95[20]。此外，法国 ALSTOM 公司的 Promis、美国 CAMSTAR 公司的 Insite、英国 Invensys 公司的 Intrack 等产品也已经在制造业广泛应用，并帮助企业取得了显著的经济效益[21]。在学术层面，Valckenaers 等基于蚁群觅食行为研究对自动化生产线生产信息自律分散的管理，预测未来异常并积极采取措施阻止质量问题发生[22]。Milagros 等研究了生产过程的代理学习方法，通过学习成本和质量等信息，构建基于成本和可靠性的资源代理，以实现生产线信息管理与加工路线持续优化[23]。Gaxiola 等采用 WEB 技术与 WEB 协议，提出了一种新的基于制造执行系统的生产线信息管理方法，开发了信息管理系统并在墨西哥某中小型企业中投入使用，取得了一定的经济效益[24]。我国对生产线信息管理的研究及应用比较广泛，也开发了许多生产信息管理软件。

在食品无菌纸盒包装生产全过程中，通过在线监控系统对影响食品包装质量的各项参数进行全时域采集与远程传输，并采用智能算法实现对食品包装质量的在线管理与控制。食品包装质量在线监控系统的实现技术路线如图 6-21 所示，整个系统分为 4 个模块。

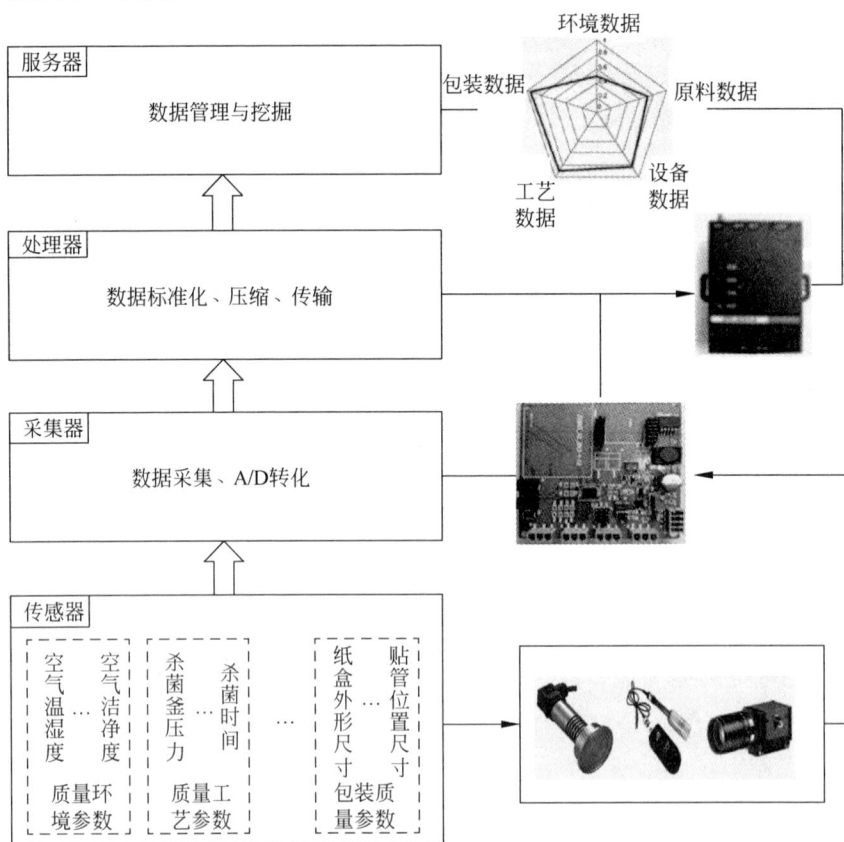

图 6-21　食品无菌纸盒包装质量在线监控系统技术路线

（1）分布式多类型传感器网络。完成食品无菌纸盒包装生产全过程中各项质量参数的实时采集，包括质量环境参数、质量工艺参数、包装质量参数等。

（2）多冗余数据采集器。根据各类型传感器输出信号类别进行归类，针对标准模拟信号、各种接口的数字信号设计实时在线监控系统的兼容性接口进行底层数据处理。

（3）处理器。根据每种传感器在监测过程采集型号的特点、容量和频率等要求，对所采集的数据进行标准化编码、压缩以及传输到远程监控服务中心服务器端。

（4）服务器。建立基于数据库系统的食品包装质量管控模型，实现对食品包装产品的质量水平评估和预测。

6.8.1　原材料批次信息管理

为了保证企业信息的完整性，在原材料进入公司时需进行原材料的批次信息录入。当建立完供应商信息后，需要基于供应商来建立原材料的完整信息，最后完成原材料的批次信息录入。通过信息录入界面可完整地录入供应商信息、原材料信息、原材料批次信息。批次信息录入界面如图 6-22 所示。

在"原材料批次信息录入"一栏中，依次填写批次号、数量，并选择原材料类别、规格以及入库时间，确认无误后单击"录入数据库"按钮。在"原材料信息录入"一栏中依次填写好原材料、具体名称、规格、计量单位并选择供应商后单击"录入数据库"按钮。在"供应商信息录入"一栏中，依次填写供应商名称等各项信息后单击"录入数据库"按钮。

产品信息录入界面如图 6-23 所示，业务流程包括录入产品工艺信息、录入产品信息、录入灌装批次信息。

在灌装批次信息录入界面的"产品工艺录入"一栏中，选择对应的工艺名称和原材料，单击"录入数据库"按钮即可完成产品工艺录入；在"产品信息录入"一栏中输入产品名称和产品规格并选择产品工艺，确认后单击"录入数据库"按钮即可录入产品信息；在"灌装批次信息录入"一栏中，选择产品名称、产品规格，填写批次数量后单击"录入数据库"按钮即可录入灌装批次信息。

6.8.2　生产过程数据关联

通过设备状态、生产线监测信息与产品编码信息的匹配，实现对包装生产过程的实时跟踪，获取生产线上的批次位置、原料及供应商、关键参数、工艺信息、报警和非正常生产信息之间的关联关系，从而实现对产品的全生命周期管理。

6.8.3　生产过程信息查询

通过在构建的关联模型中利用多线索信息查询，从而发现出现问题产品的原

图 6-22 原材料批次信息录入界面

因。提供的多线索信息查询包括：

- 无菌纸盒包→批次信息→原料状态→原料供应商
- 无菌纸盒包→批次信息→设备状态→设备参数异常
- 无菌纸盒包→批次信息→包装信息→附近批次

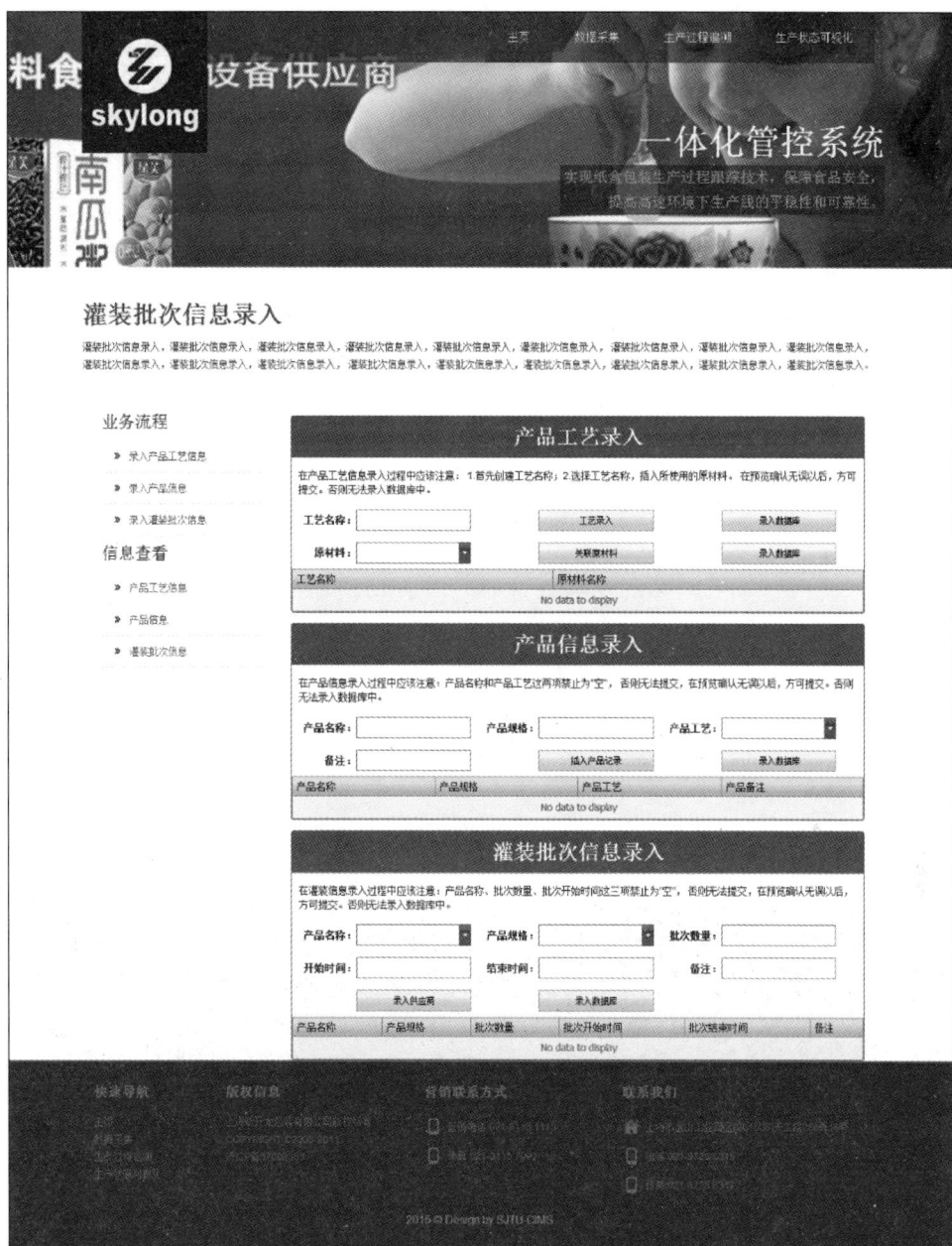

图 6-23　产品信息录入界面

信息查看界面如图 6-24 所示，在窗口左侧可以选择原材料批次信息、灌装批次信息、包装批次信息三个类别下的所有信息进行查看，并且可以对错误的信息进行删除操作。

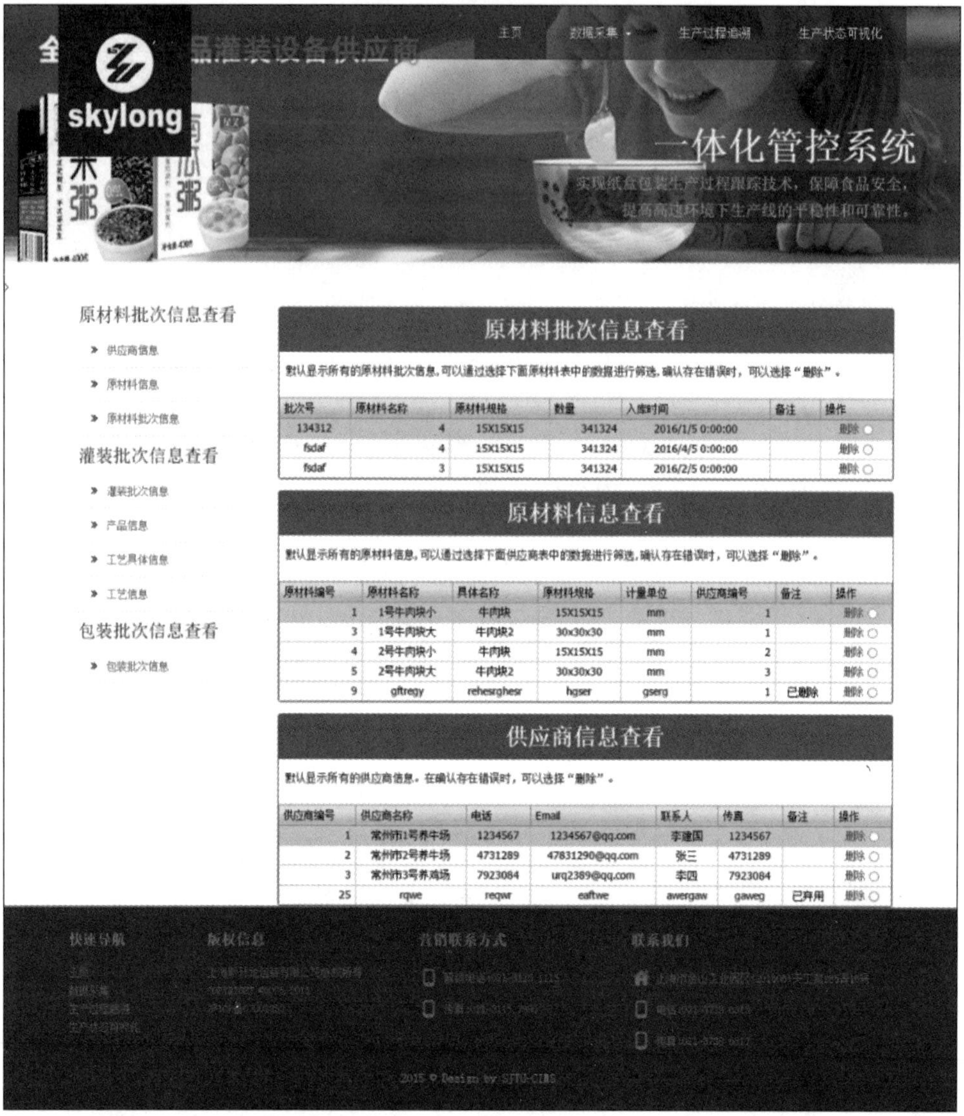

图 6-24　信息查看界面

6.8.4　生产状态可视化

生产状态可视化子模块主要完成实时的生产状态监控，主要实现生产线和设备两个维度的监控。

生产线状态界面如图 6-25 所示，生产线上各设备的状态显示在界面左下角，各个设备的位置在生产线状态图中进行标注和展示。在界面下方可轻松切换至设备状态界面。

生产线状态

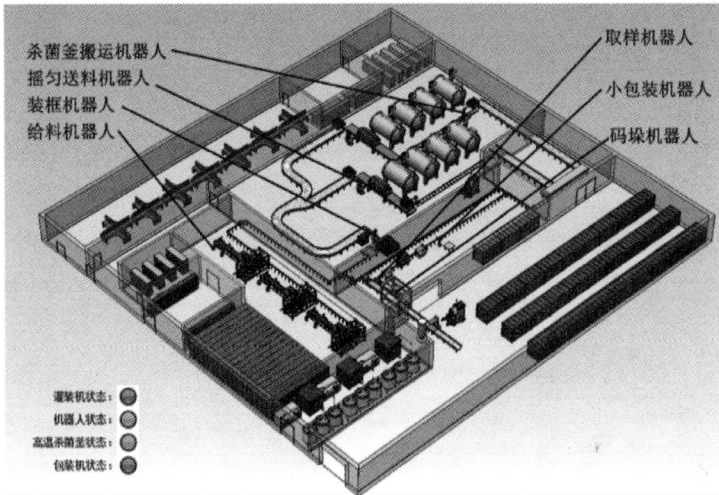

杀菌釜搬运机器人
摇匀送料机器人
装框机器人
给料机器人

取样机器人
小包装机器人
码垛机器人

灌装机状态：
机器人状态：
高温杀菌釜状态：
包装机状态：

设备监控

实时生产车间状态监控：1.灌装设备监控；2.机器人监控；3.高温杀菌釜监控；4.包装机监控

  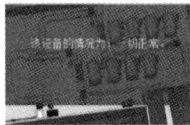 

灌装机

该设备的情况为：一切正常。

更多信息

机器人

该设备的情况为：一切正常。

更多信息

高温杀菌釜

该设备的情况为：一切正常。

更多信息

包装机

该设备的情况为：一切正常。

更多信息

图 6-25　生产线状态界面

　　设备状态界面包括当前选择设备的简介、设备当前的开关机状态、报警状态、运行状态等(见图 6-26),在界面下方可以查看该设备的历史状态,在界面右侧可以进行设备切换,方便用户查看生产线上其他设备的具体状态。

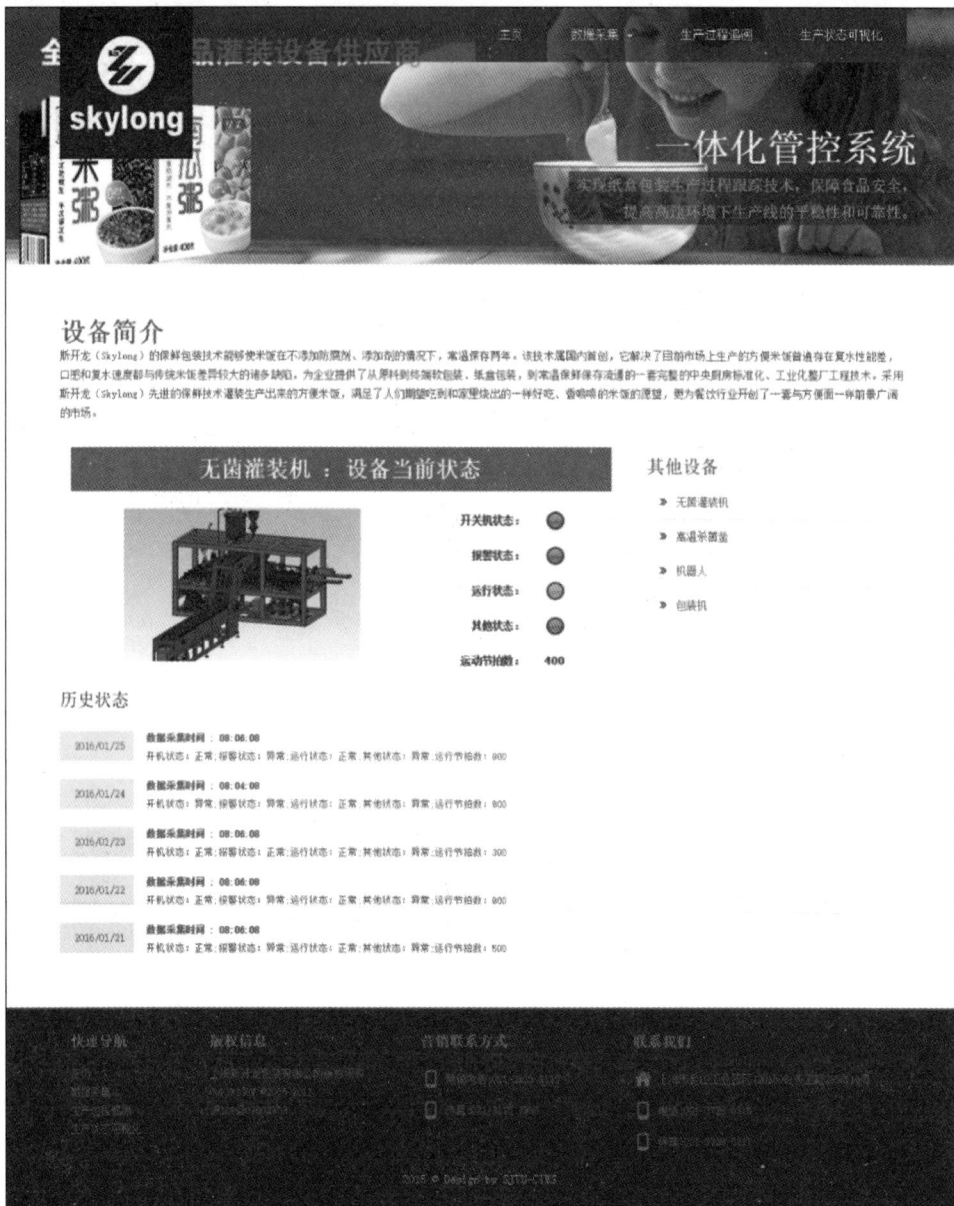

图 6-26　设备状态界面

参考文献

［1］　MCAFEE A，BRYNJOLFSSON E． Big data：the management revolution［J］． Harvard business review，2012(90)：60-66＋68＋128．

［2］　王文理，康永峰. 工艺在智能制造生产线设计与运行控制中的重要作用［J］. 航空制造技术，2016，511(16)：48-51．

［3］　BROWN B，M． CHUI M，MANYILKA J． Are you ready for the era of 'big data'［J］． McKinsey Quarterly，2011，4(1)：24-35．

［4］　NOGUCHI K，TANIKAWA T，INAGAKI Y，et al． Calculation procedures to estimate fine root production rates in forests using two-dimensional fine root data obtained by the net sheet method［J］． Tree physiology，2017，37(6)：697-705．

［5］　L I Z，CHEN J，L I H，et al． Research on intelligent monitoring and warning method of belt conveyor［J］． Journal of graphics，2017(2)：15．

［6］　饶忠炜，邵扬，马杰,等. 智慧车间信息感知与分析系统［J］. 现代制造工程，2017(5)：22-27．

［7］　沈跃. 面向离散车间的制造过程监控系统研究与设计［D］.南京：南京理工大学，2015．

［8］　程志华，倪时龙，黄文思,等. 企业级非结构化数据管理平台研究及实践［J］. 电力信息与通信技术，2012，10(3)：12-20．

［9］　KAUFMANN M，MANJILI A A，VAGENAS P，et al． Timeline index：a unified data structure for processing queries on temporal data in SAP HANA［C］// Acm sigmod international conference on management of data． ACM，2013：1173-1184．

［10］　WEIS S A，SARMA S E，RIVEST R L，et al． Security and privacy aspects of low-cost radio frequency identification systems［M］． Springer，Berlin，Heidelberg，Security in Pervasive Computing，2004：201-212．

［11］　吕鹏.多传感器视频集成技术的智能化应用［J］.中国公共安全，2016(09)：94-97．

［12］　QIAN Z H，DAN L． Survey on data transmission in Bluetooth technology［J］． Journal of China Institute of Communications，2012，33(4)：143-151．

［13］　侯维岩，侯维强，费敏锐. 工业控制网络中的以太网技术［J］. 自动化仪表，2003，24(1)：48-52．

［14］　燕来荣.无线网络通信技术将成为工业自动化中的一个新兴热点［J］.电力电子，2013，11(01)：34-39．

［15］　SCHREURS A M M，XIAN X，KROONBATENBURG L M J． EVAL15：a diffraction data integration method based on ab initio predicted profiles［J］． Journal of applied crystallography，2010，43(1)：70-82．

［16］　SHI W，JIE C，QUAN Z，et al． Edge computing：vision and challenges［J］． IEEE internet of things journal，2016，3(5)：637-646．

［17］　任状. 数字化车间远程监控关键技术及实现［D］.西安：西安电子科技大学，2011．

［18］　徐楚桥. 基于物联网的智能车间产品实时跟踪监控系统开发［D］.乌鲁木齐：新疆大学，2017．

［19］　梁兴明. 基于虚实融合的车间实时生产监控系统的设计与实现［D］. 合肥：合肥工业大

学,2017.

［20］ CHEN D. Enterprise-control system integration-an international standard［J］. International journal of production research,2005,43(20)：4335-4357.

［21］ 赵维军. 制造执行系统在济钢生产管理过程应用的研究［D］. 北京：华北电力大学，2004.

［22］ VALCKENAERS P，BURSSEL H V. Holonic manufacturing execution systems［J］. CIRP annals-manufacturing technology，2005，54(1)：427-432.

［23］ MilagrosRolón，Ernesto Martínez. Agent-based modeling and simulation of an autonomic manufacturing execution system［J］. Computers in industry，2012，63(1)：53-78.

［24］ GAXIOLA L，RAMÍREZ M D J，JIMENEZ G，et al. Proposal of holonic manufacturing execution systems based on web service technologies for Mexican SMEs［J］. Lecture notes in computer science，2003，3131：156-166.

第 7 章

基于大数据关联分析的质量智能控制

随着大数据技术的发展,大数据与质量管理的结合成为制造企业保障产品质量、提升品牌优势的重要手段。基于大数据分析的产品质量控制可以解决企业在实际生产运营过程中所涉及的质量管理、控制等问题,实现采购、加工、装配等各个环节质量水平的智能提升优化。

本章结合产品质量控制业务、产品质量数据仓库、产品质量控制方法,阐述基于大数据分析的产品质量控制。同时结合相应制造案例,着重介绍数据分析技术对柴油发动机在装配过程中质量控制的应用。

7.1 产品质量控制业务

近年来,国内外学者不断地探索数据驱动方法在产品质量控制与改进中的应用,并取得了丰硕的成果。而对于产品质量的控制业务,主要从多阶段制造过程的特点出发,分析此类过程质量控制和改进中的数据分析方法,或者从机器学习角度分析数据挖掘和分析方法在流程工业中的应用。

对于大多数制造企业而言,虽然近年来企业的信息化程度逐步提高,但是制造业质量数据分散,信息孤岛仍然存在,数据利用率不高,很多企业的质量控制与改进仍然以人工经验为主进行管理决策,企业面临空有数据却不知如何使用的困境。而在大数据环境下,迫切需要一种集成的指导思想和行动框架,以全局、动态、发展的视角来研究解决生产运营管理中的各种问题,充分挖掘数据价值,并将其转化成可以被重复利用和传承的知识,将企业的产品质量控制方法从以往依赖人工经验转向依靠数据分析获得调控依据的智能产品质量控制方法。

7.1.1 产品质量控制业务的内容

产品制造阶段的质量任务,包括生产过程监控与诊断、过程质量预测、生产工艺优化三个方面,实现方法主要有基于解析模型的方法、基于经验知识的方法以及基于数据分析的方法。随着工业过程自动化、网络化、智能化的发展,过程的复杂程度不断提高,数据和经验呈现几何增长的趋势,使得反映过程输入/输出关系的精确数学模型越来越难以建立;基于经验知识的方法也难以处理综合、复杂的质量问题[1]。另一方面,各种信息技术在制造业中逐渐得到广泛应用,使得制造过程得以获取产生的大规模监测数据,这些数据蕴含着反映加工设备和制造过程运行状态的丰富信息,基于数据分析实现过程质量控制与改进成为当前学术界和工业界共同关注的焦点。

7.1.2　产品质量控制问题的特点

产品生产制造过程是产品质量形成的重要环节,是实现质量控制的关键。研究表明,最终产品的质量问题大约有 60% 来源于生产制造过程,而装配过程作为整个制造过程的最后一个环节,装配质量的好坏将直接决定最终产品的整体质量,以及能否可靠地满足用户的功能需求。

随着企业所生产的产品结构日益复杂,从装配工位布局角度来看,传统的串行装配模式已难以满足生产需要,一般而言,复杂机械产品的装配系统属于多工位生产系统,该类型生产系统具有串、并行相结合的层次化结构特点。由于每个工位需要通过一定的工序完成当前的装配作业活动,因此装配系统是一个多工序制造系统,各工序间存在着复杂影响关系,在制品的装配质量不仅由当前工序决定,也会受到上游相关工序的影响,随着装配过程的进行,上游工序的质量波动会向下游工序传播,体现了装配误差的传递、累积效应[2]。

机加工过程中的零件制造质量反映的是单独一个零件其自身的某个特征要素属性(如表面粗糙度)或某几个要素属性(如平行度、同轴度)之间的关系,且以几何特征为主;装配质量反映的是两个或两个以上零部件特征要素之间的关系,因此装配质量可以看作一种"组合质量",不仅仅局限于几何要素,它所涉及的内容更加丰富,包括了力、力矩、位移、角度等诸多方面[3]。

从上述定义和论述可以看出,产品质量控制具有以下特点。

(1) 过程性。最终产品是通过一系列装配活动后,在各种装配资源(人、设备、零件、辅料)共同参与下逐步完成的,这一环节是将产品设计时所制定的关键质量指标不断实例化的过程。"过程性"给质量在原先定义上赋予了另一层含义,在静态层面,质量是对设计指标的符合程度;从动态角度出发,质量特性是在先后进入装配环境中的各种影响因素共同作用下逐步形成的综合产物。

(2) 多元性。由于装配过程是按照一定的装配约束条件以及装配序列,将不同类型零件在装配工艺过程参数的作用下组成最终产品的过程,因此产品各项质量指标是在一定数量且种类不同的质量控制因素的共同作用下形成的。

(3) 目的性。装配过程在线质量控制具有明确的目标,其核心宗旨就是通过一定的技术手段,对装配环节中在制品质量特征累积、融合过程加以优化和控制,在现有资源条件下提高最终产品的装配质量稳定性。

(4) 动态性。由于装配质量具有过程性特点,装配过程中各类质量信息和制造资源状态是动态演进的,因此需要根据实际质量的工况信息,从全局角度出发,以提高装配质量稳定性为目的,对相应装配作业活动做出动态调整。

（5）阶段性。装配过程在线质量控制具有阶段性特点,装配过程在线质量控制是一个从定性分析到定量表征,从理论建模到平台构建的过程,通过方法和相应的工程背景相结合,以相关理论研究为出发点,将在线优化控制平台作为最终呈现形式。首先需要明确控制对象,为进一步探讨控制策略奠定基础,即完成装配质量控制要素的分类和识别,只有明确作用对象,才能有的放矢;在此基础上研究质量特征耦合规律与协调机制,通过相关技术手段进行建模,为装配过程在线质量优化提供策略支持。装配过程在线质量控制的落脚点在于提高实体产品的装配质量稳定性,因此需要以优化控制策略为理论支撑,结合相应技术构建装配质量在线优化控制平台,为产品装配过程在线质量优化提供硬件支撑。每个阶段研究的侧重点有所不同,所采用的理论知识和科学技术手段也不相同。

（6）复杂性。由于装配质量是在装配过程中多种不同类型质量特征的交互影响下形成的,这类影响关系通常具有动态、非线性的特点,因此在处理实际工程问题时,如何构建适当的模型表征此类耦合规律,并采用相应方法求解模型是装配过程在线质量控制的关键;对装配质量形成过程中各类质量特征变迁、融合的表征和逻辑建模也是需要考虑和解决的问题;同时装配过程中会产生大量质量数据,需要对这些数据进行实时采集与有效管理,利用数据中提供的相关信息结合理论模型完成在线质量优化控制。此外,装配过程在线质量控制知识体系中涉及多类型方法,如智能技术、控制理论、统计分析理论、启发式优化算法等,只有将这些知识有机结合、合理利用才能实现对装配过程质量的有效控制。

从实体物流角度来看,装配过程是在制品向下游工序不断流转,在相应制造资源（零件、过程参数等）参与下完成合装的过程;从信息流的角度出发,装配过程是一个以实体在制品为载体的各类质量特征不断变迁、融合最终形成产品各项质量指标的过程。为了提高复杂机械产品装配过程质量稳定性,需要从复杂机械产品装配质量形成过程入手,对质量形成过程中的影响因素以及其间的耦合规律与协调机制展开剖析和研究。

7.2　产品质量数据资源

产品质量数据资源是指产品某质量指标的质量特性值。狭义的产品质量数据主要指产品质量相关的数据,如不良品数、合格率、直通率、返修率等。广义的产品质量数据是指能够反映产品各项工作质量的数据,如质量成本损失、生产批量、库存积压、无效作业时间等。这些数据均将成为精益质量管理的研究改进对象。以下将从产品质量数据的主要来源以及产品质量数据的组织形式角度进行展开说明。

7.2.1　产品质量数据来源

对于产品制造网络而言,影响产品质量的因素众多,质量约束条件与其他工艺、制造、环境等各阶段的约束相似,包括有限的资源、多个工作竞争和冲突目标等。产品制造质量关系网络取决于用户间传送数据的沟通网络,解决服务质量问题对产品制造质量关系网络具有重要的意义,不仅可以确保产品制造质量关系网络的有迹可循,也可以实现各种制造资源的有效管理。

产品质量数据主要包括用于质量改进的故障数据、用于风险预防的过程数据,以及用于质量评价的数据产品。鉴于现代工业产品研制的复杂性、定量化和注重过程控制的发展趋势,重大质量决策越来越依赖于质量数据资源的支持[4]。需要加强企业产品质量信息管理,深入开发质量数据资源,尤其是在目前工业大数据、智能制造飞速发展的时期,开展质量数据资源建设对提高中国整体制造业质量管理和决策水平、促进装备质量水平快速提升具有十分重要的意义。

近年来,随着质量管理水平的提高和对产品质量工作认识的加深,企业对质量数据资源建设提出新的要求,即进行产品质量数据资源统一管理,一方面满足企业产品质量形势分析、装备质量综合评价的迫切需要,提高分析评价结果与装备实际表现的一致性,确保质量管理决策的科学性;另一方面将质量数据反馈到设计、制造过程,用于产品质量改进,提升装备研制水平。为了实现上述目标,需要 3 种类型的数据支持。

(1) 产品类数据:这类数据与产品质量实现直接相关,包括设计、制造、使用过程中的试验数据、质量问题数据、过程检验检测数据等。

(2) 过程类数据:主要包括质量管理过程与标准的符合性数据。

(3) 基础类数据:主要包括支持产品质量形成的人员、成本等信息。

此外,产品形成过程主要涵盖了产品设计研发、原材料采购、生产制造、产品检验测试等环节,伴随着原材料向产品的形成,产品相关质量属性也逐渐形成,因此产品质量与产品的形成过程中各个环节有着密切的关联。产品质量控制是为保证质量形成过程中某个环节的质量要求而采取的相关作业活动。质量形成的主要环节涉及产品研发、生产制造以及检验测试等过程,每个过程都需要制定相应的质量要求,根据要求来制定控制策略,基于控制策略采取相应的质量活动,通过对过程的调整和控制,保证当前过程的质量水平。质量控制活动贯穿于产品形成的全过程,以保证最终产品的质量特性能够满足客户所提出的功能需求。由于产品质量与产品形成过程中各个环节的紧密性,产品质量控制数据主要包括以下内容。

(1) 设计研发数据:产品的设计特征、制造特征、工艺参数、材料需求等。

(2) 原材料采购数据:原材料的采购批次、性能参数、检验数据等。

(3) 制造过程数据:在加工环节包括设备编号、刀具类型、夹具编号、温度、湿度、切削用量、进给速度等运行参数;在装配环节包括员工编号、辅助设备、配合基准、零件编号等操作信息。

（4）检验测试数据：制造过程中检测得到的尺寸偏差、装配偏差、表面缺陷等数据，以及成品测试环节收集的产品功能性、稳定性和衰退性等数据。

产品质量控制的数字化特征包含多个维度，这同时决定了产品质量控制的数据源是多样的，包括结构化、非结构化和半结构化的数据。多源异构数据驱动的产品质量控制管理模式，试图借助物联网技术、大数据技术等实现制造产品质量的实时感知与评价、控制与改进。

7.2.2　产品质量数据批次化组织形式

在大规模生产的背景下，生产者开始主动思考如何准确地将庞大的生产订单转化成小批量的生产，并以此来掌控生产中遇到的问题。而"批次化的管理"满足了日常生产对生产数量和生产品质管控的要求。它将庞大的生产订单划分为一组组的小批量生产，适时地反映出生产过程中的各种数据，为生产管理提供了便利。

批次化生产就是把一个大的 Lot 分成若干个小的 Lot，在生产中以小的 Lot 在各个工序流转，最后再集成一个大的 Lot。在这个分的过程中，产品生产商依据的是所生产产品的不同型号、产品材料规格以及生产日期[5]。批次化生产对产品质量以及企业效益带来的影响主要有以下几个方面。

首先，产品生产者普遍受生产过程的数字管控问题困扰。由于原材料遗失、半成品遗失、运转遗失等问题的出现，导致制约产品大批量的生产。而批次化生产可以很好地把这些被生产者隐瞒掉的数字呈现出来。其前提是需要建立产品质量数据的管理制度，制度化管理的成熟，要求每一个生产参与者都能够去填写、确认自己所生产的产品的数字。同时，还需要必要的监督，要求每个生产管理者能够主动地去负责督导。

其次，批次化对产品质量的监督作用。生产质量的监督者需要每天对当日的产品良品率做一个准确的统计，以便发现和解决生产过程中的质量问题，可能是原材料问题或者是设计参数问题，也可能是生产作业产生抑或是搬运造成的。批次化管理恰好可以及时准确地将这些问题反映出来，并能够追溯其源头。

7.3　产品质量数据关联分析技术

在经济全球化的时代，企业面临着激烈的竞争压力。而产品质量是企业赢得市场竞争的第一要素，以更快的速度、更高的质量、更低的价格以及更优的服务将产品推向市场，是企业不断追求的目标。而在产品生产过程中的关联分析能够在大数据思维的基础上，将设备状态参数、计划执行情况等运行参数，以及质量、交货期等性能指标数据化，通过聚类、序列模式挖掘、关联等算法来分析这些数据之间关联关系的过程。制造大数据的关系网络建模与关联分析技术包括数据处理技术、数据集成方法、规律挖掘方法以及特征提取方法。

7.3.1　产品质量规律挖掘方法

产品质量规律挖掘就是根据制造误差的性质和表现形式,结合误差源的性质和传递规律,分析制造误差的主要因素,运用数据挖掘技术建立制造误差与产品质量的逻辑关系。面对生产过程产生的大量不可测、不确定的数据,数据挖掘依据数据呈现出的制造过程相似性、关联性和全息性原理,通过分析隐藏其中的知识,量化产品质量信息[6]。数据挖掘的任务分为产品质量信息的描述性任务(关联分析、聚类、离群点等)和产品质量预测任务(回归和分类)两种,常见的产品质量规律挖掘方法如下。

1. 质量数据统计分析方法

质量数据统计分析方法主要用于总结知识和关联知识挖掘,对产品质量关系数据表中各个属性进行统计分析,找出质量属性间存在的关系。关系表中的质量属性间存在两种关系:质量数据函数关系,即能用函数公式表示的质量特征间的确定性关系[8];质量数据相关关系,即不能用函数公式表示的关系,对它们可采用质量相关分析、主成分分析、回归分析等方法。质量数据统计分析方法主要应用在制造系统、制造工艺、车间作业调度中,反映产品生产质量情况。

2. 质量数据聚类方法

质量数据聚类方法是基于数据挖掘中无监督的分类学习,即质量数据的聚类是在不知道质量分类标准的前提下对质量数据进行分类分析,发现的是未知的质量分组类别。最早的聚类分析基于统计学和模式识别,是统计学的一个分支,主要根据距离长短和同类对象所含有的共同特性而研究[9]。质量数据聚类方法可以定义为将一组数据按照组内距离最小和组间距离最大的原则分为若干组,即最终得到的质量数据有最大的组内相似度和最小的组间相似度。聚类是一个寻找质量情况分组类别的过程,它没有明确的目标,只需要找到有意义的质量情况分组模式即可。

按照不同的分类方式,质量数据聚类可以得到的分类结果如表 7-1 所示。

表 7-1　质量数据聚类分类表

分 类 方 式	分 类 结 果
聚类的结果	覆盖聚类与非覆盖聚类、层次聚类与非层次聚类、确定聚类与模糊聚类
聚类的数据类型	数值型聚类、分类型聚类、混合型聚类
聚类的方法	划分聚类、层次聚类、基于密度的聚类

3. 质量控制人工神经网络方法

人工神经网络类似生物神经网络,由许多类似于神经元的节点组成,每一个节点代表一种输出函数,节点与节点之间的连接是对信号的加权值,不同的输出函数和加权值会使得神经网络的输出结果不同[10]。人工神经网络方法具有以下优点：①学习系统能近似地表达所有非线性关系；②学习能力强；③处理规模大，处理速度快；④容错能力、鲁棒性强；⑤能自组织、自适应；⑥模拟性好。

4.质量控制智能优化方法

目前使用得较为频繁的质量控制智能优化算法包括遗传算法、粒子群算法和模拟退火算法。

遗传算法在整个进化过程中使用群体搜索技术，通过对当前群体施加选择、交叉、变异等一系列遗传操作，产生出新一代群体，并逐步使群体进化到包含或接近最优解的状态，实现最优质量数据的提取与分析。遗传算法是一类具有较强鲁棒性的优化算法，具有隐含并行性和全局搜索性两大特征，它提供了一种求解系统最优化问题的通用框架。此外，粒子群算法和模拟退火算法在近些年中也逐渐被广泛利用。

粒子群算法与遗传算法类似，是一种基于种群迭代的群智能进化计算技术。它保留了基于种群的全局搜索策略，但是没有遗传算法所采用的交叉以及变异操作，通过使用简单的速度-位移模型，避免了复杂的遗传操作，同时它具备记忆能力，可以跟踪当前的搜索情况并动态调整搜索策略，具有较强的全局收敛能力和鲁棒性。

模拟退火算法是一种仿照固体退火过程中内能和温度变化关系的随机寻优算法。模拟退火算法以一较高温度为起始点，在逐渐降温的过程中，采用基于蒙特卡洛迭代的求解策略，随机搜索解空间中的最优解。

5.质量数据粗糙集

利用粗糙集理论方法处理产品质量数据，主要用于产品质量数据简化、数据意义评估、因果关系分析、对象相似或差异性分析、范式挖掘等。其主要思想如下：首先将质量参数对象的属性分为条件属性和决策属性，然后按各属性值划分等价类[11]。条件属性的等价类 E 与决策属性的等价类 Y 之间有 3 种情况：①上近似，Y 和 E 的交非空；②下近似，Y 包含 E；③无关，Y 和 E 的交为空。对上近似建立不确定性规则，对下近似建立确定性规则，无关情况则不存在规则，从而实现产品质量的集合定义与等级划分。

实际生产过程是一个动态过程，生产线上工艺、设备和环境都极其复杂，许多未知因素往往会影响最终产品的质量。为了达到生产任务的要求，常常需要对产品质量进行快速检测和提前预测，以便及时做出调整。然而，由于生产线的复杂性，检测或预测产品质量并不容易[7]。许多现有方法存在准确率较低，或是成本高昂等问题。而诸如回归、分类、聚类、决策树、粗糙集、神经网络等数据挖掘和机器学习方法，由于能够从大量数据中发现规则，因此能够在一定程度上提高产品质量的检测或预测准确率，且实施成本较低。

以印制电路板中焊锡球缺陷检测为例，采用能够识别个体区别的粗糙集对其进行数据挖掘并得到三个规则集,分别是存在焊锡球缺陷时的旺则集、不存在焊锡球缺陷时的贬则集和两种情况皆可能的规则集,这三个规则集对不存在焊锡球缺陷的印制电路板的预测正确率接近 100%,对存在焊锡球缺陷的印制电路板的预测正确率接近 50%,整体预测正确率达到 97.66%。根据这些规则,焊锡球工艺可得到相应的改进,其缺陷也可以及早发现,极大地降低了印制电路板由于焊锡球缺陷而带来的损失。

7.3.2　产品质量特征提取方法

二维码 7-1

在复杂制造系统中存在很多生产要素,这些生产要素的波动最终导致了产品质量的不确定性与不稳定性。如果对每一个生产要素都加以控制,一方面随着制造系统的复杂程度提升,控制的维数急剧增加,控制难度较大;另一方面,并非所有因素都会对产品质量产生重大影响,盲目的质量控制会造成成本过高[12]。因此,首要任务就是要识别出产品质量数据中的关键影响因素,而质量数据关联关系分析是特征提取的一种强有力手段,以下将对其进行介绍。

质量数据关联关系分析方法可以分为质量参数的变量选择和关键质量参数的特征提取。质量参数的变量选择是指通过关联分析剔除原始变量空间中的无关变量和冗余变量来降低原始变量维数的方法,主要包括 Pearson 相关系数法、互信息方法、格兰杰因果分析方法等;质量参数的特征提取方法是将原始变量变换到低维的特征空间的方法,主要有两种,一种是质量参数的线性数据提取方法,另一种是质量参数的非线性提取办法,如典型相关分析、因子分析、主成分分析、独立成分分析等。

1. 质量数据相关性分析

质量数据的相关性分析是指对两个或多个具备相关性的质量数据变量元素进行分析,从而衡量两个变量因素的相关密切程度。相关性的质量元素之间需要存在一定的联系或者概率才可以进行相关性分析[13]。而质量相关系数主要指线性相关系数,也称为皮尔逊相关系数,它是线性变换下不变的一种相关指标,具有计算方便、可用于度量多元正态分布相关性、在非线性递增变换下具有不变性等优点,但是只能度量质量数据随机变量之间的线性相关关系,而且要求随机变量方差必须有限;除了 Pearson 线性相关系数,还有 Kendall 和 Spearman 秩相关系数可以用来度量两个随机变量间变化的一致性程度,其对随机变量的边缘分布没有要求,属于非参数统计方法,这也保证了秩相关系数适用范围更为广泛,不过本质上仍然是基于线性的相关系数。

2. 质量数据因子分析

质量数据的因子分析方法是一种数据降维方法。它可以从原始高维质量数据中挖掘出仍然能表现众多原始质量信息变量中主要信息的低维数据,并且此低维

数据可以通过高斯分布、线性变换、误差扰动生成原始数据。因子分析主要基于概率模型,使用期望最大化算法来估计参数[14]。因子分析过程中 m 个 n 维特征的训练样例 $(x^{(1)}, x^{(2)}, \cdots, x^{(m)})$ 的产生过程如下:

(1) 在一个 k 维空间中,按照多元高斯分布生成 m 个 $z^{(i)}$(k 维向量,$k < n$),即 $z^{(i)} \sim N(0, 1)$。

(2) 存在一个变换矩阵 $\boldsymbol{\Lambda} \in \mathbf{R}^{n \times k}$,将 $z^{(i)}$ 映射到 n 维空间中,即 $\boldsymbol{\Lambda} z^{(i)}$。

(3) 将 $\boldsymbol{\Lambda} z^{(i)}$($n$ 维)加上一个均值 $\boldsymbol{\mu}$(n 维),即 $\boldsymbol{\mu} + \boldsymbol{\Lambda} z^{(i)}$。

(4) 对每个点加上符合多元高斯分布的扰动 $\boldsymbol{\varepsilon} \sim N(0, \psi)$($n$ 维向量),即 $\boldsymbol{x}^{(i)} = \boldsymbol{\mu} + \boldsymbol{\Lambda} z^{(i)} + \boldsymbol{\varepsilon}$。

3. 质量数据主成分分析

质量数据的主成分分析(principal component analysis, PCA)是一种利用统计原理建立描述系统的低维模型方法。PCA 提取出的质量数据变量的主成分之间相互独立,能有效降低维数并提升预测精度。但是当质量数据变量间存在较强的非线性时,难以获得较好的预测结果[15],并且 PCA 本身参数较多、结构复杂,设置恰到好处的模型参数有难度。对于具有实际意义的复杂系统而言,对提取出的质量数据主成分难以解释其对应的物理意义,更难以用其指导进一步的复杂系统优化控制。

4. 质量数据独立成分分析

质量数据的独立成分分析(independent component analysis, ICA)是一种主元分解方法,其基本思想是从一组混合的观测信号中分离出独立信号。比如在一个大房间里,很多人同时在说话,样本是这个房间里各个位置的一段录音,利用 ICA 可以从这些混合的录音中分离出每个人独立的说话的声音。ICA 认为观测信号是若干个统计独立的分量的线性组合,ICA 要做的是一个解混过程[16]。其基本模型如下:

$$\boldsymbol{X} = \boldsymbol{A} \boldsymbol{S} \tag{7-1}$$

其中,$\boldsymbol{X} = (x_1, x_2, \cdots, x_m)^{\mathrm{T}}$ 是混合信号,且每一个分量而都是 nx_i 的向量;$\boldsymbol{S} = (s_1, s_2, \cdots, s_m)^{\mathrm{T}}$ 是源信号,且每一个分量 s_i 都是 nx_i 的向量;$\boldsymbol{A}$ 是 mx^m 阶的混合矩阵。

在实际问题中,一般只知道观测信号 $\boldsymbol{X}$ 的信息,而混合矩阵 $\boldsymbol{A}$ 和源信号 $\boldsymbol{S}$ 都是未知的。在原始信号的统计独立性的假设下,可以分离出原始信号 s_i。若源信号 $\boldsymbol{S}$ 是非高斯的,则 ICA 问题的本质是估计出分离矩阵 $\boldsymbol{B}$,使得分离信号

$$\boldsymbol{Y} = \boldsymbol{B} \boldsymbol{X} = \boldsymbol{B} \boldsymbol{A} \boldsymbol{S} \tag{7-2}$$

是统计意义上相互独立的。其中 $\boldsymbol{Y} = (y_1, y_2, \cdots, y_m)^{\mathrm{T}}$,$y_k$ 和 y_l($k = 1, 2, \cdots, m$;$l = 1, 2, \cdots, m$;且 $k \neq l$)是统计独立的,且 $\boldsymbol{Y}$ 是 $\boldsymbol{S}$ 的估计,当且仅当 $\boldsymbol{B} = \boldsymbol{A}^{-1}$,即 $\hat{\boldsymbol{S}} = \boldsymbol{Y}$。

在以上论述中,每一种质量数据关联关系分析方法都有各自的适用范围、优缺点。在实际使用中应该根据实际质量数据特征,选择最合适的质量数据特征提取方法。

以纺织行业经编机故障预测过程为例,为了确保经编机在生产中维持正常运转,可以通过经编机的历史运行数据、实时运行数据和已经设置的织机运行参数来预测织机的运行状况。传统的预测分析是在历史资料基础上得到客观规律,结合相关领域专家的专业经验,预先对各种可能发生的运行状态先验地预测其概率。但是先验分布具有一定的局限性:先验分布和许多决策问题的准确性易受到先验信息充分与否的影响,并且决策人预先对状态可能发生的概率做出的主观判断与客观真实情况存在一定的差距。

为提高纺织机械设备故障预测技术的可靠性和有效性,将人工智能相关技术引入纺织机械设备故障预测中来很有必要。通过分析经编机故障的性质、分类与影响经编机故障预测的各类指标,构建了经编机故障预测框架;通过使用主成分分析法对影响经编机故障预测的各类指标进行降维处理,构建了基于距离判别法的经编机故障预测模型,从而实现了经编机的故障预测。

7.4 产品质量智能预测技术

预测指利用关联分析结果,描述产品制造过程与性能指标的内在关系,进一步可以通过将产品质量性能指标数据化,建立模型描述产品质量过程数据对性能指标数据的影响规律,实现产品质量性能预测。

产品的生产制造过程是一个工艺复杂、质量控制点众多、生产环境动态多变的过程,实际生产中会发现存在零部件均为合格品、工艺质量特性符合工艺要求的情况下,出现产品的最终质量性能不能满足要求的情况,造成这种质量性能偏差情况主要是由于上下游工艺的约束、误差缺陷的累积,虽然制造过程参数符合工艺规范但并不是最优,对于这种产品质量误差累计的影响具有不可预见性[16]。因此,如何进一步对制造过程参数进行分析、优化并对装配过程质量进行有效预测,对于提升产品质量控制能力、降低测试成本具有重要意义。

产品质量预测和估计包括数据采集、二次变量选择、数据预处理、模型校正等一系列技术。其中,质量预测建模是质量预测和估计的核心,它不同于一般意义上的数学模型,强调的是通过输入过程变量来获取对质量变量的最佳估计。常见的产品质量预测建模方法包括机理建模方法、基于对象数学模型的方法、统计回归方法等。

1. 质量预测机理建模方法

质量预测机理建模是指在对过程工艺有充分了解的基础上,根据物料平衡、热量平衡、气液平衡等机理,建立以微分方程或代数方程为主要表达式的动态数学模型。机理建模方法依靠坚实的理论基础,能够构建出精确模型,在机理研究体系较为完善的一些化工过程中得到了应用。但是工业过程普遍存在着非线性、复杂性和不确定性等特点,大多数情况下难以构建完整的机理模型。

2. 基于对象数学模型的方法

此种方法直接利用生产过程数学模型,获取质量预测的估计值。当采用的数学模型是状态空间模型时,质量预测问题就转化为典型的状态观测和状态估计问题,估计值就可以表示成 Kalman 滤波的形式。

当采用的数学模型是输入/输出模型时,在对象模型结构已知的情况下,可以采用参数辨识的方法,将质量预测问题转化为传统的辨识问题,最常见的线性模型为自回归滑动平均模型。若描述的对象为稳态模型,可以采用 Brosillow 估计器来构造质量预测模型;如果描述对象是动态模型,可采用自适应估计方法建立质量估计模型,这类方法最终将问题转化为基于自回归滑动平均模型的递推估计问题。

3. 质量预测统计回归方法

质量预测统计回归方法是质量预测建模最常用的方法之一,包括多元回归、主元回归、部分最小二乘回归等。它是从实验或观察数据出发寻找合适的数学模型,以近似表达变量之间的数量关系,对变量之间的密切程度进行预测和推断。基于统计回归的方法能够充分利用数据的多变量特性,适合于处理数据量大且数据间相互关联的情况。由于提供了有效的数据压缩和信息提取方法,统计回归方法可以通过结合不同算法处理非线性问题,在实际工业工程中获得了广泛应用。

除以上传统方法之外,产品质量预测方法还包括专家系统、神经网络和支持向量机方法,预测范围也从单工序扩展到多工序,从工序级提升到系统级。在具体的产品制造过程中,需要考虑工艺参数关联耦合、生产环境动态多变等特点,充分考虑各制造过程参数对产品质量的影响情况,采取合理的预测方法。

以汽车燃油消耗预测问题为例,利用多组汽车燃油消耗情况数据,通过建立多元线性回归模型分析功率、发动机和变速器这三方面对每升行驶里程的影响情况[17]。研究结果显示,汽车功率与每升行驶里程成反比关系,即汽车功率越大,所消耗的能源越少;而发动机和变速器与每升行驶里程成正比关系,其中不同的发动机和不同的变速器产生的燃油效果也会有所不同。

7.5　产品质量控制优化技术

调控指基于产品质量性能预测模型,找到产品制造过程的关键制造参数并进行控制。通过确定影响质量控制、交货期控制的关键参数,运用规律知识建立针对产品合格率、交货准时率等性能指标的科学调控机制。

一个完整的质量体系可以确保从材料选定、采购、加工到最终销售时每个环节的质量稳定。体系内部的审核、设备维护、工装检验和人员培训都是质量体系不可或缺的环节。每一个质量体系都由同样的三个过程构成,分别是最高管理者过程

(如策划、资源配置等)，实现过程(与顾客交流的有关过程、设计研发、产品实现)和支持过程(人员培训和机器维护等)，但是即便一样的构成过程，其侧重点和运行效率也是有所不同的[18]。体系内的执行力度也是影响生产的一大要素，当执行力度不够时，制造质量就会面临损失严重的危机。

制造质量的控制，成功与失败相互作用，相互伴随，二者之间只存在一点点的距离。所以想要解决产品制造质量控制问题：第一，要设立明确的目标以及实现目标的进度表，这个目标不能模糊不清，必须是可确定、可检查的；第二，目标确定之后，就可以层层落实，责任到人；第三，对规章制度要及时地进行修改和完善，构建良好的组织结构。组织成立与发展需要一个规则来约束，以保障组织执行的力度。

产品制造过程控制技术是为确保生产过程处于受控状态，对直接或间接影响产品质量的生产、安装和服务过程所采取的作业技术和生产过程的分析、诊断和监控手段。其作用在于对生产过程的质量控制进行系统安排，对直接或间接影响过程质量的因素进行重点控制并制订实施控制计划，确保过程质量。主要包括物资控制、可追溯性和标识，设备的控制和维护，生产关键过程控制管理，文件控制，过程更改控制，验证状态的控制，以及不合格产品的控制。

(1) 物资控制、可追溯性和标识。对生产过程所需材料和零件的类型、数目及要求要做出相应规定，确保过程物资的质量，保持过程中产品的适用性、适型性；对过程中的物资进行标识，以确保物资标识和验证状态的可追溯性。

二维码 7-2

(2) 设备的控制和维护。对影响产品质量特性的设备工具、计量器具等做出相应规定，在使用前均应验证其精确度，在使用前后合理存放和防护，并定期验证和再校准；制订预防性设备维修计划，保证设备的精度和生产能力，以确保持续的过程能力。

(3) 生产关键过程控制管理。对不易测量的产品特性，对有关设备保养和操作所需特殊技能以及特殊过程进行重点控制；及时改善和纠正过程中的不足，在生产过程中，以适当的频次监测、控制和验证过程参数，以判别所有设备及操作人员等是否能满足产品质量的需要。

(4) 文件控制。保证过程策划的要求得以实现，并保证在过程中使用的与过程有关的文件都是有效版本。

(5) 过程更改控制。确保过程更改的正确性及其实施效果，明确规定更改职责和权限，更改后对产品进行评价，验证更改的预期效果。

(6) 验证状态的控制。采用适当的方法对过程的验证状态进行标识，通过标识区别未经验证、合格或不合格的产品，并通过标识识别验证的责任。

(7) 不合格产品的控制。制定和执行不合格品控制程序，及时发现不合格品，对不合格品加以明确的标识并隔离存放，确定对不合格品的处理方法并加以监督，防止顾客收到不合格品及不合格品的非预期使用，避免进一步加工不合格品。

针对产品制造过程的控制技术,主要包括编制和执行专门的质量控制程序;强化检验和监督;详细填写质量记录,明确责任,保证可追溯性;对不合格品的处理严加控制;加强设备的维护保养;采用统计控制方法进行生产过程控制,如控制图、统计抽样程序和方案等[19]。以产品装配过程在线质量控制为例,可将产品制造过程的在线质量控制看作一个框架体系,目前相关领域的诸多研究成果可以为之所用,如模型化技术、群体智能优化算法等。

1. 装配过程在线质量控制模型化技术

模型化即从研究需求出发,为现实系统建立模型的过程。该过程是对所研究系统本质的科学抽象,用以表征事物固有属性与相关因素间的交互关系以及系统的动态运行机制。模型化是通过对系统静态组织架构、动态行为逻辑交互过程的分析,总结其规律和特征,评价静态和动态性质,预测系统演进趋势,最终达到为决策活动提供策略支持,同时对系统进行有效管理和控制的目的。模型化是研究和分析系统的重要手段和方法。根据不同的分类准则,模型可以有很多种分类方法,就机械产品装配领域而言,涉及的模型主要可以分为数学模型和逻辑模型两类。数学建模即通过数学的语言和工具对现实系统的信息进行提炼、翻译、归纳为公式或图表等用数学语言描述的模型,数学模型通过演绎、求解和论断,从代数层面给出对系统演化行为的分析、预测,并将相关结论通过逆向翻译和解释反馈到现实系统中,用以指导实践。主要包括装配特征关系建模和装配过程建模两个方面。

2. 基于群体智能的装配公差优化技术

装配过程质量控制会面临较为复杂的优化问题,如装配公差优化的实质是多目标、多约束条件下的优化问题,需要结合实际工程背景构建目标体系,在满足一定约束条件下,通过相关技术理论寻求最优解或满意解,使得待研究的目标系统能够达到期望极值。传统解算方法在迭代运算过程中要求遍历整个搜索空间,因此在处理大型复杂优化问题时会出现无法在多项式时间内完成搜索,导致搜索的组合爆炸现象。由于工程优化问题具有复杂性、约束性、非线性等特点,因此探索高性能的优化算法已经成为获取高质量解的关键途径和必由之路。

智能优化算法模拟自然界的生物系统运行机制,通过一定的演进策略推动系统状态的转变从而进行优化求解,最为典型的智能优化算法为遗传算法和粒子群算法。智能优化算法具有不依赖模型数值性态、分布式并行搜索模式、多个体协作迭代等技术特点。

3. 装配质量稳定性分析与评价

基于统计原理的装配质量稳定性分析主要从对比给定的若干样本序列的标准差入手进行衡量,若标准差有较为明显的改变,则说明所对比的样本母体质量稳定性有显著差异。为了更好地对样本进行分析,一般先需要确定样本的分布性态,常用的连续分布有正态分布、均匀分布、指数分布等。装配质量稳定性分析也可以归结为评价问题,由于产品关键质量特性大多为望目特性,即该值越接近设计时的某个值时当前质量水平越高,针对某一质量特征在新旧两种装配方法产生的数据优劣时,可以将质量数据看作时间序列,基于设计指标构建标准序列,考察当前质量数据序列对标准序列的贴合程度,如贴合程度高则说明当前序列具有更好的质量水平。该类方法主要有模糊关联分析法和灰色关联分析法。当研究对象有多个质量属性需要比对时,可以采用多属性评价方法进行分析,主要有投影寻踪、物元理论、数据包络分析、TOPSIS法等方法。

以智能车间通过工艺规范数据和设备加工数据控制实现晶圆良率优化为例,需要运用制造过程大数据关联分析方法,将晶圆制造过程参数聚类为过程的输入/输出、静态误差、冲击误差三类参数,分别作为比例控制、积分控制和微分控制的信号来源;利用良率性能预测方法对产品的性能进行预测,与高良率调控目标进行比较,得出静态误差和冲击误差;采取协同粒子群算法,利用耦合分析将参数的不同调整方向作为目标搜索空间中的不同维度方向,将系统的误差作为粒子群优化算法的评价函数(即适应度函数)输入,根据粒子群的寻优结果确定比例系数、积分时间和微分时间的大小,以消除晶圆良率调控过程中的稳态误差,改善系统振荡和失稳等动态特性。

7.6 发动机装配车间产品质量控制实例

本节以发动机装配车间产品质量控制为例,针对批产柴油发动机功率一致性偏低的问题,以柴油发动机整机装配及台架测试两大制造阶段为研究对象,介绍数据驱动的柴油发动机功率一致性分析与控制方法[21]。利用产品质量控制方法体系的部分技术,解决柴油发动机装配质量控制问题。在数据预处理的基础上,发现柴油发动机制造过程中参数与功率质量的真实关联关系,定位关键影响因素;根据关键影响因素构建装配质量预测模型,帮助指导柴油发动机制造过程质量控制。

7.6.1 柴油发动机装配过程数据处理

柴油发动机是一个复杂的系统,柴油发动机生产过程主要涵盖了机械零部件加工、整机装配、台架测试等多个主要流程和阶段,其中整机装配及台架测试共同组成了发动机生产企业的主要生产环节,每个环节的质量波动都会对发动机产品性能产生重要的影响。尽管目前装配生产中有相应的工艺规范,但是生产过程中质量控制仍然依赖于生产经验,生产过程质量控制理念相对落后,难以有效地降低发动机生产过程波动对发动机质量的影响。

因此,如何从发动机质量形成过程入手,针对柴油发动机装配生产过程分析挖掘影响发动机功率质量的关键影响因素成为重要的工程问题。

1. 整机装配过程及其特点

柴油发动机装配过程是一个复杂而且精密的过程,它按照规定的工艺精度和技术要求,将各个零部件装配成组件、部件直至整机产品,是决定柴油发动机整机质量的关键生产环节。下文将以国内某柴油发动机厂商某型号柴油机生产线为例,介绍柴油发动机整机装配工艺流程及其工艺质量控制关键步骤,并总结装配工艺特点,从而为后续的数据分析提供理论与技术基础。

如图 7-1 所示为柴油发动机装配工艺路线布局示意图,布局通常采用串并行生产线方式来增加空间使用率,同时满足跨工位操作,合理利用制造资源,降低成本[22]。从整体上来看,柴油发动机的装配线可以划分为内装线、活塞连杆分装线、缸盖分装线、曲轴分装线以及外包装线等几大部分,其中内装线是整机装配的主线,活塞连杆分装线、缸盖分装线、曲轴分装线以及外包装线是整机装配的辅助线。在图 7-1 中,实线箭头方向代表在装配过程中柴油发动机在制品的流向路径,发动机内装线、活塞连杆分装线与缸盖分装线中在制品的物料流动路径均以实线箭头表示;虚线箭头方向代表发动机在进行外包装时的流向路径,直至发动机在台架测试工位下线。

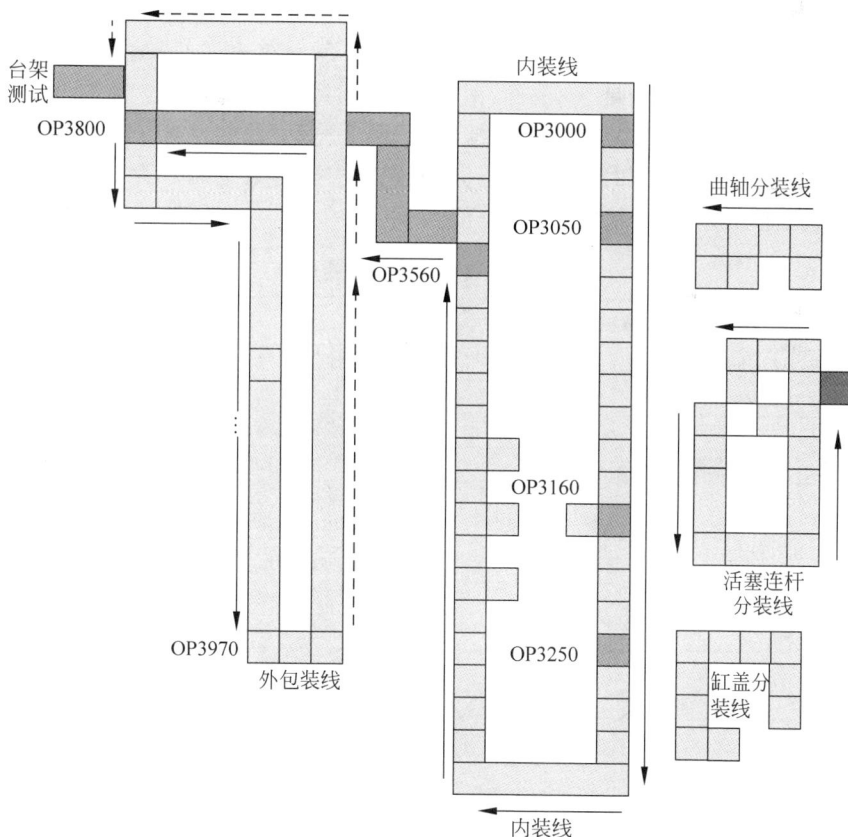

图 7-1 发动机装配路线布局

(1)内装线:柴油发动机机体在 OP3000 工位上线,按工艺流程依次安装主轴瓦、曲轴、缸盖、凸轮轴、曲轴箱等,直至 OP3560 工位柴油发动机关键零部件安装完成下线,后续在 OP3800 工位重新上线,再进行进气歧管、充电机、增压器、离合器、飞轮等零部件安装,并进行整机试漏等试验,最后在 OP3970 工位下线。其中发动机在制品在 OP3050、OP3160、OP3350 工位分别与曲轴分装线、活塞连杆分装线、缸盖分装线进行合装。

(2) 活塞连杆分装线:主要负责活塞环、活塞连杆、连杆瓦装配,当发动机在制品流动至 OP3250 工位时,活塞连杆部件总成入气缸,即将已完成部装的活塞连杆组件从活塞连杆分装线搬运至 OP3250 工位合装到气缸体的内部。

(3) 缸盖分装线:主要负责进、排气门和气门弹簧、火花塞导管、油塞等零件安装,同时进行气密性检测及压装检测。

(4) 外包装线:发动机下线后安装排气歧管、隔热罩、左悬挂支架等,转线进入下线工位。

柴油发动机装配系统是典型的多工序制造系统,串并行结合的生产线使得前后工序通常存在传递耦合,前道工序质量偏差会随着工序流传入后道工序中。为了保证产品装配质量,会在若干工位上设置工序质量控制点进行质量校验[23]。如表 7-2 所示为内装线上工序质量控制点列表,其中主要包括装配特性如间隙、力矩,产品测试状态如泄漏量、气密性、漏气量等,通过对这些质量控制点的监测,来保证产品最终质量。表中的"冷却器螺栓力矩 01-38"中的"01-38"表示该检测项目中共有 01 号至 38 号冷却器螺栓力矩值,分别对应冷却器上编号为 01-38 的螺栓,表中其他类似的描述表示的含义也类似。

表 7-2　内装线工序质量控制点

工　位	质量检测点	检　测　项	单　位
OP3020	冷却器螺栓力矩	冷却器螺栓力矩 01-38	N·m
OP3050	缸套凸出高度	缸套凸出高度 01-06	mm
OP3060	机体试漏	机体泄漏量	mL/min
OP3140	主轴承螺栓力矩	主轴承螺栓力矩 01-14	N·m
OP3160	曲轴回转力矩及轴向间隙	曲轴回转力矩启动扭矩	N·m
		曲轴回转力矩运行扭矩	
		曲轴轴向间隙	mm
OP3170	机油泵螺栓力矩及齿轮间隙	齿轮间隙 01-04	mm
		机油泵螺栓力矩 01-07	N·m
OP3180	螺栓力矩	机油泵螺栓力矩 01-07	N·m
		螺栓力矩 01-08	N·m
OP3220	螺栓力矩及齿轮间隙	凸轮轴向间隙	mm
		齿轮间隙 01	
		齿轮间隙 02	
		新增齿轮间隙 L01	
		新增齿轮间隙 L02	
		M10 螺栓力矩 01-14	N·m
		M12 螺栓力矩 01-03	
		新增圆跳动 L0N	

续表

工　　位	质量检测点	检　测　项	单　　位
OP3240	飞轮壳螺栓力矩	M10 螺栓力矩 01-14	N·m
		M12 螺栓力矩 01-03	
		新增圆跳动 L02	
		M12 螺栓力矩 01-08	N·m
		M14 螺栓力矩 01-04	
		M8 螺栓力矩 01-13	
		新增螺栓力矩 L01	
		新增螺栓力矩 L02	
		新增圆跳动 L01	mm
		新增圆跳动 L02	
OP3250	连杆螺栓力矩	连杆螺栓力矩 01-12	N·m
	连杆螺栓转角	连杆螺栓转角 01-12	(°)
OP3260	连杆螺栓力矩	连杆螺栓力矩 01-12	N·m
	连杆螺栓转角 2	连杆螺栓转角 01-12	(°)
OP3280	螺栓力矩	M10 螺栓力矩 01-08	N·m
		M8 螺栓力矩 01-26	
OP3290	螺栓力矩	螺栓力矩 01-21	N·m
OP3310	螺栓力矩	螺栓力矩 01-06	N·m
OP3320	活塞凸出高度及曲轴回转力矩	曲轴回转力矩	N·m
		活塞凸出高度 01-06	mm
OP3350	缸盖螺栓力矩	缸盖螺栓力矩 01-24	N·m
	缸盖螺栓转角	缸盖螺栓转角 01-26	(°)
OP3360	摇臂螺栓力矩	螺栓力矩 01-18	N·m
OP3370	工序是否完成	工序是否完成	是/否
OP3380	缸盖罩螺栓力矩和吊耳螺栓力矩	M8 螺栓力矩 01-21	N·m

　　这些质量特性数据通常由传感器设备进行自动化采集监测,同时配合 RFID、条形码技术对发动机进行标记识别,利用 OPC 数据传输技术将数据实时传输至 MES 系统数据库中,从而实现了柴油发动机生产装配过程中实时质量工况信息的采集、传输和存储。经过长时间的数据积累,目前企业已经掌握了海量的该型号柴油发动机装配历史数据。

　　根据以上描述可知,柴油发动机装配过程具有如下特点。

　　(1) 工艺流程复杂。整机装配包括内装、分装辅助线等若干装配线,涉及的装配环节工艺工序多样,同时零部件数量繁多且装配约束关系复杂,容易出现错装、漏装。

　　(2) 质量控制点众多。在装配的过程中,影响发动机装配质量的质量控制点的类别名目多样、数量众多,也意味着生产过程中对质量的影响因素众多。

　　(3) 工序耦合、关联复杂。串行与并行相结合的混流生产模式使得各质量控制点之间存在着复杂、非线性、多向性的关联关系；同时装配偏差会以在制品的形式随着工序流不断地向下一道工序进行传递、累计和放大，最终对柴油发动机的整体装配质量产生影响。

（4）生产环境动态多变。零部件性能的不确定性、设备状态的不确定性、工况不确定性、上游工序装配结果的不确定性以及人员的变动，都会导致柴油发动机最终装配质量参差不齐。

（5）不可预见性。实际生产中会发现存在装配的零部件均为合格品、装配特性符合工艺要求，但是装配后的性能却不能满足要求的现象，造成这种情况的原因主要是由于装配上下游的约束、装配缺陷的累积，虽然工艺符合规范但并不是最优装配，对于这种误差累计的影响具有不可预见性。

因此，为挖掘柴油发动机装配过程中影响功率波动的关键因素，一方面需要建立起描述装配过程参数间的关联关系评价方法，另一方面必须要消除装配过程中的传递耦合效应。

2. 台架测试系统及其特点

在柴油发动机的研发和生产过程中，由于影响因素非常复杂，只靠模拟仿真、数值计算很难获得精确的结果，因此有效的试验技术对保证发动机出厂质量就显得格外重要。在实际生产中，通常会对每台装配下线的柴油发动机采用台架试验方式对发动机质量进行测试，按照台架试验目的来分类，台架试验主要包括性能试验、可靠性试验两类。其中，性能试验主要用于评定发动机的经济性、动力性及其他重要性能；可靠性试验是通过对发动机及相关零部件施加各种载荷以考验其可靠性。总的来说，台架试验就是为发动机提供测试、验证以及改进的技术支持。随着自动化、信息化、智能化的深入推进，发动机台架试验系统也在不断完善，不仅仅简化了试验操作，而且在试验精度、试验功能和可靠性等方面都有了极大的提升。

通常，发动机台架试验由试验间、控制室两大部分组成。其中，试验间中的试验系统主要包括试验环境系统、试验测试系统两部分。测试系统中测功机主要用于保证发动机运行过程中燃料供应系统、冷却系统、空气供给系统的正常工作，同时负责数据采集；试验环境系统用于保证柴油发动机在所需的正常环境中运行，避免室内外噪声及排放物的污染，主要设施包括通风系统、发动机进排气系统、消声与隔声系统。如图7-2所示，机型测试和采集设备主要有油耗仪、温度和压力传感器、测功机、排气分析仪、转速表、不透光烟度仪等。

柴油发动机进行台架试验分析所需的参数中，有的可以直接测量，有的则需利用直接测得的参数或已有的数据经过计算求出。柴油发动机台架试验测量、计算所需的参数项目主要分为以下几种类型。

（1）与常规动力、经济性能直接有关的项目：包括发动机的转速、转矩、功率、燃油消耗率、点火提前角、供油提前角、空气消耗量、进气压力和温度、排气压力和

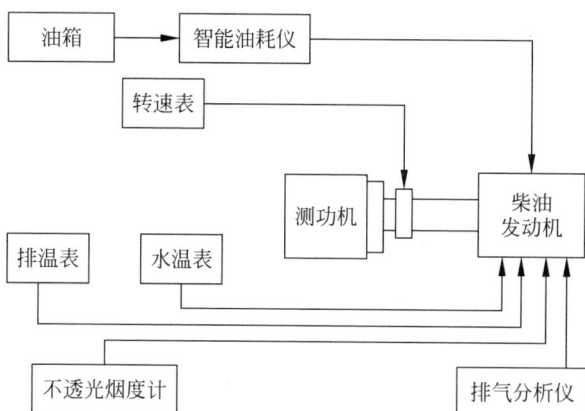

图 7-2　台架测试布局及测试设备

温度、中冷前后温度和压力,机油压力和温度,冷却水温度,燃油温度、密度等。

(2) 与发动机尾气排放有关的项目:包括一氧化碳(CO)、二氧化碳(CO_2)、碳氢化合物(HC)、氮氧化物(NO_x)、微粒(PM)及烟度等。

(3) 其他项目:指根据一些特殊要求进行的测试项目,如柴油发动机高压喷油泵泵端和嘴端压力、充气效率、过量充气系数、气缸内的最高爆发压力、平均有效压力、压力升高率、噪声、振动等。

为了解发动机在各种工况下的性能和变化规律以及某一工况下运行的可能性和适应性,国家标准《汽车发动机性能试验方法》(GB/T 18297—2001)中规定了 10 项发动机一般性能试验的内容和试验方法,这 10 项性能试验分别为:①功率试验;②负荷特性试验;③万有特性试验;④机械损失功率试验;⑤起动试验;⑥怠速试验;⑦压燃机调速特性试验;⑧各缸工作均匀性试验;⑨机油消耗量试验;⑩活塞漏气量试验。为分析标定工况下的批产柴油发动机功率一致性影响因素,以表 7-3 所示的标定工况下的台架测试数据作为分析对象。

表 7-3　台架测试主要测量参数列表

参 数 类 别	检 测 项 目	单　位
功率	功率	kW
转矩	转矩	N·m
转速	转速	r/min
燃油消耗量	燃油消耗量	mL/min
温度	冷却水温	℃
	排气温度	
	燃油温度	
	机油温度	

续表

参 数 类 别	检 测 项 目	单 位
压力	进气管真空度	—
	机油压力	kPa
	曲轴箱压力	
	进气连接管压力	
	增压器压气机进出口压力	
	排气背压	
	气缸压缩压力	
点火及喷油提前角	点火及喷油提前角	(°)
发动机进气状态	进气温度	℃
	进气压力	kPa
	进气湿度	—
发动机空气消耗量	空气消耗量	mL
活塞漏气量	活塞漏气量	L/min

由表 7-3 可知,台架测试过程具有如下特点。

(1) 测量参数多。如功率、转矩、转速、压力、重量、湿度、温度、油耗、流量、空气消耗量、漏气量等,测试过程中的设备和方法也多种多样。

(2) 试验工况多。测试工况包括怠速、磨合、标定工况等十多种工况,测试指标包含动力性、经济性、排放性、可靠性、耐久性等。

(3) 采集频率高。数据采集频率为 100%。

3. 柴油发动机制造过程数据特点分析

柴油发动机装配生产过程参数、台架测试实时测控参数可以统称为制造过程数据,在柴油发动机装配线上具有 100 多个装配工位,共检测包括曲轴回转力矩、轴向间隙、活塞突出高度等在内的 172 项装配特性参数。柴油机在装配下线后进入台架测试阶段,台架测试检验包括功率、转矩、排气温度、排气压力等在内的性能参数。目前企业通过自动化设备采集现场数据,利用工业接口标准(OPC)将数据传输至制造执行系统和质量保证系统(quality assurance system,QAS)中,为生产过程质量控制提供了良好的数据基础。本案例获取了该型号从 2015 年 6 月—2016 年 8 月生产的 3219 台柴油发动机装配及台架测试数据,下面对生产过程数据的特点进行分析。

因测量参数过多,此处仅仅给出部分具有代表性的参数,见表 7-4。

表 7-4　部分制造过程参数介绍

参数名称	曲轴回转力矩	机油压力	活塞突出高度	排气压力	曲轴转角	曲轴轴向间隙	…
上偏差	60	350	0.03	220	370	0.26	…
下偏差	0	50	−0.23	145	346	0.13	…
单位	N·m	kPa	mm	kPa	(°)	mm	…

从表 7-4 中可以看出,柴油发动机制造过程参数的上下偏差较为宽泛,从
−0.23 到 370 不等;一些参数的量纲不一致。参数间取值差异一方面会引起分析
模型偏差,另一方面在机器学习算法中会引起算法收敛较慢、精度较低等问题,因
此,在进行数据挖掘之前需要对数据进行标准化预处理。

在统计理论中,可以通过数据集中趋势、离散程度以及分布形状来描述和评价
数据分布形态特征。其中均值、中位数用于描述数据的集中趋势,标准差、极差用
于描述数据的离散程度,偏度、峰度用于描述数据的分布形状。本案例挑选三组有
代表性的柴油发动机制造过程数据进行分析,其基本统计量见表 7-5。

表 7-5　数据的基本统计量

参数名称及单位	上下限	均值	中位数	标准差	极差	偏度	峰度
曲轴回转力矩/N·m	0～60	31.60	33.1	4.53	52	0.7293	4.9123
排气压力/kPa	140～230	176.65	176.4	14.77	48.9	−1.0532	5.1964
机油压力/kPa	275～290	280.35	282.3	23.60	6	−0.0714	1.8297

由表 7-5 可知,实际数据的中位数、均值相对于标准值均有不同程度的偏移,
数据不集中,机油压力、排气压力的数据序列标准差较大,表明数据离散程度较高;
曲轴回转力矩和排气压力数据序列峰度接近于 5,表明数据分布具有较强的尖峰、
厚尾的现象,同时曲轴回转力矩和排气压力的偏度分别为 0.7293 和 −1.0532,分
别朝正向和负向偏移。

图 7-3 所示为曲轴回转力矩数据分布直方图,可以看出相比标准正态分布,曲
轴回转力矩的检测数据呈现出尖峰的分布特点,且存在少量极值异常点。图 7-4
所示为曲轴回转力矩的 Q-Q 检验图,可以看出在曲轴回转力矩数据分布的上、下
尾部极值附近数据与标准正态分布相比有较大差异;图 7-5 所示为曲轴回转力矩
的箱型检验图,可以看出曲轴回转力矩在上、下极值附近存在部分数据,即存在部
分离群点。

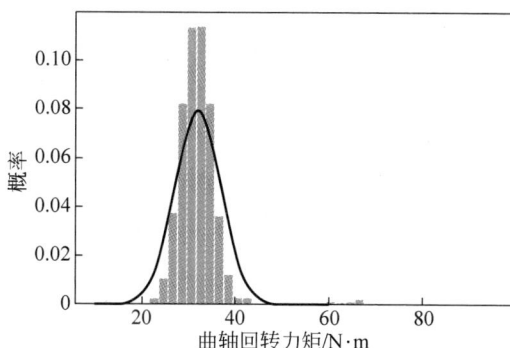

图 7-3　曲轴回转力矩数据分布直方图

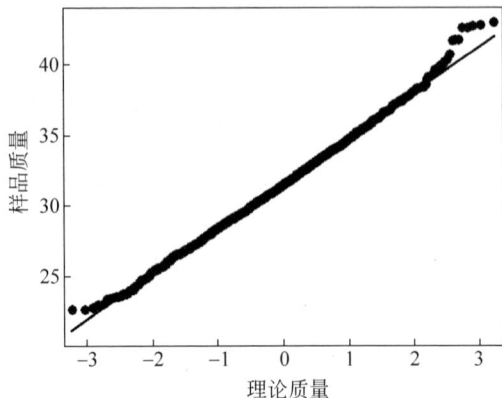

图 7-4　曲轴回转力矩 Q-Q 检验图

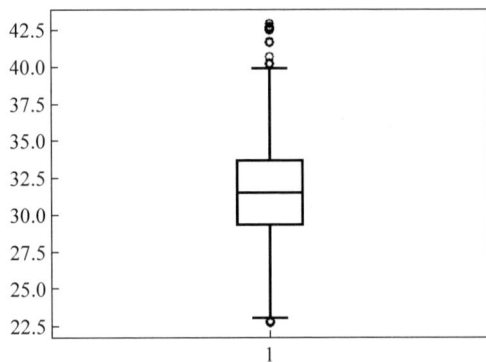

图 7-5　曲轴回转力矩数据箱型图

　　从上面分析可知,柴油发动机生产过程数据在参数量纲上存在着量纲不一致、上下偏差范围较大的现象；从数据分布上来看,存在尖峰、非正态的分布特点,同时数据中存在离群点。因此,一方面需要先对生产过程数据进行标准化、异常值处理；另一方面,对生产过程参数进行关联关系分析时,由于非正态、尖峰等特性使得传统线性相关系数等关联关系分析方法不再适用,需要设计新的关联关系挖掘分析方法。

　　针对柴油发动机装配过程中 172 项装配特性参数以及台架测试检验包括功率、转矩、排气温度、排气压力等在内的性能参数,进行包括缺失值、异常值以及标准化等预处理。对于数据中 5％ 的缺失值,采用均值单一填补法；对于异常值,采用 3σ 法识别、清洗；对缺失数据利用均值填补法去补充；对于量纲不一致问题,采用最大/最小值法对制造过程数据进行标准化。下面以实例来说明,利用 Python 编程实现上述方法,主要包括利用 Pandas 包中的 fillna() 函数实现用均值替换缺失值,利用 Sklearn 包中的标准化函数 sklearn. preprocessing. MinMaxScaler() 实现制造过程数据的最大最小标准化。表 7-6 给出了部分参数的标准差 σ 及均值 $\bar{x}$。

表 7-6　参数的标准差 σ 及均值 x̄

参数	轴向间隙 /mm	曲轴回转 力矩/N·m	功率 /kW	机油压 力/Pa	进气温 度/℃	转矩 /N·m	中冷前 温/℃	转速 /(r/s)
标准差 σ	0.030	4.53	3.490	23.60	6.803	15.256	36.167	1.987
均值 x̄	0.195	31.60	250.959	280.35	30.687	1090.47	150.841	2198.03
3σ	0.09	13.59	10.47	70.8	20.409	45.768	108.501	5.961

首先对于原始数据中的空缺值利用均值 x̄ 进行填补；根据表中的 3σ 值可识别出数据序列中的异常值，对异常值进行数据清洗，并利用数据均值单一填补法替换异常点以保证数据序列的完整性和连续性。

以曲轴回转力矩为例，经过数据异常值处理，将曲轴回转力矩中数值小于 18.01N·m 以及大于 45.19N·m 的值用均值替代后的频率分布图如图 7-6 所示，由图可见总体上呈现出近似正态分布，且左右极值点的数据点明显减少，有效地消除了异常值。

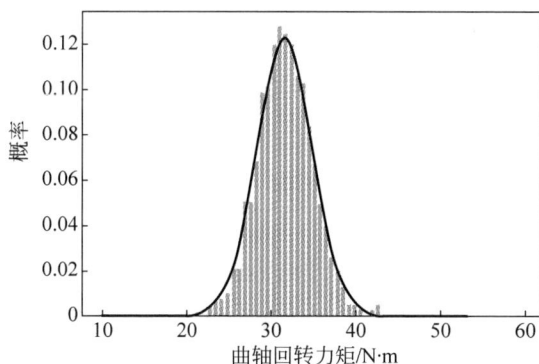

图 7-6　异常值处理后的曲轴回转力矩数据分布图

在此基础上对数据进行标准化处理，经过标准化之后的数据，取值为 [0,1] 上的某种分布，消除了参数自身量纲不一致的影响，可以为下一步数据分析建模做出铺垫。

7.6.2　柴油发动机功率数据关联分析

下面将利用国内某柴油发动机企业于 2015 年 8 月—2016 年 7 月的 3219 台柴油机生产过程数据对上述方法进行实验研究。在柴油发动机装配线上有 100 多个装配工位，共检测包括曲轴回转力矩、轴向间隙、活塞突出高度等在内的 172 项装配特性参数。柴油机在装配下线后进入台架测试阶段，台架测试检验包括功率、转矩、排气温度、排气压力等在内的性能参数。图 7-7 给出了部分数据样本。

发动机编号	缸套突出高度01	缸套突出高度02	缸套突出高度03	缸套突出高度04	缸套突出高度05	缸套突出高度06	运行扭矩	轴向间隙	启动扭矩	活塞突出高度01	活塞突出高度02	活塞突出高度03	活塞突出高度04	活塞突出高度05	活塞突出高度06	曲轴回转力矩	标定工况功率
L6AL1G00227	0.141	0.145	0.145	0.143	0.14633	0.15967	5.274	0.215	10.9	-0.141	-0.067	-0.12	-0.115	-0.134	-0.094	35.7	253.8
L6AL1G00347	0.125	0.12867	0.12133	0.123	0.12	0.124	4.89	0.166	17.138	-0.155	-0.097	-0.163	-0.117	-0.151	-0.075	35.302	256.4
L6AL1G00178	0.12133	0.135	0.14333	0.12767	0.123	0.13533	6.017	0.232	12.036	-0.125	-0.11	-0.13	-0.124	-0.117	-0.091	36.583	253.5
L6AL1G00259	0.14	0.131	0.146	0.138	0.14233	0.14233	6.269	0.199	13.33	-0.175	-0.08	-0.179	-0.076	-0.125	-0.032	32.22	250.3
L6AL1G00252	0.144	0.15667	0.15533	0.15133	0.16267	0.14467	5.57	0.204	11.303	-0.141	-0.087	-0.16	-0.119	-0.164	-0.118	31.13	251
L6AL1G00257	0.12167	0.124	0.12133	0.123	0.12	0.12267	6.304	0.191	13.012	0	0	0	0	0	-0.059	31.399	250.2
L6AL1G00254	0.13333	0.13467	0.13833	0.152	0.14433	0.137	6.31	0.197	16.748	-0.152	-0.095	-0.165	-0.117	-0.164	-0.082	33.262	251.3
L6AL1G00192	0.131	0.13367	0.12967	0.12667	0.129	0.129	6.02	0.205	12.121	-0.114	-0.048	-0.119	-0.096	-0.141	-0.096	33.946	257.3
L6AL1G00261	0.139	0.14167	0.13567	0.13567	0.147	0.13233	6.073	0.168	16.809	-0.175	-0.067	-0.194	-0.109	-0.142	-0.039	33.953	257.3
L6AL1G00263	0.13633	0.132	0.12867	0.13333	0.123	0.13933	6.188	0.22	26.917	-0.08	-0.036	-0.107	-0.066	-0.086	-0.029	32.615	249.7
L6AL1G00236	0.138	0.14567	0.15133	0.14933	0.147	0.143	5.712	0.22	11.254	-0.174	-0.129	-0.157	-0.157	-0.149	-0.106	31.287	256.9
L6AL1G00229	0.11567	0.11867	0.12	0.11767	0.11833	0.116	5.425	0.22	10.51	-0.189	-0.089	-0.177	-0.108	-0.132	-0.089	33.61	254.5
L6AL1G00361	0.131	0.13733	0.13533	0.13967	0.13833	0.13267	5.319	0.197	10.083	-0.185	-0.181	-0.194	-0.163	-0.175	-0.138	32.774	252.7
L6AL1G00322	0.127	0.12533	0.136	0.13033	0.139	0.138	5.357	0.147	17.114	-0.167	-0.096	-0.167	-0.109	-0.169	-0.071	4.108	256
L6AL1G00239	0.129	0.129	0.111	0.13133	0.11967	0.13883	5.893	0.216	18.005	-0.075	-0.025	-0.141	-0.106	-0.097	-0.066	34.991	257.1
L6AL1G00241	0.12933	0.132	0.13333	0.13	0.12567	0.12233	6.586	0.198	12.146	-0.116	-0.068	-0.139	-0.094	-0.123	-0.058	34.213	252.6
L6AL1G00271	0.10733	0.12267	0.11633	0.125	0.12533	0.11033	5.494	0.173	9.338	-0.111	-0.043	-0.131	-0.064	-0.133	-0.023	33.81	251.2
L6AL1G00275	0.134	0.15333	0.131	0.13933	0.15467	0.14333	6.298	0.191	10.754	-0.175	-0.068	-0.164	-0.09	-0.144	-0.057	31.766	254.2
L6AL1G00267	0.127	0.13067	0.12	0.141	0.14533	0.14367	6.466	0.184	9.301	0	0	0	0	0	-0.059	32.072	255.7
L6AL1G00362	0.13133	0.138	0.139	0.135	0.134	0.129	5.124	0.2	9.899	-0.165	-0.11	-0.16	-0.143	-0.141	-0.092	34.019	257.8

图 7-7　数据样本

该型号柴油发动机的额定功率为 254kW。如果某一台柴油机台架测试功率偏差超过了额定功率的 $\pm 3\%$，则认为该柴油发动机功率质量不合格，否则认为该柴油发动机是合格品。为提高批产柴油发动机功率一致性，首要任务就是挖掘柴油发动机装配生产过程中与功率直接关联的因素，指导生产过程优化控制。

在数据预处理的基础上，利用 Python 编程实现上述 NMI-ND 算法，首先获得柴油发动机生产过程参数间的标准化互信息，构建观察网络的邻接矩阵 G_{obs}。由于观察网络的邻接矩阵维度过大，因此仅展示其中的一部分，见表 7-7。

表 7-7　邻接矩阵 G_{obs}（部分）

测量参数	运行转矩	起动转矩	曲轴回转力矩	功率	活塞漏气量	进气温度	转矩	排气温度	燃油消耗率	中冷前温	单位
运行转矩	1.00	0.91	0.91	0.88	0.89	0.90	0.86	0.89	0.90	0.89	N·m
起动转矩	0.91	1.00	0.90	0.84	0.85	0.88	0.81	0.85	0.89	0.88	N·m
曲轴回转力矩	0.91	0.90	1.00	0.77	0.91	0.91	0.90	0.73	0.81	0.91	N·m
功率	0.88	0.84	0.77	1.00	0.78	0.84	1.00	0.77	0.88	0.84	kW
活塞漏气量	0.89	0.85	0.91	0.78	1.00	0.86	0.74	0.81	0.89	0.86	L/min
进气温度	0.90	0.88	0.91	0.84	0.86	1.00	0.81	0.86	0.90	0.88	℃
转矩	0.86	0.81	0.90	1.00	0.74	0.81	1.00	0.72	0.86	0.81	N·m
排气温度	0.89	0.85	0.73	0.77	0.81	0.86	0.72	1.00	0.89	0.85	℃
燃油消耗率	0.90	0.89	0.81	0.88	0.89	0.90	0.86	0.89	1.00	0.90	kW/h
中冷前温	0.89	0.88	0.91	0.84	0.86	0.88	0.81	0.85	0.90	1.00	℃

由表 7-7 可以发现曲轴回转力矩、进气温度、转矩与功率有着较强关联。同时在大多数参数间都存在较强的关联性，比如一些随机参数之间也呈现出强关联，如进气温度与曲轴回转力矩，关联性达到了 0.91。事实上，进气温度是台架测试的可控参数，通过调节进气可以人为改变进气温度的高低，而曲轴回转力矩是柴油发动机装配过程中的一个质量控制点参数，两者之间应当不存在强相关关系，这可能

是由于观测到的关联关系中包含由链式影响造成的虚假相关。因此为了消除这种链式噪声,可以尝试对上述由标准化互信息所得的邻接矩阵 G_{obs} 进行网络去卷积操作,消除链式噪声后得到邻接矩阵 G_{dir},表 7-8 所示为 G_{dir} 的一部分。

表 7-8　网络去卷积后的邻接矩阵 G_{dir}(部分)

测量参数	运行转矩	起动转矩	曲轴回转力矩	功率	活塞漏气量	进气温度	转矩	排气温度	燃油消耗率	中冷前温	单位
运行转矩	0	0.88	0.96	0.62	0.78	0.87	0.64	0.77	0.92	0.86	N·m
起动转矩	0.88	0	0.90	0.65	0.71	0.81	0.56	0.70	0.86	0.80	N·m
曲轴回转力矩	0.96	0.90	0	0.87	0.82	0.71	0.70	0.82	0.96	0.90	N·m
功率	0.62	0.65	0.87	0	0.53	0.84	0.98	0.52	0.81	0.85	kW
活塞漏气量	0.78	0.71	0.82	0.53	0	0.71	0.45	0.59	0.78	0.71	L/min
进气温度	0.87	0.81	0.71	0.84	0.71	0	0.57	0.71	0.87	0.81	℃
转矩	0.64	0.56	0.70	0.98	0.45	0.57	0	0.42	0.64	0.56	N·m
排气温度	0.77	0.70	0.82	0.52	0.59	0.71	0.42	0	0.77	0.70	℃
燃油消耗率	0.92	0.86	0.96	0.81	0.78	0.87	0.64	0.77		0.86	kW/h
中冷前温	0.86	0.80	0.90	0.85	0.71	0.81	0.56	0.70	0.86	0	℃

进行网络去卷积前后的关联关系对比见图 7-8。

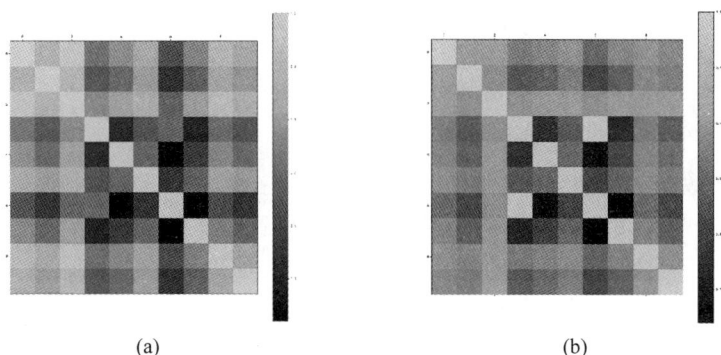

(a)　　　　　　　　　　　　　(b)

图 7-8　进行网络去卷积前后的关联关系对比

(a) G_{obs} 表示的参数关联关系；(b) G_{dir} 表示的参数关联关系

将表 7-7 与表 7-8 对比可以看出,网络去卷积方法可以有效消除大部分关联关系,包括一些虚假的关联,如进气温度与曲轴回转力矩的关联强度已经被削弱,从0.91 降低至 0.71。相反地,一些关联关系被增强,例如,曲轴回转力矩与功率之间的关联强度由 0.77 增加到 0.88。可以发现,当依据经验值将阈值设置为 0.8 时,与功率强相关的参数有转矩、曲轴回转力矩、燃油消耗率、进气温度、中冷前温,如表 7-9 所示。

表 7-9 与功率强相关的变量

参 数 变 量	关 联 强 度
转矩	0.98
曲轴回转力矩	0.87
中冷前温	0.85
进气温度	0.84
燃油消耗率	0.81

为直观表达,利用网络图来表示柴油发动机制造过程参数间的关联关系。图 7-9 所示为基于标准化互信息的参数关联关系网络模型,从图中可以看出,各参数节点几乎与其他所有节点都有不弱的关联,其中包括运行原理层的关联,也包括许多随机变量之间的关联,如进气温度与进水温度关联,显然这些观察到的关联关系中包含了制造过程中的传递耦合带来的链式噪声。图 7-10 所示为经过网络去卷积后的参数关联关系网络模型。经过网络去卷积之后,原观测到的邻接矩阵中一部分关联关系得到了增强,另一部分得到了减弱,其中大部分随机变量之间关联关系都被削弱,如原进气温度、进水温度间两个随机变量的关联关系被削弱。

7.6.3 柴油发动机功率预测模型

功率是柴油发动机的重要动力性能指标之一。为验证上述预测模型的性能,使用的数据集为国内某著名柴油发动机企业于 2015 年 8 月—2016 年 7 月的 3219 台柴油机生产过程数据,对上述方法进行实验研究。在柴油发动机装配线上具有 100 多个装配工位,共检测包括曲轴回转力矩、轴向间隙、运行转矩、活塞突出高度等在内的 172 项装配特性参数。图 7-11 给出了示例数据。

将上述数据集中的柴油发动机分为两类,合格品为正例,不合格品为负例,其中 2211 台柴油发动机为合格品,另外 1008 台为不合格品。此处合格品定义为台架测试功率与额定功率偏差在 ±3% 以内的柴油发动机,不合格品定义为台架测试功率与额定功率偏差超过 ±3% 的柴油发动机。数据集的类别统计信息如表 7-10 所示。

为评估该方法的性能,一方面将算法与其他几个具有代表性的特征选择算法进行比较,如 ReliefF、CFS 以及 FCBF 等,同时与不进行特征筛选的支持向量机模型进行对比。其中 ReliefF 算法是一种特征加权算法(feature weighting algorithms,FWA),最初由 Kira 提出用于分类问题,其主要思想是根据各个特征和类别的相关性赋予特征不同的权重,权重小于某个阈值的特征被移除。快速相关过滤(fast correlation-based filter,FCBF)是一种快速过滤的特征选择算法,是一种基于对称不确定性(symmetrical uncertainty,SU)的方法,该方法可以保证在冗余特征 F_i、F_j 中,保留与目标相关性更大的特征 F_i,同时剔除相关性更小的特征 F_j,同时利用

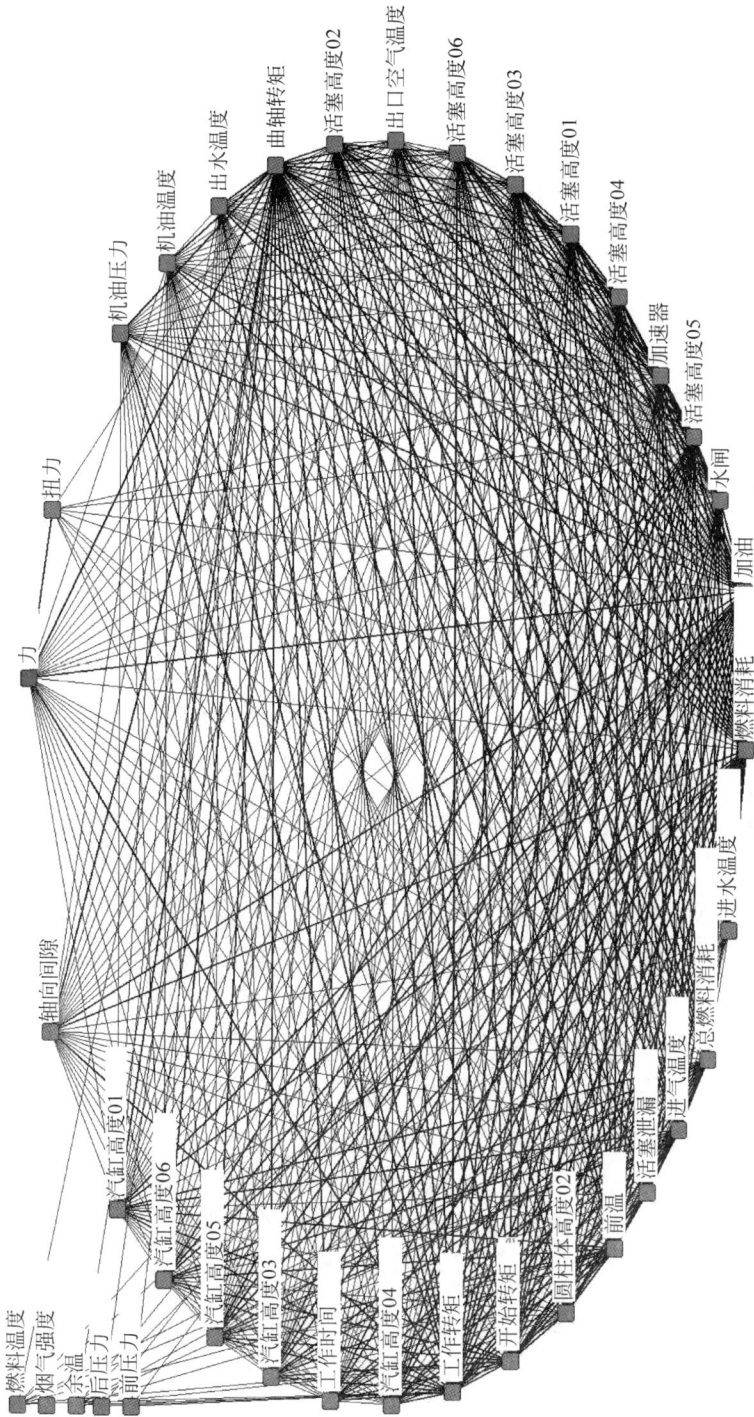

图 7-9　观测到的参数关联关系网络模型

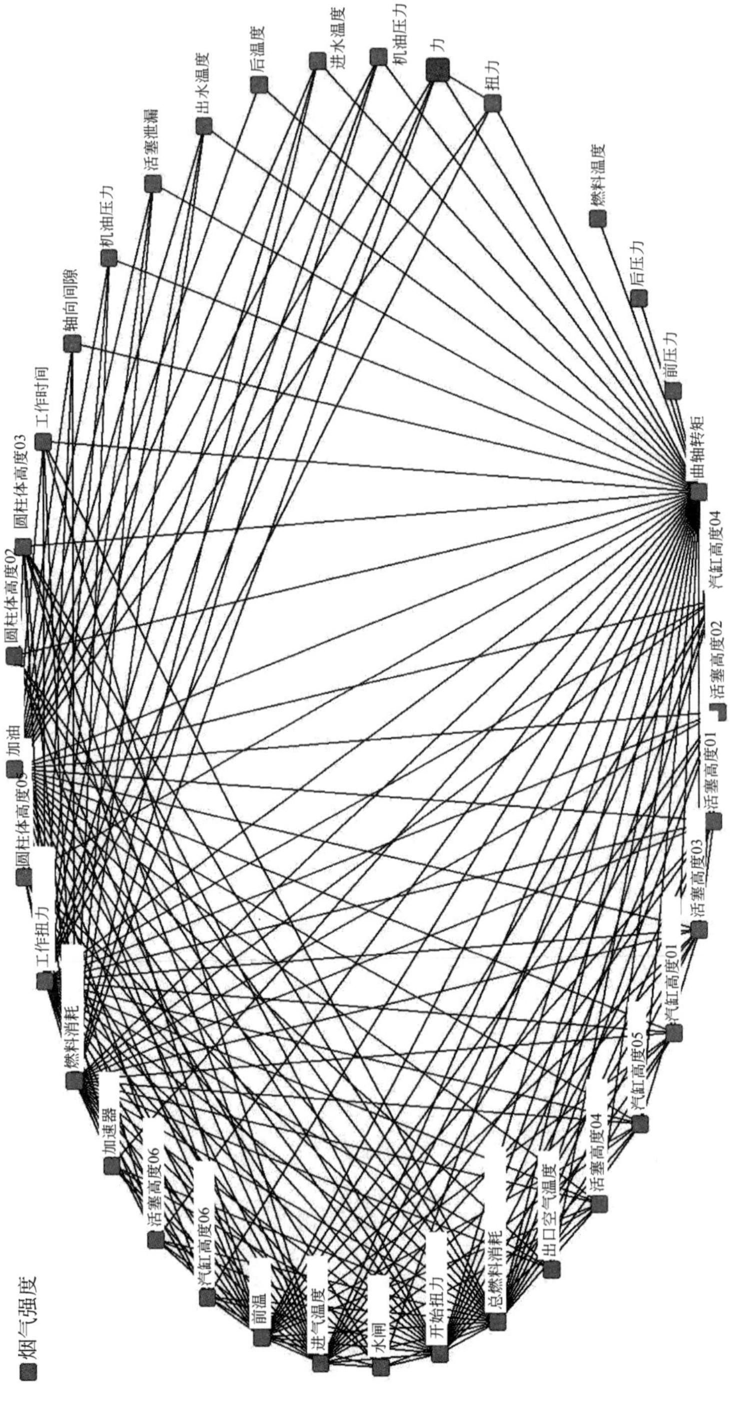

图 7-10　网络去卷积后的参数关联关系网络模型

发动机编号	缸套突出高度01	缸套突出高度02	缸套突出高度03	缸套突出高度04	缸套突出高度05	缸套突出高度06	运行扭矩	轴向间隙	启动扭矩	活塞突出高度01	活塞突出高度02	活塞突出高度03	活塞突出高度04	活塞突出高度05	活塞突出高度06	曲轴回转力矩	标定工况功率
L6AL1G00227	0.141	0.145	0.145	0.143	0.14633	0.15967	5.274	0.215	10.9	-0.141	-0.067	-0.12	-0.115	-0.134	-0.094	35.7	253.8
L6AL1G00347	0.125	0.12867	0.1433	0.12	0.124		4.89	0.166	17.138	-0.155	-0.097	-0.163	-0.117	-0.151	-0.075	35.302	256.4
L6AL1G00178	0.12133	0.135	0.14333	0.12767	0.123	0.13533	6.017	0.232	12.036	-0.125	-0.11	-0.13	-0.124	-0.117	-0.091	36.583	253.5
L6AL1G00259	0.14	0.131	0.146	0.14233	0.14233	0.14233	6.269	0.199	13.33	-0.175	-0.08	-0.179	-0.076	-0.125	-0.032	32.22	250.3
L6AL1G00252	0.144	0.15667	0.15533	0.15133	0.16267	0.14467	5.57	0.204	11.303	-0.141	-0.087	-0.16	-0.119	-0.164	-0.118	31.13	251
L6AL1G00257	0.12167	0.124	0.12133	0.123	0.13	0.12267	6.304	0.191	13.012	0					-0.059	31.399	250.2
L6AL1G00254	0.13333	0.13467	0.13833	0.152	0.14433	0.137	6.31	0.197	16.748	-0.152	-0.095	-0.165	-0.117	-0.164	-0.082	33.262	251.3
L6AL1G00192	0.131	0.13367	0.12967	0.12767	0.12667	0.129	6.02	0.205	12.121	-0.114	-0.048	-0.119	-0.096	-0.141	-0.096	33.946	257.7
L6AL1G00261	0.139	0.14167	0.13833	0.13567	0.141	0.13233	6.073	0.168	16.809	-0.175	-0.067	-0.194	-0.109	-0.142	-0.039	33.953	257.3
L6AL1G00263	0.13633	0.132	0.13333	0.12067	0.13267	0.13933	6.188	0.196	26.917	-0.08	-0.036	-0.107	-0.066	-0.086	-0.029	32.615	249.7
L6AL1G00236	0.138	0.14567	0.15133	0.14933	0.147	0.143	5.712	0.22	11.254	-0.174	-0.129	-0.157	-0.157	-0.149	-0.106	31.287	256.9
L6AL1G00229	0.11567	0.11867	0.12	0.11767	0.11833	0.116	5.425	0.22	10.51	-0.189	-0.089	-0.117	-0.108	-0.132	-0.089	33.61	254.2
L6AL1G00361	0.131	0.13733	0.13533	0.13967	0.13833	0.13267	5.319	0.197	10.083	-0.135	-0.181	-0.194	-0.163	-0.175	-0.138	32.774	252.7
L6AL1G00322	0.127	0.12533	0.136	0.13033	0.139	0.138	5.357	0.147	17.114	-0.167	-0.096	-0.167	-0.009	-0.169	-0.075	4.108	256
L6AL1G00239	0.129	0.129	0.111	0.13133	0.11967	0.13833	5.893	0.216	18.005	-0.125	-0.075	-0.141	-0.106	-0.097	-0.066	34.991	257.1
L6AL1G00241	0.12933	0.132	0.13333	0.135	0.12567	0.12233	6.586	0.198	12.146	-0.116	-0.068	-0.139	-0.094	-0.123	-0.058	34.213	252.6
L6AL1G00271	0.10733	0.12467	0.11633	0.125	0.12533	0.11033	5.494	0.173	9.338	-0.111	-0.043	-0.131	-0.064	-0.133	-0.023	33.81	254.2
L6AL1G00275	0.134	0.15233	0.131	0.13933	0.15467	0.14333	6.298	0.191	10.754	-0.175	-0.068	-0.164	-0.09	-0.144	-0.057	31.766	254.2
L6AL1G00267	0.127	0.13067	0.132	0.141	0.14533	0.14367	6.466	0.184	9.301	0					-0.029	32.072	255.7
L6AL1G00362	0.13133	0.138	0.139	0.135	0.134	0.129	5.124	0.2	9.899	-0.15	-0.11	-0.16	-0.143	-0.141	-0.092	34.019	257.8
L6AL1G00363	0.098	0.09767	0.10267	0.10033	0.1	0.09867	5.696	0.2	14.001	-0.148	-0.111	-0.149	-0.103	-0.166	-0.084	32.787	249.7
L6AL1G00274	0.136	0.14467	0.145	0.148	0.14	0.13267	6.594	0.146	11.022	-0.184	-0.094	-0.176	-0.092	-0.152	-0.085	31.685	248.8
L6AL1G00272	0.10867	0.107	0.108	0.109	0.11667	0.11533	5.931	0.188	20.044	-0.145	-0.083	-0.167	-0.131	-0.143	-0.111	31.494	249
L6AL1G00244	0.15033	0.145	0.14367	0.15667	0.15533	0.14633	5.894	0.193	13.537	-0.162	-0.128	-0.174	-0.132	-0.135	-0.104	33.256	251.8
L6AL1G00237	0.13233	0.12367	0.11167	0.115	0.131	0.116	6.153	0.193	20.471	-0.09	-0.065	-0.098	-0.062	-0.095	-0.032	30.981	255.2
L6AL1G00342	0.13633	0.137	0.14033	0.14067	0.13533	0.139	5.035	0.215	12.475	-0.175	-0.158	-0.151	-0.132	-0.125	-0.127	32.843	259.1
L6AL1G00242	0.11867	0.13133	0.12267	0.129	0.129	0.12933	7.074	0.201	14.575	0					-0.035	32.087	256
L6AL1G00360	0.11033	0.11133	0.11067	0.11267	0.11333	0.10967	4.996	0.23	10.437	-0.164	-0.167	-0.215	-0.145	-0.209	-0.138	31.726	250
L6AL1G00277	0.11333	0.12233	0.11167	0.11167	0.11133	0.12467	5.328	0.207	10.485	-0.276	-0.189	-0.328	-0.208	-0.298	-0.224	64.519	250.3
L6AL1G00273	0.125	0.10933	0.11733	0.11067	0.12133	0.12133	6.136	0.199	11.145	-0.204	-0.112	-0.192	-0.161	-0.18	-0.115	33.321	257.4
L6AL1G00364	0.12567	0.12633	0.125	0.12867	0.12867	0.13133	5.495	0.215	9.606	-0.163	-0.104	-0.147	-0.139	-0.137	-0.12	33.675	248.7
L6AL1G00351	0.12333	0.11733	0.129	0.11933	0.11867	0.12667	5.495	0.181		-0.069	-0.141	-0.113	-0.138	-0.107		32.21	253.6

图 7-11　数据样本

表 7-10　数据集类别统计

类　别	数目/台	占　比	描　述
正例	2211	68.7%	测试功率与额定功率偏差在±3%以内
负例	1008	31.3%	测试功率与额定功率偏差超过±3%

相关度更高的特征 F_i 去筛选其他特征,也减少了时间复杂度,因此是一种快速过滤特征选择算法。在实验中设置关联阈值为 $\lfloor m/\log m \rfloor$ 的 SU 值,其中 m 是一个给定的数据集中的特征数目。相关特征选择(correlation-based feature selection,CFS)算法是基于相关性的特征选择算法。结合上述特征选择算法,利用支持向量机十折交叉验证对数据集进行分类。

7.6.4　柴油发动机装配过程控制

柴油发动机装配过程控制主要依据柴油发动机功率的预测结果进行反馈调控,具体依据分类准确率及分类输出结果将柴油发动机进行质量等级划分,以实现产品的装配过程控制。

二维码 7-3

表 7-11 所示为算法的分类准确率对比,主要包括针对正类合格品的识别准确率、负类不合格品的识别准确率以及正类与负类一起的识别准确率。从表 7-11 的横向来看,NMI-ND 算法的识别准确率比其他方法要高,总体上可以达到 96.23% 的准确率,与其他分类器相比,在准确率上有 6%~20% 的提升;而当利用所有特征进行预测时,准确率达到最低,仅为 75.81%,导致这一结果的原因可能是由于

特征中存在较多的冗余和不相关特征。

表 7-11　算法分类准确率

名称	快速相关过滤法	特征加权法	网络去卷积法	准确度
正类	92%	86.89%	98%	78.32%
负类	87.1%	82.64%	91.61%	70.3%
正类＋负类	90.20%	85.56%	96.23%	75.81%

　　从表 7-11 的纵向来看,与对负类样本的识别相比,算法对正类样本的识别准确率要高,也就意味着对于合格品,算法能更好地识别出为合格品,而误判为不合格品的概率较低;而对于不合格品的柴油发动机而言,算法仅能以 91.61% 的概率识别出它是不合格品,意味着仍然有接近 9% 的不合格品会被误认为合格品,而进入到台架测试阶段,这也是在将来需要提高的一个方向。

　　在上述对比分析基础上,为了验证在柴油机上的数据 NMI-ND-SVM 的效果(图 7-12),进一步得到不同的特征选择算法的支持向量机的 ROC 曲线(图 7-13),可以发现,NMI-ND-SVM 的 AUC 值(ROC 曲线下面积)较大,达到了 0.98,而 FCBF-SVM 的 AUC 值为 0.94,ReliefF-SVM 的 AUC 值为 0.78,这意味着 NMI-ND-SVM 有更好的分类性能。

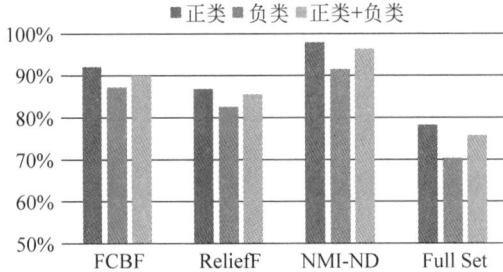

图 7-12　结果对比

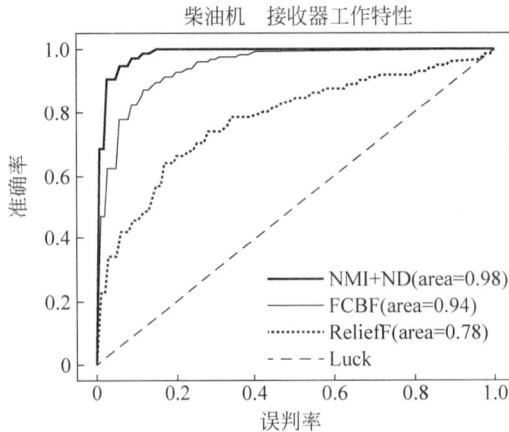

图 7-13　ROC 曲线

参考文献

[1] HAZEN B T，BOONE C A，EZELL J D，et al. Data quality for data science，predictive analytics，and big data in supply chain management：An introduction to the problem and suggestions for research and applications［J］. International journal of production economics，2014，154：72-80.

[2] 王杰，王艳. 基于量子遗传聚类算法的质量控制方法［J］. 系统仿真学报，2019(12)：2591-2599.

[3] KWON O，LEE N，SHIN B. Data quality management，data usage experience and acquisition intention of big data analytics［J］. International journal of information management，2014，34(3)：387-394.

[4] TAO F，CHENG J，QI Q，et al. Digital twin-driven product design，manufacturing and service with big data［J］. The international journal of advanced manufacturing technology，2018，94(9)：3563-3576.

[5] TAO F，QI Q，LIU A，et al. Data-driven smart manufacturing［J］. Journal of manufacturing systems，2018.01.006.

[6] 成国庆，周炳海，李玲. 多设备系统的生产批量、质量控制与预知维护联合优化［J］. 系统工程理论与实践，2019，39(8)：2152-2161.

[7] SONAR D，SONI S L，SHARMA D，et al. Performance and emission characteristics of a diesel engine with varying injection pressure and fuelled with raw mahua oil (preheated and blends) and mahua oil methyl ester［J］. Clean technologies and environmental policy，2015，17(6)：1499-1511.

[8] 李敏波，丁铎，易泳. 基于 FP-Growth 改进算法的轮胎质量数据分析［J］. 中国机械工程，2019，30(2)：244-251.

[9] 万良琪，陈洪转，欧阳林寒，等. 基于灰色模糊田口方法的复杂装备精密产品多质量特性稳健优化设计［J］. 计算机集成制造系统，2018，24(6)：1427-1437.

[10] VAPNIK V，LZMAILOV R . Knowledge transfer in SVM and neural networks［J］. Annals of mathematics & artificial intelligence，2017，81(1-2)：3-19.

[11] 段桂江，王洋. 基于关联分析的机械产品质量特性波动消解［J］. 机械工程学报，2015，51(16)：196-205.

[12] WANG J，ZHANG J. Big data analytics for forecasting cycle time in semiconductor wafer fabrication system［J］. International journal of production research，2016，54(23)：1-14.

[13] 任明仑，宋月丽. 大数据：数据驱动的过程质量控制与改进新视角［J］. 计算机集成制造系统，2019，25(11)：2731-2742.

[14] LE NOVERE，NICOLAS. Quantitative and logicmodelling of molecular and gene networks［J］. Nature reviews genetics，2015，16(3)：146-158.

[15] 杨晓梅，曾建潮. 基于产品质量控制的设备维修优化模型［J］. 运筹与管理，2017，26(3)：191-199.

[16] MAB，WANG H，DSOUZA M，et al. Geographic patterns of co-occurrence network topological features for soil microbiota at continental scale in eastern China［J］. The ISME

journal. 10. 10. 1038/ismej. 2015. 261.

[17] 卜建. 内燃机关键零部件主动再制造时机调控方法研究[D]. 合肥：合肥工业大学，2018.

[18] 周旋. 机电产品主动再制造设计及时机调控方法[D]. 合肥：合肥工业大学，2015.

[19] 孙利波，郭顺生，李益兵. 基于产品质量基因的质量控制理论研究与应用[J]. 中国机械工程，2013,24(21)：2885-2890.

[20] LI J, TAO F, CHENG Y, et al. Big data in product lifecycle management[J]. The international journal of advanced manufacturing technology, 2015, 81(1-4)：667-684.

[21] ZHAO J, ZHOU Y, ZHANG X, et al. Part mutual information for quantifying direct associations in networks[J]. Proc. Natl. Acad. Sci. U. S. A. , 2016, 113(18)：5130-5135.

[22] 唐祥龙. 基于再制造的柴油机油改气及装配质量控制的研究[D]. 大连：大连理工大学,2013.

[23] 魏晓燕. 发动机性能试验质量评价与控制技术研究[D].淄博：山东理工大学,2009.

第 8 章

基于大数据分类的设备智能维护

8.1 设备智能维护业务

在目前的制造企业中,无论是设备的故障维修还是定期维护,其目的都是为了提高设备的综合利用率,从而提高生产效率。设备智能维护(equipment intelligent maintenance,EIM)是采用性能衰退分析和预测方法,结合智能分析技术(融合互联网、非接触式通信技术、嵌入式智能电子技术),使设备达到近乎零故障(near-zero-breakdown)的性能或产品高生产效率的一种新型维护方式。而随着大数据挖掘技术的出现,可通过分析海量的运行数据,对设备进行智能维护,从而得出更精确、更优化的维护方案。

8.1.1 设备维护业务的内容

设备维护可被定义为利用先进的传感器和监测技术,对系统中各台设备的运行状态数据进行收集分析、识别评估和状态预测,并根据决策目标进行规划调度,形成系统维护方案,预防生产设备发生故障。

设备维护业务的内容包括以下几个方面。

1. 数据采集监测

在设备维护方案形成之前,需要知晓设备可能发生的故障情况,以及随着时间的推移,设备在运行过程中所产生的信号整体上表现出劣化的趋势。为获取设备在性能劣化过程中的状态信号,对于不同类型的生产设备,可选择各自待监测的参数,如设备中电动机的转速、电压、电流数据,为电动机负载传动状况的分析提供数据基础,输料管道内液体流速、压力、温度数据,为输料管道积垢情况的分析提供数据基础。在实际数据采集和监测过程中,根据实际采集需求,选用相应类型的传感器,采集生产设备的实时参数信号,作为设备维护决策的数据保障[6-8]。

2. 信息处理分析

在数据监测与采集的基础上,运用信号处理方法进行数据融合、特征提取和性能评估,从而量化分析生产设备的健康状态。但现实情况中采集的数据常无法直接进行数据挖掘,在分析之前通常需要对数据进行预处理,使之成为可直接利用的数据。例如采集机械旋转结构件在运行过程中的振动信号,有可能受到车间中物料传送车移动过程中的振动影响,导致振动信号受到噪声干扰;生产车间采集数据所用的传感器众多,信号在采集过程中也容易因为传感器自身异常的影响,发生漏采、重采等情况,所以需要对此类信号数据进行清洗或平均化处理,即直接剔除异常值或用前后两个观测值的均值修正该异常值。此外,对采集到的数据进行预处理过程中也需要根据需求和问题特点选用合适的方法。例如,对信号进行时域分析(例如时域同步平均法、时间序列分析法、相关分析法)可以更容易地分析信号形态对故障的机理作用;对信号进行频域分析(例如快速傅里叶变换法、功率谱分析法、倒频谱分析法)可以化繁为简,更容易突出各频率虚指数函数信号的加权信号的叠加;对信号进行时频域分析(例如短时傅里叶变换法、小波变换法、Wigner-Ville 分布法)可以在提供时间相关信息的基础上,更好地处理非平稳信号。结合上述信号处理的各自特点,应采取具有针对性的分析方法获得设备运行中的当前健康状态。

3. 设备状态趋势预测

经过数据监测、采集、预处理和特征提取,预测出生产设备未来的劣化趋势和走向,在故障发生前预测其发生时间和程度,对需要采取的预防性措施提供参考和保障。例如对旋转部件中轴承的故障进行预测,根据采集的数据和分析情况,预测出某一位置的轴承在将来某个时间段发生某种故障的概率。可以利用基于模型的方法,根据设备零部件结构和运转控制过程构建反映动态特性的数学模型预测轴承故障;可以利用基于知识的方法,根据知识的管理和维护的动态配置预测轴承故障;可以利用基于数据的方法,通过各种数据分析处理方法挖掘其中隐含的信息预测轴承故障。面向故障问题的实际特点,在注重解决设备状态样本数量有限的前提下,提供高效且准确性高的趋势分析,支持设备维护管理,从而更好地服务于生产全局。

4. 设备维护规划

在设备层的单机维护规划中,为了实现特定的维护目标(如降低故障风险、减少维护成本、提高可用度等),以现有的维护资源(技术、资金、人力、物料和时间)为约束条件,科学地规划维护作业的实施时机和维护资源的预先配置。设备层维护规划的关键在于利用健康状态信息来辅助并优化维护决策,准确预测到生产设备的维护需求,并全局性地规划出最优维护周期。

5. 系统调度优化策略

随着不同类型多台生产设备按工序需求组成的串并联复杂制造系统的广泛应用,对设备维护决策提出了更高的挑战。在系统层的维护优化调度中,不仅需要考虑每台设备自身的性能衰退特征,还应当综合分析系统中关联设备,对设备间维护作业的预测进行整合优化,以达到全系统的整体优化。此外,还需结合不同生产模式的特征需求,分析生产计划的约束机制,研究预测的维护策略优化机理,从而全面实现提高生产设备的健康可靠性,保证制造系统的运营效率性,实时提供经济可行的交互优化决策方案。

8.1.2 设备维护业务的问题特点

设备维护业务问题具有以下特点。

1) 状态异常数据特征复杂

在设备的异常侦测过程中,设备因机械结构、运行环境等因素的变化,而呈现出复杂的异常特征。以加速度传感信号的频域分析为例,设备运行转速、质量、变形状态、负载大小均会对加速度信号的频域信息产生影响,在异常特征提取过程中往往存在异常频率多变的特点,这些复杂多变的异常频率特性对人为设计异常特征提出了挑战。

人工智能诊断实际上是一种利用机器学习方法进行状态分类识别的过程。深度学习作为一种机器学习方法,广泛地应用在计算机视觉、语音识别和信息检索等领域,具有较好的大数据处理能力和特征学习能力。针对设备故障诊断问题,深度学习方法具有强大的自动特征提取能力。随着设备运行过程中获得的状态监测数据越来越多样和设备自身结构及运行环境越来越复杂,提取故障状态相关的特征难度也在增加,因此充分利用深度学习的方法提取状态监测信号中隐含的故障相关特征,并准确建立特征与状态之间复杂非线性的关系,从而实现故障诊断的方法成为研究重点之一。

2) 多参数耦合特性

在实际情况中,设备运行工况复杂多变,设备的故障往往由多传感器协同表征,仅依靠单一的传感器难以有效地对设备运行故障进行准确诊断。以化纤高速卷绕机为例,卷绕机卡头在工作中具有降速变频、质量变化等作业特性,且因其为悬臂转动结构,在高速运动中还存在结构变形。在卷绕机卡头的轴承故障诊断中,轴承故障的表征信号来源于支座加速度信号、主轴声发射信号、悬臂端位移信号等。因此,在故障诊断过程中,首先要实现多源数据的融合。在设备智能维护中一般有 3 个层次的数据融合,即:①较低层次的数据融合。直接将来自多传感器的数据进行融合以进行信号识别和特征抽取,如将振动信号和速度信号融合可获得时域同步振动特征。②较高层次的信息融合。将抽取的特征信息进行进一步融合,获得故障诊断方面的信息,如将轴承润滑油中颗粒含量和大小信息同振动特征信息融合可获得轴承的健康状态信息。③最高层次的知识/决策融合。将基于经验的信息如历史故障率、物力模型的预计结果同基于信号的信息进行融合,通常用于系统级的预测推理和进行维修决策。常用的数据融合算法有贝叶斯推论、D-S 证据理论、模糊逻辑推论、神经网络融合算法等。此外,故障对每一状态参数的影响方式不同,设备故障状态信息在传感器采集得到的时间序列数据中的不同时间段表达,因此,如何实现多参数的时序对齐也是多参数耦合表征下故障诊断的难题。

3) 故障特征的异步特性

在设备运行过程中,设备故障的关联异常发生的时间频率各不相同,具备典型的时序异步性。以化纤高速卷绕机卡头的故障诊断为例,卡头因动不平衡所表现出的故障频率因主轴转速的变化而变化。在转速变化过程中,故障特征的频率发生变化,前后故障状态特征的发生频率也随之变化,从而出现典型的异步性。在大数据驱动的设备故障诊断过程中,如何针对异步特征进行有效的提取与识别是其中的难点。

8.2 设备智能维护业务的数据资源

设备在运行的同时伴随着产生大量的信息,这些信息能够反映运行过程中设备状态的变化,并表明其在监测时刻的健康状态,是基于大数据分类进行状态诊断的基础。状态监测就是通过长期监测诸如设备振动、温度等特征参数来了解其运行状态的方法。针对不同类型的故障,需要采用不同类型的状态监测方法,这会导致采集的信号中隐含的设备健康状态相关特征、对故障的敏感度以及故障引起信号变化的机理等都有所不同,而这些直接影响着故障诊断的结果。因此,选择合适的状态监测方法采集与故障相关的有效信息对故障诊断十分重要,能够提高故障诊断的正确率,减少故障诊断的时间和成本。根据传感器监测的数据类型,本节将介绍振动监测、化学分析、温度监测、声发射监测、电流监测等 5 种不同的设备状态检测类型[9]。

1. 振动加速度数据

对于旋转设备而言,大部分故障都会造成机械振动的变化,因此可以通过监测振动信号来执行故障诊断。振动数据通过安装在对应机械部件上的振动传感器(例如振动加速度计或振动速度传感器)获取,以监测轴承、外壳或其他对力有显著响应并表征机器整体振动的结构部件,具有直接、实时和覆盖故障类型范围广的特点。

2. 化学分析数据

化学分析数据一般指设备工作过程中涉及化学变化的数据。例如,设备运行过程中会伴随着大量热量的产生,导致润滑油发生热降解,从而产生大量气体,并且液态和固态的化学产品会溶解在润滑油中。同时,设备运行过程中轴承所产生的磨屑也会溶解在润滑油中。因此,润滑液是机械轴承在不同健康状态下的综合产物,对其进行化学分析可以反映设备的运行状况。

3. 温度监测数据

设备正常工作时,其部件(例如轴承、刀具)的温度应该在一定范围内。当温度超出正常范围时,表明该部件可能处于不正常工作状态,存在某种故障。因此,温度可以提供与设备健康状态相关的有用信息,通过对关键部件温度实时测量得到的温度信号可以作为设备故障诊断的监测数据,用于故障诊断中。

4.声发射监测数据

当材料受到外力或内力作用时,会产生裂缝扩展、塑性变形或相变,并以弹性波的形式释放应变能的现象称为声发射。因此,通过接收和分析设备的声发射信号可以对设备进行健康状态监测。声发射监测的整体性较好,固定安装在设备表面的声发射传感器可以监测整个设备,并且可以监测早期故障。

5.电流监测数据

很多研究表明,电流频谱与设备故障有一定的关系。因此电流信号可以作为状态监测的观测值,通过分析设备各部件的电流频谱特征可以实现对设备故障的监测。对于大多数设备来说,电压和电流互感器通常作为机械系统的一部分安装在设备内,因此不需要额外的传感器即可读取设备各部件的电流数据。

8.3 大数据驱动的设备智能维护方法体系架构

大数据驱动的设备智能维护方法体系由数字化车间层、监控网络层[10]、设备运维业务层、设备监控与维护应用层组成[3-4],其架构如图 8-1 所示。

其中,大数据驱动的设备故障诊断与维护应用如图 8-2 所示。

1.状态检测数据处理

在大数据驱动的设备故障诊断与维护过程中,数据是准确诊断与维护的基础。应针对设备运行过程中故障的表征规律设计相应的状态检测方案,部署对应的传感器,从而实现设备状态数据采集、数据融合与数据的相关性分析。

二维码 8-1

2.设备异常状态侦测

设备异常状态侦测是指针对传感器采集的状态数据对设备运行过程进行分类,在异常侦测过程中,通常将设备的运行状态分为正常与异常两类。在设备的故障诊断过程中,则需要进一步对设备异常状态进行分类至细分故障类别,并找到对应的故障原因。

3.设备运行状态预测

设备运行状态预测包括两方面:一方面是根据历史数据对设备的状态参数进行时间序列预测,得到状态参数的未来预测值;另一方面是对设备运行状态的所属类别进行前摄性分类,从而得到设备在未来某一时刻的状态类别,判断其是否正常和可能发生的故障类别等。

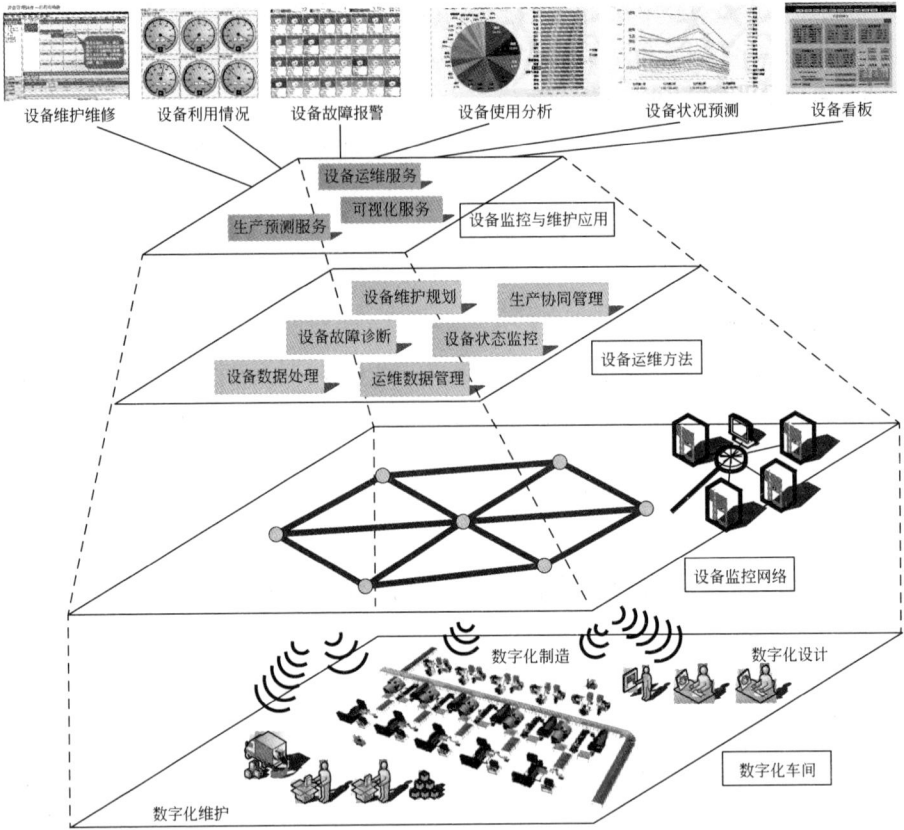

图 8-1　大数据驱动的设备智能维护方法体系架构

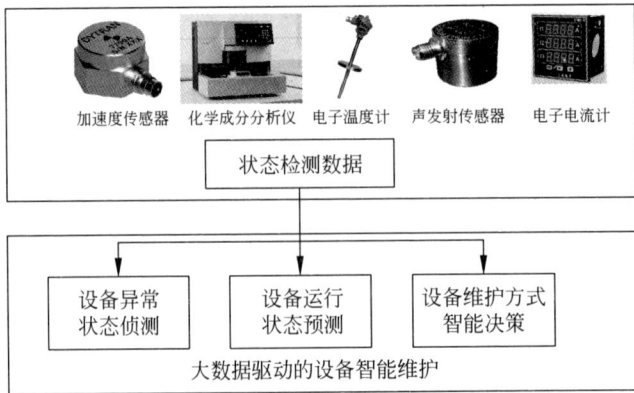

图 8-2　大数据驱动的设备故障诊断与维护功能结构

4. 设备维护方式智能决策

在设备异常侦测与运行状态预测的基础上,进行设备维护方式的智能决策,并结合设备故障诊断结果,分析当前车间、备件的状态,采用决策树等分类模型,对零部件的更换、维修活动等维修措施进行建议,从而在被监测系统发生故障之前的适宜时机采取维修措施。

8.4　设备异常状态侦测方法

目前应用较广泛的设备异常侦测方法是统计过程控制(statistical process control,SPC)[2],应用概率统计理论绘制 $\bar{X}$-R、$\bar{X}$-S 等多种控制图来监控刻蚀过程,发现异常。然而 SPC 方法检测的参数有限,实时性差,不能完全反映加工过程中的变化情况。因此,在进一步的研究以及其他故障诊断领域的研究中,采用主成分分析方法(principal components analysis,PCA)、k-近邻方法、支持向量数据描述(support vector data description,SVDD)、神经网络等多种方法来分析刻蚀加工过程数据,以期达到快速、准确发现异常的目的[5]。

1. SPC 方法

SPC 是借助数理统计方法的一种过程控制工具。它对设备运行过程进行分析评价,根据反馈信息及时发现系统性因素出现的征兆,并采取措施消除其影响,使过程维持在仅受随机性因素影响的受控状态,以达到控制设备运行状态的目的。该方法认为,当在过程中仅受随机因素影响时,过程处于统计控制状态(简称受控状态);当在过程中存在系统因素的影响时,过程处于统计失控状态(简称失控状态)。过程波动具有统计规律性,过程处于受控状态时,过程特性一般服从稳定的随机分布;而在失控状态时,过程分布将发生改变。SPC 正是利用过程波动的统计规律性对过程进行分析控制。因而,它强调过程在受控和有能力的状态下运行,从而使产品和服务稳定地满足要求。

控制图是 SPC 中最重要的工具。目前在实际中大量运用的是基于 Shewhart 原理的传统控制图,但控制图不仅限于此。近年来又逐步发展了一些先进的控制工具,如对小波动进行监控的 EWMA 和 CUSUM 控制图,对小批量多品种生产过程进行控制的比例控制图和目标控制图,对多重质量特性进行控制的控制图等。

2. PCA 方法

主成分分析法是一种数学变换的方法,它把给定的一组相关变量通过线性变换转成另一组不相关的变量。这些新的变量要求能够尽可能地保留原有变量所含有的信息,而且新变量之间不相关,即各自含有的信息不重叠。这样的新变量称为原变量的主成分(principal components,PC)。它是一种常用的多元统计方法。

假设有 n 个样品，每个样品观测 m 项指标（变量）：$x_1, x_2, \cdots, x_m$；$\boldsymbol{x} \in \mathbf{R}^m$。可得原始数据矩阵 $\boldsymbol{X} \in \mathbf{R}^{n \times m}$。PCA 方法就是将矩阵 $\boldsymbol{X}$ 分解成得分向量 $\boldsymbol{t}$（即主成分）和负载向量 $\boldsymbol{p}$ 的双线性积：

$$\boldsymbol{X} = \boldsymbol{t}_1 \boldsymbol{p}_1^{\mathrm{T}} + \boldsymbol{t}_2 \boldsymbol{p}_2^{\mathrm{T}} + \cdots + \boldsymbol{t}_m \boldsymbol{p}_m^{\mathrm{T}} \tag{8-1}$$

计算 $m - l$ 个乘积的矩阵后，得下式：

$$\boldsymbol{X} = \boldsymbol{t}_1 \boldsymbol{p}_1^{\mathrm{T}} + \boldsymbol{t}_2 \boldsymbol{p}_2^{\mathrm{T}} + \cdots + \boldsymbol{t}_l \boldsymbol{p}_l^{\mathrm{T}} + \tilde{\boldsymbol{X}} = \boldsymbol{T} \boldsymbol{P}^{\mathrm{T}} + \tilde{\boldsymbol{X}}, \quad l \ll m \tag{8-2}$$

其中，$\boldsymbol{T} \in \mathbf{R}^{n \times l}$，$\boldsymbol{P} \in \mathbf{R}^{m \times l}$，且 $\boldsymbol{P}$ 中的各个向量之间互相正交。即当 $i \neq j$ 时，$\boldsymbol{p}_i^{\mathrm{T}} \boldsymbol{p}_j = 0$；当 $i = j$ 时，$\boldsymbol{p}_i^{\mathrm{T}} \boldsymbol{p}_j = 1$。

由式(8-2)可以看出，经过主成分分析后，一个数据矩阵可分解为两部分，一部分由前 $l(l \ll m)$ 个主成分线性表示，后一部分由后 $m - l$ 个主成分线性表示。即 $\boldsymbol{X}$ 的主要信息投影到主元子空间 $\boldsymbol{T} \boldsymbol{P}^{\mathrm{T}}$ 中，剩下的部分投影到残差子空间 $\tilde{\boldsymbol{X}} = \boldsymbol{X} - \boldsymbol{T} \boldsymbol{P}^{\mathrm{T}}$ 中。前 l 个主成分反映了过程的主要信息，剩下的 $m - l$ 个主成分反映了过程的冗余信息和噪声等不确定信息。这样就可以在低维的主成分子空间和残差子空间中实现对多变量过程的监测，从而实现了数据压缩的目的。

对矩阵 $\boldsymbol{X}$ 进行主元分析实际上等效于对 $\boldsymbol{X}$ 的协方差矩阵 $\boldsymbol{X}^{\mathrm{T}} \boldsymbol{X}$ 进行特征向量分析。矩阵 $\boldsymbol{X}$ 的负载向量实际上是 $\boldsymbol{X}^{\mathrm{T}} \boldsymbol{X}$ 的特征向量。如果将 $\boldsymbol{X}^{\mathrm{T}} \boldsymbol{X}$ 的特征值作如下排列：

$$\lambda_1 \geqslant \lambda_2 \geqslant \cdots \geqslant \lambda_m \tag{8-3}$$

那么与这些特征值相对应的特征向量 $\boldsymbol{p}_1, \boldsymbol{p}_2, \cdots, \boldsymbol{p}_m$ 即为矩阵 $\boldsymbol{X}$ 的负载向量。本节即选取该方法来求解负载向量 $\boldsymbol{p}$。

利用主成分分析法进行故障侦测的基本思想是：将存在相关关系的多个过程变量投影到由少量主成分定义的低维空间中去，用少量变量反映多个变量的综合信息，使生产过程的监控、故障检测和诊断以及一些相关的研究工作得以简化。

其运行过程为：对正常工况下的标准数据进行主成分分析，求解出各负载向量 $\boldsymbol{p}_i$，建立故障侦测模型。模型建立后，对日常运行的实时数据，利用下面的式(8-5)，可方便地求得各得分向量 $\boldsymbol{t}_i$，得到主成分子空间和残差子空间，然后再利用统计学中的平方预测误差（squared prediction error，SPE）统计量来进行故障侦测。

将式(8-2)两侧同时右乘 $\boldsymbol{p}_i$，有

$$\boldsymbol{X} \boldsymbol{p}_i = \boldsymbol{t}_1 \boldsymbol{p}_1^{\mathrm{T}} \boldsymbol{p}_i + \boldsymbol{t}_2 \boldsymbol{p}_2^{\mathrm{T}} \boldsymbol{p}_i + \cdots + \boldsymbol{t}_m \boldsymbol{p}_m^{\mathrm{T}} \boldsymbol{p}_i \tag{8-4}$$

由于负载矩阵中的各个向量之间互相正交，因此上式可化简为

$$\boldsymbol{t}_i = \boldsymbol{X} \boldsymbol{p}_i \tag{8-5}$$

SPE 统计量主要监测的是残差子空间。正常情况下，测量样本在残差子空间内的投影应当很小，主要是自由噪声。当某一故障发生时，这个投影就会显著地增加。因此，可以通过检测测量数据在残差子空间内的投影大小来检测故障是否发生。

SPE 的定义为

$$\mathrm{SPE} = \| \widetilde{\boldsymbol{X}} \|^2 \leqslant \delta_{\mathrm{SPE}}^2 \qquad (8\text{-}6)$$

式中，δ_{SPE}^2 为控制限，可由下式计算而得：

$$\delta_{\mathrm{SPE}}^2 = \theta_1 \left[1 + \frac{\theta_2 h_0 (h_0 - 1)}{\theta_1^2} + \frac{Z_\alpha \sqrt{2 \theta_2 h_0^2}}{\theta_1} \right]^{\frac{1}{h_0}} \qquad (8\text{-}7)$$

其中，$\theta_1 = \sum\limits_{i=l+1}^{m} \lambda_i$，$\theta_2 = \sum\limits_{i=l+1}^{m} \lambda_i^2$，$\theta_3 = \sum\limits_{i=l+1}^{m} \lambda_i^3$；$h_0 = 1 - (2\theta_1 \theta_3 / 3\theta_2^2)$；$Z_\alpha$ 为高斯分布的上 $1 - \alpha$ 分位数。

本模型根据由主成分分析法得到的残差子空间计算 SPE，若 SPE 超出控制限，则认为有故障发生。

3. kNN 方法

kNN 方法的思路是：如果一个样本在特征空间中的 k 个最相似（即特征空间中最邻近）的样本中的大多数属于某一个类别，则该样本也属于这个类别。当无法判定当前待分类点从属于已知分类中的哪一类时，可以依据统计学的理论，分析它所处的位置特征，衡量它周围邻居的权重，而把它归为（或分配到）权重更大的那一类。这就是 kNN 方法的核心思想。

kNN 算法中，所选择的邻居都是已经正确分类的对象。该方法在类别决策上只依据最邻近的一个或者几个样本的类别来决定待分样本所属的类别。

kNN 算法本身简单有效，它是一种 lazy-learning 算法，分类器不需要使用训练集进行训练，训练时间复杂度为零。kNN 分类的计算复杂度和训练集中的文档数目成正比，也就是说，如果训练集中文档总数为 n，那么 kNN 的分类时间复杂度为 $O(n)$。

kNN 方法虽然在原理上也依赖于极限定理，但在类别决策时，只与极少量的相邻样本有关。由于 kNN 方法主要靠周围有限的邻近的样本，而不是靠判别类域的方法来确定所属类别，因此对于类域的交叉或重叠较多的待分样本集来说，kNN 方法较其他方法更为适合。

4. SVDD 方法

SVDD 方法是一种重要的数据描述方法，它能够对目标数据集进行超球形描述，并可用于异类点检测或分类。在现实生活中目标数据集通常包含多个样本类，且需要同时对每一个样本类进行超球形描述。

SVDD 方法的主要思想是：通过在映射到高维空间中找出一个包围目标样本点的超球体，并通过最小化该超球体所包围的体积让目标样本点尽可能地被包围在超球体中，而非目标样本点尽可能地排除在超球体中，从而达到两类之间划分的目的。因此，如果新样本点在特征空间中的像落入最优超球体内，则该样本被视为一个正常点；否则，如果新样本点在特征空间中的像落到最优超球体外，则该样本被视为一个异常点，最优超球体由其球心和半径决定。在 SVDD 方法的应用研究中,通常是将一个样本类视为异常样本类,而其他所有的样本类被视为目标数据集(或目标集)。

5. 神经网络方法

针对分类问题,径向基函数神经网络(RBF 神经网络)通过径向基神经元有筛选性地将某一部分输入映射到隐空间,进而实现网络对该部分输入的响应输出,因而具有良好的分类响应特性。但常规 RBF 神经网络的输入和学习方式不适用于三维批次型数据。多示例学习机制是对部分样本集合具有已知标记的数据集进行训练学习的方法集合,在含歧义数据训练过程中表现出独特性质。多示例学习机制中提出的"包"和"示例"的定义,可对应于过程中的加工批次和加工过程,适用于处理过程产生的三维数据,因此,使用基于多示例学习 RBF 网络的设备异常侦测方法。采用多示例学习取代常规 RBF 神经网络中使用的有监督学习,建立了基于多示例学习的 RBF 神经网络。将采集到的设备运行数据划分为数据包,来解决设备三维结构数据的描述和使用难题。选取适合的距离度量方法计算数据包之间的距离。利用已知的正包和负包来训练 RBF 神经网络,训练中神经网络权值和核函数宽度的更新由多示例学习方法计算确定。最后利用设备实际运行数据来验证所提方法的有效性。

在常规 RBF 神经网络的基础上,通过对输入层和隐藏层的修改,衍化出适应多示例问题的 RBF 神经网络(multi-instance learning based RBF neural network,MIL-RBF)[12],其网络结构如图 8-3 所示。

二维码 8-2

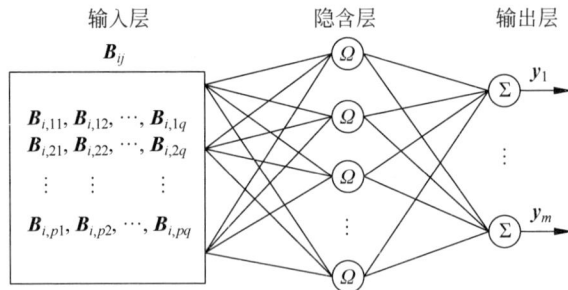

图 8-3 MIL-RBF 神经网络结构

该神经网络的主要改进如下:

(1) MIL-RBF 神经网络的输入是一个由多个向量(示例)构成的包,传统 RBF 神经网络的输入是一个单一的向量(示例)。

(2) 在 MIL-RBF 神经网络中,输入层中每一个节点 C_i 表示一个训练包的簇,可以表示为

$$\bigcup_{i=1}^{M} C_i = \{B_1, B_2, \cdots, B_N\} \wedge C_i \bigcap_{i \neq j} C_j = \varnothing \qquad (8\text{-}8)$$

实际训练时,将采集到的运行数据组成数据包,输入 MIL-RBF 网络进行学习。

（3）MIL-RBF 神经网络中的包间距离计算

数据点集间的不匹配程度通常表现为距离。传统的 BP 神经网络和 RBF 神经网络中,距离的衡量常用欧氏距离,即

$$D(A,B) = \|A - B\| = \sqrt{\sum (a_i - b_i)^2} \tag{8-9}$$

在多示例学习中,输入是以包为最小单位。由于一个包内包含了多个示例数据点,因此,包间距离难以用欧氏距离衡量。Hausdorff 距离提供了度量空间中两个子集合之间的度量功能,它可以被用于数据包之间距离的度量。

假设有两个包 $A = \{a_1, a_2, \cdots, a_p\}, B = \{b_1, b_2, \cdots, b_q\}$,则这两个数据包之间的最大 Hausdorff 距离和最小 Hausdorff 距离可分别定义为

$$H_{max}(A,B) = \max\{\max_{a \in A} \min_{b \in B} \|a - b\|, \max_{a \in A} \min_{b \in B} \|b - a\|\} \tag{8-10}$$

$$H_{min}(A,B) = \min_{a \in A, b \in B} \|a - b\|$$

其中,$\|a - b\|$ 可为任意范数。若选取 2 范数（即欧氏距离）,则 Hausdorff 距离定义为

$$H_{max}(A,B) = \max\{\max_{a \in A} \min_{b \in B} D(a,b), \max_{a \in A} \min_{b \in B} D(b,a)\} \tag{8-11}$$

$$H_{min}(A,B) = \min_{a \in A, b \in B} \{D(a,b)\}$$

6. 案例验证

在机械产品中,存在很多变工况的故障侦测场景,本节以变工况下的设备侦测方法为案例,阐述设备异常状态侦测方法。例如晶圆制备过程中随着在制品数量的不同,刻蚀设备可采用不同的刻蚀模式,呈现出多工况运行的特点。在标准作业环境下,其区域在制品数量达到 5 万片,小时流片数约为 500 片。随着晶圆产量的增加,区域在制品数量的增加,刻蚀设备可采用快速光刻工艺,增大小时流片数,以提高区域产量。刻蚀设备的服役环境多变,导致其服役环境、工况等剧烈变化,是限制深度学习算法侦测准确度的重要因素。

传统机器学习方法为了保证训练得到的分类模型具有准确性和高可靠性,存在两个基本假设:用于学习的训练样本与新的测试样本满足独立同分布的条件;必须有足够可利用的训练样本才能学习得到一个好的分类模型。但是,在实际应用中这两个条件往往无法满足。迁移学习是机器学习领域中针对训练集（源问题）与测试集（目标问题）来自不同分布情况的一种机器学习方法,其旨在通过在源问题上构建分类器,来快速、高效地解决与源问题相近的目标问题。迁移学习已经在机器学习领域得到了较多的关注。

深度迁移学习是采用深度学习来实现迁移学习目的的理论与方法,已经在科学界和工业界得到了广泛的应用。相比浅层机器学习结构,深度迁移学习能提供更好的特征抽象能力,并实现源问题到目标问题之间的迁移,同时该迁移过程不受

专家经验的影响。由于深度迁移学习为新兴的人工智能方法,其在故障侦测中的应用较少。2017 年,基于稀疏自编码器的深度迁移学习方法实现了旋转设备的故障侦测成果是深度迁移学习在故障侦测中的首次尝试。由于深度迁移学习的巨大潜力,将其应用于航空航天、船舶等领域机电装备的故障侦测中是可行的。

1) 多工况特征度量算法

最大均值差异(maximum mean discrepancy,MMD)是估计两个分布差异的一个术语。与许多标准相比,如 Kullback-Leibler(KL)散度,MMD 可以估计非参数距离,避免计算分布的中间密度。MMD 的定义可以用下式表示:

$$\text{MMD}(X_S, X_T) = \left\| \frac{1}{N_s} \sum_{i=1}^{N_s} \Phi(x_i^s) - \frac{1}{N_t} \sum_{i=1}^{N_t} \Phi(x_i^t) \right\|_H \tag{8-12}$$

2) 基于稀疏自编码器的深度迁移学习模型

这里提出一个新的深度迁移学习模型[15](deep transfer learning,DTL),此模型学习从源空间到目标空间到共同的潜在特征空间的转换。这个共同的潜在特征空间包含了源问题和目标问题的特征表示,所以利用 DTL 模型从源问题转移到目标问题。

深度迁移学习模型的结构如图 8-4 所示。由于目标问题的标签是不可用的,因此,通过建立三层 SAE 来提取源数据集和目标数据集中的潜在特征,然后使用源数据集的标签对整个深度神经网络进行微调。式(8-13)给出了 DTL 的成本函数。

$$J_{\text{DTL}}(\theta) = \text{Loss}(y_s, \hat{y}_s) + \mu \text{MMD}(\xi_3^s, \xi_3^t) \tag{8-13}$$

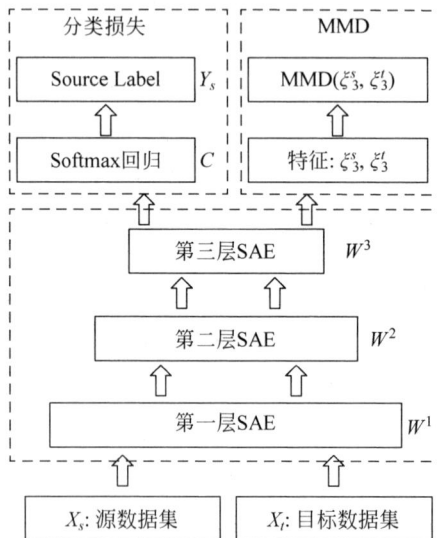

图 8-4　深度迁移学习模型的结构

DTL 的性能是通过侦测准确度来衡量的。源问题和目标问题的侦测标记用 y_s 和 $\hat{y}_t$ 表示。通过式(8-14)和式(8-15)计算训练误差和侦测精度。在本测试中,

每种情况下的运行次数是 10 次。选择侦测精度的均值和标准差作为两个项进行比较

$$\mathrm{Err} = \frac{1}{N_s}\left(\sum_{i=1}^{N_s} 1\{\mathrm{if} \quad Y_s = \hat{Y}_s\} \right) \tag{8-14}$$

$$\mathrm{Acc} = \frac{1}{N_t}\left(\sum_{i=1}^{N_t} 1\{\mathrm{if} \quad Y_t = \hat{Y}_t\} \right) \tag{8-15}$$

该算法在凯斯西储大学提供的设备故障侦测数据上进行了测试。表 8-1 给出了 DTL、DBN、SVM、ANN、Bayesian、Bagging 和 Boosting 的比较结果。此外,还将 DTL 的结果与其他 DL 方法进行比较,其结果如表 8-2 所示。

表 8-1　DTL 与其他算法的性能比较

方　　法	A 组	B 组	平均值
DTL	100	99.63	99.82
DBN	86.7	88.2	87.45
SVM	56.2	59.6	57.90
ANN	67.3	68.1	67.70
Bayesian	56.1	60.5	58.30
Bagging	44.2	49.1	46.65
Boosting	55.6	58.2	56.90

表 8-2　DTL 与其他 DL 方法的比较

方　　法	训练负荷/hp	测试负荷/hp	平均准确率/%
DTL	0,2	1,3	99.82
DBN	0,2	1,3	87.45
Sparse filter	All(0,1,2,3)	All(0,1,2,3)	99.66
DBN Based HDN	All(0,1,2,3)	All(0,1,2,3)	99.03

从表 8-1 的结果可以看出,DTL 在 A 组数据集上进行侦测,其侦测准确率高达 100%;在 B 组数据集上进行侦测,其侦测准确率达到 99.63%;两组的平均侦测准确率为 99.82%。DBN 对测试数据集的侦测值为 86.7% 和 88.2%,其平均侦测准确率为 87.45%。对比两种方法可知,DTL 比 DBN 在两组数据集上分别提高了 13.3% 和 11.43%。SVM、ANN、Bayesian、Bagging、Boosting 这些方法的平均侦测精度分别为 57.90%、67.70%、58.30%、46.65%、56.90%,其结果明显低于 DTL 和 DBN。

从表 8-2 中可以看出,Sparse filter 的侦测精度为 99.66%,略低于 DTL 方法,但优于基于 DBN 和 DBN Based HDN。从比较结果来看,DTL 的潜力得到验证,最好的结果是 99.82%。

8.5 设备运行状态预测模型

设备状态变化是指对单台设备而言,由于使用或者其他环境因素的变化,它的运行状态将随着时间的推移而逐渐恶化。按时间跨度分,可分为渐变(设备老化)和突变(设备异常)两种[1]。按原因分,可分为与设备本身情况相关(如汽缸活塞磨损导致效率降低)和多组件综合反映(考虑可拆分组件的状态变化过程)两种。

组成设备的零部件的失效概率反映了其自身特性,服从一定的概率分布;零部件、加工参数发生异常具有随机性;设备状态变化仅在前一设备运行状态基础上进行。根据马尔可夫特性的定义——状态变化具有随机性且无后效性的状态序列具有马尔可夫特性,可知设备状态变化过程具有马尔可夫特性,可以采用建立马尔克夫模型的方法建立设备状态变化运行分析模型并进行运行分析。

虽然设备加工过程是一个连续进行的加工过程,但受到传感器采集速度的限制,设备状态数据是以一定间隔得到的,呈现出离散化的特点,即从监控端看,设备状态从一个状态跳跃至另一个状态,如图 8-5 所示。

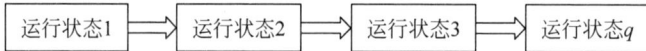

图 8-5　设备状态变化示意图

因此,可基于马尔可夫链实现设备状态参数的生成。

1. 基于马尔可夫链的设备状态参数生成

根据刻蚀设备状态变化的特点,对系统运行过程可以进行以下假设:

(1) 系统在任何时间只可能处于某一种状态;

(2) 系统状态数量是有限的;

(3) 各参数的变化范围有界,且服从概率统计分布。

定义设备状态相关参数如下:

S——设备状态集合;

n——设备状态数量;

s_i——第 i 种设备状态,$s_i \in S, i=1,2,\cdots,n$;

U——设备状态参数集合;

m——设备状态参数数量;

u_j——第 j 个设备状态参数,$u_j \in U, j=1,2,\cdots,m$;

P——状态转移矩阵;

W——最终呈现的设备状态。

设备状态变化可定义为

$$M = \{S, U\} = \{(s_i, i = 1, 2, \cdots, n), (u_j, j = 1, 2, \cdots, m)\}$$
$$= \{s_i, u_j\}, i = 1, 2, \cdots, n; \ j = 1, 2 \cdots, m \tag{8-16}$$

最恶劣情形下,参数 u_j 变化会影响所有的设备状态 s_i,此时

$$W = \{(s_1, u_1), (s_2, u_1), \cdots, (s_n, u_1), (s_1, u_2), \cdots, (s_n, u_m)\} \tag{8-17}$$

状态数量为 $n \times m = nm$。

实际情况中,并不是所有的参数变化都会引起状态变化,因此,参数变化-状态表征关系数量可进行缩减。

对刻蚀设备异常,按前述描述可知,存在设备正常、功能不全、异常三种状态,状态间变化过程如图 8-6 所示。

由此可得各状态间的状态转移概率,如图 8-7 所示。

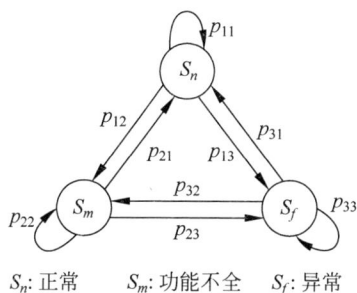

S_n: 正常　　S_m: 功能不全　　S_f: 异常

图 8-6　状态的变化

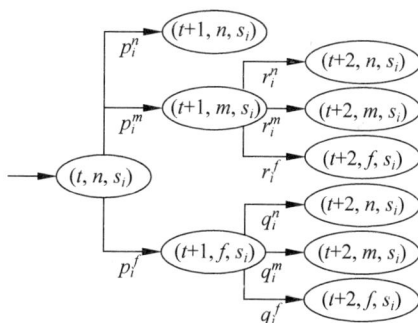

图 8-7　状态转移的概率

基于马尔可夫链的设备随机状态序列生成步骤如下。

步骤 1：获得状态转移概率矩阵。

步骤 1.1：采用样本均值和标准差分类法来建立各参数的分级标准,确定状态空间。

指标序列的平均值

$$\bar{x} = \frac{1}{n} \sum_{i=1}^{n} x_i \tag{8-18}$$

无偏估计的标准差

$$s = \sqrt{\frac{1}{n-1} \sum_{i=1}^{n} (x_i - \bar{x})^2} \tag{8-19}$$

变化区间

$$[-\infty, \bar{x} - \alpha s), [\bar{x} - \alpha s, \bar{x} + \alpha s), [\bar{x} + \alpha s, \infty), \quad \alpha \in [1, 1.5] \tag{8-20}$$

步骤 1.2：按步骤 1.1 计算所得的分级标准确定各参数值所对应的状态,确定马尔可夫链的状态空间 $E = \{1, 2, \cdots, m\}$。

步骤 1.3：对步骤 1.2 所得的结果进行统计,计算不同步长的状态转移概率矩阵 $\boldsymbol{P}$,有

$$p_{ij} = \frac{f_{ij}}{\sum\limits_{i=1}^{n} f_{ij}} \tag{8-21}$$

其中，p_{ij} 为状态 i 经过一步转移到状态 j 的状态转移概率；f_{ij} 为状态 i 经过一步转移到状态 j 的频数。

步骤 2：计算各步状态，

$$V_{i+1} = V_i P \tag{8-22}$$

步骤 3：参数还原。

步骤 3.1：判断系统处于何种状态，界定参数区间。系统状态 $V_i = [v_{i1}, v_{i2}, \cdots, v_{in}]$。令 $r_j = \text{random}(j)$，$j = 1, 2, \cdots, m$。若

$$\begin{cases} r_j < v_{i1} \\ v_{i1} \leqslant r_j < v_{i1} + v_{i2} \\ \vdots \\ \sum\limits_{k=1}^{m-1} v_{ik} \leqslant r_j < \sum\limits_{k=1}^{m} v_{ik} = 1 \end{cases}$$

则有

$$\begin{cases} r_j \in 变化区间 1 \\ r_j \in 变化区间 2 \\ \vdots \\ r_j \in 变化区间 m \end{cases}$$

步骤 3.2：还原参数值。按照参数的取值范围和变化规律，在对应变化区间内赋值。

步骤 3.3：参数输出。

基于马尔可夫链的设备状态参数值生成流程如图 8-8 所示。

2. 案例验证

以某晶圆制造的刻蚀设备为例，进行案例验证。假设设备状态集合 $S = \{$正常 n，异常 m，失效 $f\}$，初始状态为正常，状态向量 $v_0 = [1, 0, 0]$。对历史数据进行分析，可得状态转移概率矩阵 $P = \begin{bmatrix} 0.95 & 0.04 & 0.01 \\ 0.45 & 0.45 & 0.1 \\ 0.2 & 0.55 & 0.25 \end{bmatrix}$，生成频率 $1\,\text{Hz}$，试验时长 1000s（1000 组数据）。

假设正常状态区间服从均匀分布 $U(110, 120)$，异常状态区间服从 $U(120, 124)$，故障状态区间服从 $U(124, 126)$。

试验结果如下：

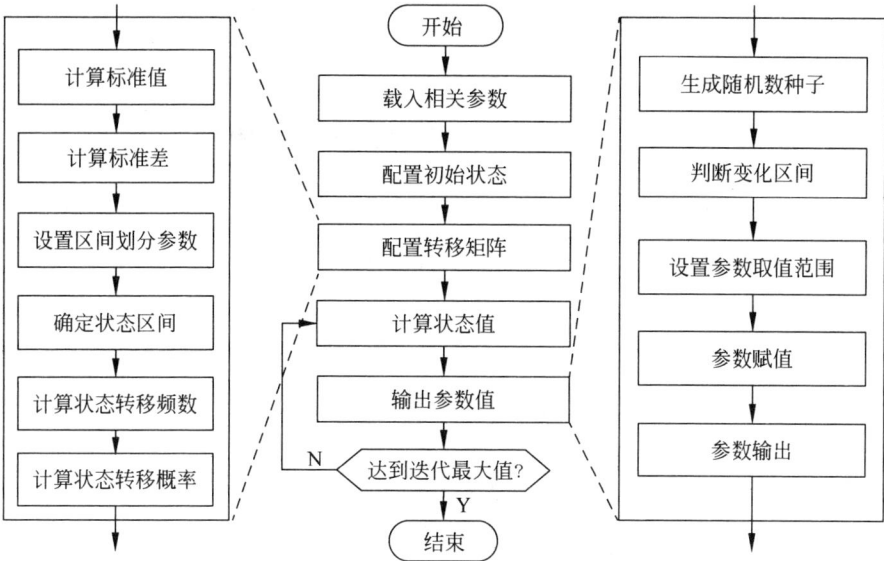

图 8-8　基于马尔可夫链的刻蚀设备状态参数值生成流程

正常数据 888 组,占 88.8％,均值 115.1754～$U[110,120]$,正常数据分布图及柱状图如图 8-9 所示。

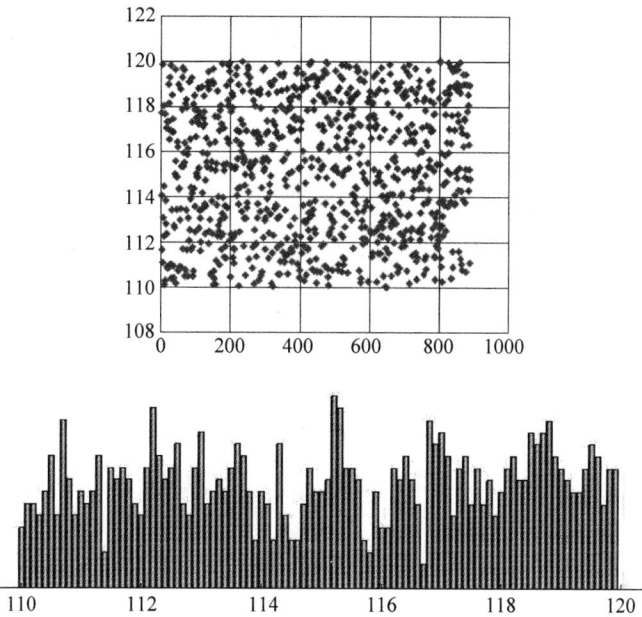

图 8-9　生成正常数据分布图及柱状图

功能不全数据 90 组,占 9％,均值 122.0884～$U[120,124]$,功能不全数据分布图及柱状图如图 8-10 所示。

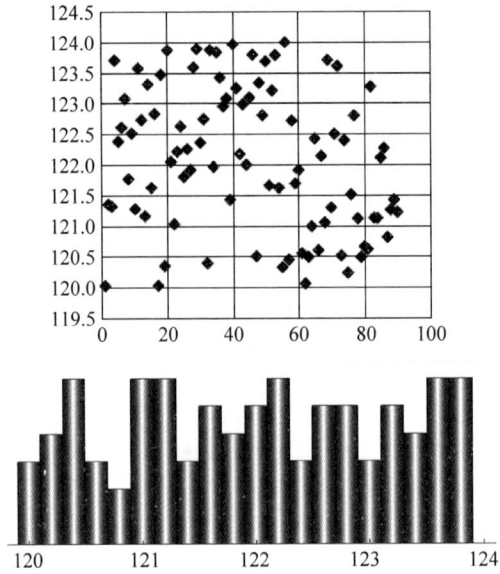

图 8-10　生成功能不全数据分布图及柱状图

　　异常数据 22 组,占 2.2%,均值 125.2094～$U[124,126]$,异常数据分布图及柱状图如图 8-11 所示。

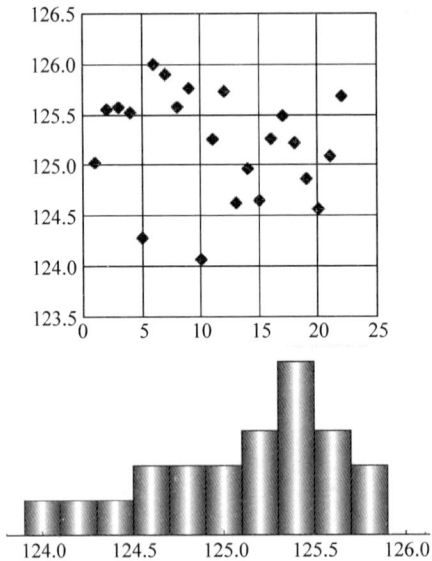

图 8-11　生成异常数据分布图及柱状图

8.6　设备维护方式智能决策方法

1. 异常定义

依据工厂实际情况,做出异常、功能不全及失效定义如下。

(1) 异常(fault):可能导致系统或功能失效的现象。

(2) 功能不全(malfunction):不能执行所要求的功能,但可恢复到正常情形。

(3) 失效(failure):系统不能执行所要求的功能。

异常、功能不全与失效之间的关系图如图 8-12 所示,异常范畴关系图如图 8-13 所示。

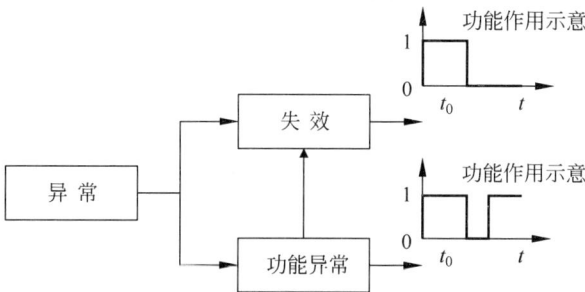

图 8-12　异常、功能不全、失效关系图　　　图 8-13　异常范畴关系图

2. 异常描述模型

一般的异常描述可以由式(8-23)给出:

$$\begin{cases} D=(F,S,R) \\ F=(L,M,C,P,Y,I,T,K) \\ S=(L,M,C,P) \end{cases} \tag{8-23}$$

其中,D 为异常描述模型,F 为异常集合,各属性的详细含义如表 8-3 所示。

表 8-3　异常属性含义表

异 常 属 性	属 性 名 称	含　　义
L	异常位置	设备中异常发生的部件或元器件
M	异常模式	异常的表现形式
C	异常原因	引起设备发生异常可能的客观或者人为原因
P	异常概率	根据已有资料,计算得到的异常发生概率
Y	异常严重程度	异常对装备造成的最坏潜在后果的度量
I	异常影响	异常原因发生后对设备的影响
T	异常传播特性	异常发生后会激发或引起其他的异常发生的特性
K	相关知识	消除异常的方法、调控措施、特殊要求等

$F=\{f_0,f_1,f_2,\cdots,f_n\}$ 是一个有限的非空异常集合，其中 f_0 表示运行正常（在此将无异常作为一种特殊的异常类型），$f_1,f_2,\cdots,f_n$ 表示各种异常。

$$f_i=\{l_i,m_i,c_i,p_i,y_i,i_i,t_i,k_i\}\in F$$

S 为征兆集合，各属性的详细含义如表 8-4 所示。

表 8-4　征兆属性含义表

征兆属性	属性名称	含义
L	征兆位置	设备中异常发生的部件或元器件
M	征兆模式	征兆的表现形式
C	征兆原因	引起装备发生异常可能的客观或者人为原因
P	征兆概率	根据已有资料，计算得到的异常发生概率

$S=\{s_1,s_2,\cdots,s_t\}$ 是异常征兆的集合。

$$s_i=\{l_i,m_i,c_i,p_i\}\in F$$

$R\subseteq F\times S$ 表示异常与征兆之间的因果关系，$(s_j,f_i)\in R$ 表示征兆 s_j 能引起异常 f_i。

征兆与异常间的关系可表现为以下几种。

(1) 分散形式：表示一个征兆发生后可能导致多个异常，如图 8-14 所示。

(2) 冗余形式：表示多个征兆中发现一个或几个后可能会导致某个异常，如图 8-15 所示。

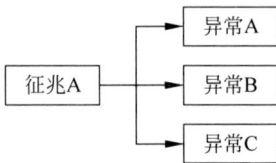

图 8-14　分散形式

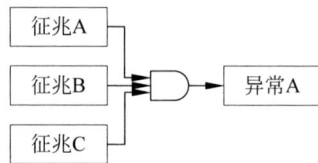

图 8-15　冗余形式

(3) 汇聚形式：表示多个征兆同时发生才会导致某一异常，如图 8-16 所示。

(4) 排除形式：表示某个征兆不可能导致发生某个异常，如图 8-17 所示。

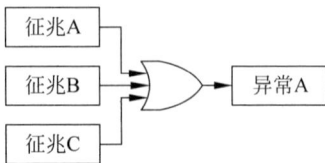

图 8-16　汇聚形式

图 8-17　排除形式

（5）同类形式：表示某几个异常的征兆相同，只是影响程度不同，如图 8-18 所示。

（6）无关形式：表示没有证据表明特定征兆与特定异常间存在关联关系，如图 8-19 所示。

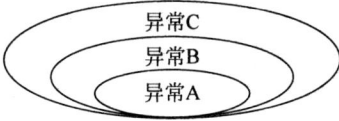

图 8-18　同类形式　　　　　　　　　图 8-19　无关形式

定义完各类关系后，可将征兆与异常间关系逻辑化。

定义逻辑符号如表 8-5 所示。

表 8-5　逻辑符号定义表

符　号	类　别	定　义
＋	逻辑	事件 A 与 B 任一发生即会导致事件 C 发生，用于冗余形式
＊	逻辑	事件 A 与 B 同时发生才会导致事件 C 发生，用于汇聚形式
！	逻辑	事件 A 发生不会导致事件 B 发生，用于排除形式
＜	逻辑	事件 A 与事件 B 具有同类性，用于同类形式
∥	逻辑	事件 A 与事件 B 无必然联系，用于无关形式
→	逻辑	分隔征兆与异常，表示某征兆导致某异常
in	辅助	位置描述符，用于辅助说明征兆或异常发生的部位
class	辅助	影响程度描述符，用于辅助说明征兆或异常的严重程度

由此可将前述征兆与异常间关系逻辑化表示于表 8-6 中。

表 8-6　征兆与异常间关系的逻辑化表示

关　系	逻　辑　定　义
分散形式	征兆 A→异常 A＋异常 B＋异常 C
汇聚形式	征兆 A＊征兆 B＊征兆 C→异常 A
冗余形式	征兆 A＋征兆 B＋征兆 C→异常 A
排除形式	征兆 A！→异常 A
无关形式	征兆 A∥异常 A
同类形式	异常 A＜异常 B＜异常 C
辅助谓词	征兆 A　in 模块 a→异常 A
复杂语句	征兆 A in 模块 a＋征兆 B・征兆 C in 模块 b→异常 A

以刻蚀过程为例，可将刻蚀异常及其征兆描述如表 8-7 所示。

$$F = \{ 正常，侧蚀，空腔，\cdots，垂直度不够 \}$$

$$S = \{ BCl_3 \ 流量过低，RF \ 功率过高，\cdots，He \ 压力过低 \}$$

表 8-7　刻蚀异常与征兆关联关系表

征兆	正常	异　　常			
		侧蚀	空腔	…	垂直度不够
BCl_3 流量过低	0	1	0	…	0
RF 功率过高	0	1	0	…	0
⋮	⋮	⋮	⋮		⋮
He 压力过低	0	0	1	…	1

其逻辑化表示为：

BCl_3 流量高＋RF 功率高＋RF 负载过高→过切，普通警告

He 压力低→空腔，紧急警告

实际运行中，

$$\boldsymbol{F} = [f_0, f_1, f_2, \cdots, f_n] = \begin{bmatrix} 1 & 0 & 0 & \cdots & 0 \\ 0 & 1 & 1 & \cdots & 0 \\ \vdots & \vdots & \vdots & & \vdots \\ 0 & 0 & 1 & \cdots & 0 \end{bmatrix} \tag{8-24}$$

其中每一行表示一个批次的异常，每一列表示某个异常在不同批次间的发生情况。

$$\boldsymbol{S} = [s_1, s_2, \cdots, s_t] = \begin{bmatrix} 0 & 0 & 0 & \cdots & 0 \\ 0 & 1 & 0 & \cdots & 1 \\ \vdots & \vdots & \vdots & & \vdots \\ 0 & 0 & 1 & \cdots & 0 \end{bmatrix} \tag{8-25}$$

其中每一行表示一个批次的征兆，每一列表示某个征兆在不同批次间的情况。

$$\boldsymbol{R} = \begin{bmatrix} r_{11} & r_{12} & \cdots & r_{1n} \\ r_{21} & r_{22} & \cdots & r_{2n} \\ \vdots & \vdots & & \vdots \\ r_{m1} & r_{m2} & \cdots & r_{mn} \end{bmatrix} \tag{8-26}$$

为表示异常与征兆之间关系的矩阵。

对征兆 S：BCl_3 流量过低的描述如表 8-8 所示。

表 8-8　征兆描述示例表

征兆属性	属性名称	示例
L	征兆位置	Lam9600 等离子刻蚀机反应腔二
M	征兆模式	参数漂移
C	征兆原因	BCl_3 流量低于控制下值
P	征兆概率	0.12%

在对设备异常进行评估的基础上，根据具体的异常征兆位置、征兆原因选择对应的维护策略进行设备维护，以便在设备发生故障之前就可采取有效的预防性维护措施，从而避免设备故障的发生[11]。

8.7　晶圆加工车间设备智能维护实例

对于集成电路制造过程中控制要求精细、质量要求高、设备数据量大的问题，本节针对设备运行过程中传感器采集的各类参数，研究设备运行数据与设备运行状态之间的关联关系挖掘方法，设计设备运行状态诊断与控制模型，结合历史数据挖掘发现的控制规律，实现大数据驱动的设备运行维护优化；引入大数据技术实现海量设备运行数据的分析、挖掘，对晶圆制造车间进行智能监控和分析，辅助决策设备控制方案。晶圆加工车间设备智能维护示意图如图 8-20 所示。在上海某晶圆代工厂 S1 车间进行设备运行状态诊断应用研究中，构建了设备运行状态诊断模型，以设备为应用对象，对其 112 个采集参数、6 个月历史数据进行综合挖掘与分析，诊断设备运行状态。采用的技术及方法如下：

（1）面向晶圆制造车间的设备智能维护系统总体框架；

（2）基于工业互联网的设备联网与数据采集技术；

（3）基于大数据平台的生产过程大数据实时监控方法与良率分析和监控方法；

（4）基于贝叶斯网络学习方法的可靠性指标预测技术；

（5）基于异常诊断模型的机台健康状况实时监控方法；

（6）基于多元分析算法的机台 R2R 控制方法。

晶圆制造车间设备智能维护系统总体架构如图 8-21 所示，项目通过 3C 技术（computer、communication、control）的有机融合与深度协作，实现晶圆制造过程的实时感知、动态控制和信息服务。通过建立晶圆制造车间工业互联网，对晶圆制造过程的生产数据和机台状态进行监控，实时采集车间各个工序和机台的生产数据及状态，对采集的海量多源异构数据进行组织和存储；通过开发信息系统统计分析设备的运行状态，实现晶圆制造设备的先进过程控制，进而改善和优化晶圆生产过程，给企业带来更大的效益。

基于以上业务流程，根据系统建设的原则，将晶圆制造车间设备智能维护系统划分为物理层、数据采集层、数据网络层、数据处理存储层、应用层及表现层 6 个层次。

物理层：由晶圆制造车间中的各类加工设备组成，是系统的数据来源，也是调控对象。

数据采集层：主要通过安装在设备上的现场数据采集器实现对设备和晶圆在制品的自动化监测，属于整个信息系统的最底层。根据设备间数据交换的通用国际标准，设计不同数据采集方式。

数据网络层：以工业互联网标准为依据，建立基于 OPC 协议、TCP/IP、XML协议、Web Service、ProfiBus、工业以太网等的车间网络环境，传输采集到的数据，发布设备控制指令。

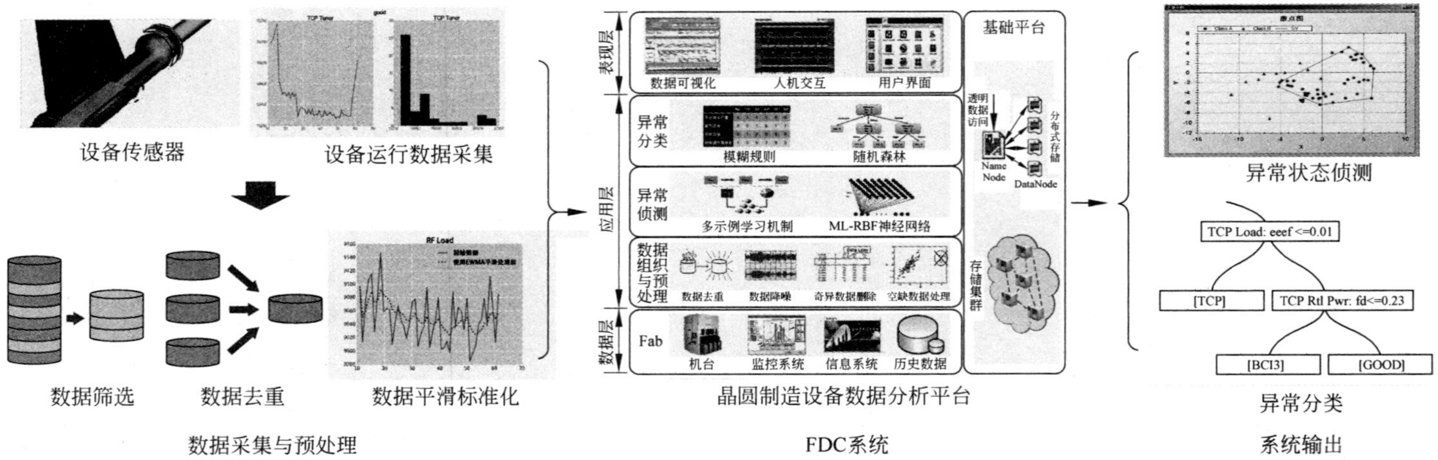

图 8-20　晶圆加工车间设备智能维护示意图

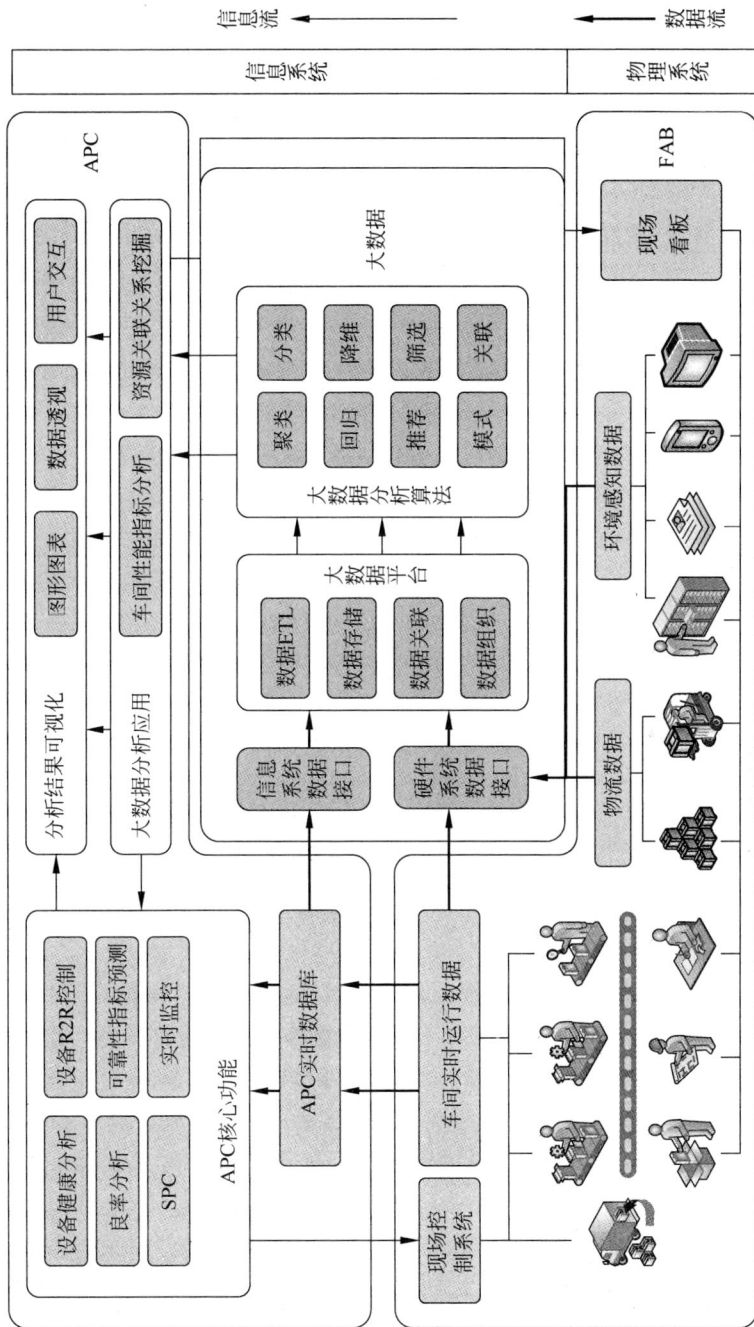

图 8-21　晶圆制造车间设备智能维护系统总体架构图

数据处理存储层：通过对采集参数的筛选和车间设备数据的预处理，剔除冗余数据；通过多源数据整合方法，融合不同来源的数据，维护数据的一致性；通过基于列存储和关系管理的统一数据服务，为上层应用提供标准化、可靠、可复用的数据来源。

应用层：包括生产过程数据实时监控模块、良率分析与监控模块、可靠性关键指标预测模块、机台健康状态监测模块、机台 R2R 控制模块等。基于采集到的各类数据，应用算法分析得出结论，以实现晶圆制造设备的先进过程控制。

表现层：提供多类型的可视化组件，将基于大数据分析的生产过程监控和优化的结果（数值、数值规律以及发展趋势等）通过图形化的呈现，实现跨平台的可视化交互与展现，便于用户更好地理解和接受。

研发的晶圆制造车间设备智能维护系统主要由以下模块组成。

1. 设备联网与数据采集功能模块

晶圆制造车间中不同类型设备并存，根据设备间数据交换的通用国际标准，设计不同数据采集方式如下。

（1）基于 RS-232 协议的串口集成模式：一般设备都配置有 RS-232 串口，利用此项功能即可实现制造过程信息采集。这种方式无须设备增加任何硬件和修改 PLC，因此，对各种具备此功能的设备实现信息采集具有普遍性。

（2）基于 TCP/IP 协议的以太网集成模式：随着技术的发展，大部分晶圆制造设备已配置以太网功能，而以太网方式的信息采集内容更加丰富，甚至可以做到远程控制。目前各主要厂商，如 ASML、应用材料、北方微电子等均为晶圆制造设备配备了局域网口，并提供了大量与其他系统方便集成的接口。

（3）基于数据采集卡的集成模式：此方法与设备系统无关，只要能与生产设备的相关 I/O 点、对应的传感器连接上，采用专用的采集卡即可采集到相关加工信息。

2. 数据处理存储模块

晶圆在车间内的生产过程是多资源耦合的过程，其中涉及的物料、设备、工艺、人员等信息庞杂，数量繁多。为实现对车间数据的有效采集，保证生产过程信息实时、准确地获取与传输，项目首先需要对晶圆制造大数据感知技术展开研究。通过对采集参数的筛选和车间设备数据的预处理，剔除冗余数据；通过多源数据整合方法，融合不同来源的数据，维护数据的完整性与一致性；从而为后续分析提供标准化、可靠、可复用的数据资源。

（1）面向数据流的多源数据融合子系统。对于以数据为中心的应用系统，数据的收集和数据质量对决策的优劣至关重要。晶圆生产过程是一个持续过程，其产生的数据是一组顺序、大量、快速、连续到达的数据序列。因此，研究基于流处理技术的数据传输与采集方法，联网获取车间设备的实时监测数据。由于在生产过程中会出现各种各样的异常状况，在这些异常状况下采集到的数据不能客观、准确地反映生产过程的基本特征,因此需要对原始数据进行必要的取舍,研究监控参数的筛选机制,重点关注核心设备参数。同时,不同过程变量具有不同的量纲,如温度、重量、压力等,绝对数值大小差异很大,要将所有变量的测量结果共同计算,要求所有变量具有同等的重要性,因此需要对每个变量进行标准化处理,从而满足后续数据分析、设备监控的数据共享要求。

(2) 基于列存储和关系管理的统一数据服务子系统。从晶圆制造车间中采集或历史数据库中查询到的原始数据是按照设备或某种数据类型组织的,仅反映了某一方面的特性,不能立即用于统计分析和控制。另外,晶圆生产过程中的各项技术指标、生产数据、控制参数相互关联、相互制约、相互影响。因此,针对数据来源多样和相互关联的特点,研究基于列存储和关系管理的统一数据服务,为上层应用提供可靠数据来源。研究由传统的 SQL 数据库向列存储数据库转化的方法,有效、可靠的存储生产过程数据及其相互间的关联关系;研究单一查询在异构系统和数据库中的分解方法,按照数据间关联关系将查询请求合理地优化分解为子查询任务,分配到各数据库节点中执行;研究查询结果的组合筛选方法,返回合理的查询结果。在此基础上研究数据整合方法,建立并完善设备生产及工程数据仓库,提供数据查询与引用,对设备运行数据进行科学、高效管理,实现数据库间无障碍数据交互,提高数据库使用效率。

3. 分析应用功能模块

在晶圆生产过程中,由于生产设备、物料以及操作等各方面因素的影响,生产过程中存在很多不确定的因素,影响生产的效率和质量。如果仅仅通过人工观察和判断,难以满足即时、高效的要求。并且,随着设备、工艺、技术的不断更新,车间运行中面临的不确定因素也在发生变化,需要对线上设备控制方式做出调整。因此,项目研究晶圆制造大数据分析技术,包含生产过程大数据实时监控方法及良率分析和监控方法,基于贝叶斯网络学习方法的可靠性指标预测,基于异常诊断模型的机台健康状况实时监控方法,基于多元分析算法的机台 R2R 控制方法等。在满足实时性的要求下,对数据进行分析,判断设备运行情况;针对各类变化情况合理更新控制量,从而使控制方式适用于不断变化的现场工作情况。主要研究内容包括以下几方面。

1) 生产过程大数据实时监控方法与良率分析和监控方法

依据 SEMI 的 SVID 设备接口标准对现有设备进行普查,并设法通过改造将接口标准统一化。针对现有设备的数据采集和输出能力,对设备硬件、软件进行改造,使设备能够支持至少 10 Hz 以上的高频数据输出。建立基于分布式数据库的文件存储平台,应用

二维码 8-3

分布式数据库的可靠性和高速计算能力实现大数据的实时存储、抽取和计算。基于现有的大数据分析工具(Mahout,Spark/Mlib)等和一些自行开发的基于分布式的统计分析方法,进行生产异常诊断和产品数据分析,并将生产异

常诊断的数字化模型嵌入异常报警系统中,实现生产异常的提前预告和报警。

针对半导体企业晶圆良率在线准确预测和分析调控需求,考虑晶圆制造过程中质量监控数据具备的大数据特征,融合大数据思维与深度学习理论,通过多尺度分类、增量式多维索引与关联关系分析等大数据平台技术对各类晶圆质量监控数据进行处理与分析,深度学习晶圆质量监控数据、晶圆良率数据之间的关联关系与作用机理,通过构建晶圆质量监控大数据驱动的晶圆良率预测模型,描述晶圆制造过程中数据的多层次复杂作用关系,及时准确发现制造过程中的深层次质量问题并形成质量调控意见。

2) 基于贝叶斯网络学习方法的可靠性指标预测

伴随着特征尺寸从"微米级"到"纳米级"的跨越,超大型集成电路的生产工艺也发生了许多根本的变化,随之带来了很多产品及系统可靠性的问题。产品及系统失效具有的随机性导致在对产品可靠性或寿命进行统计推断时需要使用统计的方法。贝叶斯方法能够将从不同的试验获得的信息融合起来,从而实现从不同信息来源的数据中估计产品的可靠性指标;通过贝叶斯方法,也可以将专家的知识与试验结果结合起来,共同对产品的可靠性指标做出估计。近年来,随着马尔可夫及蒙特卡洛算法的出现,长期以来困扰贝叶斯方法的高维积分计算复杂性问题得到了解决,贝叶斯方法在可靠性领域中得到了越来越广泛的应用。

贝叶斯网络(Bayesian networks,BN)从贝叶斯方法扩展而来,其本质上是一种概率论与图论相结合的产物,一方面用图论的语言直观揭示问题的结构,另一方面又按照概率论的原则对问题的结构加以利用,降低推理的计算复杂度。BN 非常适用于表达和分析不确定性和概率性的事件,有条件地依赖多种控制因素的决策,可以从不完全、不精确或不确定的知识或信息中做出推理,现已成为不确定知识表达和推理领域重要的理论模型。人工智能的发展,尤其是机器学习、数据挖掘等学科的兴起,为 BN 的应用发展提供了广阔的空间。

集成电路工艺生产参数复杂,数据繁多,如何建立一个良好的随机变量间的拓扑关系成为问题的难点。因此,首先通过不断迭代和改进确定随机变量间的拓扑关系,形成有向无环图;然后不断训练贝叶斯网络,完成条件概率表的构造。采用贪心算法优化贝叶斯网络结构,要保证它产生的序列从头到尾的可能性最大,并采用蒙特卡洛方法避免贪心算法陷入局部最优。或者利用互信息,只保留信息节点的直接连接,然后再对简化的网络进行搜索,找到全局优化结构。而节点之间弧的权重确定可以通过最大后验估计来得到,使用最大期望算法解决。整个过程中对参数和结构交替训练,先优化结构,再优化参数,然后再优化结构,直到得到收敛或误差足够小的模型,从而得到稳定模型,对可靠性指标进行预测。

3) 基于异常诊断模型的机台健康状况实时监控方法

首先需要对现有半导体设备进行改造,以达成大数据分析的基础条件:①设备可以按照足够高的频率输出数据,而不影响正常生产相关指令、数据的传输;

②设备数量多,种类亦多,甚至同种类设备所运行软件版本不一,导致输出数据的格式、命名都存在不同的可能,因此需要统一这些内容;③海量数据的即时存储;④大数据处理速度必须足够高效,做到即时运算出结果,如果需要停机,可以迅速下达停机指令,而不至于造成更多的损失。

在此基础上建立统一的数据收集平台,将工厂内所有设备都纳入这个平台体系内,实现数据的互联互通,随时可调用。其间涉及部分高频接口硬件改造、部分设备软件升级、SVID 的命名统一等具体事宜。

然后基于现有的大数据分析工具对设备传感器数据和产品数据、设备维护周期数据等进行分析,建立数个异常诊断模型覆盖大部分关键设备。

最后将异常诊断模型导入监控体系,起到预先警示的作用,真正实现大数据平台的闭环应用。

4）基于多元分析算法的机台 R2R 控制方法

机台 R2R 控制的技术难点涉及设备和算法两方面,从知识理论体系来说涉及物理层面和算法层面。

从设备角度来说,需要搭建合适的硬件和软件架构,使得工厂里的机能能够最大限度地将生产参数实时反馈给数据库终端。机台种类的繁多,数据量的庞大,都为这一步骤带来了难度。

从算法角度来说,需要考虑以下问题:如何去收集数据? 需要收集哪些数据? 采集的频率又应该如何? 是否有生产参数是冗余的? 有哪些数据的统计量是至关重要的? 这些问题,无论在工业还是在学术领域,都为 APC-FDC 的实施提供了研究方向。另外,收集到数据后,如何去分析? 这可能涉及数据挖掘界最先进的多元分析算法(multi-variate analysis,MVA)的研究,也会涉及自动化领域最先进的控制理论的研究,为项目应用最优化的和切合实际的算法增加了难度。

针对设备方面的问题,促使厂内工艺工程师和 IT 工程师、机台厂商以及软件厂商进行紧密合作,对不同的机台设计不同的解决方案,从而尽快将工业互联网的前期准备(例如机台与数据终端之间的通信)布局到厂内生产线上。

针对算法方面的问题,从工业界实际应用出发,结合半导体产业现状,积极地调研世界领先算法,并结合厂内现有的实施情况进行创新。

4. 晶圆制造车间监控功能模块

数据可视化不仅可将最终的分析结果展示给用户,还可以帮助数据分析师进行数据探索来发现和解决新问题。通过图形化的呈现,使得基于大数据分析的生产过程监控和优化更易被理解和接受,从而将大数据的潜在价值最大化。项目基于 HTML5、CSS3、JavaScript 等技术,通过对统计数据的分析、集成,实现跨平台的可视化交互与展现,提供多类型的可视化组件,如适用于常用数据比较的柱状图、曲线图、饼状图等,适用于单个指标展示的仪表盘、温度计、能量条、进度条等,适用于元素之间关系强弱比较的弦图,适用于以时间为变化维度数据的时间轴等。

参考文献

［1］ 徐萍，康锐. 预测与状态管理系统(PHM)技术研究［J］. 测控技术，2004，23(12)：58-60.

［2］ 孙博，康锐，谢劲松. PHM 系统中的传感器应用与数据传输技术［J］. 测控技术，2007，26(7)：12-14.

［3］ 廖雯竹. 基于设备衰退机制的预知性维护策略及生产排程集成研究［D］. 上海：上海交通大学，2011.

［4］ SOHN H，et al. A review of structural health monitoring literature 199622001［R］. Los Alamos National Laboratory Report in preparation，2002.

［5］ 张叔农，谢劲松，康锐. 电子产品健康监控和故障预测技术框架［J］. 测控技术，2007，26(2)：12-16.

［6］ BAER W C，LALLY R W，An open-standard smart sensor architecture and system for industrial automation［C］. 2000 IEEE Aerospace Conference，2000(6)：123-131.

［7］ 孙博，康锐，谢劲松. 故障预测与健康管理系统研究和应用现状综述［J］. 系统工程与电子技术，2007，29(10)：1762-1767.

［8］ VICHARE N M，PECHT M G . Prognostics and health management of electronics［J］. IEEE transactions on components & packaging technologies，2006，29(1)：222-229.

［9］ NICKERSON B，LALLY R. Development of a smart wireless networkable sensor for aircraft engine health management［C］. 2001 IEEE Aerospace Conference Proceedings，2001(7)：3255-3262.

［10］ ROEMER M J，KACPRZYNSKI G J，ORSAGH R F. Assessment of data and knowledge fusion strategies for prognostics and health management［C］. 2001 IEEE Aerospace Conference，2001(6)：2979-2988.

［11］ FISHER C. Data and information fusion for gas path debris monitoring［C］. 2001 IEEE Aerospace Conference，2001(6)：3017-3022.

［12］ WEN L，GAO L，LI X. A new deep transfer learning based on sparse auto-encoder for fault diagnosis［J］. IEEE transactions on systems，man，and cybernetics：system，2019，49(1)：136-144.